전쟁책임

지은이 이에나가 사부로家永三郎

1913년 출생. 1937년 동경대학 국사학과 졸업. 2002년 작고 .
일본사상사 전공. 동경교육대학 명예교수 역임. 교과서 검정위헌소송 원고.
주요저서로 『日本思想史に於ける否定の論理の発達』,『上代仏教思想史研究』,『革命思想の先駆
者』,『植木枝盛研究』,『美濃部達吉の思想史的研究』,『日本文化史』,『太平洋戦争』,『教科書裁判』,
『一歴史学者の歩み』,『家永三郎全集』(전16권) 등 다수.

옮긴이 현명철玄明喆

1960년 출생. 1986년 서울대학교 역사교육과 졸업. 1995년 일본 北海道 대학 대학원 일본사학과
박사과정 졸업(문학박사). 역사교육자. 현재 경복고등학교 교사.
주요저서로 『19세기 후반의 대마주와 한일관계의 변화』(국학자료원, 2003년),『독도와 대마도
(공저)』(지성의샘, 1997년) 등 다수

전쟁책임

지은이 이에나가 사부로家永三郎

옮긴이 현명철玄明喆

초판1쇄 인쇄 2005년 1월 5일

초판1쇄 발행 2005년 1월 10일

펴낸곳 논형

펴낸이 소재두

편집 디자인공 이명림

표지디자인 디자인공 이명림

등록번호 제2003-000019호

등록일자 2003년 3월 5일

주소 서울시 관악구 봉천2동 7-78, 한림토이프라자 6층

전화 02-887-3561 **팩스** 02-886-4600

ISBN 89-90618-04-5 93910

가격 20,000원

전쟁책임

히로시마에 원폭 투하된 모습

나가사키에 원폭 투하된 모습

추천의 글

[
진실의 반대는
거짓이 아니라 **망각**이다
]

이경주(인하대학교 법과대학 교수)

몇 년 전 어떤 책에서 '진실의 반대는 거짓이 아니라 망각' 이라는 문구를 접한 적이 있다. 오랫동안 뇌리에 남아 있던 그 말이 다시 되살아 난 것은 『전쟁책임』(이에나가 사부로家永三郎 지음, 현명철 옮김, 논형)이라는 책을 보면서이다.

전쟁책임을 망각하기 시작한 오늘날의 일본은 참으로 개탄스럽기 짝이 없다. 전쟁책임을 지기 위한 형태의 하나로 만들어진 일본의 평화주의 헌법, 그 평화주의 헌법을 개악하고 해외파병을 용인하기 위하여 각종 유사시 대비 입법을 만들고 있다. 2005년부터는 국회에서 헌법개악의 시나리오가 현실로 전개될 참이다. 나아가 전쟁을 하는 국가가 되기 위한 정지작업으로 역사적 진실을 기술한 교과서를 편향되었다고 공격하고 침략전쟁을 긍정하며 나아가 찬미하는 역사교과서가 일본에서 만들어지고 있는 것이 현실이다.

　이러한 때에 접하게 된『전쟁책임』은 역사에 있어서 진실은 망각하는 것이 아니라 기억하는 것이며, 동북아 평화를 위해서는 전쟁책임을 잊어서는 안 된다는 점을 다시 한 번 상기시켜주는 책이었다.

　이 책의 원저자이자, 우리 나라에서도 30여년에 걸친 교과서 소송의 원고로 알려져 있으며, 일본에서도 평화주의자 민주주의자로 유명한 이에나가 사부로는 노벨평화상 추천운동이 국제적으로 일 정도의 명성에도 불구하고 사실은 평범한 실증주의 사학도에 불과하였다. 그는 1913년 나고야시에서 태어나 동경대학 국사학과를 졸업하였으며, 일본 사상사 및 문화사를 전공하였다. 그런 관계로 1937년에는 동경대학사료편찬소의 촉탁으로 '대일본사료' 의 편찬에 종사하였으며, 1940년에는 '일본사상사에 있어서의 부정의 논리 발달' 을 간행하는 등 주로 실증적 연구에 전념하였던 평범한 학자였다. 자신의 고백처럼 '전쟁 중에 시류에 편승 영합하는 것을 피할 수 있었던 것은 생생한 현실사회에 등을 돌리고' 오로지 실증의 세계에 머무는 것이 최선이었는지도 모른다.

　일본 근대사에 관심을 갖게 된 것도 사실은 1941년 니이가타고등학교 교사가 되면서부터였으며, 1944년 동경고등사범(후일 동경교육대학)의 교수가 된 후 1945년 패전을 맞이하였는데, 이때까지만 하여도 그는 그야말로 '논포리' (정치적 무정견)였다.

　머리말에서 저자 스스로도 밝히고 있듯이, 일본 본토 공습을 실제로 체험하면서도 신기하게 한번도 전쟁으로 죽은 사람의 모습을 보지 못하였기 때문에 전쟁에 참화에 대하여 실감하기 어려웠고, '논포리'로서 전쟁을 겪었기 때문에 '침략전쟁'을 인식하는 것은 더더욱 어려운 그야말로 실증주의적 역사연구자로서의 모습이 이에나가 사부로의 모습이었다. 나아가 패전 후에는 하루아침에 '민주주의'가 성급히 유행하자 이에 대한 위화감마저 느끼며 패전 후의 국정교과서 '국가가 걸어온 길'의 편집위원이 되어 석기시대부터 시작되는 고대사부분을 집필하였는데 오히려 진보적 역사학계로부터 비판을 받기도 하였다.

그러나 1950년대 초반 일본의 전후 민주주의가 급격히 후퇴하는 것을 목도하면서 파괴 활동 방지법 제정 반대 운동에 참가하였으며 이를 계기로 역사교육의 개악반대성명, 교육2법 제정 반대성명을 주도하는 등 실천 활동에 적극참가하게 되었다.

1962년 1963년 교과서 검정과정에서는 자신이 참가하여 집필한 '신일본사'가 각각 불합격, 조건부합격이 되고 말자 1965년에는 교과서 검정은 위헌위법이라고 손해배상청구소송을 제기하였다(제1차 교과서 소송). 이어 1967년에는 1966년도 교과서검정의 불합격 처분 취소를 요구하는 소송(제2차 소송)을 제기하였다. 자민당의 교과서 공격과 교육행정의 반동화가 노골화되던 1984년에는 제3차 교과서 소송을 제기한 바 있다. 1985년에는 72세의 고령에도 불구하고 '전쟁책임'을 기술하였다.

2002년 11월 향년 89세를 끝으로 사망하기 까지 무려 30여년에 걸친 이러한 교과서 소송은 소송의 형태상으로도 소송의 내용상으로도 유례없는 것이었다.

우선 제1차 소송의 제1심에서는 검정제도가 합헌이라 하더라도 구체적인 내용에 대한 검정처분은 재량권을 벗어난 일탈행위이므로 국가가 배상하여야 한다는 판결을 내린 바 있다. 그러나 제2심에서는 이마저도 전면 부정하였고, 제3심(1993년 3월 16일)에서는 교과서 검정제도 자체가 합헌일 뿐만 아니라 문부성의 검정처분 자체도 적법하다고 하여 이에나가 씨의 전면패소 판결을 내린 바 있다.

그러나 제2차 소송의 제1심(1970년 7월 17일)에서는 교과서 검정처분이 교과서의 내용에 대한 검정에 이르는 것은 검열을 금지하고 표현의 자유를 규정한 일본국 헌법 21조 등에 위반되는 것이라는 획기적인 판결을 내린 바 있다. 다만, 제2심에서는 교과서 검정이 검열에 해당한다는 언급 없이 교과서 검정행위가 행정행위로서 일관성이 없다고 하여 원고인 이에나가씨의 승소판결을 내렸다. 그러나 제3심(1982년 4월 8일)에서는 검정의 지침이 되었던 학습지도요강이 재판도중인 1976년 변경되어 소송의 실익(소위 소의 이익)이 없다고 하여 2심에서 재심리하게 하였고, 결국 2심으로 다시 되돌아 와서는 소의 이익이 없다는 최종 판결을 내려 제2차 소송 자체가 유야무야 되고 말았다.

제3차 소송의 제1심에서는(1989년 10월 3일) 남경대학살 등에 대한 기술을 수정하라는 부분이 문제되었지만 검정제도와 운용 자체는 합헌이고 다만 검정처분의 일부가 재량권을 일탈하였다는 판결을 내렸다. 제2심에서는(1993년 10월 20일) 남경대학살에 대한 기술을 수정하라고 하는 등의 세 부분이 간과하기 어려운 과오가 있다는 논지로 원고인 이에나가씨의 일부승소판결을 내렸다. 제3심에서는(1997년) 검정제도 자체는 합헌이지만 731부대의 삭제를 요구한 것 등은 지나친 측면이 있다고 하여 이에나가씨의 일부승소판결을 내렸다.

비록 전면 승소에는 이르지 못한 교과서 소송이었지만 30여년에 걸친 이러한 끈질긴 소송은 1980년대 이후 일본 역사교과서에서의 전쟁책임에 대한 기술을 크게 개선시켜 동북아 평화를 위한 역사인식에 공헌한 바 있다.

그러나 2000년 이후 계속되는 교과서 왜곡, 반동의 세월에 직면하여서는 일본 국내는 물론 한국을 비롯한 아시아 각국에서도 일본의 전쟁책임에 대한 새로운 인식과 직시가 필요하다는 공감대가 다시금 확산되고 있다. 1985년에 저술된 이 책을 2004년의 시점에 이르러 번역하게 된 것은 번역자의 이러한 역사인식과 통찰력에 기인한 것이 아닌가 생각된다.

아무쪼록 동북아의 평화와 인권 그리고 올바른 역사인식의 재정립에 이 책이 중대한 전환점이 될 것을 기대하고 예감한다.

포로

머리말

'전쟁책임'이라는 문제 의식을 갖게 된 것은 1945년 8월 전쟁이 끝나고도 세월이 한참 흐른 뒤였다. 나에게는 중국과의 전쟁 실태를 사실 그대로 인식하기 위한 정보가 부족했다. 때문에 중국과의 전쟁이 무엇을 의미하는지 거의 이해할 수 없었다. 유조호 철도 폭파 (1931년)가 일본군 모략에 의한 것이었다는 것과 남경대학살(1937년)이 있었다는 사실조차도, 전쟁 후 연합군의 극동국제군사재판소의 법정 심리 보도를 접하고서야 처음 알았을 정도로 무지하였던 것이다. 다만 대정 데모크라시기에 성장해 미국과 일본의 국력의 차이가 크다는 것과 그리고 미국과 전쟁을 일으키면 어떻게 될 것인지에 대해 대강 예상 할 수 있었을 뿐이다. 중국과의 전쟁으로 이미 국력을 상당부분 소모한 일본이 또다시 미·영 양국을 상대로 전쟁을 시작한 것은 파멸을 의미함을 직관적으로 느끼며, 전쟁이 시작된 1941년 12월 8일 이후에는 하루라도 빨리 전쟁이 끝나기를 기다릴 뿐이었다. 1945년 전황이 절망적이었을 때, 나 또한 절망적이었다. 8월 15일 전쟁이 끝났음을 확인하고 제일 먼저 머리 속에 떠오른 것은 "어리석은 전쟁에서 죽지 않고 살아남았구나"라는 지금 생각해보면 매우 이기적인 생각이었다. 본토 공습을 실제로 체험하면서 신기하게도 한번도 전쟁으로 죽은 사람의 모습을 보지 못하였기에, 많은 동포들이 겪었던 비참한 운명에 대해 실감하기 어려웠다. 하물며 일본군의 침략지에서 얼마나 많은 이웃 나라 국민들이 비참한 운명에 빠졌는지는 더더욱 구체적으로 알 수 없었다. 전쟁 중, 그러한 사실들을 생생하게 전해주는 정보에서 완전히 차단되었던 것이다.

전쟁중에 시류에 편승·영합하는 것을 피할 수 있었던 것은 생생한 현실사회에 등을 돌리고 오로지 지상의 세계를 넘어서 절대적 세계로 눈을 돌렸기 때문이다. 하지만 이것은 전쟁의 본질을 올바르게 통찰하고 있었던 까닭이 아니라 방관자에 머무르고 있었기 때문에 나타난 우연의 결과에 불과했다. 후지하라 사다이에가 '붉은 깃발의 정벌은 내 일이 아니라'는 심경을 갖고 세상의 전란을 방관하며 작사에 전념하였던 것과 마찬가지의 심정이었던 것이다. 이러한 방관적 태도는 전쟁이 끝난 후에도 계속되어 전쟁에 대한 총괄이나 전후 새로운 정세에 정면으로 대응하는 것을 과제로 삼지 않고 여러 해를 보내고 말았다.

그처럼 둔감했던 나에게 자세를 바로 할 계기가 된 것은 1950년대에 들어서 시작되었던 '역코스'의 움직임이었다. 오늘날의 말로 '논포리'로서 전쟁을 겪었기에 '침략전쟁'을 인식할 능력은 없었다.1 그러나 학생시절부터 사상 · 언론 · 학문의 자유를 짓밟는 권력의 폭력성과 권력보다 앞서서 달렸던 광신적 일본주의에는 분노의 감정을 갖고 있었다. 반면교사로서의 '역코스'에 촉발되어 자세를 바로하지

1 '역코스'는 시대의 흐름에 역행한다는 의미로 사회진보의 반대방향으로 진행하는 일련의 흐름을 말한다. '논포리(Nonpolitical)'의 의미는 정치 및 학생운동에 무관심한 사람을 칭하는 것으로 일본의 1960~1970년대의 치열한 학생투쟁이 일어났지만 이러한 흐름에 무관심한 학생들도 있었다. 이러한 학생을 '논포리학생'이라고도 한다.

않으면 안 되겠다고 깨달았을 때에도 가장 먼저 느꼈던 것은 전쟁 후에 겨우 얻을 수 있었던 정신적 자유를 다시금 잃어버리는 것은 아닐까라는 의구심이었다. 미국의 점령 정책 전환에 의해 진행되기 시작한 재군비 정책은 나에게 깊은 위기감으로 다가왔다. 그리고 이 위기를 극복하기 위해 자신이 할 수 있는 일을 하지 않으면 안 된다는 결의를 다짐하게 되었다. 다시금 전시하의 내 자신이 방관자로 보냈음을 자책하지 않을 수 없었다. 과거에 썼던 문장을 기억해 보면, 다음 각각의 구절이 가장 이른 시기에 발표되었던 전쟁책임에 대한 자아비판이었다.

『형성』(1953년 7월)에 실었던 「학문을 하는 자의 기쁨과 고통」이라는 제목의 글 중에 다음과 같은 내용이 있다.

어떤 위대한 학자가 "학문을 하는 자는 썩은 유학자가 될 정도의 마음을 갖지 않으면 안 된다"라고 말했다고 한다. 지나치게 허망된 유학자가 많은 일본에서는 썩은 유학자가 된다는 것 자체가 하나의 저항이기도 하다. 그러나 사회가 불행한 방향을 향하여 녹아 들어가는 것을 밖에서 바라만보고, 자신에게는 전공 일이 있다고 외면하는 것이 과연 학문을 하는 자가 취할 태도인가. 태평양전쟁 중에 나는 썩은 유학자가 됨으로써 허망된 유학자가 되는 것을 피했다. 지금에야 내 자신이 소극적 의미에서 전쟁범죄인(전쟁을

방지하기 위한 의무를 게을리 한 부작위의 범죄인)이었음을 자책한다. 나는 이번에야말
로 이러한 후회를 두 번 다시 하고 싶지 않다. 동포를 파멸로 이끄는 힘에 대항하여 우리
들은 용감하게 들고 일어서야 한다고 생각한다.

또 다음은 『마이니치신문毎日新聞』(1953년 8월 14일)에 기고한
「나의 저술과 사색을 말한다」 가운데 일부이다.

전쟁 중 파시즘에 정면으로 저항할 용기를 갖지 못하였던 나는 전쟁 후 조국의 파
멸을 방관한 것에 대한 자책을 금할 수 없었다. 전쟁 종결 직후 손바닥을 뒤집은 듯한 '민
주주의'의 유행에는 뭔가 믿을 수 없는 느낌이 들어, 앞장서서 '반동'의 낙인을 감수하였
던 나이지만, 역코스의 움직임이 노골화되었을 때에는 두 번 다시 후회하지 않기 위해, 전
력을 다하여 반동적인 세력과 싸울 것을 결심하였다.

굳게 사퇴하였음에도 불구하고 일본 학술회의 회원 선거에 어쩔
수 없이 입후보하였던 1953년 11월 발송한 인사글 중에 다음과 같은
내용이 있다.

나는 과거 암흑의 시대에 학문의 바른 길이 광신자의 손으로 왜곡되고 확대됨
을 통감하면서도, 이것과 정면으로 싸울 용기가 없었으며, 다만 자신만의 양심을 유지
하는 데에만 마음을 쏟아왔다. 지금 나는 진리를 방어할 의무를 게을리 한 지난날의
잘못에 대해 반성한다. 지금 피하고 싶은 과거의 악몽이 다시금 소생하려는 정세를 보
고, 이번에는 학문을 지키기 위해서 신명을 다 바쳐서 과거의 죄를 속죄해야겠다는 생
각을 한다.

나는 이 때에 이르러서야 겨우 전쟁책임을 자각하고, 비극이 되풀이되는 것을 막기 위한 행동을 실천하는 것이 그 책임을 다하는 것이라는 사실을 깨닫게 되었음을 다시금 고백한다.

'전쟁책임' 에 대한 당시의 생각은 '개인적 책임' 에 국한하였고, 아직 널리 전쟁책임 일반에 대해 고찰할 뜻은 없었다. 1956년에는 '사상의 과학적 연구회' 총회에서 행한 「전쟁책임에 대하여」라는 좌담회에서 학자의 전쟁책임에 대해 보고하였지만(본문 2장), 극히 추상적인 생각을 말하였을 뿐, 그 좌담회의 목적에 기여하기에는 매우 불충분하였다. 1960년대에 들어서 『태평양전쟁』을 저작하게 되었다. 15년 전쟁 전반에 대해 상세히 공부하는 중에, 전쟁 체험자이면서도 지금까지 알지 못했던 '전쟁참화' 의 생생한 실태와 광범위하고 다양한 방면의 진행 상황을 알게 되었다. 동시에 이와 같은 참화를 야기한 많은 다른 책임 주체도 동시에 확인하며, 전쟁책임에 대한 종합적인 전망에 겨우 도달할 수 있었던 것이다.

어떤 일에 있어서도, 또 어떤 때에 있어서도, 깨달음이 늦은 내가 전쟁책임의 문제를 본격적으로 다루게 되기까지는 이처럼 긴 시간이 필요했다. 내가 거기에 도달한 시기는 '전쟁은 끝났다' 라고 말하기 시작한 시대여서, 전쟁책임 등은 문제로 삼지 않았던 분위기였다. 그러한 상황이었기에 세상에 이 문제를 한층 더 새롭게 인식할 필요성을 통감하고, 전쟁책임의 전체상을 사실과 이론 양면에서 체계화하는 작업을 수행하고 싶다는 의욕에 타올랐다.

이 책은 위와 같은 나의 서툰 걸음 후에 성립된 저작이다. 이 책은 전쟁 후 40여 년 사이에 서서히 축적된 생각을 조직화한 것으로 이미 나의 저작 여러 곳에서 언급해 온 바의 집성이며, 세상에 처음으로 묻는 새로운 식견의 발표를 목적으로 한 것은 아니다. 전쟁책임의 전체상을 이처럼 체계적인 형태로 구성한 저작은 개인적으로 처음일 뿐만 아니라 세상에도 별로 유례가 없는듯 하기에, 이 주제에 대한 관심에 조금이나마 답이 되지 않을까 생각하는 것이다. 이미 전쟁을 알지 못하는 세대가 다수를 점하게 된 오늘날, 책임 원인으로서의 '전쟁참화'를 제대로 알지 못하면 책임의 무거움도 이해하기 어려울 것으로 생각하여, '참화'의 실태를 사실적으로 보여주는 사료를 종종 원문 그대로 길게 인용하여, 원문만이 갖는 박력을 통하여 사실을 생생하게 말하려고 노력하였다. 책임의 유무나 소재를 둘러싼 이론 부분에서도 중요한 주장을 포함하는 논설을 소개할 때에 논자의 문체의 박력과 미묘한 논지를 직접 접하는 편이 정확한 이해를 위해 낫다고 판단될 때에는 마찬가지로 원문을 인용하였다. 그 결과, 예정된 지면을 훨씬 넘어서는 분량이 되어 버렸다. 또한 독자의 부담이 커지게 된 것에 사과한다.

그렇지만 이제 시간이 얼마 남지 않은 나로서는 생명이 있는 동안에 어떤 결말을 내려야 한다고 생각해 온 주제에 대하여 만족할 만한 것은 아니지만, 어쨌든 한 권의 책으로 완성한 것에 기쁨을 느낀다. 또한 독자의 기탄없는 비판을 통하여, 이 문제가 활발히 논의되는 계기가 된다면, 참으로 영광이라 생각할 것이다.

1985년 3월

이에나가 사부로家永三郎

지금까지 나는 사적 서술의 대상으로 삼은 인물에 대해 경칭을 사용하지 않고, 선행연구자·연구협력자 등의 인격적 관계가 있는 경우에는 경칭을 붙이는 것을 예로 해 왔으나, 이 책에서는 선행 연구자도 사적 서술의 대상이 되는 경우가 많으므로 사료 제공자 등 직접적인 교섭이 있는 경우에만 경칭을 사용하였다.

차례

15년 전쟁의 참화를 받은 지역

소비에트연방

시 베 리 아

몽골공화국

만주국
(동북)

노몬한

신경(장춘)

하얼빈

내몽고

봉천

열하

복경
천진

연안

중경

중화민국

남경

상해

일본군 차지 관동주

일본령 조선

히로시마

나가사키

오사카

동경

오끼나와

류황도

영국령 인도

인빠르

곤명

광동

일본령 대만

영국령 버마

하노이

영국령홍콩

프랑스령 인차이나

포루투갈령 마카오

루손도

타이

방콕

마닐라

미국령 필리핀

랑군

사이공

테니안도

영국령 실론섬

인 도 양

콜롬코마리

마리오제도

사이공

말레이시아

영국령 보루네오

네델란드령 뉴기니아

싱가포르

네델란드령 스마트라

네델란드령 보루네오

세레베스

바타비아

네델란드령 인도
(인도네시아)

포루투갈령 티모르

자바

호주령 뉴기니아

포트다윈

호 주

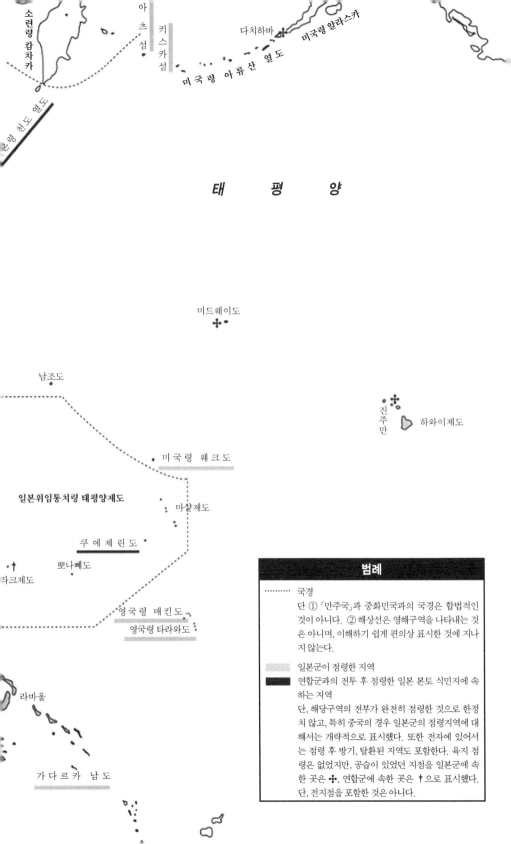

소련령 캄차카

아츠섬

키스카섬

다치하바

미국령 알라스카

미국령 아류산 열도

소련령 친도 열도

태 평 양

미드웨이도

남조도

진주만

하와이제도

미국령 웨크도

일본위임통치령 태평양제도

마샬제도

쿠 에 제 린 도

뽄나뻬도

카크제도

영국령 매킨도

영국령 타라와도

라바울

가 다 르 카 남 도

범례

········ 국경
단 ① 「만주국」과 중화민국과의 국경은 합법적인 것이 아니다. ② 해상선은 영해구역을 나타내는 것은 아니며, 이해하기 쉽게 편의상 표시한 것에 지나지 않는다.

░░░ 일본군이 점령한 지역

███ 연합군과의 전투 후 점령한 일본 본토 식민지에 속하는 지역
단, 해당구역의 전부가 완전히 점령한 것으로 한정치 않고, 특히 중국의 경우 일본군의 점령지역에 대해서는 개략적으로 표시했다. 또한 전자에 있어서는 점령 후 방기, 탈환된 지역도 포함한다. 육지 점령은 없었지만, 공습이 있었던 지점을 일본군에 속한 곳은 ✛, 연합군에 속한 곳은 †으로 표시했다. 단, 전지점을 포함한 것은 아니다.

15년 전쟁하의 권력조직

1941년 6월 현재

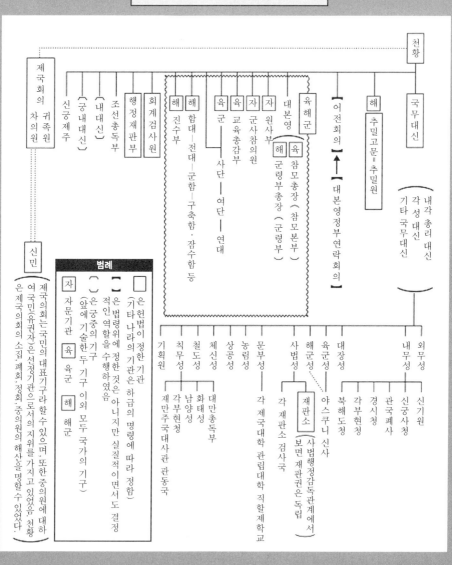

서장

오늘날 왜 전쟁책임을 논하는가

이 책에서 말하는 '전쟁책임' 이란 추상적·일반적 의미, 세계사적·인류사적인 의미가 아니라, 주로 1931년부터 일본이 개시한 15년 전쟁에서 일본의 전쟁책임을 의미하며, 일본과 싸운 구연합국의 일본에 대한 전쟁책임까지도 포함한다.

1945년 8월에 전쟁이 끝난 후 이미 40년의 긴 세월이 흐른 지금 왜 전쟁책임이 문제가 되는가라는 의문이 생길지도 모르겠다. 내가 오늘날 다시금 전쟁책임을 논할 필요가 있다고 생각한 것은 다음과 같은 이유에서이다.

첫째, 현재 일본 내외에서는 15년 전쟁참화로 인해 회복하기 어려운 심신의 상처로 고통받으며 살아가는 사람들이 적지 않기 때문이다. 언젠가는 그들도 이 세상을 떠나게 되겠지만, 그들의 억누를 수 없는 분노와 슬픔에 대한 책임을 분명히 하고, 가능한 한 그들이 살아있을 때 보상할 방법을 열어야 하기에, 그 때문에라도 책임의 소재를 확인할 필요가 있다고 생각한다.

둘째, 일본에서는 '전쟁참화'를 야기한 책임을 명확히 하지 않고 오늘날에 이르렀기 때문이다. 연합국군에 의한 전범재판이 열렸을 뿐 일본 국민 스스로의 손에 의한 전쟁책임의 추궁은 거의 이루어지지 않았으며, 연합국 측의 대일 전쟁책임은 완전히 불문에 붙여진 채로 오늘날에 이르고 있다. 이것이 전후 역사에 바람직하지 않은 여러 현상을 초래하는 중요한 원인이 되었다. 국내외에서 제3차 세계 대전을 초래할지도 모른다는 위험한 동향이 보이는 것도 전쟁책임의 추궁이 충분하지 못하기 때문일 것이다.

셋째, 위와 같은 미래의 위험성을 저지하고, 세계 평화와 인류의 안전을 확보하기 위해서라도 전쟁책임의 소재를 명확한 형태로 확인하는 것이 불가결한 과제라고 생각하기 때문이다. 특히 15년 전쟁을 개시하고 수행해온 일본 국민에게는 국내적으로도 국제적으로도 회피할 수 없는 책무가 아닐까.

넷째, 학문·언론의 세계에서는 전쟁책임론이 산발적으로는 종종 언급되어왔지만 전쟁책임을 전체적인 형태로 보여준 적은 거의 없었기 때문이다. 이 책에서 상술하는 바와 같이 전쟁책임은 참으로 다면적인 것이므로, 다른 면에서의 책임의 차이를 정확히 구분한 뒤에 논의를 진행하지 않으면 논지가 혼란스러울 위험이 있다. 때문에 전쟁책임 전 체계의 종합적인 파악이 필요한 것이다.

우선 오늘날까지 '전쟁참화'로 고통 받는 사람들의 실례를 몇

가지 들어보자. 과거로 돌아가 보면, 1965년 1월 18일, 원폭피해자중 태내피폭으로 어려서부터 병고에 신음해 왔던 19세의 젊은 여성이 자살한 사실이 『요미우리신문讀賣新聞』(1965년 1월 19일)에 「모태 내에서 입은 원폭 증상의 무게를 견디지 못하고 젊은 여성 자살, 고통스러웠던 19년을 살아온 끝에」라는 제목으로 보도되었으며, 그 후에도 같은 피폭자의 자살 보도가 매년 계속되고 있다. 「나가사키에서 원폭증 환자 자살」(『요미우리』 65년 3월 30일), 「피폭자 자살, 후유증 때문?」(『아사히朝日』 69년 7월 5일 석간), 「피폭 노인이 음독자살」(『아사히』 70년 7월 29일 석간), 「피폭 노인 또 자살」(『아사히』 70년 7월 30일), 「원폭증인 여성 자살, 악몽의 나날 25년, 너무 지쳐서」(『요미우리』 70년 8월 4일 석간), 「나가사키 피폭 여성 자살」(『요미우리』 72년 7월 5일 석간), 「피폭 노인 여성 자살 히로시마」(『요미우리』 72년 11월 9일), 「그날의 상처 남아 피폭 여성 자살, 움직일 기력도 없어」(『아사히』 74년 8월 7일), 「원폭병 노인 여성 자살」(『요미우리』 74년 12월 14일), 「나가사키에서 피폭자 자살, 원폭기념 전날, 병고로 시달린 80세」(『마이니치』 76년 8월 7일 석간), 「피폭 주부가 분신자살」(『아사히』 78년 9월 9일 석간), 「피폭주부, 얼굴 켈로이드 병고로 자살」(『요미우리』 79년 5월 14일), 「안식은 죽음뿐인가, 투병에 냉정한 관청, 치료 요청 방치되어 원폭어린이 35년 후 자살」(『아사히』 80년 7월 29일), 「어느 어머니의 자살, 얼굴에 상처 심각해」(『마이니치』 81년 7월 29일), 이처럼 내가 알고 있는 것만으로도, 원폭 때문에 고통받다가 끝내 스스로 목숨을 끊은 사람들이 많다.

물론, 고통을 이겨내며 살아가는 사람들에게도 악마의 손톱자국은 깊이 파고들어서 고통을 주다 결국에는 죽음에 이르게 한다. 이번에는 최근의 보도를 보자. 「상처 말하지 못하고, 그날 아침 피폭 노인 여성의 죽음, 의지할 사람도 없이 외롭게」(『요미우리』 83년 8월 9일 석간), 「원폭병 불안 없애지 못하고, 삶이 싫어져서」, 「어느 피폭자의 32년간 항상 따라 다니는 병… 직업은 없고, 아내도 떠나고, 딸의 결혼마저 불안」(『아사히』 77년 7월 17일), 「생활고와 병치례, 피폭자의 고통 지금도, 취직과 결혼…사라지지 않는 차별」(『마이니치』 77년 6월 15일), 「피폭자의 불안 없어지지 않고, 병이 부른 가정 붕괴, 알코올중독과 스몬병, 필요한 마음의 상담소 케이스 워커가 사례보고」(『아사히』 76년 7월 27일) 등. 피폭자 중에는 출생 후 얼마 되지 않은 사람들이 있어 일생을 피폭의 무거운 짐을 지고 살아가고 있다. 더욱 비참한 것은 태내 피폭으로 인해 원폭 소두병 아이로 태어난 사람들이다. 원폭 소두병 아이는 1968년에 모두 18명이 겨우 원폭병으로 인정받을 때까지, 불행한 장애가 원폭에 의한 것인지 확인 할 수 없는 상태로 세상의 한 구석에 숨어 살아왔다. 그 한사람 H · Y는 33세가 된 1979년에도 '체격은 초등학교 5학년생, 지능은 3살 정도', Y의 모친도 '점차 원폭병 징후가 나타나' 골전이암을 선고받고 78년 Y를 남기고 세상을 떠났다 (『아사히』 79년 12월 23일 TV프로그램 '다큐멘트 79', 「들려요, 엄마의 목소리가」 소개 기사, 키노코회 『원폭이 남긴 아이들, 태내 피폭 소두병의 기록』, 『미래』 1976년 7월호 소재 「〈반원폭 사상〉을 구하여(3)— 태내 피폭 소두병과 함께한 10년」 등).

피폭의 재난은 원폭 투하 시에는 전혀 형체도 없이 있다가 전쟁 후에 피폭자 부모에게서 태어난 「피폭 2세」에게 영향을 미친다. 1969

년 피폭자 아버지와 피폭자가 아닌 어머니 사이에 태어난 5살 난 남자 아이가 백혈병으로 사망하였다(『요미우리』 69년 9월 29일). 히로시마에서 실시한 피폭 2세의 건강 조사에서는 총 281명 가운데 213명(72%)은 건강 양호, 사망한 6인을 포함한 57인(19%)은 원폭병과 유사한 건강상 이상·고통을 호소하고 있다고 한다(히로시마 기자단 피폭2세 간행위원회 편 『피폭 2세』). 이 사람들은 그 위에 세상 사람들로부터 차별받는 경우가 많고, 더욱이 피폭자로서 원호 대상자도 아니어서, 무거운 짐을 지고 살아가고 있는 것이다. 한 사람의 '피폭 2세'는 이렇게 호소한다.

중학교 3학년 때 이상이 발견되어 아버지의 피폭을 알았다. (중략) 쉽게 피곤하고, 체력이 모자라며, 빈혈이 심각하여, 주사나 약의 도움을 받지 않으면 안 된다. 알지 못하는 사람들에게는 게으름병으로 취급되는 이 몸. 한스러워도 어쩔 수 없지만, 차라리 낳아주지 않았으면 좋았을 것을... 하고 때때로 생각한다.

―『요미우리』 83년 8월 14일 투서, 주부, 익명희망, 36세

한층 더 비참한 것은 일본에 강제 연행되어 히로시마에서 강제 노동을 당하고 있던 조선인 피폭자 경우이며, 여기에 대해서는 〈3장 1절 1의 7)〉을 읽어주기 바란다. 국제 인권 옹호 한국연맹은 일본 정부에 한국인 피폭자의 치료를 거듭 요구하고 있다(『마이니치』 84년 8월 15일).

동 연맹은 아울러 지금 하나의 요구를 하고 있다. 그것은 사할린 잔류 조선인 문제이다. 히로시마 피폭 조선인과 마찬가지로 강제 연행

되어 당시 일본령이었던 남사할린에서 강제노동을 하던 조선인 약 4만 3천 명은 일본인이 철수할 때에 그대로 버려져 남게 되었다. 소련 정부의 방침에 따라 소련국적·조선인민공화국적을 취득한 사람들이 많으나, 반 수 이상의 사람들은 조선 남부 출신들이며, 국적을 얻으면 한국에 돌아가기 어렵게 될 것으로 생각하여 무국적 상태로 있다. 그들 사이에서는 '살아있는 동안에 고향의 흙을 다시 한번 밟고 싶다'는 향수에 젖어 고독감에 떠는 사람들이 많은 실정이다. 1974년부터 1977년까지 정비된 사할린 한국인 귀환자 명부에 의하면 970세대, 3,563명의 귀환 희망자 이름이 적혀있다(『아사히』 66년 2월 2일 석간, 『아사히』 75년 7월 6일, 『아사히』 75년 12월 25일 논단 「사할린에서 우는 버려진 조선인」, 『아사히』 83년 8월 22일 「사할린의 조선인 문제」, 『마이니치』 83년 8월 13일 「기자의 눈」, 「사할린 잔류 조선인」 등). 일본 정부는 귀환 촉진에 극히 소극적인 태도를 취해왔으며, 이 문제는 재판소에 회부되었으나, 공소 요건을 충족시키지 못한다는 이유로 귀환 청구는 1심에서 기각되어(『마이니치』 74년 6월 20일 석간), 두 번째 '사할린 재판'이 심리중이다(『요미우리』 77년 12월 3일, 『마이니치』 79년 7월 26일, 『아사히』 81년 9월 10일, 『마이니치』 81년 11월 28일, 『아사히』 83년 6월 18일 「사할린 재판과 국제법」 등).

사할린에서 조국을 그리워하는 조선인들과 대비되는 것은 최근 갑자기 큰 문제가 되고 있는 중국 잔류 '일본인 고아'이다. 관동군에 버려진 '만주국' 거주 일본인 부모 중에는 소련군과 현지 주민에게 습격을 받으면서 도피할 때, 혹은 일본으로 철수하는 배에 타기까지 난민수용소 등에서 생활할 때 어린아이의 생명이라도 구하기 위해 눈물을 머금고 중국인에게 아이를 넘긴 사람이 적지 않았다. 남편이 소집·동원된 후 포로가 되어 돌아오지 않자 식량도 없고 추위를 막을 수도 없는 상황에 어떠한 생각으로 자신의 아이를 떠나보냈을까. 이러한 아이들 중에는 노예로 끌려가 혹사당하다 결국 실명까지 하고 나서야 겨우 일본에 돌아올 수 있었던 소녀도 있었다(3장 2절 2의 1) 참조). 그러나 많은 어린이들은 중국인 양부모에게 키워져 성인이 되었다. 일본 정부가 장기간 중화인민공화국과의 국교를 거부하고 있었기 때문에, 그들과 일본인과의 연락이 끊어졌으며, 그 사이에 중국에서는 문화대혁명 여파로 일본인이라는 이유 때문에 차별의 고통을 받은 사람들이 많은 듯 하다.

중일간의 국교가 회복된 후 그들은 조국 일본에 대한 그리움과 귀국해버린 친부모, 혹은 일본에 사는 혈육과의 재회 희망을 억누르지 못하였고 일본에서도 이국에 남겨 둔 자식과의 재회를 간절히 바라는 부모의 소리가 나오게 되었다(『요미우리』 67년 8월 15일 「자신의 아이와 재회를 기원하는 아베 씨 부부, 중국인에게 맡긴 22년, 얼어붙은 만주 수용소에서 아사직전」, 『요미우리』 70년 8월 15일 「만주에 두고 온 아들을 한 번만이라도 보고 죽고 싶다! 이 어머니에게 전후는 계속된다」, 『요미우리』 72년 12월 26일 「아직 보이지 않는 일본, 중국의 전쟁고아, 아아 망향―아버지 어머니와 5살에 헤어져 이름도 잊었다」, 『마이니치』 72년 12월 27일 「아버지―어머니―간절한 중국의 '일본인 고아'」, 동토의 모임 『나도 일본인, 조국이 보고 싶다. 중국 잔류 일본인 고아로부터의 편지』).

이렇게 해서 중국 잔류 고아의 혈육 찾기가 시작되었다. 고향 방문과 귀국이 점차 실현되어 몇 십 년 만에 부모를 만나는 행운을 얻은 사람들도 있었고, 힘들게 일본 땅을 밟았지만 부모를 만나지 못해 실의에 빠진 채 중국으로 돌아간 사람들도 있었다. 그러나 아직도 일본 방문 기회조차 얻지 못하는 사람들도 많다. 혈육과의 만남도 이루지 못하고 허무하게 중국으로 돌아간 사람들의 슬픔도 컸겠지만 문제는 오히려 육친을 만나고 일본에 돌아와 거주하게 된 경우에 일어났다. 그들은 대부분 중국인과의 결혼으로 아이들을 두고 있었고 또한 그들에게 의지하는 중국의 양부모가 있었다. 일본인이지만 어릴 적부터 중국에서 성장하여 일본어도 모르는 그들이 일본에서 생계를 유지하는 것도 쉬운 일은 아니었다. 일본인이라는 증명이 없다는 이유로 일본 국적을 취득하지 못하는 사람들도 있었다. 조국에서의 생활은 고난의 연속이었다. 세간의 차별뿐 아니라 거주·교육·취직알선 등 공적 시설을 갖추지 못한 것도 어려움의 원인이 되었다. 중국의 양부모는 은혜를 저버린다고 비난을 하기도 하고, 양육비 청구 소송을 일으키기도 하는 등, 그들 스스로의 힘으로는 해결할 수 없는 어려운 문제들이 많았다(『아사히』 75년 11월 18일, 「모르는 일본어, 배울 수 있는 전문 기관도 없어」, 『마이니치』 75년 11월 23일 「호적, 귀국을 막는 "벽", 국책은 냉담」, 『아사히』 77년 6월 6일 「중국에서 돌아온 귀국자들의 비애, 조국은 냉담, 배겨낼 수 없는 차별, 보호시설에 매달리다」, 『마이니치』 80년 7월 2일 「기자의 눈」「귀환자와 해외이민, "또 하나의 귀국자녀" 문제, 배울 곳은 야간 중학교 뿐, 취직에 차별이 따라 다니는 번영된 조국의 냉담함」『아사히』 80년 12월 8일 「조국은 무국적자 취급, 중국에서 귀환한 고아 "증명"을 어떻게 하나」『아사히』 81년 12월 24일 「양모에게 양육비를 지급하도록 귀환 고아에게 판결, 중국」『아사히』82년 6월 17일 「중국고아, 귀환 후에도 계속되는 슬픔, 54%가 생활보호비에 의존, 반수는 가족과 이별」).

친부모가 있지만 재혼 등의 현실의 사정으로 귀국한 아이들과의 면회에 응하지 않는 경우도 적지 않다. 지금의 가정이 흔들리는 것을 두려워하는 것이다.(『아사히』 82년 2월 26일 석간 「이름을 내세우고 싶지만 그럴 수 없다. 지금의 가정이 파괴될까 두려워 고민하는 부모도」, 『아사히』 83년 3월 14일 「중국 잔류 고아 감동의 재회 후 60%가 귀환하지 않아 상속 싸움이나 동거를 싫어하여, 작년에 일본에 오도록 한 부모, 호적을 부활시키지 않아」)

「호기심의 눈 속에서—언어의 벽, 직업도 없어, 중국으로 상심의 U턴」(『마이니치』77년 8월 22일 석간), 「익숙하지 않은 조국에서의 자살」(『아사히』 79년 8월 22일), 「중국 청년이 할복 기도, 모국은 혹독하였다」(『요미우리』 81년 9월 5일 석간), 「직장에서는 말이 통하지 않아, 중국에서 귀환한 자녀가 자살」(『마이니치』 83년 8월 19일) 등의 비극이 계속 되고 있다. 이러한 비극은 가장 극단적인 사건으로까지 이어진다. 익숙하지 않은 일본 생활, 능숙하지 못한 일본어로 인한 이직, 좁은 주택 사정 등은 술을 찾게 하고 성격도 난폭하게 만들었다. 이에 견디지 못한 일가가 서로 살해하고 모친이 스스로 죄를 짊어지고 자수하는 사건까지 발생한 것이다.(『요미우리』 82년 11월 9일, 11일).

나는 예전에 한 번 일본에 갔었습니다. 그 때에 "너는 일본에 왜 왔느냐. 돈이냐 옷이냐, 편지에는 어머니 산소에 성묘하고 싶다고 하고는"이라고 형제에게 말을 들고, 나는 말이 막혀서 "아니요, 아무 것도 필요 없습니다."라고 말했을 뿐이었다. 목숨을 구해 준 중국인 남편의 어머니, 84세의 시어머니가 출발 할 때에 내 손을 꼭 붙잡고, "꼭 돌아와 다오"라며 눈물을 흘리시던 모습이 떠올라, 바로 중국으로 돌아 왔습니다. 돌아와서도 나는 불행하였습니다. 고향에서 거지라고 불리고, 일본의 형제들은 잘 살면서, 혼자 남았던 나는 다시금 따돌려지고, 아! 눈물이 나옵니다. 지금은 빨리 죽었으면 하는 생각뿐입니다.

이처럼 잔류 일본인 여성의 고뇌를 정성껏 추적하여 1983년에 『만주 그 덧없는 나라 때문에, 중국 잔류 부인과 고아의 기록』이라는 제목의 저서를 낸 임욱林郁은 집필을 끝내고서 "이 문제의 끝은 없습니다. 전쟁은 우리에게 아무 것도 해결할 수 없다는 것이 실감 납니다"(『마이니치』 83년 8월 15일)라고 말하고 있다. 만주에 남겨진 일본인, 조국에 돌아온 잔류 고아는 지금도 이중 삼중의 고난을 짊어진 채 살아가고 있다.

원폭뿐만이 아니라 통상의 무기에 의한 본토 공습에 의해, 많은 비전투원이 사상을 입었다. 장애로 인한 생활고에 시달리는 사람들이 많은데 군인이나 군속의 사상자에게는 국가로부터 원호가 주어지지만 민간인 사상자에게는 그렇지 않다. 1975년 발행된 전국 전쟁 상해자 연락회 편집 「전쟁의 증언자로, 민간인 전쟁 상해자의 30년」에는 그러한 희생자의 고통이 면면히 실려 있다. 다음은 공습에 의한 부상으로 왼팔을 절단한 아카사카 노리코赤坂律子의 증언이다.

요리를 하고자 하여도 손이 많이 가는 음식은 만들 수 없고, 언제나 간단한 요리이지만 (중략) 식후의 정리가 또한 큰일입니다. 밥그릇, 찻잔, 주걱, 한 손으로는 깨끗이 씻기가 참으로 어렵습니다. 냄비는 솔로 비비면 뱅글뱅글 돌아가서 마음대로 씻기지 않아 대충 씻고 맙니다. 그리하여 주전자, 냄비 등은 때가 누적되어 검게 변색됩니다. 음식을 만들자니 남편에게 미안하여 그냥 버리고, 새로 사게 됩니다. 최근에는 돈도 없고 해서, 더러워지면 1개월에 한 번 식기 대청소를 합니다. 물론 싱크대에서는 씻을 수 없으므로 뒤뜰의 빨래터로 가 걸터앉아서 발로 냄비를 붙잡고, 한 손으로 북북 세제를 사용하여 광을 냅니다. 그 모습은 남편에게도 아이들에게도 보이고 싶지 않습니다. 몹시도 고통스러운 작업입니다. (중략) 더 큰 고통이 있습니다. 최근에는 육체를 너무 혹사한 탓인지 오른쪽 팔꿈치. 어깻죽지, 팔 등이 아픕니다. 허리도 아프고 뜨끔거리기도 합니다. 37세... 아직 아플 나이는 아니지만, 육체적으로 무리한 탓입니다. 전쟁만 없었더라면... 전쟁이 몹시도 증오스럽습니다.

30년 전 피난 도중에 불길에 휩싸여 양다리를 절단한 마츠노 카즈꼬松野和子의 고통은 다음과 같다.

30년이 지난 오늘날에도 사람의 도움을 받지 않고서 보낸 날은 하루도 없습니다. (중략) 우선 청소할 때 높은 곳을 닦는 것은 불가능합니다. (중략) 세탁은 손으로 한다 해도 건조대가 높기 때문에 널 수는 없습니다. (중략) 앞으로도 오랜 세월을 이렇게 혼자 힘으로 살아갈 수는 없을 것입니다. 무슨 일을 하더라도 반 이상은 엄마의 다리에 의지하여 살아왔기 때문입니다. 지금 더욱 고통스러운 것이 있습니다. 그것은 절단된 양다리 대퇴부에 통증이 오는 것입니다. 1년에 10번 정도 진통이 찾아오고, 그 진통은 빠르면 5~6시간, 오래가면 이틀 동안 계속됩니다. 밤낮 없이, 계절의 구별 없이 찾아옵니다. 이를 악물고, 주먹을 꼭 쥐고 통증이 끝나기를 기다립니다. 욕조의 뜨거운 물에 들어가기도 하고, 엄마에게는 한 시간이나 두 시간 정도 주물러 달라고도 하면서, 그래도 견디지 못할 때에는 병원으로 달려갑니다.

또한 연락회 대표인 스기야마 치사꼬杉山千佐子는 다음과 같이 기록하고 있다. "아무런 보상도 없고, 너무 심한 고통에 어린아이와 함께 동반 자살을 꿈꾸기도 하며, 정신을 차려 보면 철길 옆에 우두커니 서 있습니다. 이처럼 자살 미수의 예는 몇 번이나 있답니다. 올해 8월 23일에 카지우라梶浦 씨는 전신 켈로이드에 의한 고통과 생활고를 비관하여 투신자살을 기도하였으나 행인에 의해 구조되어 지금은 병상에 있습니다. 그는 '이럴 바에는 차라리 히로시마의 원폭을 맞는 것이 낫다. 가난한 사람은 고통스럽다. 언제나 당하는 것은 가난한 사람이니까' 라고 말하고 있습니다."(위의 아카사카 노리꼬가 다른 한 사람의 희생자와 함께 국가 보상을 구하여 일으킨 소송이 재판소에 의해 기각된 것은 〈3장 2절 2의 2)〉에서 소개한다).

이 기록들은 10년 전쯤의 기록이다. 한번 상처받은 몸은 원래대로 돌아오지 않기에 지금의 고통은 그때보다 더 심각해졌을 것이다. 살아있는 한 고통은 계속될 것이 틀림없다.

마음의 상처는 육체적 고통과는 달리 세월이 흐르면 점차 엷어지고, 때로는 치유되기도 한다. 그러나 가장 사랑하는 배우자ㆍ연인ㆍ육친을 잃은 사람들의 슬픔은 40년이 지난 지금도 여전히 계속되고 있다. 『아사히신문』의 「아사히문단」에 이런 슬픔을 노래하는 작품들이 계속해서 실리고 있는 것만 보더라도 이러한 사실을 알 수 있는 것이다. 최근호에서 거슬러 올라가서 반년간의 시기만을 보아도, 다음과 같이 많은 작품을 볼 수 있다.

배고파 우는 아이를 두고 떠나 돌아오지 않는 아버지여, 유미꼬의 코스모스가 핀다.
—아오다 아야꼬靑田綾子, 84년 9월 23일

회수에 처음으로 말한 아버지의 꿈은 북조선에 묻힌 아들의 산소 참배란다.
—사카무라 젠꼬坂村全子, 상동

망연히 묻혀있을 아이야, 만주에서 생사의 나락에 눈물 없으리.
—와타나베 카츠꼬渡澗勝子, 84년 8월 12일

물을 줘, 물 줘 외치며 폭사한 딸의 무덤에 물을 찰랑찰랑 부으며.
—에무라 미토메江村ミトメ, 84년 8월 7일

군에서 보내온 물건에는 여름옷도 겨울옷도 있고 아버지는 전사하다.
—이시이 준이치石井準一, 84년7월22일

전사하지 않았다면 너도 환갑을 맞았을 사토루야, 여름이 또 오지 않는구나.
—오시마 노리하루小島範治, 84년7월15일

남의 밑에서 출세 못하는 병사라면, 반전反戰을 외칠 것을.
—미야자키 시게미宮崎茂美, 84년 6월24일

싫어 싫어 싫어 그렇게 울면서 더운 날 전사 통지서를 받았답니다.
—쯔노다 세이켄角田征憲, 84년 6월 17일

어디선가 보는 사람도 없이 남편이 죽었는데도 어쩔 수 없다하는가. 군비확대의 세상을.
—데라우치 후사에寺內房江, 상동

중국고아에 덩달아 우는 내 눈에 사이판에서 죽은 부모 계시다.
—오키야마 류꼬沖山龍子, 84년4월1일

출병하는 당신을 보내고 지낸 나날, 길이라면 걸어서 슬픈 봄 올 것을
—이시다 노리코石田規子, 84년 3월 4일

내 남편을 고드름 부처에 장사지내고 시베리아의 눈바람 생각하며 눈을 치우다.
—마세다카間瀨たか, 상동

양다리를 절단하고 통곡하여도 돌아오지 않는 당신의 무덤엔 이끼가 끼고
—모토모리 에이코元森榮子, 83년 12월18일

출병전야 눈을 감고 「제5」라 들었으나 레이테섬에서 결국 돌아오지 않고
—미타쿠 후사코三宅ふさこ, 83년12월11일

군대 편지 색이 바래고, 장강 유역의 가을을 쓴 당신은 죽고.
—히라노 시즈코平野靜子, 83년 10월2일

말발굽 두드리는 직업이어서 어느새 군마와 함께 가서 죽었는가.
—아이하라 유相原ゆう, 83년9월4일

인보반 당번이어서 피난하지도 못하고 여동생은 죽어서 방공호로.
—야마구 치료山口良, 83년 8월 28일

타국에서 사는 것도 좋다고 유골이 없는 오빠를 기다리다 어머니는 80을 맞이하다.
—와타나베 스즈코渡澗すづこ, 상동

출병하여 돌아오지 않는 왕년의 연인 생각을 지금도 읊고 있는 사람도 있다.
—쿠사카 루이코くさか類子

당신에게 / 당신의 아이가 / 둘도 없는 것처럼 / 당신에게 / 당신의 남편이나 친형제가 / 소중한 사람인 것처럼 / 그 사람은 나에게 단 하나 뿐인 / 소중한 사람이었습니다. (중략) 언제 어느 곳에서 어떻게 죽었는지 최후를 본 사람도 알려준 사람도 / 지금도 알 수 없습니다. / '영혼모래' 라고 쓰여진 / 비닐 봉투 속의 한 줌의 모래가 / 사키다 아야오의 전부였습니다. / (중략) 허무한 모래 한줌으로 변하여 / 그 사람이 돌아왔을 때 / 한 줌도 안 되는 그 모래를 / 적신 눈물이 / 30년이 지나도 마르지 않습니다. / 이 세상 흐름의 밑바닥 인생으로 / 말없이 죽어야 한 그 사람 / 나 혼자 만이 / 남겨진 청춘에 / 아무리 닦아도 / 마르지 않는 눈물입니다 / 40억 가운데 / 모두 혼자 밖에는 없는 / 혼자 / 그 사람은 / 나에게 둘도 없는 사람이었습니다. —『이데인』1978년 가을호

　　피폭, 이국에 버려짐, 전쟁상해, 가장 사랑하는 사람의 전사, 등 등 눈에 보이는 참상과는 달리 유형의 피해는 없어도, 단 하나뿐인 인 생 여로에 끼친 전쟁의 검은 그림자로 인해 고독한 운명에 빠진 사람

이 많다는 사실을 간과해서는 안 된다. 전사자의 과반수가 결혼 적령기의 미혼 남자였기 때문에 미혼남녀 성비에 큰 차이를 가져왔다. 필연적으로 남편을 구할 수 없어서 독신생활을 해야 했던 여성이 다른 연령층에 비해 현저하게 많은 것이 사실이다. 1980년 국세國勢조사를 보면 55세에서 69세까지의 남자인구는 약 620만 명, 그 배우자 층으로 추정되는 50세에서 64세까지의 여성 인구는 약 927만 명이다. 약 300만 명을 넘는 남녀 인구 차는 매우 크다. 전쟁 때문에 결혼 기회를 놓친 독신여성은 약 60만 명이라고 추정된다(『아사히』 82년 9월 6일). 결혼 상대자인 남자 수의 절대 부족뿐만이 아니라 오빠나 남동생이 전사하였기 때문에 노부모나 어린 동생들을 부양하는 짐을 짊어지고 결혼시기를 놓친 경우도 많다. 그녀들은 패전당시 20세였다고 해도 지금은 60대가 되었다. 불안하게 혼자 살아야 하는 노후 생활이 시작된 것이다. 미카타 요코三方洋子는 『마이니치신문』 1979년 2월 14일 「편집자에게 보내는 편지」란의 「전쟁으로 결혼을 놓친 여성」에서 이렇게 호소하고 있다.

"그래도 너희들은 행복하다. 전사한 사람들은 살아서 돌아오지 않고, 전쟁으로 남편이나 아들을 잃은 어머니들과 아내들의 슬픔을 생각한다면, 너희들은 훨씬 행복하다"라고 말하는 사람도 있습니다. 과연 그럴까요. 남편이나 아들을 잃은 아내나 어머니는 결혼의 기쁨을 알고 있으며, 다수는 아이를 낳고 기르는 기쁨을 알았을 것입니다. 지금에 와서는 그 아이들도 성인이 되었을 터이며 어머니들의 삶의 지탱이 되고 있겠지요. 거기에 비해 전쟁으로 결혼 상대를 잃어버린 우리들을 지탱해 주는 것은 무엇일까요. 젊었을 때야 일에 대한 욕심만 있으면 이럭저럭 직장은 있었습니다. (중략) 일하는 것에서 삶의 보람도 있었습니다. 그러나 늙어감에 따라서 직장에서 쫓겨나는 우리들에게는 '하이미스'라는 말로 표현할 수 없는 치욕과 차별이 따라다닙니다. 차별이 없는 것은 방세나 세금뿐 우리들에게는 배우자공제나 과부공제는 물론 세금상의 혜택 등은 전혀 없답니다. 수입 부족으로 공단 독신자용 주택에도 들어갈 수 없어 비싼 민간 아파트에서 살 수 밖에 없답니다.

그녀들은 서로 「연대와 자위」를 위하여 독신부인연맹을 결성하고, 1968년 『바다의 소리는 우리 가슴에』를, 77년에는 『바다소리를 영원히, 독신부인연맹 10년의 발자취』를 공간公刊 하였다. 그 중에는 다음과 같은 비통한 이야기도 기록되어있다.

전쟁이 없는 평화로운 일본에서 산다는 것을 감사하지 않으면 안 되겠지만, 최근은 무어라 말할 수 없는 공허한 나날이다. 아침밥을 짓고 된장국을 끓이고 하숙생들을 보내고, 저녁에 또 이것저것 메뉴를 생각하여 저녁 식사를 짓는 이 일에 점차 허무함을 느낀다. 이 식사를 짓는다는 일은 내 남편, 내 아이들을 위해서만 해야 하는 것으로 여성에게 주어진 하느님의 마음이 아닐까... 결코 육친 이외의 다른 사람을 위해 할 일이 아니다....라고 나는 생각한다. 요즘은 (임신해서) 배가 나온 부인이 자주 눈에 띄어 가슴이 아프다. 그리고 이 아이를 생각하면 참 신기하기도 하고, 생명의 존엄함을 느끼는 요즘 돌이킬 수 없는 안타까움이 뱃속에서부터 치밀어 오른다. 어찌하여 젊은 시절에 이를 깨닫고 결혼하여 아기를 만들지 않았을까 하고 후회한다. 여성이 아기를 낳는다... 얼마나 신성하고 멋있는 일인가... (중략) 솔직히 말하면, 자식이 있으므로 위안을 얻고, 격려 받고, 아픈 일이나 슬픈 일이나 고통스러운 일에도 잘 견딜 수 있는 것이 아닐까.... 전쟁만 없었더라면, 나도 결혼하고 아기를 갖는 기쁨을 가질 수 있었을 텐데, 하고 마음 깊숙한 곳에서 외로움이 치밀어 오른다.

　　　—『바다 소리는 우리 가슴에』 수록, 츠츠미 다카코堤たかこ 「위문문의 당신」

　　　영양실조인 모체에서 태어난 허약한 막내 여동생은 46년 2월 생. 어두움에서 겨우 손에 넣은 우유, 녹차를 식히고, 미음을 식히면서 14세인 나와 19세인 언니는 과연 이 아이가 과연 잘 자랄 수 있을까라는 말을 삼키며 잠시 얼굴을 마주 보았었다. 그 여동생도 지금은 한창인 나이. 멋지게 자라서 '경제적으로 독립할 수 있는 자는 빨리 집을 나가라'고 한다. '37세가 되어도 아직 결혼 상대자도 못 찾는다'라고 나를 흘겨본다. (중략) 세상에 물질은 범람하고, 전쟁을 알지 못하는 세대가 주위에 많은 중에, 내 일자리도 결코 편한 것은 아니다. '언니처럼 평범한 여자는 싫어'라면서 좋아하는 길을 걸어가는 영양실조 상태인 여동생. '과거? 지금은 지금이야'라는 말을 들으면, 지옥은 저 세상에 있는 것이 아니라 이 세상에서 사는 것이야말로 지옥이라고 혼자서 다시금 곱씹게 된다.

　　　—『전게서』 오타 요코太田陽子 「에도 토박이 3대째의 유전流轉」

　　　지금까지 인용한 여러 사례는 40년 후인 지금도 전쟁의 상흔에 고뇌하는 사람들이 적지 않다는 사실의 극히 일단을 엿본 것에 불과하다. 이만큼 다양한 형태로 많은 사람들이 고통을 받고 있다는 것만으로도 책임을 물어야 하는 충분한 이유가 된다. 이러한 고통을 야기시킨 책임을 추궁하는 것을 방기하는 것은 불공정한 일이다.

　　　두 번째로 '아직 전후戰後는 아니다'라는 소리가 들리기 시작한 일면에서는 동시에 '새로운 전전戰前시대' 도래를 알리는 현상이 널리 세상을 덮기 시작한 것이 아닐까. 1950년 전후로 냉전이 격화되고 전쟁포기, 전력戰力 무소유, 평화주의 이념을 공동空洞化 하려는 정책이 진행되고 있다. 군비 확충의 가속화는 전쟁전의 군비확대를 생각하게끔 한다. 이전의 독·이·일 군사동맹보다 훨씬 긴밀하고 강화된 미일 군사동맹과 미국 침략전쟁에 가담하며, 국제분쟁을 한층 더 높이는 일본 정부의 외교군사정책 전개, 어느 하나를 보아도 제3차 세계대전의 전야를 느끼지 않게 해 주는 것은 없다. 그것도 제2차 세계대전 때와는 달리, 히로시마, 나가사키에 투하된 그것과는 비교가 되지 않을 만큼 거대한 핵병기가 준비되어 있는 상황 속에서의 국제적 긴장고조는 일본민족의 멸망뿐만 아니라 나아가 인류의 파멸 위험을 초래할 것이다.

그럼에도 불구하고 일본 국내에서는 그 위험을 이야기하고 경고하는 것이 거꾸로 '위험사상'인 것처럼 박해받는 한편, 전쟁 전과 전혀 변함없이 과거의 전쟁을 미화하는 풍조가 높아지고 있다. 이러한 풍조는 전쟁에 대한 경계심이 사라지고 있다는 사실을 넘어 다가오는 전쟁에 적극적으로 참가하고자 하는 의욕을 불러일으키고 있다. 일본 정부가 '15년 전쟁 긍정론'의 입장을 공식 견해로 유지하고 있는 것은 뒤에서 구체적으로 서술하겠지만, 문제는 민간에도 이에 상응하는 움직임이 나타난다는 것이다. 예를 들면, 후쿠오카福岡시의 국유지에 다음과 같은 문장을 새긴 전몰자 위령비가 건립되어 비판을 불러 일으켰다 (『아사히』 82년 5월 30일, 『요미우리』 82년 9월 22일, 『아사히』 82년 10월 12일 석간)

1945년 8월 15일 '만세를 위해 평화를 연다' 라는 칙령에 의해 눈물을 삼키며 종전을 맞이하였다. 그 후 36년 악착같이 조국 재건에 노력하여 지금은 세계 대국이 되었다. 생각건대 지난 전쟁은 자존 자위를 위해 일본국 존망을 걸고 억압받는 민족의 해방과 만국 공영을 원하여 일으킨 성스러운 전쟁이었다. 결국은 패전의 비극을 맞이하였어도 차차 아시아의 백성들이 독립과 자유의 영광을 싸워 얻은 것은 세계 사상 일찍이 없었던 장엄한 사실이다.

이 사이에, 우리 향토부대는 각지의 격전에 참가하여 말로 다할 수 없는 처참하고 치열한 싸움을 전개하여 군대의 꽃이라 불리었다. (중략) 다시금 영령의 숭고한 정신과 위대한 업적에 대해 한없는 경모와 감사의 뜻을 영구히 전한다. 영령이여 영원히 평안하시라.

쇼와 57(1982)년 5월 30일

후쿠오카현 대동아전쟁 전몰자 위령현창회 세움

여기에서는 '대동아전쟁' 이 '자존자위' 의 전쟁으로 전면적으로 정당화되고 있다. 더 나아가 '차례로 아시아의 민중' 들이 '독립과 자유의 영광을 싸워 얻은' 것이 '억압받는 민족의 해방과 만국 공영을 원하여' 일본이 일으킨 '성스러운 전쟁' 덕분이었다라고 찬양하고 있다. '전쟁참화' 에 대한 반성은 조금도 없고, 전쟁 미화 일색으로 칠해져 있다. '전몰자' 는 일반적으로는 무모한 침략전쟁의 희생자로 애도되어야 함에도 영령英靈으로 현창되고 있는 것은 이 비문에 한한 것이 아니라 널리 보이는 바이며, 거기에도 중대한 도착倒錯이 있다. 영령이란 정당한 전쟁에서 공적이 있는 전사자를 찬미하는 칭호이며, 후속 군인들에게 영령이 되도록 각오를 다짐하게 하는 작용을 갖는 용어이며, '영령' 현창은 장래 전쟁에의 심리적 포석으로서의 역할을 하는 것이리라.

　　그러한 의미에서, '영령에 대답하는 모임'의 「야스쿠니靖國 신사에 공식적인 참배를 올해야말로!」(『마이니치』82년 8월 14일 북신판 의견 광고)라는 일본 유족회를 배경으로 한 운동과 호응하여 수상 이하 각료나 자민당 국회의원의 실질적인 공식참배라고 볼 수밖에 없는 야스쿠니 신사참배가 매년 당당하게 행하여져 관행으로 굳어져 버린 것도 놓칠 수 없는 일이다. 야스쿠니 신사는 '우리들은 (중략) 여기에 모셔진 사람들을 본받아서 천황을 위해 나라를 위해 죽지 않으면 안 됩니다'(1910년 발행 국정교과서 『심상 소학 수신서』권4, 제3 「야스쿠니 신사」)라는 전시에 전사하는 의무를 국민의 마음에 함양하기 위해 관사로 설정되었다. 특히 육해군성 소관으로 항복시까지 이르렀던 야스쿠니 신사는 전쟁포기·전력戰力 무소유의 이념에 따라 민간 종교 법인으로 재편되지 않고 폐지되어야 했다(『아사히』84년 10월 6일, 모리 이시치森伊七 투서 「야스쿠니 폐지론의 선견성을 그리며」).

　　야스쿠니 신사에 모셔진 '영령'에도 문제가 있다. 이타누마 지로飯沼二郎는 『마이니치신문』1980년 8월 14일 「편집자에게 보내는 편지」란에 「전시 중에 범한 죄는 어떻게 되나, 야스쿠니 신사의 국가 보호론에 한마디」라는 문장을 기고하여 다음과 같이 논하고 있다.

　　일찍이 일본 병사가 중국대륙에서 폭행사건 등을 일으킨 것은 많은 증언이 있으며, 부정할 수 없는 사실이다. (중략) 이처럼 폭행 등을 행한 일본 병사 어떤 자는 무사히 살아서 돌아왔다. 그러나 그들 가운데는 불행히 전사하여 야스쿠니 신사에 모셔진 이도 있다. (중략) 남은 자에게 있어서 '영령'으로 야스쿠니 신사에 모셔진 친구나 아버지나 남편이 전쟁터에서 폭행을 하였다는 것은 전혀 믿을 수 없을 것이다. 그러나 그와 같은 사람들이 '영령' 중에 존재한다는 사실은 부정할 수 없다. (중략) 야스쿠니 신사를 국가가 보호하고 정부 수뇌가 참배하는 것은 일찍이 전쟁터에서 행한 폭행사건 등을 일본 정부로서 시인하는 것이 된다.

아시아 이웃 나라의 민족에 대한 침략전쟁 중에 잔학 행위를 행하였던 군인들이 '영령'으로서 국가 수뇌의 참배를 받는 것 자체가 사리에 맞지 않음은 이타누마飯沼가 논하는 그대로이며, 1978년에 연합국군에 의한 동경재판에서 A급 전쟁범죄인으로 사형에 처해지거나 혹은 옥사한 도조 히데키東條英機 등 14인이 야스쿠니 신사에 몰래 합사合祀 되었음은 6장에서 서술하고 있다. 연합국이 전쟁범죄인으로 판결했다고 해서 바로 일본인으로서 그들을 전쟁범죄인이라는 결론을 자동적으로 내릴 수는 없다고 하더라도, 〈3장 3절〉에서 상세히 설명하는 바와 같이 미 · 영국과의 전쟁을 강행한 도조 등 전시하의 정부 및 군 수뇌부는 연합군의 판단에서 벗어나 독립적으로 검토하여 보아도 법률상 · 정치상 · 도덕상 중요한 책임이 있다고 인정된다. 따라서 이러한 사람들을 신으로 섬기는 야스쿠니 신사에 오늘의 국가 수뇌가 참배하는 것은 현대의 일본국이 앞서 일으킨 전쟁을 지지하고 개시 · 수행한 자를 숭배하고 있음을 의미하는 것이다. 이는 매우 중대한 사실이라고 아니할 수 없다. 여기에도 장래의 전쟁에 대비하여 과거 전쟁에 대한 책임의 해제, 나아가 '책임자'를 '현창'한다는 극히 위험한 동향을 찾아낼 수 있어야 한다.

이런 것들도 또한 현재 진행되고 있는 새로운 전전 징후의 극히 일부만을 보여준 것에 불과하다. 그러나 이 사실만 보아도, 사태의 심각함을 이해하는 데에 충분하지 않은가. 그리고 이러한 현상은 전쟁책임의 문제가 점차 잊혀져가고, 또 고의로 무시되고, 해소되도록 조작되고 있음과 관계가 있다. 15년 전쟁의 '참화'를 잊을 수 없고, 그 재현(아마도 그 전과는 비교할 수도 없는 거대한 참화의 출현)을 저지하려고 갈망하는 사람들이 비록 몇 십 년을 경과한 오늘날이라 하여도 전쟁책임의 문제에 끝까지 매달려야 한다고 생각하는 이유가 바로 여기에 있는 것이다.

야스쿠니신사의 군마위령비

1945년 9월 2일 요코하마에 정박중인 미 전함 미주리호 함상에서 맥아더 사령관(왼쪽)이 지켜보는 가운데 항복문서에 서명하는 일본의 군수뇌부. 일본이 항복문서에 서명함으로써 태평양전쟁도 대단원의 막을 내렸다.

1장
전쟁책임은 왜 생겨나는가

서장에서는 일본이 개시하고 수행한 15년 전쟁이 초래한 '전쟁
참화'로 인해 오늘날까지도 고통에서 벗어나지 못한 사람들이 적지
않음을 서술하였다. '전쟁참화'의 구체적 실태에 대해서는 뒤에서 더
상세히 서술하겠지만, 이와 같은 참화에 대한 '전쟁책임'이 생겨나는
것은 당연하지 않은가.

원래 '전쟁참화'는 천재지변과 같은 자연현상에 의한 피해와는
달리 인간의 의지와 행위에 의해 개시되고 수행된 전쟁이라는 사회적
사건의 결과이기 때문에, 그 책임이 문제가 될 수 있다. 천재지변에 의
한 피해인 경우에도 단지 자연현상에만 그 원인이 있는 것이 아니라,
사회적 조건이 더하여 인재人災의 측면을 동반하는 경우가 적지 않
지만 전쟁의 경우에는 완전히 인간의 의지와 행위에 의해서 생겨난 사회

현상이라는 점이 천재지변에 의한 피해와는 근본적으로 다른 것이다.[2]

전쟁에 대해서도 역사적 필연이며 불가피하였다는 견해를 다양하게 주장하고 있다. 회고해 보면 역사적 현상은 확실히 그럴만한 여러 요인이 있어서 일어난 결과로 불가피하였던 것처럼 보인다. 그러나 역사는 인간의 주체적 실천의 궤적이며, 어떤 형태 혹은 정도에서 인간의 의지가 작용하지 않고 전개되는 것이 아니므로, 자연과학

2 인간의 의지와 행위에서 책임이 발생한다는 것을 이론적으로 증명하기 위해서는 의지의 자유(물론 무한의 자유가 아니라 한정된 범위에서의 자유로 충분하지만)의 논증이 필요할 지도 모르겠다. 여기서는 그와 같은 철학적 논의에 깊이 들어갈 수 없으므로 경험적 사실에 입각하여 논술을 진행할 것이다. 의지의 자유에 대한 논증으로서 뛰어난 모형을 보여주는 니콜라이 하르트만(Nicolai Hartmann, Ethik, 1925, 高橋敬視 초역, 『윤리학강요』)에 「현실적=윤리적 사실로서의 인책(Verantwortung)」을 들어 여기에서 역으로 자유의 논증을 진행하고 있음을 언급해 둔다.

적 법칙에 의해 필연적으로 발생하는 자연현상의 경우와 같이 필연불가피하다고 말할 수는 없다. 통상 역사 속에서 개인이든 집단이든 의지를 결정하고, 그에 따라서 어떤 행위를 하는 경우에 단지 하나의 길밖에 없었다고 주장하기는 힘들다. 대개의 경우 복수의 선택이 있어서, 그 어느 쪽을 선택하여 의지를 결정하고 있는 것이다. 의식적으로 선택한 경우도 있을 것이고, 무의식중에 선택하는 경우도 있을 것이며, 다른 선택이 객관적으로는 존재하여도 그것을 찾아내지 못하고 마는 경우도 있을 것이다. 어쨌든 선택이 두 가지 이상 있는 경우 A라는 선택을 하였으므로 X라는 결과가 생긴 것이며, B 또는 C라는 선택을 하였다면 X와는 다른 Y 혹은 Z라는 결과를 낳았을 것이다. 따라서 Y 또는 Z라는 결과가 아니라 X라는 결과를 낳은 것에 대한 책임이 생겨나는 것이다. 만약 A이외에 객관적으로 보아서도 다른 선택이 전혀 없었다고 한다면, 그 의지 결정에는 다른 결정을 기대할 가능성이 전혀 없는 것이며, 책임이 생겨날 여지가 없다. 그런 경우도 있을 수는 있지

만, 책임이 면제되는 것은 기대가능성이 없었다는 사정이 엄밀히 입증되는 경우에 한한다.

선택한 방법 외에 다른 방법이 있었는지를 판단하기 위해 가장 도움이 되는 것은 같은 시기에 같은 사회에서 선택된 결정과 다른 주장 혹은 실천이 있었는가를 검토하는 것이다. 실제로는 A의 방법이 선택되어 X의 결과가 생겨났지만, B의 방법을 선택해야 한다는 주장이 있어서 그 방법이 선택되었다면 X의 결과가 회피되고 Y의 결과가 나타났을 것이라고 생각될 경우에는 A의 방법을 선택하여 X의 결과를 초래한 결정에 대하여 결정을 내린 조직이나 개인은 책임을 져야하는 것이다. 설령 B의 방법을 주장한 견해가 없었다고 하더라도 그 당시의 역사적 조건하에 B의 방법을 선택할 가능성이 존재함을 입증할 수 있다면, A를 선택한 결정자의 책임은 피할 수 없는 것이다. A 이외의 길을 선택해야 한다는 주장이(그 객관적 가능성도) 전혀 없는 경우에 한하여 A의 길을 선택한 것은 그 외의 선택을 기대할 수 없었기 때문에 면책되는 것이다. 또 그 선택 가능성이 어느 시점이었으면 가능하였고, 어느 시점에서는 불가능하였는가라는 의사 결정과 행위의 시기 문제도 있다. 1941년에는 불가능하였던 선택이 1931년에는 가능하였을지도 모른다는 경우도 있기 때문이다. 이러한 검토를 하는 경우에도 역시 앞서 말한 다른 방법을 선택하여야 한다는 주장이 존재하는지 그 여부를 다른 시기에 대해서도 조사하는 것이 유효하다고 생각한다. A를 선택하여 X의 결과를 초래하였다고 해도 선택한 시점에서 X의 결과가 예견되었는지 아닌지가 책임 유무에 큰 관계가 있다. 예견 가능성이 전혀 불가능한 결과에 대하여 책임을 묻는 것은 가혹하기 때문이다. 이 경우에

도, 같은 사회의 혹은 그에 앞선 시기에 그 결과를 예견한 사람이 있었

다면 예견하지 않은 것에 대해 혹은 예견할 수 없

었던 것에 대해 책임을 면할 수 없다.[3]

이처럼 책임이 있는지 없는지를 판단하기

위해서는 항상 현실로 선택되지 않고 무시되거

나 배척되어 압살당한 반대의견 혹은 소수의견

3 책임의 유무의 조건으로 기대 가능성과 예견을 중시한 것은 가장 엄격한 형태의 책임 추궁이며, 형사상·민사상의 책임에 대한 법률 이론에서 시사 받은 바가 크다. 전쟁책임 중에 형사책임을 생각할 때에는, 형법의 책임이론이 그대로 원용된다고 생각한다.

의 유무와 그 내용을 검토하는 것이 매우 유효한 수단이 된다. 물론 채

용되지 않은 반대의견이 모두 좋은 결과를 초래하였을 것이라고 할 수

도 없다. 그리고 보다 좋은 결과를 가져왔을 가능성이 있다고 하더라

도 실행 불가능한 의견이었을 수도 있으므로 실제로 선택된 결정보다

반드시 올바른 것이었다고는 말할 수 없다. 하지만 '참화'를 가져온

전쟁의 개시와 수행과는 다른 선택방법을 제시한 견해가 존재하였는

가 하는 문제와 존재하였다면 그 내용에 대한 검토가 '참화'를 초래한

책임이 성립되는지 아닌지가, 그 책임의 정도를 판단하는 중요한 기준

이 된다는 점은 틀림없는 사실이다.

인간을 의지결정에 기초하여 실천하는 주체적 존재로 파악하는

한 그 주체적 행위에 의한 결과에 대해 책임 문제가 생겨나는 것은 당

연하다. 책임을 물을 수 없는 대상은 자연법칙에 의해 결정되어 주체

적 의지를 갖지 않는 자연물이며 인간은 아니다. 이런 점에서 그 때에

는 그 외에 다른 방법이 없었다든가 전쟁 중의 일을 전후에 이러쿵저

러쿵 말할 수 없다는 류類의 전쟁책임 부정론과 같은 책임 회피는 인

간의 본질에 비추어 성립될 수 없음은 명백한 사실이다.

한국인 위령탑 입구 오키나와현, 제 2차 세계대전 당시
징병당한 한국인들이 오키나와 전투에서 전사하여
조국으로 돌아가지못했다.
이들의 원혼을 풀어주기 위해서 위령탑을 지었다.

사이판 태평양 전쟁 한국인 위령탑

2장
전쟁책임은
어떻게 구분할 수 있는가

'전쟁책임' 이라는 말은 전후戰後 일본 논단에서 반복해서 사용되어 왔으나 나의 부족한 식견으로서는 책임의 성질에는 다양한 종류가 있다고 본다. 책임을 지는 방법에도 큰 차이가 있을 것이고, 누가 누구에게 책임이 있는지에 대해서도 다양한 구분이 있어서 그 구분에 따라서 책임의 내용도 다양할 것이다. 바꾸어 말하면 책임이 있는 주체와 객체를 구분하여 각각 어떠한 책임이 있는지 생각해 볼 필요가 있는데, 이러한 점을 충분히 고려하지 않은 채로 전쟁책임을 논의해온 경향이 있었다고 생각한다.

패전 직후에 '일억총참회'나 그 반대로 권력자, 그것도 아주 한정된 층, 예를 들면 '군벌', 만이 모든 책임을 지어야 한다는 양극단적인 주장이 발생하였다. 이러한 전쟁을 무차별적으로 확산시키거나 국한된 일부에게 모든 책임을 전가시킴으로써 다른 사람들에 대한 책임을 해소하려는 것이었다. 그러나 이와 같은 주장들은 전쟁책임의 다양한 구별에 따른 성질이나 경중의 차이를 불분명하게 하여 전쟁책임의 전면적 해소론과 같은 방향으로 흘러 가버릴 위험을 내포하고 있다. 이는 전쟁책임을 논하는 데에 처음 언급한 바와 같이 책임의 소재가 명확히 나타남을 방지하기 위한 의도였다고 이해할 수 있는 것이다.

그런 의미에서 1956년도 사상의 과학연구회 총회에서 행하여진 「전쟁책임에 대하여」라는 좌담회에서 마루야마 마사오丸山眞男의 다음과 같은 발언은 참으로 귀중한 제안이었다고 생각된다.

당면한 문제를 정리하기 위해 나는 대략 네 가지 점에서 전쟁책임의 관념을 구별하여 생각하면 좋으리라고 생각합니다.

첫째, 누구에 대해 책임을 지는가, 누구에 대한 책임인가라는 것을 확실히 해 둘 필요가 있지 않은가. 예를 들면 일본의 일반 국민이랄까, 피차자라고 할까에 대한 책임과 다른 국가 및 다른 국민에 대한 책임이라는 것은 혼동되어서는 안 됩니다. 또 다른 국민이라고 해도 동일한 것은 아니고 영국, 미국, 소련, 중국, 아시아 여러 민족 등 각기 별개로 논하지 않으면 안 됩니다. 나아가 국민에 대한 책임이라고 해도 국민 중에는 여러 집단이 있으므로, 각각 집단의 지도자가 그 집단의 구성원에 대해 지도자로서 지는 책임은 역시 일반 국민에 대한 책임과는 성격이 다른 특수한 카테고리로 논해져야 된다고 생각합니다.

둘째, 책임을 지는 행위의 성질에 의한 구별입니다. 예를 들어 착오, 혹은 과실에 의한 책임과 범죄에 대한 책임은 매우 성질이 다릅니다. 범죄인 경우에는 우선 법률적 제재를 받는 전쟁범죄를 생각하게 됩니다만, 반드시 '크라임Crime'이라는 범주를 법률적으로 한정할 필요는 없다고 생각합니다. (중략) 과실 책임에도 적극적인 행동에 기초한 과실과 착오나 태만 내지는 부작위(즉 당연히 수행해야 할 직무를 게을리 하거나 혹은 어떤 상황에서 당연히 해야 할 행위를 행하지 않은 부작위)책임이라는 것도 생각할 수 있습니다.

셋째, 책임 자체의 성질에 의한 구별입니다. (중략) 예를 들면 야스퍼스는 전쟁 후에 독일인의 전쟁책임에 대해 '죄책罪責의 문제'라는 책을 저술하고 그 중에는 아시다시피 네 가지로 책임을 나누고 있습니다. 첫째는 형사상의 책임, 즉 좁은 의미에서의 법률적 책임입니다. 둘째는 도덕상의 책임, 셋째는 정치적인 책임, 넷째는 형이상학적 책임입니다. 이러한 구별을 하는 것이 과연 바른 것인지, 설령 이러한 구별을 하여도 정치상 책임이나 도덕적 책임이라고 기술한 정의에 대해 반드시 찬성하지는 않습니다만, 이러한 구별이 논의에 참고가 되리라고 생각합니다.

마지막으로 책임의 구별은 주체의 지위 및 직능의 관점에서 나뉘는 것이 아닌가 라는 점입니다. 예를 들면 최고 리더의 책임, 리더를 직접 보좌하는 지위에 있는 사람들의 책임, 그리고 단순한 추종자 혹은 복종자의 책임은 당연히 다릅니다.

또 적극적인 협력자의 책임 외에, 수익도收益度에 따른 책임이라는 것도 생각할 수 있습니다. 적극적으로 전쟁에 참여한 것은 아니라도 침략전쟁에 의해 여러 가지 형태로 수익을 얻은 자 역시 그 정도의 책임을 지어야 한다고 생각합니다.

이상 좌담회의 속기록[4]을 장황하게 인용한 것은 내가 이 책을 쓰기 위해 필요하다고 생각하여 구성한 전쟁책임의 범주를 마루야마는 벌써

4 이 좌담회(1956년 7월 14일)는 이소노 세이이치磯野誠一의 사회로 마루야마 마사오, 미사쿠 타로美作太郎, 이에나가 사부로, 아라이 마사토, 히사노 오사무 등 5명이 보고를 행하고, 이와 관련하여 이치이 사부로市井三郎, 무라카미 효우에村上兵衛, 우부카타 나오키幼方直吉, 다케우치 요시미竹內好, 다카하시 하지메高橋甫, 쯔쿠바 쇼우지筑波常治, 히다카 히日高六郎, 쯔루미 스케鶴見俊輔, 미나미 히로시南博, 쯔루미 가즈오鶴見和子 등이 발언하였다. 이 속기록은 『사상의 과학회보 17』이라는 46쪽의 등사 소책자로 인쇄되어 있다(1983년, 柏書房에서 『會報』 복간이 되어, 첫 권에 실려 있다).

1950년대 중반에 정밀히 고려하고 있었던 사실을 다시금 확인하고 싶었기 때문이다. 나 자신도 출석하여 발언하였던 이 좌담회는 전쟁책임에 대한 종합연구로 주목받을 내용을 풍부히 포함하고 있다고 생각한다. 그 속기록이 남아 있었음을 잊고 있다가 이번에 이 책의 초고를 쓰면서 찾아내어 앞서 인용한 마루야마의 발언을 다시 읽고, 그 탁견에 깊이 감동한 것이다.

내가 가지고 있는 자료와 내 독자적인 문제 의식에 관해, 마루야마의 제안과 거의 비슷하지만 약간의 차이를 갖는 다음과 같은 책임의 구분을 세워서 논술을 진행하고자 한다.

우선, 법률상 책임과 정치상·도덕상 책임으로 나눌 수 있다. 형이상학적 책임에 대해서는 내 독자적 견해에 따라 최후에 간단히 논하는 것으로 대신한다.

법률상 책임은 국제법상 책임과 국내법상 책임으로 나뉜다. 이 양자를 통하여 공법인으로서의 국가의 책임과 그 운영을 담당하였던 국가기관의 지위에 있었던 개인의 책임, 또한 국가에 대해서는 민사책임 뿐이지만 개인에 대해서는 민사책임과 형사책임을 따로 생각할 수 있을 것이다. 전쟁책임을 둘러싼 논의에서 문제가 되는 것은 연합국군의 군사법정에 의한 '전쟁범죄' 처벌로, 이는 일본인 개인의 형사 책임만을 추궁한 점이었다. 연합국군에 의한 전범재판의 합법성·정당성에 대해 문제가 있음은 6장에서 논하겠지만 전쟁책임의 범주로서 법률적 책임이 연합국군이 지명한 '전쟁범죄인'의 형사책임으로만 끝나는 것이 아님은 말할 나위도 없다.

정치상 책임과 도덕상 책임이란 원래는 성격을 달리하는 것이지만 법률상 책임, 특히 형사책임과 민사책임처럼 명확히 구별하기 어려운 면이 있으므로 총괄하여 두자. 여기에 대해서도 국가의 책임과 개인의 책임이 구별되며 이 양자를 통하여 외국 및 타민족에 대한 국제적 책임과 자국 및 자국민에 대한 국내적 책임을 나누어 생각지 않으면 안 된다.

위의 논술 가운데 이미 책임을 지는 사람과 그 상대방과의 구별, 즉 누가 누구에 대해 지는 책임인가라는 구별이 나타나 있지만 여러 각도에서 책임의 범주를 더욱 구체적으로 생각해 보자.

무엇보다 먼저 일본 국가와 그 기관의 지위에 있었던 일본인 개인이 다른 나라, 다른 민족에 대해 지어야 하는 책임을 계산하지 않으면 안 된다. 그러나 그러한 경우에도 일본이 침략한 중국과 그 외의 아시아 여러 나라의 민족들, 나아가 당시에는 일본 식민지였으나 전쟁 후에 독립한 지역의 여러 민족에 대한 책임과 미국과 기타 구미 연합 제국에 대한 책임은 실질적으로 그 성격을 크게 달리하므로 구별하여 생각하는 것이 적절하다. 또한 중립국에 대한 전쟁책임은 여차하면 잊어버리기 쉽지만 결코 무시해서는 안 되는 것이다. 이상의 국제적 책임에 대해서는 각각의 국가·민족에 대한 책임과 소속 개인에 대한 책임을 합하여 생각해야 됨은 말할 나위도 없다.

일본 국가는 타국·타민족에 대한 국제적 책임을 질뿐만 아니라, 자국민에 대한 국내적 책임을 지어야 함도 명기하여야 한다. 일본 국가기관으로서 그 권력을 행사한 개인도 마찬가지로 책임이 있음은 이미 서술하였다. 반면에 권력의 자리에 있지 않았던 피치자被治者로서 일본 국민은 책임이 없었는가하면 권력자와는 다른 의미에서의 책임이 있었다고 생각된다. 다만 이 경우, 권력을 행사한 사람들의 책임과 앞서 인용한 마루야마의 의견에서 말하는 '단순 추종자 혹은 복종자' 로서의 책임 차이는 충분히 고려하여야 한다. 또 마루야마가 위 좌담회 석상에서 한 발언과 따로 활자화하여 공표한 문장[5]   [5] 4장 1절에 인용한다.에서 지적한 바의 저항자에게도, 또한 전쟁 추진자·순응자의 책임과는 다른 의미에서의 책임이 있음을 논급한다. 그 뿐만이 아니라 전쟁기에 철이 없었던 유아 이후 세대, 전후에 태어난 '전쟁을 알지 못하는 세대' 에게도 전쟁책임이 있는가하는 검토도 반드시 필요한 논점이라고 생각한다.

　　이상으로 일본 국가 및 일본 국민이 짊어져야 할 전쟁책임의 여러 범주를 세웠지만 일본과 싸운 연합국 측이 일본 국민에 대한 책임을 아울러 고려하지 않으면 일방적이라는 비판을 면하기 어려울 것이다. 연합국군에 의한 전범재판이 '승자의 재판' 이라고 비난받고 그것이 어느 사이에 일본국·일본 국민을 전쟁책임 부정론의 방향으로 유도하였음은 전범재판에서 연합국 측의 책임이 모두 무시되었던 점에 큰 원인이 있다. 이론적·학문적으로 전쟁책임을 생각하는 나는 자국·자국민의 책임 직시를 회피하지 않는 자기비판의 정신이 필요함은 물론 동시에 상대국의 일본국·일본 국민에 대한 전쟁책임에 대해서도 추궁하여, 타국민의 자기비판을 촉구하는 일 또한 반드시 필요하다고 생각한다.

　　위와 같은 구분을 조합하고 틀을 세우면서 본론을 진행하고자 한다. 논술에 임하여 항상 위의 구분에 대해 각각 검토하는 것은 오히려 문제점의 이해를 곤란하게 만들 위험도 있으므로 위에 서술한 여러 구분을 염두에 두면서 중요한 범주에 따라 논의해 가며 번잡함을 피하고자 한다.

일본군의 만행

일본 국가의 전쟁책임은 무엇에 있는가

우선 권력의 주체로서 일본 국가의 전쟁책임을 검토하는 데에서 시작하자. 국가권력의 책임은 국가기관, 구체적으로는 그 기관의 지위에 있는 자연인(개인과 개인의 조직)이 각각 법령에 의해 부여받은 권한을 행사하고 혹은 그 권한을 남용함으로 생긴다. 15년 전쟁기 일본 국가의 국가 의지결정과 그 실시가 어느 기관에서 어떤 절차로 행해졌는지 그 제도와 운용의 실태를 개략적으로 소개하고, 실제 국가 권력행사에 의한 책임 검토에 들어가도록 하자. 전쟁 중 국가 운영의 메커니즘을 올바르게 이해해 두는 것이 책임 소재를 생각하기 위해 반드시 필요한 전제가 되기 때문이다.

서절
일본제국의 권력조직

대일본제국헌법(이하 「제국헌법」으로 약칭함)에 의하면 천황은 제국 주권자, 즉 통치권 총괄자로서(예를 들면 법률의 제정과 국가의 매년 세출 세입의 예산 등은 제국 의회의 협의를 거치지 않으면 안 된다. 사법권은 법률에 의해 구성된 재판소가 행한다는 등 제국헌법이 정하는 제한을 받기는 하지만) 긴급칙령·독립명령의 제정, 행정 각부 관제의 제정, 문무관의 임명, 육해군의 통수권, 그 편제 및 상비병액의 결정, 선전·강화 및 조약체결, 계엄선포 등 광범위한 독재권을 가지고 있었다. 대체로 제국의회와 재판소에 부여된 권한을 제외한 국무 결정과 시행은 천황의 대권에 속하였다고 해도 과언이 아니다. 천황의 국무에 관한 대권 행사는 국무대신의 보필에 의해 행해지며 법률·칙령 기타 국무에 관한 소칙은 국무대신의 부서副署를 요한다. 그러나 국무대신의 보필 없이 대권을 행사하거나, 그 부서 없이 법률이나 칙령을 공포하고 국무에 관한 소칙을 발할 수 없다는 제한이 있다. 이것은 천황의 신성불가침에 대한 조항이라 할 수 있다. 즉 천황의 법률상·정치상의 책임을 일체지지 않고 대권의 행사는 모두 국무대신이 그 책임을 지도록 한 것이다. 그 때문에 천황의 대권행사에는 국무대신이 보필의 임무를 다하지 않으면 안 되었다.

원래 국무대신의 보필에 대해서는 제국헌법의 조문 규정과 실제의 운용이 반드시 부합하지는 않고 또 헌법학설에도 해석이 일치하지는 않는다. 헌법의 조문으로는 '국무 각 대신'이 보필한다고 기록되어 있으나 실제로는 국무대신 전원으로 조직된 내각이 보필하는 관행이 성립되어 시종일관 유지되었다.

국무대신 혹은 내각 외에 제국헌법에는 천황의 최고 고문으로 추밀고문의 합의체인 추밀원의 설치가 정해져 있어서 여기서 중요한 국무에 대한 천황의 자문을 심의하도록 되어 있었기 때문에, 때로는 책임을 지지 않는 추밀원 의원이 내각이나 제국의회의 의지보다 강한 힘을 갖는 경우도 있었다.

제국헌법이나 기타 법령에 근거는 없으나 메이지유신 이래의 '원훈'이라고 불리는 중신들이 '원로'로서 공공연히 대권 행사에 관여하고, 정규 국가 기관보다 큰 힘을 발휘하는 경우도 적지 않았다. 제국헌법에서는 국무대신의 임명을 천황 독재대권의 하나인 문무관 임명대권에 속하게 하고, 제국의회의 의지와는 관계없이 내각을 조직할 수 있도록 정하였다. 그러나 내각 총리대신을 원로의 추천에 의해 임명하는 관행이 성립하여 원로의 추천에 의해 천황으로부터 조각組閣 명령을 받은 인물이 다른 각료가 될 사람을 선정하고 천황이 이를 인정하면 내각 총리대신 이하 국무대신을 임명하는 것이 상례가 되었다. 1923년 제2차 호헌운동이 승리를 거둔 후, 중의원에서 다수 의석을 차지한 정당의 당수에게 내각을 조직시키는 '헌정의 상도常道'라고 불리는 관습이 성립하였으나, 그 경우에도 중의원의 추천에 의해서가 아니라, 원로가 내각 총리대신 후보자를 추천하였던 것이다. 1932년에 5·15 테러사건으로 이누카이 키요시犬養毅 내각이 총사직한 후에는 '헌정의 상도'가 무너져 다시금 원로의 추천에 의해 정당 외의 인물이 내각을 조직하게 되었다. 더욱이 1937년부터는 원로를 대신하여 내대신內大臣이 내각총리대신 경험자 등 '중신'의 의견을 듣고 내각총리대신 후보자를 천황에게 추천하는 새로운 방식이 채용되어, 패전까지 유지되었다.

내대신은 본래 궁중의 관리로 나라의 관리도 아니고 국무대신도 아니므로 국무에 관하여 천황을 보필하는 직책을 갖지 못하였다. 그러나 마지막 내대신이었던 기도 코이치木戶幸一 일기를 보면 내대신부 관제에 의해 천황을 '상시보필'할 직무가 주어져 있었기 때문에, 모든 대권행사에 영향력을 미치는 의견이나 정보를 천황에게 전하였음을 확인할 수 있다.

입헌군주제의 이상적인 형태는 국민의 대표기관인 의회에 대해 책임을 지는 국무대신의 보필에 의해 모든 국무가 행해지고 군주는 실질적으로 국무대권을 개인적 의지에 의해 발동하지 않고 국무대신이 모든 책임을 지는 형태여야 한다. 하지만 위와 같이 추밀원이나 원로, 내대신 등 의회와는 관계없는, 따라서 국민에 대해 전혀 책임을 지지 않는 사람들이 대권 행사에 관여하고 있으므로 제국헌법하의 국정은 입헌군주제의 이상과는 거리가 있는 것이었다. 제국의회는 국민의 의지를 대표하는 데에 큰 한계가 있었다. 제국의회의 한 부분인 귀족원이 황족·화족과 같은 세습적 신분에 기반한 의원과 칙임의원으로 구성되고, 국민 대표로서의 실질을 갖추지 못하면서 그 귀족원이 중의원과 대등한 권한을 갖고 있어서 양원의 의견이 일치하지 않는 한 의회의 협조가 되지 않았던 것이다. 구성에 있어서 비헌법적인 제국의회는 그 권한에 있어서도 입법부로서의 권한이 현저하게 위축되었고, 앞서 말한 긴급칙령·독립명령·관제나 군의 편제 등의 중요한 법령 제정권을 부여받지 못하였으며, 예산의 협찬에 대해서도 많은 예외 조항으로 인해 입법부로서의 기능을 충분히 행사할 수 없었다. 한때는 중의원이 내각 조직의 모태가 된 적도 있었으나 그것도 헌법이 예정한 바가 아니라, 대정 데모크라시의 정치적 정세 속에 관습으로 성립되었던 것에 불과하므로 파시즘의 진행 속에서 허무하게 무너지고 말았던 것이다.

무엇보다 가장 큰 문제는 국가 기구 중에 육해군이 높은 지위를 차지하고 있었던 점이다. 천황의 독재대권으로서 제국헌법에 열거되어 있는 사항 중에 「천황은 육해군을 통수함」(제11조)과 「천황은 육해군의 편제 및 상비병액을 정함」(제12조)이 있다. 앞서 서술한 바와 같이, 천황의 국무대권의 행사는 모두 국무대신의 보필에 의하지 않으면 안 되는 것으로 군 통수가 국무대신의 보필사항에 속하지 않음은 제국헌법 어디에도 써있지 않다. 그러나 실제로는 메이지 헌법 제정 이전부터 군의 통수기관인 참모본부가 내각에서 독립되어 있었다는 기정사실에 기반하여 군 통수는 국무대신의 보필에 따르지 않았다. 이를 '통수권의 독립' 이라고 부른다. 그러나 제국헌법이 통수권의 독립을 인정하였는지 아닌지는 확실하지 않다. 메이지 시대의 헌법학계에서는 군 통수도 국무대신의 보필에 의한다는 주장이 유력하였으며, 군도 반드시 '통수권의 독립' 을 강하게 주장하지는 않았다. 실제로 청일전쟁(1894~1895년) 때에 설치된 대본영에는 '문관부'가 있어서 문관인 내각총리대신 이토 히로부미伊藤博文가 참가하여 작전에 대해서도 의견을 내고 있다. 당시에는 문관출신인 원로와 무관출신 원로가 내각 과 군 위에 있어서 양자를 통합하는 정치적 역할을 하였으므로 통수권 의 독립을 특별히 주장할 필요가 없었으리라. 그러나 대정 데모크라시 기에 들어와 정당 세력이 강해지자 정당을 배경으로 한 혹은 정당이 조직하는 내각과 군과의 대립이 발생하고, 군대가 통수권의 독립을 강 하게 주장하게 되었다. 그리고 헌법 제11조의 통수권뿐만 아니라 제12 조의 군의 편제나 상비병액의 결정에 대해서도 내각과 군부의 협의에 의하지 않으면 안 된다는 주장으로 통수권 범위 확대가 진행하였다. 원로 세력이 약해지고 통수권 독립이 강화되자 육해군은 내각이나 의 회마저도 조정이 불가능한 막강한 정치적 세력이 되었다.

　　통수권의 독립에 더하여 육해군 대신을 각 육해군 무관으로 임 명하지 않으면 안 된다는 관제가 있어 1936년에는 현역 대장이나 중 장이 아니면 (육해군 대신이) 안 되게 되었으므로 육군이 육군대신이 될만한 현역 대장·중장의 추천을 거부하면 내각이 조직되지 않았다. 결국 군은 내각의 성립을 저지하거나 혹은 붕괴시키는 실권을 장악하 게 되었다.

　　육해군은 국내 최강의 실세조직이어서 무력이 발동되었을 때 그 것이 위법이라 해도 내각은 이를 견제할 수 없었다. 5·15사건(1932 년)이나 2·26사건(1936년)에서 정부 고관이 현역 군인들에 의해 살해 되는 범죄가 발생한 것은 군에 대한 강한 공포심을 정계에 심어주었 고, 사건 후에 군은 그러한 심리 상태를 이용하여 정부 정책에 군부의 요구를 대폭적으로 수용하도록 압력을 가하였다.

15년 전쟁은 국가 총력전 시대였으며 군사적 목적을 달성하기 위해서는 모든 국정 분야에서 군부의 요구를 관철할 필요가 있었다. 통수권의 독립은 총력전에서는 오히려 장해가 될 뿐이었으나 군부는 역으로 통수권을 국정 전면에 확대 침투시켜 총력전 수행에 도움이 되도록 하여 일반 국무 영역에까지 관여하였다. 1937년 대본영 정부연락회의가 설치되고 1944년에는 최고 전쟁지도자 회의로 재발족하였다. 이 회의는 내각과 통수기관인 참모본부(육군) · 군령부(해군)와의 협의의 장에 불과했으나 통수권에 속하지 않는 사항을 포함하는 중요한 국책 · 국가의지를 실질상 결정하게 되었다. 특히 중대한 안건은 그 결론을 천황이 출석하는 어전회의에 붙여 정식으로 결정하는 것이 관행이 되었다. 선전포고나 강화는 제국헌법 제13조에 정해진 광의의 외교 대권에 속하여 국무대신의 보필에 속하는 국무임에도 불구하고 개전의 결정과 종전의 결정도 참모총장 · 군령부총장이 동의권 · 거부권을 행사하는 구성원으로 출석하는 어전회의에서 행해졌다. 그 구성원에는 천황 자문기관의 의장에 불과한 추밀원의장까지 특지特旨에 의해 참여하고 있었다. 선전宣戰의 소서, 포츠담선언 수락(1945년)의 소서는 각의에 부쳐져 모든 국무대신이 부서副署하고 있어, 마치 국무대신 보필만으로 개전 · 종전의 대권행사가 이루어진 것 같은 형식을 취하고 있지만 사실은 어전회의의 결정을 추인한 의례에 불과한 것이었다.

대본영 정부연락회의(전쟁지도자 최고회의)와 어전회의의 의사는 모두 최고 국가 기밀사항으로 취급되었으므로 국무대신 가운데 일부가 여기에 참가하여도 내용 모두가 각의에 그대로 보고되지는 않았다. 본래 국무 전체를 총괄하여 대권 행사를 보필하고 직접적으로는 제국의회에 대해, 나아가 의회를 통해 간접적으로 국민에 대해 책임을 지어야하는 국무대신의 입헌주의적 기능은 움직이지 않았던 것이다. 나라의 운명을 좌우하는 중대한 국가 의사가 모든 각료도 제국의회도 관여할 수 없는 밀실내의 한줌 밖에 안 되는 정부·군·추밀원 거두의 밀담에 의해 차례차례로 결정되었던 것이다. 이와 같이 제국헌법 절차를 무시해 운영되었던 15년 전쟁기의 대일본제국은 도저히 입헌군주 정치의 나라라고 말할 수 없다. 그러한 중대한 결정에 관하여 국민의 의지를 묻는 기회가 주어지지 않았을 뿐만이 아니라 결정내용조차 전혀 국민에게 알려지지 않았음은 말할 나위도 없다.

제국의회의 의결이 천황에 의해 거부된 예가 단 한번도 없었으며 천황은 자신의 의견을 여러 형태로 정부나 군 수뇌부에 표명함으로써 정치적 영향력을 행사한 적은 있었지만 국무대신의 보필 없이 혹은 국무대신의 진언을 거부하고 독재를 강행한 적은 없었으므로 일단 입헌주의는 지켜졌다고도 생각할 수 있다. 그러나 군 통수에 대해서는 중요한 문제가 있었다.

천황은 군 최고 통수권자이며 군은 천황의 직접적인 명령 혹은 위임한 통수기관의 명령에 따라서 행동한다. 참모총장과 군령부총장은 각각 육군과 해군을 통수함에 천황을 보좌하는 최고 막료장으로 천황의 명령을 전한다.(봉칙명령이라 함) 참모총장·군령부총장이 군대를 지휘하는 권한은 천황으로부터 위임을 받아야만 한다. 양 총장의 천황에 대한 지위는 군사령관과 군참모장, 함대사령장관과 함대참모장과의 관계와 같으며, 천황을 보좌는 하지만 국무대신과 같이 '보필'

하는 책임을 갖는 것은 아니다. 국무대신은 천황의 의사가 위법 또는 국가에 불리하다고 생각할 경우에는 천황의 의사가 변하도록 노력을 다할 의무를 지니고 있으며, 천황의 명령을 핑계로 책임을 면할 수가 없는 특별한 직책을 갖는다. 국무대신이 국무 전반에 대한 대권 행사에 천황을 대신하여 책임을 지는 군주무책을 위해서 국무대신이 위와 같은 일반 관리에게는 없는 특별한 책임을 갖기 때문이다. 여기에 비하여 참모총장·군령부총장은 대원수로서 천황을 정점으로 병졸을 지휘하는 상명하복(절대복종)의 규율 체제의 부분을 이루는 최고 막료장에 불과하다. 이에 천황과 의견을 달리하는 부분이 있더라도 그 명령에 따를 의무를 갖는다. 결국 군부에 관해서 천황은 보필자로서 책임을 대신 짊어 줄 기관을 갖지 않는 전제군주였음을 피할 수 없다. 따라서 통수권의 독립을 전제로 하는 일본 제국의 운영은 입헌군주정치일 수는 없는 것이다. 이 점은 앞에서 말한 참모총장·군령부총장에게 통수권 범위 밖에 있는 국무대신의 전관 보필사항에 국무대신과 동등한 동의권·거부권을 행사할 수 있는 지위를 부여한 것과 연관하여 제국헌법의 운용을 둘러싼 중대한 문제점임을 간과해서는 안 된다. 지금까지 거의 모든 연구자가 이 중요문제에 관해 언급하지 않은 것은 학계의 큰 맹점이라고 생각한다.[6]

15년 전쟁기의 일본에는 나치스 독일의 히틀러에 상당하는 독재적 지도자도, 나치당에 상당하는 독재 정당도 존재하지 않았다. 제국헌법은 최후까지 개정되지 않았고, 제국의 회도 재판소도 실질적으로는 현저하게 독립성

[6] 이 절에서 설명하는 15년 전쟁기의 지배기구와 그 운용에 대해서는 졸저 『역사 속의 헌법, 上』 4장 1절에 상술하였다. 특히 통수권 독립 문제에 대해서는 졸고 「천황대권 행사의 법사학적 일고찰」(磯野誠一·松本三之介·田中浩 편, 『사회변동과 법, 법학과 역사학의 접점』에 수록하였고, 졸저 『칼을 찬 사람의 한심함, 이에나가 사부로 논문창작집』 재록)에 더욱 엄밀한 형태로 논하였다.

을 상실하고 있었지만, 형식적으로는 독립기관으로 존속하였던 것이다. 따라서 제국헌법과 그 운용에서 전쟁 개시 이전부터 있었던 기구의 분립은 전쟁 기에도 유지되었고, 일원적인 독재체제는 실현되지 않았다. 통수권의 독립이라고 해도 군부가 하나가 되어 내각=정부로부터 독립한 것은 아니고, 육군과 해군은 각각 별개로 천황에 직속하는 군대로서 상호 독립하고 있었다. 내각은 그 전관 보필 사항에 통수기관의 대폭적인 개입을 허용하였다고 하지만 내각이 통수기관과의 대등한 지위까지 상실한 것은 아니므로 내각·육군·해군의 삼자는 각각 독립된 권한을 갖고, 삼자의 협력 없이는 의지 통일이 이루어질 수 없었다. 그 외에 원로나 중신 등 법적 권한을 갖지 않으면서 국정의 운용에 비공식적으로 참여하는 자도 있었다. 이와 같은 분립기구의 상충된 의지가 때로는 마찰을 빚기도 하면서 어쨌든 항복에 이르기까지 전쟁과 국민 지배를 계속해 온 것이다. 그와 같은 분립면을 고찰하면 극동국제군사재판소 법정에서의 A급 '전쟁범죄' 피고인의 변명에 나타난 '무책임 체계'가 당시의 국가 메커니즘의 특색을 이루고 있다고 보는 것[7]도 충분한 이유가 있을 것이다. 확실히 전쟁 수행 책임자들은 누구나 제국의 문무관으로서 관리의 권한 범위에서만 행동하였다는 변명은 권한의 대규모적인 남용을 제쳐두는 한 일단은 성립될 수 있는 일이다. 그러나 독재자가 아니고 배분된 권한 범위 내라 하여도 전쟁의 개시·수행에 기여한 이상 전쟁책임을 면할 수 없음은 당연하다. 물론, '무책임의 체계'라는 표현을 전후 법정에서의 변명으로 현저한 특색을 이룬다 해도, 객관적으로 책임을 물을 수 없다는 의미로 해석한다는 것은 있을 수 없는 일이다.

[7] 마루야마 마사오丸山眞男, 「군국지배자의 정신형태」(『현대 정치의 사상과 행동』 소수)

이상은 오로지 법적 기구에 의한 일본제국 운영 실태를 개략한 것이다. 제국헌법 하에서의 일본의 정치적 지배는 반드시 법적인 권력 행사에 의해서만 이루어 진 것이 아님도 충분히 이해하지 않으면 안 된다. 제국헌법 제3조의 「천황은 신성하며 범할 수 없다」라는 규정은 서양 군주국의 군주무책 즉, ‘군주는 정치상, 법률상의 책임을 지지 않는다’ 라는 원칙을 도입하여 기초된 것이다. 그러나 제국헌법의 경우는 「대일본제국은 만세일계의 천황이 이를 통치한다」라는 제1조와 어울려 『고사기古事記』, 『일본서기日本書紀』에 기록된 ‘천황의 선조는 신이며 신의 자손으로 황조신의 신칙에 의해 받은 통치권을 행사하는 천황은 신적 존엄을 영구히 보유한다’ 라는 고대적 신권군주관념을 포함하고 있었던 것이다. 따라서 천황은 최고 권력자인 군주로서 ‘신민’을 통치하는 데에 머무르지 않고, 신성한 권위의 원천으로서 ‘신민’ 의 정신적 충성의 대상이기도 하였다. 법적 구속력이 없는 교육칙어가 국민의 사상을 규제하고 법 이상의 큰 힘을 갖고 있었던 것도 그 때문이며, ‘천양무궁의 황운’ 의 ‘부익扶翼(교육칙어)’ 을 중핵으로 하는 ‘국체관념’ 은 법적 권력을 뛰어넘는 강제력을 발휘하였다. 이와 같은 천황의 권위를 만들어 내고 수용한 국민 측의 기반의 존재에 대해서는 4장에서 설명한다. 그러나 이와 같은 초법적인 권위 내지는 권력만으로 그만큼 철저하게 국민을 전쟁협력에 동원할 수는 없었을 것이다. 나치스 같은 독재 지도 세력이 없이 분립 관료 기구에 의해 무리한 전쟁을 수행하면서도 나치독일 지배 하에서 최후까지 계속되었던 반나치스 반전 저항에 필적할 만한 움직임이 일본에서 나타나지 않았던 것은 독재 지도세력이 없어도 국민을 자발적으로 전쟁에 협력시킬 정신적 권위가 존재하였다고 생각할 수밖에 없다. 그렇다고 해도 이와 같은 권위를 전쟁의 개시 · 수행을 위해 강화 · 침투시켰던 권력자는 권력을 직접적으로 행사하지 않았어도 전쟁책임을 면할 수 없다. 국민의 내부에서 권력에 순응하여 같은 활동에 종사한 자의 책임은 4장에서 살펴보기로 한다.

1절
국제적 책임

이 절의 목적은 15년 전쟁이 일본 국가가 일으킨 침략전쟁이라는 것, 피침략국·피점령지의 인민에 대하여 심각하고 잔학한 가해를 주었다는 것 등으로 인해 일본 국가는 국제적으로 법률상·정치상·도의상의 책임을 면할 수 없음을 밝히는 것이다. 이에 중국을 비롯한 아시아·태평양 여러 지역의 여러 민족에 대한 책임, 소련을 제외한 미국과 기타 구미연합제국에 대한 책임, 중립국에 대한 책임, 소련에 대한 책임은 각각 사정을 크게 달리하므로 구분하여 살펴보도록 하겠다.

1. 중국을 비롯한 아시아·태평양 여러 민족에 대한 책임

1.1 중국에 대한 책임

15년 전쟁은 중국 침략으로 시작되었고, 중국 침략전쟁은 일본의 항복에 이르기까지 계속되었다. 15년 전쟁의 전쟁터는 태평양 내지는 동남아시아가 아니라 중국이었다라는 것은 내가 일관되게 주장해 온 바이므로 우선 중국에 대한 전쟁책임에 대해 서술을 시작하고자 한다.

중국침략은 19세기 이래 일본의 조선 침략 의도와 맞물려 시작되었다. 1894년부터 다음해에 이르기까지 일어난 청일전쟁은 조선침략을 위한 전쟁이라는 성격이 강하지만 일본군은 중국영토에 침입하여 시모노세키조약으로 요동반도(삼국간섭으로 돌려줌)와 타이완을 할양 받고, 타이완 인민의 완강한 저항을 진압하기 위해 그 후 오랫동안 타이완 정복 전쟁을 계속하였다. 1904년부터 다음해에 걸쳐 일어난 러일전쟁에서도 전쟁터가 된 것은 주로 중국의 영토였으며 포츠머스 강화조약에 의해 따이롄大連, 여순旅順 주변의 관동주 조차권과 남만주 철도의 소유권, 그 부속지의 통치권을 획득하고, 중국 영토내에 식민지 지배권을 수립하였다. 1914년 일독 전쟁에서는 독일의 조차지인 칭따오靑島를 점령하고 산동반도에도 만주에서와 비슷한 식민지적 권익을 일시 획득하여, 베르사유 평화조약에 의해 포기할 때까지 이를 보유하였다. 1915년에는 이른바 21개조의 수락을 중국에 강요하여, 만주·동부내몽고 등 각종의 이권을 획득하였다. 이처럼 일본은 유럽제국과 마찬가지로 중국의 반식민화를 촉진·확대시키는 공범으로서의 역할을 수행하였던 것이다. 1928년에 국민당이 북벌을 시작하였을 때 산동 출병을 강행하여 무력으로 중국의 내정에 간섭하기도 하였다.

일본은 만주를 지배하는 군벌 장작림을 이용하였지만 일본의 뜻대로 움직이지 않자 관동군 장교들 사이에서는 만주를 점령할 계획을 세워 1928년에 만철선과 경봉선이 교차하는 점에 폭약을 장치하고 장작림張作霖 살해를 실행하였다. 그러나 모략이 탄로나 만주점령은 실행되지 못하였지만 이는 유조호사건으로 시작되는 만주점령의 리허설이었다고 보인다.

일본의 제국주의적 정책은 중국 인민의 배일저항운동을 불러일으켰다. 특히 제1차 세계대전에 의해 민족자결운동이 세계적으로 전개되는 가운데 중국인민의 식민지 상태로부터의 해방과 매판자본·군벌을 타도하여 중국혁명을 달성하고자 하는 의욕이 높아져서 일본 제국주의를 몰아내고자 하는 운동이 활발해졌다. 장작림의 뒤를 이은 아들 장학량張學良은 장개석蔣介石이 이끄는 국민정부의 산하에 들어가 만주의 자력 개발을 도모하고 남만주 철도에 대항하는 철도부설계획 등 일본의 식민지 지배에서 벗어나고자 노력하였다. 일본은 이를 일본의 권익에 대한 침해라고 간주하고 장학량에 대한 반감을 키워 육군 일부 장교들 사이에는 장작림 폭살보다도 훨씬 용의주도한 만주 무력 점령 계획이 진행되었다. 기획자로서 가장 원대하고 주도면밀한 계획을 입안한 사람이 이시하라 간지石原完爾이다. 관동군 참모 이시하라, 이타가키 세이시로板垣征四郎, 하나다니 다다시花谷正 등이 실행 준비를 진행하고 만철 부속지 주둔 독립수비대 중대장급 장교 몇 명과 장학량 군사고문보좌관 육군대위 이마다 신타로今田新太郎 등의 동지를 실행 부대로 앞세워 전 헌병대위 아마카스 마사히코甘粕正彦 등 민간인 우익들도 보조자로 포섭한다. 1931년 9월 18일 밤에 유조호 부근에서 철도에 폭약을 장치하여 발화시킨 후 이를 중국군의 짓이라고 하여 일거에 중국 병영에 돌입하고, 바로 봉천시 전체를 점령하여 15년 전쟁의 막을 열었던 것이다. 중심인물인 하나다니는 『별책지성 숨겨진 소화사』 소재 「만주사변은 이렇게 계획되었다」 중에서 다음과 같이 그 실황을 기록하고 있다.

　　시마모토島本대대 가와시마川島중대의 가와모토 스에모리河本末守 대위는 철
도선로 순찰 임무로 부하 몇 명을 거느리고 유조호로 향하였다. 북대영北大營(중국군
주둔 병영)을 옆으로 보면서 약 800m 정도 남하한 지점을 선택하여 가와모토는 스스로
레일에 기병용 소형 폭약을 장치하여 점화하였다. 시각은 10시가 조금 지났다. 거대한
폭발음과 함께 절단된 레일과 침목이 파편이 되어 떨어졌다. 그래도 이번에는 장작림
폭살 계획 때와는 달리 큰 것은 아니었다. 이번에는 열차를 뒤집을 필요도 없었고 만철
선을 달리는 열차에 피해를 주지 않도록 해야 한다. 그리하여 공병에게 계산을 시켜 보
니 직선 부분이라면 한 쪽의 레일이 좀 많이 절단되어도 고속도의 열차라면 일시 기울
어졌다가 다시 달려갈 것이라 했다. 그 안전한 거리를 조사하여 사용 폭약량을 정했다.
　　폭파와 동시에 대대본부와 특무기관에 휴대전화기로 보고하였다. 그 지점에서
4Km 북방의 문관둔文官屯에 있었던 가와시마 중대장은 바로 병사를 이끌고 남하, 북
대영에 돌격을 개시하였다. (중략) 북대영에서 중국 측은 아무것도 모르고 잠들고 있었
던 사람이 많았고 무기고의 열쇠를 갖고 있었던 장교가 외출하였기 때문에 무기가 없
어서 우왕좌왕하는 사이 일본군이 돌입하였다. 일찍이 내통하고 있었던 중국병사도 나
타나는 상황, 거기에 28cm 중포가 꿍음과 함께 포격을 개시하자 대부분의 중국 병사들
은 패주하여 날이 밝을 무렵에는 봉천시내는 전부 우리 손에 장악되었고, 군정이 시작
되어 임시 시장으로 도이 하라土肥原 대령이 취임하였다.

　　하나다니는 현지에서 지휘를 담당하지 않았으므로, 국부적으로
는 부정확한 기술도 섞여있는 듯 하다(선로는 절단되지 않았다고도 한
다). 하지만 모략의 중심인물의 회상기이므로, 대강은 이대로였을 것

이다. 폭발 직후에 현장에 급행한 만철사원 다치하라 미치오立原道夫는 북대영에서 나오는 중국 병을 사살한 일본군이 3~4구의 시체를 끌고 와서 폭발 지점에 두는 것을 목격하였다고 말하고 있다(江口圭一, 『소화의 역사 4, 15년 전쟁의 개막』).

일찍이 이시하라 등과 함께 모의에 가담하고 있었던 조선군 참모 칸다 마사다네神田正種는 관동군의 구원 요청에 응하여 만주에 혼성부대를 파견할 계획을 세워 사령관 하야시 센쥬로林銑十郎의 결재를 받았다. 참모본부에서는 조선군의 월경을 인정하지 않았음에도 불구하고, 하야시는 독단으로 부대를 중국영토에 침입시켜 사후에 추인을 얻었다. 관동군·조선군의 공모에 의한 만주 점령 계획이 시작된 것이다. 일본군은 길림·하얼빈을 차례로 진격하여 드디어 만주의 대부분을 점령하였으며 이것들도 모략에 의해 군대 출동의 구실을 만들었음이 앞서 인용한 하나다니의 회상기에 기록되어있다.

21일 아침, 우리들은 길림의 대박기관을 사용하여 폭탄을 던지게 하고, 거류민 보호의 명목으로 제2사단을 길림에 진출시켰다. (중략) 길림을 점령한 후 우리들은 하얼빈으로 진출하고 싶었다. 출병의 기회를 만들기 위해 아마카스甘粕 전 대위를 몰래 잠입시켜 9월 21일 이래 쇼킨正金은행 지점 등 몇 몇 건물에 폭탄을 던지게 하였다. 효과가 나타나 하얼빈 총영사 및 특무기관장으로부터 현지 보호 요청의 전보가 도착하였으므로 군은 중앙부에 파병을 요구하였으나 하얼빈에 진출하면 소련군이 움직일 것을 두려워한 중앙부에 의해 거절당하였다. (중략) 하얼빈 점령이 가능하였던 것은 다음해 1월로 이 때에는 우리들과 상하이의 다나카 다카요시田中隆吉 소령이 합작으로 만든 상하이사변에 불이 붙었으므로, 그 혼잡한 틈을 타서 간단히 작전을 종료하였다.

다나카 다카요시와의 합작에 의한 상하이사변이란 1932년에 상하이에서 중국군과 전투를 개시하였던 것을 말한다. 일본은 점령한 만주국에 괴뢰국가를 만들어 청조 최후의 황제였던 부의를 그 원수로 삼고자 하였다. 이 사건은 부의를 몰래 빼내기 위해 세계의 눈을 딴 곳으로 돌리려고 일으킨 것이었다. 이른바 제1차 상하이사변 또한 만주에서 기획된 것과 같이 일본군의 모략에 의한 것이었다. 이 사건은 위에서 인용한 『별책 지성』소재 '상하이사변은 이렇게 일어났다' 에 모략의 당사자인 다나카의 진술로 기록되어 있다.

10월 초순 관동군 하나다니花谷 소령으로부터 급히 와달라는 전보가 왔다. 사토오佐藤 무관에게는 말하지 않고 봉천으로 가서 이타가키 대령 및 하나다니 두 사람과 회견하였다. 이타가키 등은 다음과 같이 말하였다. "일본 정부가 국제연맹을 두려워하여 소극적이므로 관동군의 계획이 방해받고 있다. 관동군은 이 다음에는 하얼빈을 점령하고, 내년 봄에는 만주 독립까지 계획하고 있다. 지금 도이 하라土肥原 대령을 텐진에 파견하여 부의를 빼내오려고 하고 있다. 그러나 그렇게 되면 국제연맹이 귀찮게 뭐라 할 것이며, 정부는 안달하여 계획을 실행하기 어려우니 이번에 상하이에서 일을 일으켜 세상의 주의를 끌어주기 바란다. 그 사이에 독립까지 실행하고 싶다" (중략) 관동군은 돌아가면서 운동자금으로 2만 엔을 주었으나, 이것만 가지고는 모자라므로 뒤에 종방鐘紡의 상하이 출장소에서 10만 엔을 빌렸다. (중략) 이 음모에서는 협력하여 일을 하였다. 실제 일은 거의 그가 해 주었다. 마침내 준비가 되자 1932년 1월 18일 저녁 매수한 중국인으로 하여금 니치렌종묘법사의 탁발승을 저격하게 하였다. 두 명이 중상을 입고 한 명은 뒤에 사망하였으나 중국 경찰의 도착이 늦어져 범인을 잡을 수 없었다. 기다리고 있었던 일본청년동지회원 30여명이 경찰대와 충돌하여 사상자를 내었다. 이것이 상하이 사변의 발단이다.

만주 점령의 음모는 국제연맹의 비난과 철병 권고에도 불구하고 멋지게 성공하였다. 이것은 구미 여러 나라가 각각 곤란한 사태에 직면하고 있거나 혹은 일본의 행동을 소련의 확장을 막는 방패로 간주하여 내심 찬성하고 있었던 사정 또한 있었기 때문이다. 그리하여 1932년 '만주국'이라고 칭하는 괴뢰정권이 성립하고, 부의가 그 '원수'가 되었으며, 일본은 이를 '승인'하여 일만의정서를 체결하고, 사실상 만주 전지역을 만주국의 이름으로 지배하였던 것이다.

일본군은 나아가 열하熱河에서 내몽고까지 진격하여 중국파견군을 중심으로 화북지방에서 공공연히 군용기를 비행시키거나 아편밀무역을 하였다. 또한 여기에 머무르지 않고, 기동정권冀東政權이라 불리는 괴뢰 정권을 만들어 화북 침략정책을 진행하였다. 중국 민중은 격분하여 대일 저항을 외쳤고, 중국 공산당은 항일 결의를 굳게 하였다. 국민정부의 원수였던 장개석은 대일저항 보다는 공산군 토벌에 더 열심이었으나, 민중의 치열한 저항 정신을 억누를 수 없었다. 1936년 장학량의 '병간'兵諫(시안사건)을 계기로 국민당과 공산당의 연합이 성립되어, 일본군의 화북제압이 중지되지 않는 한 일본과 중국의 정면 충돌은 피할 수 없게 되었다. 1937년 여름 노구교사건을 계기로 일본과 중국이 만리장성이남 중국 전토에 걸쳐서 전면전쟁을 펼치게 된 것도 일본의 공세가 만주 점령에서 화북 침략으로 상대적으로 확대되어 가고 있는 과정에서 생긴 전쟁이라 할 수 있는 것이다.

원래 노구교사건 직후 일중 양국군의 국지적 충돌이 반복되고 있었던 시점에서는 육군 내부에도 전쟁확대파와 불확대파의 대립이 있었다. 정부 내에서도 불확대를 원하는 의견이 강하였음에도 고노에 후미마로近衞文麿 내각은 육군 확대파와 호응하여 대동원을 행하여, 대군을 중국에 증파하여 전선을 일거에 확대하였다. 뿐만 아니라 중국 주재 독일 대사 트라우트만의 평화알선을 거절하고 중국의 수도 남경을 점령하였으며, 장개석 정부를 충칭重慶에 몰아넣고, 왕조명을 수반으로 하는 괴뢰정권을 수립(1940년)하였다. 이윽고 이를 중국의 정통정부라고 인정하여, 중국과의 평화의 길을 극히 좁게 만들고 말았던 것이다.

장개석은 대일전쟁에 열심히 임하지 않았고, 평화 교섭을 여러 방법으로 행하였으나 아무 것도 결실을 맺지 못하였다. 중국의 군대는 일찍이 군벌시대의 중국 장병과는 달리 일본의 예상을 뛰어넘는 왕성한 사기를 가지고 있었다. 특히 국민정부의 정규군으로 편입된 제8로군(화북), 제4로군(화중)으로 불리는 공산당군은 모택동 · 주덕 등의 탁월한 전략으로 일본군이 예상하지 못한 유격전을 통하여 열악한 장비의 불리함을 현장지대의 주민과의 깊은 결합에 의해 충분히 만회하여 일본군을 괴롭혔다. 일본군은 확대된 지역에 진군하였지만 점과 선을 보유함에 불과하였다. 그리고 그 점과 선마저 이를 포위한 공산군의 출몰에 위협을 당하는 불안한 상태에서 대군을 못 박아 둔 채 대 영미전쟁에 돌입, 최후에는 미국 공군의 출격으로 중국의 제공권을 빼앗기고 말았다. 고전을 면치 못하는 비참한 상황에서 항복의 날이 도래하였던 것이다.

이상과 같은 중국과의 전쟁 경과를 보면 이것이 침략전쟁이 아니고 무엇이었을까. 전후 일본 정부는 일관되게 침략전쟁이 아니었다고 주장하고 수상과 기타 정부 고관은 국회에서 침략전쟁임을 인정하라는 요구를 항상 거절하였다. 교과서 검정의 「침략」말살은 드디어 거대한 격분을 일으켜 1982년 중국 정부로부터 엄중한 항의를 받기에 이르렀다. 이에 지금까지의 교과서 검정 방침을 시정하여 교과서에 '중국 침략'이라고 써도 합격시켜야 하는 지경에 이르렀다. 뿐만 아니라, 같은 해 8월 6일 중의원 문교위원회에서 문부대신 오가와 히라지小川平二의 입으로 '고삽苦澁에 가득 찬' 표현이지만 중국과의 전쟁은 "침략전쟁이었습니다."라고 국무대신으로서는 처음으로 언급하게 되었던 것이다(당일 TV방영, 『마이니치신문』82년 8월 7일 기사, 동 13일 이타자와 히로시飯澤匡「'자유인'이었던 오가와 문부대신의 청춘」). 국가로서의 자기비판이 너무 늦고, 그나마도 외국으로부터 항의를 받고서 마지못해 시정하는 것은 일본 국민으로서는 유감스러운 일이다. 일본인 스스로의 힘으로 정부의 자세를 '시정'하지 못하였던 책임을 통감하지 않을 수 없다.

그렇다면 당시 일본 국가로서는 중국 침략전쟁을 일으키지 않고서는 안 되었는가 하면 그렇지는 않았다. 일본 국민 다수가 중국 침략을 적극적으로 지지하거나 혹은 지지하도록 권력에 의해 의식적으로 세뇌되었던 것은 4장에서 설명하겠지만 일본인 중에도 제국주의적 식민지 지배나 무력에 의한 중국 침략에 정면에서 강경히 반대하였던 사람들도 있었다. 다른 진로를 선택할 가능성이 충분히 있었을 것이다.

일찍이 1921년에 『동양경제신보』 주필 이시하시 탄산石橋湛山은 같은 해 9월 23일 사설 「모든 것을 버릴 각오」에서 다음과 같이 말하고 있다.

　이것도 저것도 모두 버릴 일이다. 이것이 가장 좋은 그리고 유일한 길이다. (중략) 예를 들면 만주를 버린다. 산둥을 버린다. 기타 중국이 우리에게 받고 있다고 생각하는 일체의 압박을 버린다. 그 결과는 어찌될 것인가. 또 예를 들어 조선과 타이완에 자유를 허락한다면 그 결과는 어찌될 것인가. 영국도 미국도 매우 어려운 지경에 빠질 것이다. 왜냐하면 그들은 일본만이 이처럼 자유주의를 채택하게 되면 세계에서 자신들의 도덕적 지위를 유지할 수 없게 되기 때문이다. 또 그 때에는 중국을 비롯하여 세계의 약소국은 일제히 우리 나라가 보여준 신뢰에 머리를 숙이게 될 것이다.(중략) 그것이 실은 우리 나라의 지위를 구지九地의 나락에서 구천九天의 위로 상승시키고 영미 기타를 이 반대의 지위에 두는 것이 아닐까.

　또한 1921년 7월 30일부터 8월 13일까지 3호에 걸쳐 연재된 사설 「대일본주의의 환상」에서는 다음과 같이 논하고 있다.

　생각건대 금후는 어떠한 나라라 해도 새롭게 이국민을 병합하고 지배하는 것이 도저히 불가능한 이야기임은 물론 과거에 병합한 것도 점차 이를 해방하고 독립 또는 자치를 부여하지 않을 수 없게 되리라. (중략) 이 때에 임하여 어떻게 홀로 우리 나라만 조선과 타이완을 오늘날처럼 영원히 보지保持하며 또 중국이나 러시아에 대하여 그 자주권을 방해하는 일을 할 수 있으리오. 조선의 독립운동, 타이완의 의회개설운동, 중국 및 시베리아의 배일(당시 시베리아의 일부를 일본군이 점령하고 있었다 ―저자)은, 이미 그 전도가 어찌 될 것인지 말해주고 있다. (중략) 이러한 운동은 결코 경찰이나 군대의 간섭 압박으로 억누를 수 있는 것은 아니다. (중략) 이를 요약하자면 우리들이 보는 바에 의하면 경제적 이익면에서 우리 대일본주의는 실패였다. 장래를 보아도 희망이 없다. 여기에 집착하여 당연히 얻어야 할 위대한 지위와 이익을 버리고 더욱 큰 희생을 바치는 것은 결코 우리 국민이 취할 바가 아니다. 또 군사적으로 말하자면 대일본주의를 고집하면 군비가 필요하고 이를 버리면 군비가 필요 없다. 국방을 위해 조선 또는 만주가 필요하다고 말하는 것은 원인과 결과를 전도한 것이다.

각각의 논리에서 식민지를 전부 포기하고 나아가 군비 철폐까지가 일본의 국제적 지위를 향상시키는 최선의 길이라고 주장함과 동시에, 조선이나 중국을 경찰력이나 군사력으로 영구히 억누를 수 없다고 단언하고 있다. 〈2절 2의 2)〉에서 미즈노 히로노리水野廣德가 미국·영국과 싸움이 일어나기 훨씬 전에 미국과 전쟁을 벌이게 되면 일본 본토는 참담한 상황에 빠지게 될 것이라 예언하고 있음을 소개하겠지만, 그와 마찬가지로 중국 침략전쟁에 훨씬 앞서서 이시하시는 중국은 물론 조선·타이완도 해방하는 것이 일본의 안전과 번영을 가져오는 유일한 길임을 예언하고 있는 것이다.

중국 침략이 개시되었을 때 사회주의·무정부주의 등 이른바 좌익진영에서 '제국주의' 반대의 소리가 높아지고 있었을 뿐만 아니라 제국대학의 현장에서도 당당히 중국 침략에 반대하는 교수가 있었다. 동경제국대학 법학부에서 국제법을 담당하였던 요코다 키사부로橫田喜三郎는 『제국대학신문』 1931년 10월 5일에 「만주사변과 국제연맹」 이라는 논설을 기고하여 일단 만철선 폭파를 계기로 하여 북대영北大營을 공격한 것까지는 자위권의 행사로 인정할 수 있다고 전제하면서도 그 이상의 군사 행동을 모두 부정하고, 국제연맹의 사건 확대방지·철병 권고를 전면적으로 지지하는 견해를 전개하였던 것이다.

　그러나 북대영北大營에 대한 공격과 동시에 봉천 시내에 대해 공격을 개시한 것까지 자위를 위해 어쩔 수 없었다고 말할 수 있는 것일까. 더구나 철도 폭파로 인한 충돌에서 6시간 내외에 400㎞ 떨어진 북방의 관성자寬城子를 점령하고 200㎞ 남쪽에 있는 영구營口를 점령하였던 것까지 과연 자위를 위해 어쩔 수 없었던 행위였다고 말할 수 있을까. 그것도 이러한 점령은 거의 저항이 없는 상태에서 행하여졌음을 주의하지 않으면 안 된다. 나아가 길림이나 하얼빈의 형세가 불온하다고 해서 21일 군부 독단으로 조선에서 국경을 넘어 출병시켰다. 이는 동일 석간 「일거에 길림을 점령함, 길림군 전의를 완전히 상실함」이라는 보도에 잘 나타나 있다.(22일 『동경아사히신문』) (중략) 이처럼 최초의 충돌이나 북대영 점령은 자위적 행위라고 하더라도 그 후의 행동까지 모두 자위권에 의한 것인지는 문제의 소지가 있다. 그러한 형세에서 연맹이 사건의 확대 방지를 권고하였던 것은 오히려 지극히 적당한 조치였다고 말할 수 있다.

　권고의 두 번째는 철병이다. 이것도 거의 말할 나위가 없다. 일반적으로 군대가 대치하여 충돌의 위험이 있는 경우 평화를 확보하는 데에 가장 적당하고 유효한 조치는 철병이다. 만주사건에 있어서 일본 군대는 주둔권이 있는 철도 부속지 이외로 진출한 것이고 또한 조선에서 국경을 넘어서 출동한 것이다. 우선 그러한 군대를 철수시키는 것이 평화 확보를 위해서는 당연한 조치인 것이다.

　같은 동경제국대학 법학부 교수였던 미노베 다츠요시美濃部達吉는 사변 발발 직전에 『동경 아사히신문』(1931년 6월 13일호) 지상 좌담회에서 "육군은 전통적으로 병력을 통해 만주 몽고의 질서를 유지하지 않으면 안 된다고 굳게 믿고 있는 것처럼 생각되지만 이것만큼 국가에 해를 끼치는 것이 없다고 생각합니다"라고 말하고 있다. 또한 사변 개시후인 1934년 1월에『중앙공론』에 실린「우리 의회 제도의 전도前途」에서는 5·15 사건에 의해서 의원내각정치가 종지부를 내린 후의 전쟁체제 강화 동향을 엄히 비판하고 있다.

적어도 전쟁을 국가의 근본정책으로 삼고 나아가는 것은 오늘날 국내적 및 국제적 사회 정세에서 볼 때 국가를 위험에 빠뜨리는 일이라 하지 않을 수 없다. 이는 국제적으로 완전한 고립에 빠지는 일이며 드디어는 세계를 적으로 삼아 싸우지 않으면 안 되는 방향으로 가게 될 위험이 있으며 (중략) 만약 국가가 스스로 전쟁을 목표로 하여 나아간다고 하면 그것은 기름을 안고 불 속에 뛰어드는 행위나 다름이 없나고 할 것이다.

같은 해 10월 육군성 신문반은『국방의 참뜻과 그 강화를 위한 제창』이라는 제목의 팸플릿을 배포하여 '싸움은 창조의 아버지이며 문화의 어머니이다', '국방은 국가 생성 발전의 기본적 활력의 작용이다', '현재의 국제적 대립을 불가피하다고 보지 않고 외교 수단만을 통해서 호전시킬 수 있다고 낙관하는 경향도 있지만, 이는 국제사정에 정통하지 않은 사람들의 말이다, 국민은 이러한 말에 미혹되지 말아야 한다'라는 전쟁 찬미 의식을 널리 국민에게 침투시키려 하였다. 이에 미노베 다츠요시는『중앙공론』11월호에 이를 비판하는 문장을 기고하였다. 여기에서 그는 이러한 상황은 호전적 군국주의적 사상의 경향이 현저하게 나타나고 있는 것이라고 지적하고 있다. 그리고 이는 국제 평화를 유지하는 것을 부동의 방침으로 하는 제국의 국시國是에 반하여 조약을 무시하는 것이며 성소聖김의 취의에도 맞지 않는다는 것이다. 또한 망령되이 전쟁을 찬미하고 전쟁을 고취하는 내용으로 가득차 있으며 책임 있는 육군성의 이름으로 발표한 문서로서는 신중하지 못하다는 비난을 면할 수 없다라고 엄히 비난하고 있다.

동경제국대학 경제학부 식민정책강좌 담당 교수로 무교회주의자인 야우치하라 다다오矢內原忠雄는 1936년 간행 논문집『민족과 평화』에 수록된 논문「평화에 대하여」에서 다음과 같이 기술하고 있다.

전쟁은 국가의 번영을 가져온다고 하지만 전쟁에 의해 국가를 멸망시킨 예도 드물지 않다. 또 전쟁은 용기나 희생 등의 도덕을 발휘한다고 하지만 전쟁에 의해 폭력 및 허위의 악덕이 선전 발휘되는 일은 두려워 할만하다. 전쟁에 의해 이득을 보는 사람도 있지만 다수의 서민은 이로 말미암아 고통받는다. 전쟁에 이익이 있다고 해도 그것은 항상 불이익의 일면을 수반하는 것이며 이로 말미암아 잃는 것은 얻는 것보다 훨씬 많다. 여기에 반하여 평화는 서민을 평안하게 한다. 그리고 서민이 평안한 것은 국가 번영의 기초이며 국가의 번영이라는 것은 백성이 편안한 것 이외에는 구할 것이 없다. (중략) 현실 세계에는 역사상 많은 전쟁이 있었고, 또 앞으로도 있을 것이다. 혹은 가까운 장래에 세계는 다시 대전쟁참화에 빠질지도 모른다. 이러한 사정에서 우리들이 평화를 사랑하고 이를 그리워하는 마음은 한층 깊어지지 않을 수 없다.

일ㆍ중 전면 전쟁 전개 후인 1937년 10월 1일 망우亡友 후지이 다케시藤井武도 기념 강연 중에서 분명하면서도 명료하게 발언하고 있다.

일본 국민을 향하여 하고픈 말이 있습니다. 당신들은 속히 전쟁을 멈추시오! 그렇게 말하지만 전쟁을 멈추지 못합니다. (중략) 아무리 말하여도 이해하지 못합니다. (중략) 의로운 것을 불의라 부르고, 의롭지 못한 것을 의롭다고 부르며, 반역이 아닌 것을 반역이라고 부르고, 애국인 것을 애국이라고 부르지 않습니다. 모든 가치 판단이 뒤집어져 있습니다. 우리들은 뒤집어진 것을 다시 뒤집지 않으면 안 됩니다. 부정을 부정하지 않으면 안 됩니다. (중략) 오늘날 우리는 허위의 세계에 있습니다. 우리들이 그렇게도 사랑했던 일본국의 이상 혹은 이상을 잃어버린 일본의 장례식장에 있습니다. (중략) 부디 여러분! 만약 제가 말씀드린 것이 이해되신다면 일본의 이상을 살리기 위해 먼저 이 나라를 장례 지내 주십시오.

라고 격렬한 언사로 침략전쟁을 중지할 것을 호소하였다. 만주사변 단계에서는 아직 요코다와 같은 의견이 공공연히 발표되었으나 일중전쟁 이후의 단계에서는 공공연히 전쟁반대를 주장하는 것은 허용되지 않았다. 야우치하라矢內原는 위와 같은 언설 때문에 동경제국대학 교수직을 물러나야만 했다.

사상적으로 전쟁 정책과 가장 예리하게 대립한 것은 마르크스주의 진영이었다. 그 운동의 주류에서는 '제국주의 전쟁반대'를 외치면서 「전쟁에서 내란으로」라는 슬로건을 걸었다. 그러나 전쟁을 중지하려는 노력이 부족하였으며 국내의 '혁명'이 주요 목표가 되어 아시아 이웃 민족과 연대하는 데에도 소극적 이었던 것이다. 게다가 마르크스주의에 입각한 운동은 철저하게 탄압 받아, 전향이 속출하여 조직이 괴멸되어 전쟁을 저지할 힘을 잃고 있었다. 그리고 국가권력은 혁명을 두려워하였기에 혁명운동가들의 주장을 외면하였던 것이다. 그 때문에 중국과의 전쟁을 중지하여 다른 선택을 해야 한다는 목소리는 제한적일 수밖에 없었다. 즉 합법적 활동을 하고 있었던 사람들, 체제하에 잠입해 전쟁의 전도에 대해 의견을 내놓던 마르크스주의자들, 적진영에서 나온 일본군에 대한 반전활동 등 외에는 전쟁 중지의 목소리가 있을 수 없었던 것이다. 아직 교직에서 쫓겨나기 전 야우치하라矢內原는 『중앙공론』 1937년 2월호에 「중국 문제의 소재」를 기고하였다.

중국문제(중략)의 중심점은 민족 국가로서 통일 건설도상에 매진하는 중국을 인식하는 것에 있다. 이 인식에 따른 대 중국정책만이 과학적으로 정확하다. 그리고 결국 성공하게 되는 실제적 정책도 이것 이외에는 없다. 이 인식에 기반하여 중국의 민족 국가 통일을 시인하고 이를 원조하는 정책만이 중국을 돕고, 일본을 돕고, 동양 평화를 돕는 것이다. 이 과학적 인식을 배반하고 독단적인 정책을 강행할 때 그 재화는 멀리 후대에 미쳐, 중국을 괴롭히고, 일본 국민을 괴롭히고, 동양 평화를 괴롭힐 것이다. 우리나라의 대 중국 정책은 위와 같은 과학적 인식에 기초하는 정상적인 길로 복귀하지 않으면 안 된다.

그는 중국의 근대화와 민족 국가 수립이 달성될 것이라는 예측 위에 위와 같이 논하고 있다. 비록 국민정부에 의한 통일을 예상하고 있던 것은 적중하지 않았지만 그 직후부터 전면전쟁으로 벌어지는 일중전쟁의 비극을 정확하게 예견하고 있는 결론은 예리한 것이었다. 앞에서 서술한 바와 같이 평화주의 정신에서 비롯된 그의 통절한 전쟁반대의 외침은 결코 주관적이고 감정적인 주장이 아니라 사회과학자로서 중국을 객관적으로 인식한 것이었음을 유의해야 한다.

여기에 대해서 중국 내부에 정통한 일부 마르크스주의자들은 중국 공산당에 의한 중국의 민족적 통일을 예견하고, 일본군이 국민당과 공산당과의 합작인 항일저항운동을 압살하는 전쟁을 계속하는 것이 무의미하다는 것을 암시하는 언론활동을 행하였다. 나라가 금하는 마르크스주의 사상을 드러내어 표현하는 것도, 또 중국 공산당이 승리한다는 예측을 공언하는 것도 불가능하였으므로 이들 언론은 다만 중국의 상황을 사실로서의 관찰 혹은 조사라는 형태로 밖에 표현할 수 없었다. 그러나 그 목적은 일중전쟁의 중지를 암묵적으로 주장하는 것이었다. 예를 들면, 아직 합법적으로 활발하게 활동하던 문필가 오사키 히데미尾崎秀美는 1939년 간행된 『현대 지나支那론』의 말미에서 다음과 같은 결론을 내리고 있다.

동아시아의 신질서 건설은 지나의 민족운동을 근본적으로 해결, 개명할 역사적 과제를 일본인에게 부여하고 있는 것이다. 오늘날 항일민족전선운동으로서 나타나는 기형적인 지나의 민족 운동은 근본적으로는 지나 사회의 반식민지성, 반봉건성을 해결하고 그 오랜 역사적 정체성을 탈각하려는 요구를 갖고 있는 것이다. 지나 민족운동의 대승적인 해결은 바로 이러한 요구에 응하는 것에서 찾아야 한다.

이에 이러한 역사적 사명을 수행해야 하는 일본 자체의 주관적 역량을 속히 준비할 필요가 있을 것이다. 그것은 일본과 지나 항쟁의 경과가 요구하고 있는 것이다.

위의 결론과 중국 서공西功을 중심으로 하는 만철조사부의 『지나 항전력 조사보고』(1939년) 제1절을 보면 중국 정책에 근본적인 전환이 필요함을 알 수 있다. 이 보고서는 항일 중국의 정치력 · 군사력·경제력을 통계적 실증적으로 정밀하게 분석하고 있다.

새로운 중앙정권(汪정권-저자)은 반공을 슬로건으로 하고 있으나 이 문제는
단순한 반공정책에 의해 해결될 문제가 아니고, 민생문제의 근본적 해결에 의해서만
가능한 문제이다. 새로운 중앙정권이 대일관계, 대제3국 관계를 조정할 수 있어도 대내
적으로 이 문제를 해결할 수 없다면 정부는 통치력을 의심받을 것이다. 더욱이 이 문제
를 해결하지 않는 한 일·지 사변은 궁극적 해결에 도달하지 못한다. 이 문제를 해결하
지 못하는 사변 처리 방책은 필경 공문화할 위험성이 있다고 해도 과언은 아닐 것이다.

이는 일본에 항거하는 중국을 일본군이 도저히 정복할 수 없음
을 말해주는 풍부한 자료를 갖고 한 발언이다. 그리고 그 말 뒤에는 대
중국정책에 대한 근본적인 전환이 필요하다는 뜻이 함축되어 있다. 특
히 나카니시中西 등은 이 조사 결과를 정부와 군부에 직접 보고하여
일본군이 중국에서 철군하지 않고서는 해결 방법이 없음을 설득하였
으나 당국은 이를 받아들이지 않았던 것이다.

이러한 사실은 사소한 예에 불과하다. 이처럼 일본인 사이에서
도 중국을 전쟁에 의해 굴복시키는 것이 도저히 불가능하며, 침략 중
지 이외에는 해결할 길이 없음을 주장하는 소리가 있었음에도 불구하
고 일본 정부와 군부는 쓸데없이 중국 점령·괴뢰정권 지지를 고집하
여 결국은 영국·미국과의 전쟁까지 야기하였던 것이다. 그러므로 모
략에 기초하여 침략전쟁을 개시하고, 올바르게 제시된 전쟁의 중지,
중국의 자주적 통일과 발전에 우호적으로 원조하자는 선택의 길을 고
의적으로 선택하지 않았던 점에 있어서 중대한 책임을 면할 수 없는

것이다.

전쟁의 개시와 계속이라는 전체적 정책에 있어서만 책임이 있는 것은 아니다. 전쟁의 수행 과정에서 중국 군민의 생명·재산, 중국 여성의 정조에 준 피해는 계산조차 할 수 없는 것이었다. 그 피해의 정확한 통계는 구할 수 없겠지만 1970년에 타이완에서 출판된 임칙분林則芬의 『중일관계사』에는 중국 군인 사상자 415만 명, 민간인 사상자 2,000만 명, 집을 잃고 유랑하는 민간인 1억 명이라고 기록되어 있다. 이를 소개한 『소화의 역사 5, 일중전면전쟁』의 저자 후지하라 아키라藤原彰가 '일반 민중의 피해가 큰 것이 특징이었다' 라고 지적하고 있는 바와 같이 일본군은 중국 민중을 비참한 운명에 빠뜨렸다. 이러한 사실은 오랫동안 가슴에 새겨 두어야 할 필요가 있는 것이다.

15년간에 걸친 전쟁 중에서 일본군은 만주를 포함하는 중국 전 지역에서 말로 표현할 수 없는 잔학 행위를 반복하였다. 전쟁에는 잔학 행위가 따라 다닌다는 말이 있지만 그 규모와 질에 있어서 군대가 이만큼 잔학성을 발휘한 예는 세계 어디에도 없다고 말할 수 있다. 또 직접 폭력을 행사한 것은 아니지만 중국 군관민에 대해서 극히 불행한 결과를 초래한 가해 행위도 여러 가지로 있었다. 그 중에서 가장 대표적인 사실을 선택하여 가능한 한 구체적으로 예시하여 보자.

가. 남경대학살

일본군은 중국 도처에서 학살·강간·방화·약탈 등 잔학 행위를 전개하였다. 비단 학살이 남경에서만 일어난 것은 아니지만 남경에서는 학살이 대규모였고 또 다수의 구미歐美인들이 목격하여 전 세계

의 비난을 받게 되었다. 최근 이러한 사실을 부인하려는 경향이 나타
나 문부성 역시 교과서 검정에서 사실을 왜곡한 기술을 강요하였다.
그러나 이것이 국제문제화 되면서 결국 일본 정부는 시정을 약속할 수
밖에 없었다. 그럼에도 오늘날 여전히 사실무근이라는 등 기타 강변强
辯이 횡행하고 있는 상황이므로 여기에서도 간단히 언급해 둔다.

　　내가 살펴본 바로는 사실무근설 가운데 가장 이른 시기의 예는
마이니치신문 종군기자로 구마모토熊本이다. 그러나 이 기사는 근거
가 전혀 없을 뿐 아니라 지방 출판물이었으므로 특별한 반향도 없었
다. 세상을 널리 소란스럽게 한 것은, 1972년부터 잡지『제군諸君』에
연재되고, 다음해 73년에 단행본으로 간행된 스즈키 아키라鈴木明
『'남경대학살'의 환상』이었다. 이 책은 저자 스스로 말하고 있듯이
'남경대학살은 환상이다'라고 주장하고 있는 것은 아니고, 수십만의
중국인을 살해했다는 것은 과장으로 단지 학살된 사람들의 수를 논쟁
하고 있을 뿐이다. 따라서 일본군이 다수의 포로 · 비전투원을 죽이거
나, 일본 장병이 다수의 여성을 강간, 약탈, 방화 등을 행하였던 사실을
이 책이 전면적으로 부인하고 있는 것은 아니다. 하지만 책 제목을 붙
이는 것이나 논리의 진행 등에서 남경대학살에 대한 '환상화 공작'을
도모하는 의도를 찾아낼 수 있다. 실례로 이 책은 전쟁책임 부정론자
들이 절호의 무기로 이용하고 있다. 예를 들어 문부성 교과서 조사관
도키노 다니시게時野谷滋는 이에나가 사부로가 저술한『고교일본사』
교과서의 검정에 임하여 이미 통과하고 학교 현장에서 사용되고 있는
교과서에 기재된 '남경점령 직후 일본군은 다수의 중국 국민을 살해
하였다. 이를 남경대학살이라고 부른다'라는 구절을 '남경 점령 혼란

속에서 다수의 중국 국민이 희생되었다' 로 고칠 것을 강요하고 그 근거의 하나로 스즈키의 『'남경대학살'의 환상』이라는 책을 들고 있는 것이다.(1981년 2월 3일, 구두 고지시의 녹음테이프, 이에나가 사부로 『'밀실' 검정의 기록』에 수록) 스즈키의 저작은 객관적으로는 '환상의 남경대학살'이라는 이미지를 널리 유포하여, 공권력이 사실을 왜곡하도록 강제하는 도구로 활용되었던 것이다.

1984년에는 남경 공략 작전에 참가하였던 군인을 포함한 7명이 원고가 되어 '남경대학살이라는 것은 있을 수 없다' 등의 이유로 남경대학살에 대한 기술이 있는 검정교과서의 말소와 위자료 청구를 구하는 소송을 일으켰다. 이는 스즈키의 취지를 넘어서 남경대학살을 완전한 가공의 사실로 주장하는 것이다. 그리고 그 배후는 그러한 주장을 지지하는 사회세력이 존재하고 있다는 것을 알 수 있다.

남경대학살의 피해자 수를 정확히 산출하는 것은 중국 전토의 희생자 수나 히로시마, 나가사키, 오키나와의 희생자수를 정확히 산출하는 것만큼 어려운 일이다. 그러나 남경대학살의 이름에 걸맞는 대규모의 학살·강간·방화 등이 일어난 사실을 부정하는 것은 학문적으로 보아서 도저히 불가능한 일이다. 지금까지 나도 몇몇 사료를 소개하였지만 그 중에서도 오로지 문헌에 의해서 정밀한 논증을 시도한 『남경대학살』의 호라 도미오洞富雄와 남경에서의 현지조사만을 통해 피해자의 증언을 풍부히 채집한 『중국 여행』·「남경으로 가는 길」(『아사히 저널』 연재)의 혼다 쇼우이치本多勝一, 이 두 사람의 연구가 현 단계에서는 가장 설득력이 있는 업적이라고 할 수 있다. 1984년에는 남경대학살에 참가 혹은 그 상황을 목격한 당시 일본 병사의 일기·사진이나 체험증언이 속속 나타나면서(『아사히』 84년 7월 28일 「남경대학살 극명하게, 종군병사의 수첩 발견」, 『마이니치』 84년 7월 28일 「남경대학살 극명하게 메모」, 『아사히』 84년 8월 5일, 「남경학살, 현장의 심정, 종군병사의 일기」, 『마이니치』 84년 8월 7일 「남경포로 1만여 인 학살, 육군하사 스케치로 증언」, 『마이니치』 84년 8월 16일 「남경대학살 나도...., 고베의 당시 육군상병이 증언」, 중국 남경시 문사자료연구회 편 『증언·남경대학살』소재 종군병사 무라세 모리야스村瀬守保의 촬영사진 등) 일본군이 조직적으로 중국병 포로나 비전투원을 집단적으로 학살하였던 사실은 이미 부정할 수 없을 만큼 명확하게 입증되었다고 할 수 있다.(후지하라 아키라 『남경대학살』)

나. 중국의 모든 전선에서의 잔학 행위

그 하나는 포로 학살이다. 헤이그 육전법규에는 「포로는 인도적으로 취급하여야 한다」, 「병기를 버리고 또는 자위 수단을 다하여 항복한 적을 살상하는 것을 금지한다」는 규정이 있음에도 불구하고 일본은 중국병사를 국제법이 정한 포로로 대우하지 않았으며, 풀어주거나 군대에서 사용하는 경우 외에는 거의 죽이고 말았다. 남경대학살에서 죽은 사람들 가운데 투항한 포로들을 집단적으로 살해한 증거가 적지 않다. 태평양전쟁 이후 구미 연합군을 포로로 한 경우에는 급식의 부족이나 과중한 노역이나 학대가 있었을 지라도 일단은 국제법에 따라서 포로로서의 대우를 해 주었다. 그러나 구미 연합군 포로와는 비교되지 않을 정도의 많은 포로가 생겼을 중국군 포로에 대한 기록이 거의 보이지 않는 것은 위의 추측을 증명하는 것이라 할 수 있다. 살해는 참수나 기관총으로 일제히 사격하는 것 외에도 포로를 나무에 묶어 놓고, 특히 신병들의 정신력 배양을 위한 훈련으로 총검으로 찌르게 하여 죽이는 잔학한 수단으로 여러 곳에서 행하여졌다. 『아버지의 전쟁 기록』에 있는 오오코시 치하야大越千速의 「닫혀진 소년의 눈」에는 내몽고 지역에서 포로가 된 공산군 소년병 주량춘朱良春을 살해하는 모습이 다음과 같이 기록되어 있다.

"OO이등병, 앞으로!" 교관이 나를 불렀다. (중략) "지금부터 돌격 훈련을 실시한다. OO이등병, 알겠나! 오늘은 네가 선두다. 목표는 저 적이다. 호령은 교관이 한다." 교관은 나무 기둥을 손으로 가리키고 허리에 찬 군도를 풀었다. 나는 나무 기둥에 묶인 주량춘을 바라보았다. "돌격―앞으로 ―" 교관의 호령에 나는 총검을 오른손에 쥐고 대지를 박차고 달렸다. (중략) "찔러!" (중략) "와―" 나는 절규하면서 총검을 양손에 쥐었다. (중략) 내가 절규한 그 때, 나는 주량춘의 입에서 나오는 비통한 소리를 들었다. "어머니!" 나는 목표 몇 발자국 앞에서 멈추었다. 전신에 가득하였던 기력이 빠져나가는 느낌이었다. "이놈이―" 교관이 구두로 나를 걷어찼다. 나는 땅에 넘어져 철모를 쓴 머리와 등과 허리 등에 교관의 발길질 세례를 받았다. "일어섯―" (중략) 어떤 일인지 그의 눈을 감춘 끈이 조금씩 내려와 두 눈이 나를 바라보고 있었다. 조용한 눈이었다. (중략) 주량춘은 눈을 감았다. "거총―" 교관의 호령에 나는 다시금 총을 양손에 거머쥐었다. "찔러― " 나는 찔렀다. 거의 느낌도 없이 대검은 주량춘의 가슴을 뚫었다. 주량춘은 소리도 없이 머리를 앞으로 푹 숙였다.

비전투원, 노인을 포함한 중국 인민에 대한 잔학행위가 전사한 일본군인이 남긴 일기에 확실하게 드러난다. 1938년 7월 화중에서 전사한 육군 병참 일등병 엔도우 미노루遠藤稔의 군복 주머니에 들어있는 피 묻은 수첩에는 다음과 같은 기록이 있다(遠藤誠『변호사와 불교와 혁명』, 「살해된 아버지가 말하는 일중전쟁, 피 묻은 수첩에서」)

1938년 2월 2일, 30분 교대로 보초를 서다. 남녀를 불문하고 중국인을 총살하다. 4월 5일 00부대에 배속되다. 0대장이 병사 4명을 남기고 다른 병사와 징발하러 떠난 후 중국인 여자를 납치하여 강간한다. 4월 14일 토벌행군, 징발이라고 하면 반드시 중국 여인을 잡아와서는 강간하다. 이 날도 아카오사丹治와 스다須田등은 또 강간을 하였다고 한다.

『땅의 소곤거리는 말, 옛 시즈오카고등학교 전몰자 유고집』에 실린 하급장교로 중국에 출병하여 1941년에 전사한 에바타 미노루江畑稔의 일기에는 다음과 같은 기록이 있다.

1940년 4월 30일, 야전에 오니 너무나 살벌하여서 중국인을 죽이는 것을 아무렇지도 않게 생각한다. 게다가 소총과 실탄을 갖고 있으므로 소위 마가 끼었는지 사격하고 싶은 충동이 생기는 듯 하다. 어제도 병사들이 위협사격을 해도 좋은가 하고 묻기에 허용하였더니 두 번째 실탄이 불행하게도 중국인에게 명중하여 큰 소리로 울었다. 불쌍하다고 생각하였으나 한 발을 더 쏘게 하여서 사살시켰다. 동보東哺에 사는 부락민이리라. 대대 본부에 뭔가를 구하러 왔는지도 모른다. 병사들이 처리하기 전에 처자들이 시체를 가져가려고 울면서 왔다. 쓸데없는 살생을 한 것이다. 병사들은 모기 한 마리 죽인 정도로 밖에 생각하지 않는다.

6월 20일 최근 진지에서 병사들이 형법에 저촉되는 행위를 한다. 질 나쁜 놈들은 강간 행위도 한다. 여인을 묶어서 진지 내로 데리고 들어와 다음날 돌려보내는 자가 있다는 보고다. 내버려 둘 수 없는 사건이다. 가볍게 처리할 수 있는 문제가 아니다. 관련자 모두를 같은 죄로 처벌할 것인가, 대표로 한명을 희생양으로 삼을 것인가, 아니면 불문에 붙여버릴 것인가. 1안을 취하게 되면 공평하기는 하지만 사건이 무제한으로 확대된다. 2안을 취하면 공평하지 못하지만 한명의 희생자를 통해 나머지 전원을 긴장시킬 수 있다. 마지막 안을 취하면 가장 무난하게 보이지만 냄새나는 것에 뚜껑을 덮은 것과 같은 결과가 되지 않을까. 내가 결정한 것은 이번에는 최후의 안을 취하되 앞으로 이런 일이 일어나면 상당한 엄단을 요구할 것이라고 못을 박았다. 이 못은 종종 무시되는 것이 보통으로 엄포용으로만 받아들여진다. (이하 생략)

9월 12일, 해남도의 00 부대에서는 대장이 먼저 처녀의 순결을 더럽혀도 좋으나 뒤처리를 잘 하라고 말한다고 한다. 뒤처리를 잘 하라는 것은 살해해도 된다는 의미임은 물론이다. (중략) 병사들도 여인의 순결을 빼앗지 못한 놈은 없다하던가. 장교는 처녀를 항상 대기시켜서 식사 때에 부채질을 시키던지 그 외 잔심부름 일체를 시킨다. 그 중에는 임신한 자도 있다고 한다.

동경교육대학 교수로서 내 동료인 영문학자 사이토 비슈齊藤美洲가 중국전선 종군중의 체험을 기록한 원고 『양류청楊柳靑』을 공표하도록 허락하고 빌려 주었기에 그 일부를 소개한다.

밀정으로부터 보고가 들어왔다. 그것은 이가장李家庄에 8로군 공작원이 8명 숙박하고 있다는 것이다. 이가장은 일본군 치안지구선 안쪽에 있는 부락이다. 8로군측의 입장에서 보면 해방지구 밖의 부락이다. 그러나 여기는 일찍부터 '보장이하 부락민의 행동에 수상한 점이 있다' 는 정보가 있는 장소이다. 그리하여 바로 출동하게 되었다.

(중략) 통역을 대동한 부대는 마침 잠에서 깬 부락민 한 사람을 안내로 삼아 보장의 집을 습격하였다. 조용한 아침이 점차로 소란스러워졌다. 이윽고 부락민은 한 사람도 예외 없이 중앙 광장에 집합하라는 포고가 내렸다. (중략) 이윽고 제2소대 제1분대의 쿠라바야시倉林 중사가 한 무리의 남자들을 하나하나 조사하기 시작하였다. 어떻게 조사하는가 하면 우선 얼굴을 보고 신체검사를 한다. 그리고 손을 자세히 본다. 손이 비교적 깨끗하고 감촉이 부드러우며 손톱에 때가 없는 남자는 바로 뽑혀 나온다. 이렇게 뽑혀 나온 남자들이 한 무리가 된다. 이들을 병사들이 노려본다. 첫 번째 무리들의 검사가 끝나자 쿠라바야시 중사는 이들을 이끌고 조금 떨어진 나무 밑으로 데리고 가 앉게 하였다. 그리하여 그 곳에서 이번에는 한 사람 한 사람 일으켜 세워서 심문이 시작된다. 처음에는 힘이 들어간 낮은 음으로 묻는다. 돌연 말이 거칠어졌다. 지금 중사의 앞에 서 있는 남자는 몹시 정신 나간 얼굴로 뭔가를 말하면 바로 "잘 모르겠는데요"라고 말한다. 갑자기 주먹이 날았다. 비틀거리던 그가 멈춰 서서는 "난 정말 몰라요!"라고 했다. "좋아, 이놈을 매달아라!" 쿠라바야시의 명령에 따라서 두 사람의 병사가 그 남자의 양손을 묶어서 나무 가지에 매달고, 물이 든 통을 가지고 왔다. 매달린 남자는 목을 빼어 그 물통을 바라보았다. 그 목을 획 뒤로 잡아당겨 젖히고, 중사는 오른손에 들고 있었던 커다란 국자를 코에다 대고 천천히 콧구멍과 열린 입에다 물을 부었다. 뱃속 깊은 곳에서 나오는 신음소리가 났다. 체중이 전부 매달고 있는 한 개의 끈에 집중되었으므로, 고통으로 몸을 비틀 때마다 끈은 양 손목을 파고들었다. 이것이 또한 고통을 배가시키는 원인이 되었다. 몸을 비틀 때마다 나뭇잎이 흔들렸다. 이를 구경하고 있었던 사람들은 숨을 죽였다. 어린이들은 백치와 같은 표정으로 바라보았다. 비명이 두 번째로 울려나왔을 때, 군중 속에서 여자의 울음소리가 들렸다. 이 경우는 대개 매달린 남자가 그 여자의 남편이었다. (중략)

보장의 집을 공격한 부대는 정보반의 아사노 중사가 지휘하고 있었다. 이 부대는 통역을 거느리고 있었다. (중략) 35~36세로 보이는 한 남자가 나와서 "나는 보장의 사촌동생이며, 7일 전부터 보장이 병으로 누워있어서 대신 응접하겠다"고 말했다. (중략) "좋아" 하고 아사노 중사는 단도직입적으로 말하였다. "8로 공작원 8명이 여기에 머무르고 있는데 내놓아라!" 통역을 통해 그 말을 들은 남자는 의외라는 표정이 되어서 "현재 팔로군은 없어요"라고 답하였다. (중략) "그러면 며칠 전에 왔었는가?" 상대는 조금 생각하고는 바로 대답하였다. "3일전에 왔어요." "몇 사람?" "세 사람" "몇 시경?" "낮 한 시경" "저녁을 먹고 갔는가?" "유백성이라는 사람의 집에서 먹고 갔다" "자고 갔는가?" "밤에 돌아갔다" 아사노는 옆에 총검을 들고 서 있는 병사들에게 말하였다. "안으로 들어가서 보장을 잡아 와!" (중략) 잠시 후 인품이 있어 보이는 백발노인이 실내에서 나타났다. 정말로 병상에 누워있었는지 노인은 힘없이 천천히 걸어서 이사노 중사가 앉아있는 장소에 왔다. 중사 옆에 오자 노인은 부드럽게 웃으며 인사했다. "지금 여기에 팔로군은 없는가?" 아사노 중사는 바로 말했다. 노인은 그 얼굴에 어울리는 온유한 음성으로 "없어요."라고 대답했다. "최근 온 사람은 없었는가?" 노인은 말했다. "10일 전쯤에 한사람 있었지요," "무엇을 했는가?" "전단을 뿌리고 갔습니다," "그 후 오지 않았는가?" "오지 않았어요." 아사노 중사는 천천히 일어섰다. 그리고 젊은 남자 앞으로 다가갔다. (중략) 남자가 뭔가 말하려고 하였을 때에는 이미 강렬한 일격이 날아갔다. 상대는 가볍게 비틀거렸으나 곧 자세를 바로 하고 뭔가 빠른 어조로 말했다. "노인은 병으로 누워있었고, 아무 것도 모른다. 자기가 한 말이 정말이다"라는 의미였다. (중략) 통역은 밖으로 달려 나가서 커다란 몽둥이를 들고 왔다. 그리고 그것을 양손으로 붙잡고 명령자를 바라보았다. 이 남자는 23살의 조선 출신의 젊은이로 이와모토라고 성을 바꾼 2등 통역 자격증을 가진 남자였다. (중략) "때려!" 하고 아사노는 말했다. 남자가 탄원하듯이 머리를 앞으로 내밀었을 때였다. 양손으로 몽둥이를 든 이와모토의 몽둥이가 바람을 가르며 내리쳤다. 남자의 입에서 핏덩이가 쏟아졌다. 맞은 장소가 급소였는지 그대로 숨이 끊어졌다. 파나마 모자가 1m 앞으로 떨어졌고, 엎어진 얼굴에 잘 빗질된 머리털이 햇볕을 받아 빛났다. 조용하였다. 옆에 서 있었던 노인은 조용히 이를 내려보고는 부드러운 얼굴에 주름을 잡고 아사노 중사의 얼굴을 바라보았다. 아사노는 입술을 굳게 다문 채 노인을 한 번 보고는 이번은 조용하게 말했다. "때려" 이와모토는 다시 몽둥이를 고쳐 잡고는 노인에게 다가가서 목을 붙잡고는 힘껏 앞으로 밀었다. 노인은 그 자리에 쓰러졌다. 쓰러진 노인을 때렸다. 이번에는 목표를 때리지 못했는지 노인은 "으음" 하고 신음을 하면서 2분 정도 고통스러워 한 후에 조용해졌다. 모두 조용해졌다. 가볍게 다문 입술 사이로 검은 피가 흘러나왔다.

중국의 모든 전선에 걸쳐서 끊임없이 행해진 일본군의 잔학행위에 대해서는 체험자의 증언과 기록만도 엄청난 수에 이르며, 하나하나 예를 들 수 없으므로 여기서는 사료 가치가 높고 구체적인 몇 문헌을 예시하는 데에 머물고자 한다.

다. 독가스전

중국전선에서 독가스를 사용한 사실에 대해서는 졸저 『태평양전쟁』에 기록하여 두었다. 히로시마현 오쿠노섬에서 독가스 병기를 제작하였다는 것은 잘 알려진 사실이며, 그것이 실전에 사용되었다 해도 이상한 일은 아니다. 『아사히신문』 1984년 6월 14일에 육군 슈시노習志野학교에서 작성한 『지나사변에 있어서 화학전 예증집』이라는 극비 문서의 발견과 그 내용의 개요가 소개되어 발견자 쿠리야 켄타로가 『역사학연구』(같은 해 8월호)에 그 일부를 예시하였다. 뒤이어 『아사히신문』(같은 해 10월 6일)에 요시미 요시아키吉見義明가 발견한 『무한 공략전에서 화학전 실시 보고 송부 건』에 앞서 슈시노학교에서 작성한 문서 보다 더 사실적인 극비 문장의 대요가 소개되어 중국전선에서 일본군이 독가스를 상당히 사용하였던 사실이 한층 구체적으로 명백해졌다(그 후 요시미는 『중앙평론』 85년 12월호 「일본군의 독가스전」에서 말레이시아, 싱가포르, 미얀마 각 전선에서도 사용되었음을 발표하였다). 1900년에 일본이 비준한 독가스 금지에 관한 헤이그 선언, 1925년에 일본이 서명한 독가스 등 금지 의정서에 비추어 독가스의 사용은 확립된 국제법에서 금지되었음이 확인되므로 일본군의 독가스 작전에 의한 중국 군민에의 가해 행위는 도덕적 뿐만이 아니라 법률상의 책임도 지지 않으면 안 된다.

라. 계획적·계속적으로 많은 중국 인민에게 생체실험·생체해부를 행한 731부대의 잔학행위

731부대에 대해서는 모리무라 세이이치森村誠一가 수많은 부대원의 증언을 수집하여 공표한 조사기록 『악마의 포식』 3부작(단행본 초판 1981년 신판 3부작 완성 1983년)이 베스트셀러가 되어 널리 알려지게 되었다. 뒤이어 부대원인 코에 사다오越定男가 처음으로 본명을 드러낸 체험고백 『히노마루는 피눈물로─731부대원 고백기』(1983년)를 발간하여 체험자 스스로의 손에 의한 진실의 기록까지도 세상에 나타나게 되었다. 731부대에 대해서는 1948년에 제국은행사건이라는 대량 독살범죄가 발생하였을 때 경시청에서는 731부대원이었던 군의관이 아니면 할 수 없는 범죄라고 판단하고 다수의 부대원에 대한 수사 활동을 행하였으므로 731부대의 실태를 꽤 정확히 파악하고 있었던

것이다. 당시 수사 책임자였던 경찰관 나루치 히데오成智英雄는 범인
으로 지목된 히라사와 사다미치平澤貞通의 범행이 아니라는 확신을
갖고 퇴직 후 히라사와의 재심청구운동에 적극적으로 참가하였던 것
이며(『일본』 1963년 4월호 「히라사와는 범인이 아니다」). 이러한 사실
만 보더라도 전후 일본 정부는 731부대의 존재와 그 실태를 일찍부터
알고 있었음을 알 수 있다.

　내가 알고 있는 바로는 731부대가 세간에 공표된 것은 『진상』
1950년 4월호의 「본토에 사는 세균부대―관동군 731부대를 재판한다」
이다. 나아가 『문예춘추』 1955년 8월호에 전 부대원 아키야마 히로시
秋山浩 명의로 「세균전은 준비되었다!」가 게재되어 생체실험과 패전
시의 실험용 죄수 학살의 처참한 상황이 구체적으로 소개되었다. 그리
고 세상 사람들이 그 두려운 실정을 인식할 수 있는 계기를 만든(아키
야마 히로시는 다음해 1956년에 단행본 『특수부대 731』을 간행하였
다) 후에 1975년부터 TBS 디렉터 요시나가 하루코吉永春子가 거듭 관
계자들을 취재한 것을 소재로 한 다큐멘터리 방송을 방영하는 등 단속
적으로 그러한 사실이 세상에 발표되었다. 그러므로 『악마의 포식』 이
전에도 오랫동안 731부대를 추적 공표하였던 역사가 있었음을 잊어서
는 안 된다. 또한 소련외국도서출판부에서 1950년 일본어로 인쇄된
『세균전용 병기의 준비 및 사용 혐의로 기소된 일본군인의 사건에 관
한 공판서류』라는 제목의 전범재판기록이 특별한 루트에 의해 일본
국내에 들어와 판매되었고, 1968년 간행 졸저 『태평양전쟁』에도 상기
의 사료가 인용되었다. 이러한 사실로 미루어 보면 학문적으로는 이미
공지 사실이라고 말할 수 있겠다. 내가 1983년에 고등학교용 일본사교

과서에 731부대에 관한 기술을 넣어서 검정신청을 하였을 때 삭제하라는 수정 의견이 첨부되었다. 이에 이의신청을 하였으나 '학계의 현상은 사료 수집의 단계이며, 전문적 학술연구가 발표되지는 않았다고 판단됨' 으로 '교과서에 기술하는 것은 시기상조이다' 라는 이유로 이의신청 각하 결정이 내려졌다(84년2월1일 문부성 초등중학교육국장 통지). 교과서에 기재가 금지된 외에 『악마의 포식』 저자와 출판사에 대해서는 우익의 협박이 날아들었고, 초판본을 출판한 출판사는 출판 속행을 거절하였으며, 저자는 생명의 위험을 느낄 만큼 심각한 사태가 벌어졌다(『아사히』 83년 8월 29일 『출판노련』 84년 1월 1일호 등). 이렇듯 731부대에 대해 일본 국내에서의 사실 공표가 큰 장애를 맞게 된 것은 매우 이상한 일이다.

731부대에 대한 공식 기록문서는 소련군에 압수된 전범재판기록 사진판으로 소개된 몇몇을 제외하고는 거의 은닉되어 있으므로 체험자의 증언을 모아서 실태를 재현할 수밖에 없었다. 그러나 앞에서 예시된 여러 문서에 의하면 중국각지에서 포로·스파이 용의자·항일 운동가 등(소수의 백인을 제외하고는 대부분이 중국인)을 하얼빈 교외의 거대한 규모의 부대시설 내에 있는 비밀감옥에 감금하고 이들을 '마루타' 라고 부르며 다양한 종류의 세균을 주사하여 그 효과를 실험하고 죽였다. 극한 추위에 노출시켜 동상 실험을 하는가 하면 야외 실험장 기둥에 묶어 놓고 비행기에서 뿌리는 세균을 흡입시켜 그 후의 경과를 관찰하기도 하고, 건조기에 넣어서 인체내의 수분이 어느 정도 결핍되면 죽는지 실험하였다. 이와 같은 여러 방법으로 인체 실험을 하여 죽이고, 사체는 시설 내부에 있는 소각로에서 소각하였다. 최후에 소련이 참전하자 남아있는 '마루타'에 청산가스를 뿌려서 살해하고, 마당에 구멍을 파서 시체를 소각한 후, 뼈를 모아서 송화강松花江에 버리고, 공병대가 폭약으로 건물을 파괴함으로 증거의 인멸을 도모하였다는 것이 그 대강의 실태였다. 자세하고 생생한 당시의 상황은 앞서 소개한 문헌을 보기 바란다.

731부대의 잔학성은 전쟁터에서와는 달리 적군과 접촉이 없는 후방 비밀기지에서 냉정하고 주도면밀한 계획 하에서 행해지는 데에 있다. 이 점에서는 마치 나치스의 아우슈비츠 수용소를 생각나게 하고, 살해된 사람 수는 아우슈비츠 보다 적을지 몰라도 살해방법의 잔인한 점에서는 훨씬 더하며, 그 계획·실행을 담당한 사람도 본래 인명구조를 임무로 하는 의사들이었음은 심각한 문제라 하지 않을 수 없다. 부대장인 군의관 중장 이시이 시로石井四郎를 비롯하여 일본 의학계에서 최고의 두뇌들이 많이 참여하였던 것이다. 나는 앞에 든 졸저에서 "전쟁터가 아닌 곳에서 냉정한 계획 하에 수행된 잔학 행위로서 그 계획자의 악마적 비인간성을 폭로하는 것이다. 맹방 독일의 아우슈비츠의 가스실, 적 미국의 원자탄 투하와 일본군 731부대는 제2차 세계대전에서 행해진 계획적 잔학 행위의 삼각구도를 이룬다고 말할 수 있다"라고 서술한 바를 지금 다시 여기서 반복해 둔다.

원래 수천 명의 마루타를 학살한 731부대와는 비교할 수 없어도 군의관의 손에 의해 행해진 생체해부·생체실험은 중국 산서성 노안路安에서 행해진 바를 실행자 본인이 상세하게 고백하고 있다.(吉開那津子, 『지울 수 없는 기억―유아사湯淺군의관의 생체해부 기록』), 그리고 미얀마 전선에서 당시 육군 군의관 대위 이시다 사쿠石田作의 목격 기록(『악마 일본 군의관』), 전쟁범죄재판이 된 트락섬에서의 해군 군의관에 의한 실행 기록(『현대』 1982년 2월호 이와카와 다카시 「해군 생체 해부 사건」) 외에 본장 1절에 상술하는 규슈대학 의학부의 미국 군 포로 생체해부사건이라는 본토 내에서의 예도 있어서 일본인 의사의 전쟁책임에 대해 전후 일본 의학계와 관련지어 넓은 관점에서 엄격히 추궁되지 않으면 안 되는 문제이다.

또한 731부대에서 실험상 제작된 세균병기는 중국 전선에서 실제로 사용되었기에 독가스전 실시와 함께 중대한 비인도적 행위가 인정된다 할 수 있다.

마. 아편무역으로 일본의 착취와 중국인의 심신 부식

일본군의 중국 점령을 이용해 일본이 '만주국' 등을 통하여 대량의 아편을 중국에 밀수출하고 큰 이익을 얻은 반면에 많은 중국인들이 아편을 흡입하고 이로 인하여 폐인화된 사정의 일단은 졸저 『태평양전쟁』에 기술하였다. 그 후 치다 나츠미츠千田夏光의 『황군 "아편" 모략』, 구로와 기요다카黑羽淸隆의 「또 하나의 아편 전쟁, 일중전쟁사의 일단면」(『15년 전쟁사 서설』 소수), 쿠라하시 다다나오倉橋正直의 「일본의 아편 몰피네 정책」(『가까운 데 있어서』 제4호 이하 연재) 등의 조사 연구가 발표되었다. 그러나 일중전쟁에 있어서 일본의 아편 정책의 전체상을 포괄적으로 실증한 연구는 아직 없는 듯 하다. 그럼에도 대강은 이미 명백히 드러나 중국과의 전쟁이 제2의 '아편전쟁'의 모습을 띠고 있음은 의심할 나위가 없다.

바. 침략의 앞잡이로서 중국관민을 이용함

학살에 비하면 아편을 대대적으로 받아들여 중국 인민에게 흡입하게 하는 것은 잔학성이 덜한 것처럼 보이지만, 어떤 의미에서는 적나라한 잔학행위보다 음습하고 비도덕적인 가해행위로서 그 범죄성은 적다고 할 수 없다. 법률적으로도 1913년 아편 금지에 관한 헤이그 조약 위반이었다. 이보다 범죄성을 발견하기 어려운 것은 일본이 많은 중국 관민을 유혹하거나 협박·강제하여 괴뢰정권·괴뢰기관의 요직에 취임시켜 일본의 침략에 협조하도록 하거나 침략전쟁을 위한 정보 제공 기타 조국에 대한 배신을 하게 한 사실이다. 그들 중 특히 조국에 반역으로 인정된 사람들은 장개석 정권에 의하여 '한간漢奸'으로 처형되었다(마스이 야스카즈益井康一,『한간漢奸 재판사』).

'한간'이라고 불린 사람들도 모두 완전히 일본에 넘어간 것은 아니고 중국과 일본의 틈새에서 미묘한 심경과 언동을 지속한 사람들이 많았다는 사실을 주의하여야 한다(『가까운 데에 있어서』제5호 소재 후루우마야 타다오 『일중전쟁·상하이·나』). 어쨌든 중국인으로 하여금 조국을 반역하도록 하고 그 양심을 오염시켜 고통스러운 경지로 몰아넣고, 끝내는 사형대에 오르게 한 결과를 볼 때에 여기에도 중국 인민에 대한 일본의 전쟁책임이 있음을 간과할 수 없는 것이다. 그것은 잔학행위와 같이 명백한 가해 행위로 시선을 끌지 않는 만큼 일본측의 책임을 간과하기 쉬우므로 여기에서 주의를 환기시키는 바이다.

전쟁 후 일본은 미국의 요구에 응하여 중화인민공화국을 적대 시하는 정책을 취하였고 타이완에 망명한 장개석 정부와 평화조약을 맺어 중국과의 공적 관계를 단절한 채로 오랜 세월을 보냈다. 세계정세의 변화와 중소관계의 악화, 미중 접근 등으로 말미암아 겨우 1972년 중화인민공화국과 국교를 정상화하였으나 중일 평화관계의 회복이 늦어짐에 따라(예를 들면 서장에서 설명한 바 중국잔류 일본인 고아의 문제 등 전쟁 희생자의 구제를 곤란하게 하는 등) 전쟁 피해는 더 크게 늘어나고 말았다. 중국 측에서 일본 군국주의와 일본인민은 다르다는 명분을 내세워 일본 인민에게 전쟁 중 발생한 일본군의 잔학행위의 유적·유품·사진 등을 보이지 않도록 배려를 하였다. 일본인으로서는 도미나가 다다조富永正三는 "그것은 현실적으로 군국주의와 싸우는 이념으로서의 인민이며 자기 자신을 엄숙히 검토하지 않고 안일하게 받아들일 수 있는 개념은 아니다"라고 말하고 있다(『어떤 B, C급 전범의 전후사―참으로 전쟁책임이란 무엇인가』). 일본측으로서는 전후 40년을 보낸 지금 중국 인민의 심신에 깊이 새겨진 전쟁의 상흔이 깨끗이 지워지지 않았음을 잊어서는 안 된다. 중화인민공화국과의 국교 정상화를 위해 중국에 건너간 일본 수상을 맞이하는 광경을 TV에서 보며 「저 속에 부모를 잃은 사람이 없을까―평화를 바라보는 젊은 의장대」(『아사히』 1972년 10월 15일 「아사히 시단」 다케다아야 작사)라는 기분으로 중국과 그 인민을 대하는 것이 일본인이 취할 태도라고 생각했다.

서주전쟁을 기념하여 1947년에 건립된 순직 철도직원 기념비에 '왜노입구倭奴入寇'라는 문자가 새겨져 있음을 아사히신문 특파원이 발견하였다(『아사히』 79년 2월 1일 「일중전쟁의 상처 아직도」). 마음이 없는 일본국 또는 일본인의 행위가 억제해 온 중국 또는 중국인의 신경을 건드렸을 때 그 분노가 분출한다고 해도 이상한 일은 아니다.

1980년에 후쿠오카현 위령단 일행이 흑룡강성 목단강시 부근에서 '爲野戰砲兵第20連隊戰死者之靈' 이라고 쓴 위령비를 세우며 일장기를 세우고 법요를 행하였을 때 주민 200 ~ 300명이 둘러싸고 '일본인에게 살해된 중국인의 공양이 아직 끝나지 않았는데 일본인만을 공양하는 것은 어찌된 일인가' 하고 항의하여 법요의 중지를 요구하였으나, 법요는 끝까지 행해졌다. 이 때문에 패전 직후 어린아이들을 현지에 남겨둔 채 귀국한 일본인 부모들의 '자식 찾기 방중단' 이 다음해 81년 목단강시에 들어가지 못하고 거부당하였다(『아사히』 81년 8월 10일 석간). 일본 문부성이 교과서 검정에서 중국 침략이라는 문자를 삭제하도록 강요한 일이 보도되었을 때에도 중국 정부로부터 강경한 항의가 제출되었음은 앞에서 상세히 서술한 바이다. 일중 우호의 추진은 중국에 대하여 충심으로 전쟁책임을 느끼는 자각 없이는 불가능함을 가슴 깊이 새겨둘 필요가 있을 것이다.

1.2 말레이 반도 여러 민족에 대한 책임

영국령 싱가포르에는 다수의 화교가 거주하고 있었으므로 일본군은 말레이반도를 점령함과 동시에 조국 중국의 항일전쟁을 지원하는 화교에 대한 철저한 탄압을 가하였다. 1942년 발행 『아사히 동아년보, 소화17년판 대동아전쟁 특집』의 말레이시아 부 10절 「항일 화교의 본거지 박멸」이라는 항목 아래 다음과 같은 기술이 있다.

싱가포르는 동양 화교의 중심지이며 충칭重慶 정권의 항일 운동책 모집으로

(중략) 황군은 2월 18일 이후 화교를 수 개소의 지정 지구로 수용하고 숙청을 도모하여 항일화교 의용군 사령관 풍희馮熹 대위와 남양화교 주진조국 난민총회 집행위원인 기진紀辰 이하 중화총상회, 남양 각속총회 등의 간부를 체포하는 등 철저한 숙청을 감행하였다. 그리고 2월 28일부터 3월 3일에 걸쳐 일제 검거에 의해 70,699명의 항일 화교 용의자를 체포하였다.

　　여기에 7만 여라는 체포자 수에 주목하고 일본에서는 공식적으로는 처형자 수를 5천 명이라고 하기도 하고 당시 헌병대장은 이천 명이 안 된다고 주장하고 있으나 싱가포르 역사연구자 채사군蔡史君은 학살된 인원은 화교 유족회에 의하면 4만 명에 달한다고 한다(『아사히』 82년 8월 9일 「침략당한 측의 증언 모음집 『일본군 학살사』 만들기」). 종군 공동통신 기자 츠요시 히데오津吉英男는 '반일분자인지 아닌지의 판별은 우연에 의한 것이었다. 예를 들면 붙잡힌 다수의 시민들 중에서 오른쪽에 서 있었던 사람들은 즉시 석방되고 왼쪽에 서 있었던 사람들은 사형되었다. 이 사정을 아는 사람들은 전쟁이라는 숙명적인 잔학함을 통감하였던 것이다'라고 증언하고 있다(『비록 대동아 전사―말레이 편』의 「어지러운 군정」). 최근 간행된 나카시마 마사토中島正人의 『모살의 항적―싱가포르 화교학살 사건』에는 극히 상세한 사실 조사결과가 나와 있다.

　　항일 분자가 많은 이포에서 행해진 공산당 토벌에 종군한 보도반원 구로다 히데도시黑田秀俊는 다음과 같은 광경을 목격하였다(『군정』)

　　새벽의 어둠을 틈타 주변 부락을 습격하였던 각 부대는 부락민을 몰아쳐서 9시경애는 부대 중앙에 집합시켰다. 여기에서 모가지 실험이 시작되는 것이다. 모가지 실험이란 이미 감옥에 갇힌 죄인들을 복면시키고 일렬로 세워 그 앞에서 얼굴을 보이는 것이다. 죄인은 한 사람이라도 항일 분자를 찾아내면 사형을 면하게 된다고 교육받았으므로 무리해서라도 범인을 만들어 내려고 초조해하는 듯 하였다. 5살 정도의 딸을 가진 중국인 젊은 부부가 있었는데 그들은 공산계 낙원에 50전 기부를 했다고 밀고 당하여 체포되었다. 그러나 공산계의 낙원이라는 것이 무엇인지 정말로 그들이 50전을 기부했는지 우리가 생각하여도 진위를 알 수 없었다. 지명당한 사람은 등에 백묵으로 표시되어서 열외가 된 후 트럭에 실려서 본부로 연행되었다. 젊은 부부가 트럭에 실려 끌려가는 것을 여자아이가 멍하니 바라보고 있었다. 울지도 않고 잠시 후 뒤를 돌아보며 돌아갔다. 아마도 그 부부는 다시 돌아오지 않을 것이다. 여자아이는 지금부터 어떻게 살아 갈 것인가. 나는 이 때의 여자아이의 모습이 한동안 눈에 선하여 곤란하였다.

1963년 4월 싱가포르 수상 리콴유는 "나는 일본 정부에게 전시 중에 싱가포르가 일본으로부터 입은 희생이나 잔학행위를 싱가포르 시민은 잊을 수 없음을 알려주고 싶다"라고 연설하였다(『아사히』 63년 4월 22일 석간 로이터통신). 그리고 화교 총상회 주최의 '혈채血債' 요구 민중대회가 열려 일본에 5천만 말레이 달러의 배상요구를 하였고, 1966년 일본 정부는 이를 응하였으나 "지금도 일본제는 사용하지 않는다는 사람도 있을 정도"로 싱가포르에서는 일본군의 잔학 행위에 대한 분노가 사라지지 않고 있다(『아사히』 82년 7월 11일). 말레이시아의 콸라룸푸르 동남 50km 떨어진 치치 마을에서는 부근 쥬르돈 마을 촌민 1,474명이 하루사이에 일본군에게 사살당한 사건에 대해 일본 대사관에 희생자 위령비 건설 자금과 사죄를 요구하였다(『요미우리』 76

년(6월 8일). 말레이시아 작가인 이스마일 후세인이 "원폭 투하시에 나는 12세, 나의 작은 마을은 이로 말미암아 긴 고통에서 해방되었다고 하여 기뻐하였다"고 당시의 실감을 아시아 문학자 히로시마 회의에서 언급하고 있는 데에서도 그 일단을 살펴볼 수 있듯이 아시아의 피침략 민중에게 '아시아 제국에 대한 침략과 억압의 가해자로서의 귀결이 히로시마·나가사키의 피해자를 생겨나게 하였다'라고 생각하는 경향이 나타나고 있는 것은 중요하다. 이는 본장 1절에서 서술하는 미국인의 히로시마·나가사키를 진주만과 연결 짓는 생각과는 좀 차원을 달리하는 것으로, 일본인은 깊이 생각하지 않으면 안 될 것이다.

1.3 필리핀에 대한 책임

필리핀은 일본의 침략 전개 중에 중국과 마찬가지로 격렬한 항일 무장 저항이 일어났던 지역으로 전 지역에서 게릴라전이 일어났다. 당시 필리핀인의 대일 저항 정신은 1947년 미국에서 출간된 필리핀인 작가 스테반 하베랴냐의 소설 *Without Seeing The Dawn*(사카야 하루나오 옮김, 『아침을 보지 못하고』)에 비비드로 묘사되어있다. 소설이라고는 해도 전시하 게릴라 부대에 투신하여 지하저항운동을 체험하였던 사람이 쓴 글이므로, 당시의 실황을 잘 전하고 있다고 볼 수 있다.

필리핀에서의 일본군 잔학행위는 여기서는 단 하나 도모키요 다카시友淸高志의 『광기─루손 주민 학살의 진상』에서 전하는 사실만을 예시하고자 한다. 마닐라 남방 라그나 호수 남쪽에 있는 리파에서 1945년 2월 26~27 양일간에 제17연대장 후지시게 마사오藤重正의 명령에 따라서 부근 주민 약 천 명을 남녀노소 구별 없이 학살하였다. 주민을 속여서 학교 교실로 유도한 후 10인 1조로 나오면 통행 증명서를 준다고 하여, 이를 믿고 나오는 주민을 일본병이 차례차례로 학살하였다.

"어이! 여기에 두 사람 보내!" 어두운 절벽 가에는 칼을 뺴 든 두 사람의 장교가 기다리고 있다. 그 뒤에는 총검을 갖춘 병대가 보인다. 스게하라菅原 중사는 주민의 선두가 물가 3m 앞에 이르자 멈추게 했다. "찔러!" "에잇, 야!" 8인의 좌우에서 혼신의 힘을 넣어서 찔러 대는 병대의 총검은 ×자형으로 몸통을 관통하였다. 순식간에 구둣발로 허리를 차면서 총검을 뺴는 것이 동시에 일어난 일이다. 그 반동으로 8명의 몸은 선두에서 고구마 덩굴처럼 겹치면서 절벽 아래로 추락하였다. 이 모습을 바라보았는지 장교 앞에 불려온 두 사람은 눈을 감고 주저앉아 목을 앞으로 내밀었다. 칼이 내려오고 그 순간 처참한 소리와 함께 목에서 선혈이 흐르고 그 피의 압력으로 머리가 앞으로 튀었고, 몸뚱이도 골짜기로 굴러 떨어졌다. 또 한 사람은 떨리는 다리를 필사적으로 누르며 원한의 눈초리로 장교를 바라보았다. 상관없이 하얀 칼날이 번쩍였고 장교는 일본도를 옆으로 후려쳤다. 폭포와 같은 소리를 내면서 수직으로 솟는 피와 머리가 7~8m 앞으로 날아갔고, 땅에 구르는 몸통에서 피가 떨어졌다. (중략) 계곡 아래를 흐르는 흰 물은 사체가 떨어짐에 따라서 점차 붉은 빛을 더하고, 인간의 신음과 같이 부글부글 거품을 내었다. 그리하여 물살은 어느새 시체의 누적에 따라서 막히게 되었다. 그러나 그것도 한 순간이며, 수면이 높아지면서 다시금 물은 핏빛을 띠면서 시체를 맴돌아 흐러간다. 여기에 인간이 끝없이 낙하하여 물보라를 일으켰다.

최근의 필리핀 사람들은 일본과의 경제적 교류 속에서 표면은 우호적인 태도를 취하고 있지만 결코 일본군의 잔학 행위를 잊어서가 아니다. 1967년에 『아사히신문』 특파원은 본독시에서 과수재배 지도를 하고 있던 일본청년해외협력대인 두 청년과 만나서 두 사람으로부터 다음과 같은 이야기를 들었다. 최근에는 사이좋게 술 마시는 현지의 교사가 "만약에 3년 전에 자네들을 만났더라면 살해하였을 거야. 하지만 이제 과거는 잊고 싶어"라고 아무렇지도 않게 말을 했다는 것이다. 그 교사는 일본군의 총격으로 한쪽 다리가 불편하였다고 한다(『아사히』 67년 12월 18일 석간 「꺼지지 않는 민중의 원망」).

일본인 유지가 필리핀에서 전사한 일본인을 위해 포로수용소가 있었던 몬덴르파 형무소 부지에 소장의 허가를 얻어 위령을 위해 평화기원탑을 건설하였으나 필리핀인들은 반발하였다. '침략하고 점령한 토지에 왜 비석을 세우는가', '필리핀인의 감정을 고려하였는가' 등(『아사히』 81년 8월 27일 「대일전쟁 상흔을 말 못하는 필리핀」).

전시하 대일협력자에 대한 추궁은 전쟁 후 언제까지나 엄격하게 행해지고 있다. 특히 헌병대에 근무하였던 사람들은 얼굴을 기억하는 사람에게 보복 당할까 두려워 사람의 눈을 피하여 살고 있다고 한다(『마이니치』 81년 1월 31일 「결코 용서 받지 못하는 과거」).

중국에서 많은 '한간'을 육성하여 전후 그 운명을 비참하게 하였던 것과 마찬가지로 일본은 필리핀인 대일협력자를 만들었다. 마땅히 똑같은 책임을 지어야 할 것이다.

[부록] 괌 주민에 대한 책임

필리핀인에 대해 책임이 있는 것과 마찬가지로 괌 도민에 대해서도 비슷한 책임이 있다. 일본군은 괌 섬을 점령하자 미군 장병을 포로로 잡아 일본 본토의 포로수용소로 보내고 차모로족인 주민들을 지배하에 두었다. 그러나 미국인과 그 문화에 친숙해 있던 섬 주민의 대다수는 일본군의 지배에 반감을 가지고 있었다. 때문에 필리핀과 같은 대일 항전은 불가능하였어도 일본군은 그들을 불신하였고 가혹한 노역이나 불법적인 학대를 행하였으며 또한 많은 도민을 학살하였다.

미국 해군 병사의 아내였던 차모로족 출신의 여성 마리키타는 일본군 대장의 성적 요구를 거절하여 학살당한 것으로 추측되며 결국 행방불명이 되었다. 그 아들 크리스 페레스 하워드는 성인이 된 후에 도민의 배상 요구가 강화조약으로 무시된 것에 분노하여 일본 신 해군 함대가 1980년 괌 섬에 기항하였을 때에 '괌에 전쟁 배상을!' 이라고 쓰인 플랜카드를 가지고 일본 자위대에 시위하며 도민의 대일 배상 요구 운동에 참가하였다. 나아가 어머니의 비극을 중심으로 일본 점령하의 괌을 묘사한 『마리키타』를 저술하였다. 그리고 그 책은 84년에 이토오 나리히코伊藤成彦가 일본에서 번역 간행하였다.

그 번역서에 실린 하워드의 「일본 독자에게」라고 이름 붙인 일본번역서 서문에는 일본 방문을 마친 후의 감상이 서술되어 있다. 괌으로 돌아가는 도중 생각하였던 것 중의 하나가 '제2차 세계대전 중에 일본이 아시아·태평양의 광대한 지역을 침략한 것에 대해서 일본인은 정확한 지식을 거의 갖고 있지 않다는 사실을 알았다는 것이다.' 옮긴이도 이 책을 읽기 전까지는 '일본군 점령하의 괌에 대해 나는 정말 알지 못했다' 라고 기록하고 있으며 이것은 나 또한 마찬가지였다. 이러한 사태는 일본 점령 하 태평양의 수많은 섬들 여기저기에서 생긴 일일 것이라고 생각되므로 특히 여기에 부기하는 바이다.

1.4 인도네시아에 대한 책임

말레이시아나 필리핀에 비교하여 볼 때 인도네시아와 미얀마에서는 처음 일본군은 해방군으로서 환영받았다. 특히 인도네시아에 민족적 단결의 계기를 주었다고 해서 일본의 인도네시아 점령을 높이 평가하는 사람도 있다. 『일본 군정과 인도네시아 독립』(조지 S. 카나헤레 저, 고토겐이치 외 3인 옮김)이 그러한 측면이 있음을 인정하려고 하지만 종합적으로 볼 때 일본군이 인도네시아 민족 전체에 대해서 침략자 · 압제자 · 수탈자였음을 부정할 수 없다. 한 예로서 와세다대학 사회과학연구소편 『인도네시아 일본 군정 연구』의 1절을 간단히 요약 소개하자.

일본군은 자바섬 전 지역에서 수많은 현지 주민들을 노무자로 사역에 동원하였다. 형식은 임의 모집의 형식을 취했으나 실제로는 모든 수단을 동원한 강제였다. 허위 계약으로 대규모 소집을 하거나 등록을 원하지 않는 자에게는 물자 배급을 보류하는 것에서 더 나아가 연도의 논에서 일하는 농민을 닥치는 대로 납치하기까지 하였다. 대우 또한 인간에 대한 것이라 할 수 없는 것이어서 노동자의 사망률은 두려울 정도로 높았다. 확실한 통계라고는 말할 수 없으나 섬 밖으로 송출된 노동자 사망은 약 30만 명이라는 보고도 있다. 여러 마을에서 부인 · 어린이 · 병자 · 노인만을 남겨두고 거의 모든 남자들이 연행되었으며, 마디운주 타케란 마을에서는 외지에 징발된 농민은 거의 죽어

살아 돌아온 사람들이 극히 적었다고 한다.

전쟁 상황이 악화됨에 따라 생활필수품, 식량, 의복 등이 부족함에도 일본군은 쌀을 비롯한 식량의 공출을 강화하며 농민을 고통에 몰아넣었다. 1945년에는 브리탈에서 무장 반란 사건이 발생하였다. 일본군이 편성한 인도네시아인 의용군 가운데는 일본인이 동포의 궁핍을 외면하고 호사로운 생활을 하는 것을 목격하고 일본인에 대한 증오의 감정을 품는 자가 생겨났던 것이다. 반란은 자바섬 이외의 보르네오 · 세레베즈 · 소순다 동쪽의 지역에서도 발생하였다. 모두 진압되고 수모자들은 처형되었으나, 그 중에는 재판을 받지도 않고 살해당한 예도 많았다고 한다.

전후 고도성장 하에서 일본의 남방 경제 진출 정책은 일찍이 점령지였던 여러 민족들에게 새로운 침략 위협으로 나타났다. 인도네시아에서도 1970년대 중엽부터 신문지상에 반일 기사가 많이 나타나게 되었다고 『아사히신문』 특파원은 전하고 있다. 자카르타 일간지 『브리타―브아나』가 「최대의 의학 드라마」라는 제목의 연재물을 실었다. 1944년에 징용된 인도네시아인 노무자의 상당수가 파상풍으로 사망하였다. 일본 헌병대는 이를 반일의 음모로 간주하고 예방주사 왁찐에 파상풍균을 넣었다는 혐의로 자카르타 의과대학 세균학 교수 모흐탈 등 15명을 체포하였다. 모흐탈은 사형을 선고받고, 다른 두 사람과 함께 고문 끝에 옥사하였다. 그러나 애국자로 알려진 모흐탈이 동포를 죽음으로 몰아넣는 행동을 하였을 리가 없으며, 수많은 사망자가 나타난 것은 아직 실험단계에 있던 왁찐을 일본 군의관이 그대로 사용하였기 때문이라고 생각한다. 이러한 경위에 대해 신문에서는 이는 헌병대의 과장 사건이었다고 점령하의 사건을 서술하고 있다(『아사히』 76년 6월 19일 「다시 증가하는 반일 기사—구일본군의 범죄를 고발」).

인도네시아인이 일본 군정을 어떻게 생각하고 있는지를 보다 구체적으로 보여주는 것이 교과서 기술이다. 인도네시아 공화국 교육문화성 편(모리히로유키 편역) *SEJARAH NASIONAL INDONESIA*(호루프 출판, 『세계의 교과서 = 역사 인도네시아』)에서는 "일본 점령시대처럼 대규모로 청년을 조직화한 적은 인도네시아 역사상 없었다." "일본에 협력한 인도네시아 지도자는 청년층에게 민족정신을 심어 주었다." 등 앞서 인용한 카나헤레와 같은 인식을 보여줌과 동시에 일본군에 의한 인도네시아 가해 상황을 적나라하게 서술하고 있다.

일본군정부는 또 원생림 벌채를 행하여 광대한 삼림을 파괴하는 결과를 초래하였다. 일본은 (중략) 농업 시스템의 근대화를 도모하지 않고 다만 성과를 올리려고 하였다. (중략) 식량, 특히 쌀의 생산은 감소할 뿐이었다. 외에도 영향력이 큰 요인은 장기적 전망 없이 증가시킨 가축의 도살이었다. (중략) 가축은 농업과는 일정한 연관이 있는 것으로 식량 생산의 증감에 영향을 주었다. 식량, 특히 쌀의 생산은 감소하였으며, 민중의 생활은 시간이 지남에 따라서 더욱 궁핍해졌다. 이러한 상황 하에서 민중은 논밭의 수확물 대부분을 군정부에 공출하도록 강요받았다. (중략) 식량 부족으로 인한 병이 맹위를 떨쳤다. (중략) 일본 군정부가 경제면에서 행한 수탈의 결과 민중의 생활 상태는 더욱 심각해졌다. (중략) 전 인도네시아에 빈곤이 확대되고 기아가 만연하였다. 그 결과 특히 대도시에서는 거지들과 극빈자가 출현하였다. (중략)

일본 점령 시대에 가장 고통을 강요당한 사람들은 노동자였다. (중략) 처음 그들은 노무자가 되도록 꼬임을 받았으며, 권유가 성공하지 않으면 강제 수단이 취해졌다. (중략) 노무자에 대한 대우는 열악하기 그지없었다. 그들의 건강은 보호받지 못하였으며, 음식물은 부족하였고, 노동은 너무 가혹하였다. 그리하여 많은 노동자들이 일터에서 죽었다.(중략)

일본은 인도네시아에 온지 수개월 만에 가면을 벗어버리고 아시아 여러 나라를 점령하고 민중을 공공연히 억압하였다. 이는 인도네시아에서도 일어났다. 그 압제로 인해 여기저기에서 일본에 대한 반란이 발생하였다. (중략) 일본은 모든 반란을 잔인하게 제압하였지만 인도네시아 민중의 저항은 그치지 않았다. (중략) 반란 진압에 임하여 취해진 일본군의 잔학행위도 저항하는 민중의 정신을 누를 수는 없었다. 일본 점령시대의 가장 큰 반란의 하나가 브리탈 의용군 반란이었다. (중략) 그들의 반란 궐기 이유는 브리탈 병사들의 가족을 포함하는 이 지역 주민의 삶이 차마 볼 수 없을 만큼 비참하였던 것, 또 이 지역에서 일하는 노역자들 다수가 죽고 있다는 것이었다. (중략) 브리탈 의용군의 반란은 실패하였다. 그러나 이 반란은 외국의 압제에 굴하고 있었던 인도네시아 민중들에게 독립정신을 일깨워주는 역할을 하였다.

위의 교과서 기술은 앞서 인용한 와세다대학교 사회과학연구소 『연구』와 일치하고 있으며, 사실의 과장이나 왜곡은 없다고 생각한다. 인도네시아 교과서에 기술된 것처럼 일본 군정은 "악행뿐만이 아니라 좋은 일, 훌륭한 공헌도 많이 있었다고 확신합니다. 그들은 얻은 바도 컸을 터입니다"라고 하면서 "사실에서 먼 교과서를 묵인 방치하지 말고 이를 개정하도록 노력"하지 않으면 안 된다는 의견(『마이니치』 83년 9월 28일)도 있으나, "악행뿐만 아니라 훌륭한 공헌도"라는 말에는 1953년 10월 15일 한일회담 석상에서 일본 대표 구보다칸이치로가 "일본으로서도 조선에 철도나 항구를 만들고, 농지를 조성하기도 하여 대장성은 당시 많은 때에는 2천만 엔을 지출하였다"(『아사히』 1953년 10월 22일)라는 것과 흡사한 것이다. 가해자로서의 자각을 망각하고 있는 것으로 충분한 자계가 필요한 것이다. 이것은 인도네시아인이 일본 군정을 어떻게 받아들이고 있었는지, 피해자 측의 입장에 서서 생각하는 것이 일본인이 취해야 할 자세라고 할 수 있다. 이는 인도네시아에 한정되는 것이 아니라 일본이 지배하였던 모든 민족에 대해서도 마찬가지라는 것을 잊어서는 안 될 것이다.

1.5 미얀마에 대한 책임

미얀마 사람들도 처음에는 일본군을 해방군으로서 환영하고 독립을 위해 적극적으로 일본군에 협력하였다. 그러나 일본의 압제에 대한 불만이 쌓이고, 임팔 작전 후 일본군이 패주敗走하기 시작하자 미얀마군은 반란을 일으켜 연합국 군과 함께 일본군을 미얀마에서 몰아내는 전과를 이루기도 하였다. 미얀마 사람들도 결국 일본의 미얀마 침입이 미얀마를 해방시키기 위한 것이 아니라, 대영 전쟁을 위한 것에 지나지 않음을 간파하였던 것이다.

일본군은 미얀마 사람들에게 큰 피해를 주었다. 태면철도 공사로 인해 미얀마의 많은 노무자들이 혹사당하여 사망한 사건이 있었다. 미얀마 사람들은 이때의 사건을 잊지 못하고 있다. 일본군에 협력하였던 미얀마인 노무자들도 똑같은 학대를 받았다. 이 공사에서는 영국군 등 백인 포로들까지도 사역을 당해 죽었다. 그리고 이에 대해 연합국 군의 비난을 받고 있다.

미얀마의 작가인 린윤 딧츨윈은 임시 노무자로서 이 난공사에 동원되었다. 그의 작품『죽음의 철로─태면철도 미얀마인 노무자의 기록』에는, 그 상황이 구체적으로 묘사되어 있다. 다나베 씨의 역문을 통해 그 일단을 살펴보자.

　노무자들은 세 가지 타입으로 구분된다. (중략) 제3은 강제로 붙잡혀 온 사람들로 그들이 가장 수가 많았다. (중략) 일본병은 우리들을 거칠게 다루었다. 사소한 일로 따귀를 때리기도 하고, 군화로 차기도 하였으며, 눈 위를 주먹으로 때리는 등 폭력을 행사하였다. (중략) 교량 건설에 들어서서는 우리들도 (중략) 비가 오지 않는 날에는 밤 10시~12시까지 작업을 명령받았다. 때로는 날이 새도록 작업이 계속되기도 했다. 철야 작업 후에는 막사에 돌아갈 여유도 없이 다시 작업이 속행되어 저녁 6~7시가 되어야 겨우 해방되곤 하였다. (중략)

　폭우의 기세가 조금 누그러지자, 일본군은 교량 건설을 필사적으로 진행시켰다. (중략) 우리들은 2일간 주야로 작업을 한 후에도 캠프에 돌아가지 못하고, 잠을 자는 것도 허락 받지 못하였다. (중략)

　덥고 메마른 기후로 고생하던 때였다. 정글 속에서 몇 개월이나 중노동을 하여 진이 빠진 노동자들은 마르고 쇠약하여 더 이상 인간이라고는 생각할 수 없는 모습이 되어버렸다. (중략) 몸에 맞는 셔츠도 없고, 돈고로스 풀잎으로 겨우 허리를 가리는 정도였다. 피부는 타서 말라버리고 배만 나왔고 갈비뼈는 그럴수록 유난히 두드러졌다. 다리에는 살점이 없어서 무릎만 이상하게 크게 보인다. (중략) 상처가 생겨 주사 바늘을 찌를 데도 없다. 썩은 냄새가 몸에서 악취를 풍긴다.

　이러한 위생 상태에서 환자가 속출하는 것은 당연한 것이다. 콜레라와 천연두가 발생하면 일본인은 환자를 병동에 두지 않고 막사에서 추방하였다. 일본이 정한 규칙을 위반한 노무자는 밧줄로 묶어서 강에 던져버렸다. 배나 가슴을 발로 밟아 의식이 돌아오면 다시 강에 던지거나, 혹은 나무에 매달아서 3일에서 7일간이나 물도 음식도 주지 않고 방치했다. 지옥과 같은 대우였다. 독립운동 지도자 아웅산의 연설문에는 다음과 같은 글이 있다.

일본 군국주의자들은 그 체제를 유지하기 위해 태면철도를 건설하였다. 이 철도 공사에 우리들 미얀마인이 수만 명이나 땀의 병대로 동원되었다. 말로 다 형용할 수 없을 만큼 다양한 방법에 의해 잔인한 폭행과 사역을 당하였으므로 태면철도공사 현장에서 3만~8만에 이르는 미얀마인이 굶주려 비참한 죽음을 맞이하였다.

같은 역자가 번역한 미얀마 작가 킨스에우의 작품 『우리 조국』에는 일본군에 반란을 일으키고자 결의를 다짐하는 미얀마인 유지의 심경을 묘사한 곳이 있다.

'나중에 생각해 보니 일본이 행한 일은 우리들이 생각한 것과 달랐습니다. 말하는 바와 행동하는 것이 전혀 달랐습니다. 그들은 우리들을 원조하기 위해서가 아니라 제국주의 국가로서 시장의 획득, 자원의 착취가 그 목적이었습니다." "일본은 모든 지역을 독재하는 독재자였으며, 파시스트들이야" 우바초가 장단을 맞추었다. "그렇습니다. 이 미얀마에서 그들은 군사 독재자입니다. 전쟁 때문이라고 하면서 모든 물자를 빼앗고, 사람들을 데려갑니다. 땀의 병대로 뽑혀 끌려간 노동자나 농민이 얼마나 고생을 하였는지는 말할 나위도 없습니다. 탄뷰잣의 노동자들이나 가난한 사람들이 굶어 죽어가는 것을 생각하면 나는 가만히 있을 수가 없습니다."라고 말하였다. 미간을 찌푸리고 눈도 감고 있었다. "작년(1943년) 8월에 일본이 준 독립은 속임수였음을 알았습니다. 1941년부터 1942년에 걸쳐서 군사 훈련을 받을 때부터 일본은 의지할 수 없는 상대라고 생각하였습니다. 이 일본에 반란을 일으킬 것을 1943년부터 생각하고 있었습니다."

『죽음의 철로』와는 달리 『우리 조국』은 소설이므로 위의 대화는 픽션이다. 하지만 당시 반란 계획자의 심정을 적절하게 표현하고 있다.

1.6 베트남에 대한 책임

베트남에서는 일본군이 진주한 후에도 오랫동안 프랑스의 통치를 허락하고 있다가, 최후에야 권력을 빼앗고 직접 통치하였다. 일본군이 베트남 인민들에게 어떠한 악행을 하였는지에 대한 문헌은 극히 적다. 내가 찾은 유일한 기록은 1944년에 일개 병사로 베트남에 파견되었던 경제학자 고바야시 노보루의 체험기 『내 속의 베트남』이다. 전쟁이 베트남 주민에게 어떠한 화를 미쳤는지 이 책에서는 다음과 같이 기술되어 있다.

노골적인 착취로 남은 것이 없게 된 북베트남 민중은 메콩강 델타지역과 중국 남부로부터 쌀을 수입하여 생활하였다. 통킹에서는 논에서 2모작을 하는 농민들조차도 자급하지 못했다. 일본 군대는 물소나 소를 이용하여 논을 가는 농민들이 자주 휴식을 취하는 것을 못마땅해 했다. 그러나 통킹의 농민은 충분히 일할 만큼의 토지가 없었다. 이러한 상황에서 태평양전쟁이 심각해지고 남북에서 쌀의 수송로가 두절되었다.

남지나해를 항해하는 기선은 이미 사라졌고, 베트남 종단철도 또한 미국의 폭격으로 많은 교각이 파괴되어 버린 것이다.(나는 사이공에서 하노이에 이르는 데에 기차를 타고 10일 걸렸다) 결국 베트남에는 송코이강의 대홍수 이전에 이미 전에 없던 큰 기아가 몰아 닥쳤다.

송코이의 델타지역 남단에 있는 남틴시는 통킹에서는 하노이, 하이퐁 다음가는 도시이다. 사이공에서 이곳에 도착하였을 때, 맹렬한 기근의 참상을 목격하였다. 농민의 가족들이 문자 그대로 뼈와 가죽만 남은 상태로 길거리에서 죽어가고 있었다. 그것은 영양실조로 인한 죽음이 아니라 아예 굶어 죽는 것이었다. 거리에는 숨을 거둔 남편의 시체 옆에서 통곡하는 아내와 자식들이 즐비했다. 몇 시간 지나서 다시 돌아와 보면, 아내 또한 죽어가고 있는 것이다. 이러한 상황은 어디에서나 볼 수 있었다. 이런 광경을 나는 처음으로 목격한 것이다. 큰 수레가 노상에 널린 시체들을 거두어 화장터로 옮겼다. 그리고 이 수레에는 아직 숨이 붙어있는 사람들도 포개어져 있었다. (중략)

이 홍수는 통킹평야의 주요한 부분을 휩쓸었다. 이 홍수로 인한 흉작 때문에 북베트남 민중들의 생활은 더욱 어려워졌다. 게다가 무더운 날씨로 콜레라가 발생해 그 희생자 또한 많았다. 송코이강에는 끊임없이 시체가 떠내려 오고, 강둑에는 들개들이 무리지어 다녔다. (중략)

1945년부터 1946년에 걸쳐 발생한 북베트남의 아사자는 200만 명이라고 한다. 이 숫자는 물론 정확한 것은 아니다. 이 점에서는 중세유럽의 페스트 보고자와 비슷하다. 내가 기억하는 숫자는 현지의 목격자들이 예상하는 것과 일치한다. 1964년에 처음으로 유럽을 방문할 기회를 얻었을 때 요코하마와 마르세유 사이를 운행하는 프랑스 여객선을 이용하였다. (중략) 배 안에서 휴가가 끝나서 사이공 고아원으로 귀임하는 네덜란드 출신의 가톨릭 신부와 대화를 나누게 되었다. 20년 전의 베트남에 대한 이야기가 나오자 그는 당시 하노이의 고아원에서 일을 하고 있었다고 말하였다. (중략) 대기근에 대해 화제가 옮겨지자 이마를 찡그리며 "당신은 당시 어느 정도의 사람들이 죽었다고 생각합니까?" 하고 묻기에 "거의 200만 명일 것입니다"라고 대답하자 "그렇습니다. 아아, 당시의 일을 알고 있는 사람이 있다니"라며 손으로 얼굴을 감쌌다.

1965년 5월 28일자 『마이니치신문』에는 「현지에서 본 폭격 하의 베트남」이라는 기사로 제일통상 사무원 노무라의 담화가 소개되었다. "1945년에 점령하였던 일본군이 퇴각하고 평화가 다시 찾아왔다. 그러나 일본이 미작지역을 주트(황마섬유) 밭으로 전환시키고, 라오스에 비축미를 수송하였기 때문에 엄청난 식량부족이 발생했다. 이 때의 대기근으로 200만 명 정도가 굶어 죽었다"라는 소개였다. 200만 명이라는 아사자의 숫자는 일치하고 있으나 그 원인에 대한 설명은 상당히 다르므로 나로서는 어느 것이 정확한 것인지 혹은 다른 이유가 있는지 판단할 수 없다. 그러나 어느 쪽을 취하여도 일본이 베트남을 전쟁에 끌어들이지 않았으면 벌어지지 않았을 참화였음은 인정한다. 그것은 중국이나 싱가포르나 필리핀 등의 경우와 같이 일본군이 손으로 직접 사람을 죽인 잔학 행위와는 성질을 달리한다. 그러나 북베트남의 아사자 수는 인구 비례에서 볼 때 중국에서의 전사한 사람들의 비율을 훨씬 뛰어넘는다. 그 원인이 일본의 전쟁에 있으므로 베트남에 대해서도 책임이 있는 것이다.

그러나 전쟁 후 북베트남에 호치민이 이끄는 공산주의 정권이 수립되고, 프랑스에 이어 미국의 괴뢰정권에 불과한 남사이공 정권과 대립하는 상황에서 일본 정부는 거의 피해를 주지 않았던 남사이공 정부에 대해서만 배상을 하고, 큰 피해를 준 북베트남에는 아무런 배상을 하지 않을 뿐만 아니라 미국의 베트남에 대한 잔학한 침략전쟁(베트남 전쟁의 위법성에 대해서는 R.A 포크 편『베트남 전쟁과 국제법』, 베트남 전쟁범죄 조사 일본위원회 편『라셀법정』 전2권, 모리카와『베트남에 있어서 미국의 전쟁 범죄의 기록』 등 참조)에 적극적으로 협력하고, 다시금 베트남에 대한 가해 행위를 하게 된 것이다. 일본인의 한 사람으로서 나는 무슨 말을 해야 할 지 알 수 없다.

1.7 조선에 대한 책임

지금까지 서술한 것은 독립국 혹은 당시 구미 열강의 식민지였던 지역의 주민, 즉 일본 제국의 주권 밖에 있는 지역의 민족들에 대한 전쟁책임에 대해서였다. 지금부터 서술하고자 하는 것은 당시 일본제국의 식민지로서 그 주권 하에 있었던 민족에 대한 책임이다. 식민지 지배국이 전쟁개시 이전부터 식민지 지배국의 피지배 민족에게 가해를 행한 전시하의 책임은 구분하기 어려운 부분이 많다. 그러나 이 책에서는 식민지화의 문제는 필요한 부분만 언급하고 오로지 전시하의 가해 행위에 한하여 논술하고자 한다.

조선은 원래 독립국으로, 고대 이래 동아시아에서는 중국과 더불어 일본보다 문화적으로 선진국 이였다. 그러나 메이지유신 이래 일본 근대화 과정에서 가장 먼저 제국주의 지배 대상이 된 나라이다. 1876년 조일수호조규라는 불평등조약의 강요, 1894년부터 다음해에 걸친 청일전쟁으로 일본은 조선을 전쟁터로 만들었다. 그 이후 농민들의 항일 투쟁을 진압하고, 1904년 일본군의 거점 확보 수락을 포함하는 한일의정서 체결, 그 다음해 한국의 보호국화, 외교권의 박탈 등의 과정을 거쳐 조선을 완전히 식민지화 시켰다. 계속하여 병합 반대 의병 투쟁의 무력 진압, 토지조사를 빙자한 토지 수탈, 조선 인민의 폭발로 발생한 1919년 만세 사건에 대한 잔혹한 탄압, 1923년 관동대지진 때 유언비어에 의한 관동재주조선인 학살, 고용 기타 일상에 이르는 조선인 멸시·차별 등 15년 전쟁 이전부터 조선인에 대한 가해 행위는 끊임없이 계속되어 왔다. 그리고 15년 전쟁 개시로 조선 민족에 대한 억압은 더욱 강화되었다.

그 하나로 정신적 측면에서의 강압으로 황민화정책을 들 수 있다. 이 정책은 민족적 전통을 파괴하고 민족적 시각을 상실시키는 것을 목적으로 한다. 이에 따라 학교에서 조선어 사용 금지하고, 「황국신민의 서사」 암송, 창씨개명을 강요하였으며, 크리스트교 신자에 대한 박해와 신사참배의 강요를 통한 신앙 자유의 박탈 등을 자행했다. 이러한 강제에 따르지 않는 경우에는 유형무형의 보복·탄압이 가해졌음은 말할 필요도 없다.

두 번째는 육체적, 물질적 측면에서의 가해이다. 전쟁 격화에 따른 노동력 부족을 메우기 위해 조선인 노동력 이용이 계획되었다. 1941년부터 대규모 강제 연행을 개시하여 노동현장에서는 폭력을 행사하여 혹사하는 예가 적지 않았다. 나아가 종래 무기를 두려워하여 군대에 들지 않았던 조선인에게 지원병으로서 입대하는 길을 열고 뒤이어 징병령을 조선인에게도 적용하여 청년 남성 다수를 일본병으로 징집하여 전쟁터로 내몰아 많은 전사자를 냈다. 또 포로수용소에서 군인 혹은 군속으로 근무하던 조선인은 패전 후 연합국군에 추궁당하여

BC급 전범으로 처형당했다. 그리고 수많은 조선인 여성을 위안부로 삼고 '조센삐'(삐는 위안부를 의미하는 속어)라 부르며 전선에 내몰아 일본 병사의 성욕을 만족시키는 도구로 이용하였다.

위에서 대별한 두 종류의 가해 행위에 대해서는 오늘날 조직적인 조사가 진행되고 있다. 이에 따라 구체적 사실이 발견되고 문헌에 따른 기록도 많다. 여기서는 한 가지 구체적인 기록을 예증으로 들어 인용하고자 한다. 이는 강제연행 실시에 참가한 요시다기 요하루가 스스로 저작한 『나의 전쟁 범죄―조선인 강제 연행』에 보이는 고백이다.

1933년 11월 3일 서부군관구 후쿠오카현의 육군 비행장 건설공사를 위한 조선인 노무자 200명을 징용하기 위해 여수호를 타고 출항하였다. (중략) 11월 6일 징용대는 나주를 지나 영산포로 직행하였다. "하역작업을 시킬 남자들을 한 장소에 집결시켜라. 제복 경관 모리가 조선인 순사들을 지휘하여 남자들을 모아 저쪽으로 끌고 가라. 대원은 창고 앞에서 한 사람씩 서서 도망가지 못하도록 감시한다. 500m 앞은 강이다. 도망가려면 창고 쪽으로 뛸 것이다. 나도 창고 앞에 서 있겠다." "노무자들이 도망갈 때에는 목숨 걸고 도망가기 때문에 같은 조선인 순사들은 감당하지 못합니다. 나도 같이 가지요, 기선을 제압하지 못하면 소란스럽게 되고 거미 새끼들이 퍼지듯이 도망치면 손쓸 수가 없습니다", "좋아, 너도 모리와 함께 칼을 빼 들고 가라. 다소 부상자가 나오더라도 할 수 없다. 도망가려는 노무자들은 용서하지 마라." (중략) 창고 뒤의 민가에서 늙은이나 여자들이 수백인 나와서 조선어로 외치고, 범선이나 작은 배에서도 조선인들이 외치고 있었다. 넓은 강가의 큰 길에는 아직 오육십 명의 남자들이 흩어져 있었다. 대원들은 포위망을 좁히며 남자들을 때리며 몰았다. 두 대의 호송차가 흙먼지를 일으키며 나타났다. 대원들은 가까이 있는 남자들 먼저 차안으로 몰아넣었다. 야마다가 차문에 서서 소리를 지르며 남자들의 수를 세었다. 조선인 순사들에게 양 손을 벌리며 뭔가 소리 지르던 나이 든 남자를 대원이 목검으로 머리를 강타하여 침묵시키자 그 뒤의 남자가 대원의 앞을 피하고자 얼른 차안으로 기어 올라갔다. 10명 정도의 남자가 부상하여 땅에 구르고 있었다. 대원들이 큰 소리로 일어나라고 해도 일어서지 않았다. 히라야마가 쓰러져 있는 남자의 배를 칼집으로 가볍게 찔렀다. 남자는 비명을 지르며 일어나 손발을 떨면서 피투성이가 된 얼굴로 일본인을 돌아보았다. 위의 사람들은 대원에게 채여서 몸을 둥글게 하고 호송차를 향하여 종종걸음을 하였다. (중략) "징용총수 56명!" 하고 야마다가 큰 소리로 보고하였다. 나도 의기양양하여 "오늘, 징용은 이로 종료한다. 바로 광주로 귀환!" 하고 일동에게 지시를 내렸다. (중략) 두 대의 호송차가 방향을 돌려 움직이자 여자와 어린이가 20~30명 뛰어나와 뭔가를 외치면서 필사적으로 쫓아왔으나 호송차는 먼지를 일으키며 속도를 올렸다.

위안부의 징용도 마찬가지로 잔혹한 방법으로 실시되었다. 앞서 인용한 요시다 저서의 계속된 부분을 인용하자.

1943년 (중략) 야마구치현 노무보국회에 동원명령이 다음과 같이 내려졌다.
― 황군위문 · 조선인 여자 정신대 200명
― 연령 18세 이상 30세 미만(기혼자도 가함, 단 임신부는 제외함)
    (중략)
― 근무지 : 중지나(지금의 중국) 방면
― 동원지구 : 조선 전라남도, 제주도
― 파견일시 : 1943년 5월 30일 정오

황군 위문의 여자 정신대란 「종군위안부」를 의미한다. (중략) 징용대는 곧바로 100인 이상의 부락민들이 모여있는 앞뒷길을 차단하였다. 무리 중에는 어부와 같은 반라의 건장한 남자들이 20~30명 있어서 일본인을 두려워하는 모습도 없이, 징용대를 향하여 이를 드러내며 소리를 질렀다. (중략) 병대가 총검을 향하여도 부락민의 외침은 줄어들지 않았다. 다니 중사는 병대에 전진을 명령하였다. 병대의 뒤에서 대원들이 "아이고!" 라며 우는 8명의 처녀들을 데리고 전진하였다. (중략) 도로의 트럭 가까이에 이르자 처녀들은 높은 비명을 지르며 반항하였다. 처녀들은 체격이 좋았다. 햇볕에 그을린 얼굴을 찡그리고 흰 이를 보이면서 거친 숨을 내쉬며 대원들과 승강이를 하였다. 대원이 당황하여 뒤에서 밀어 넘어뜨리자 처녀가 풀밭에 쓰러졌다. 흰 저고리가 벌어지고 옷자락이 올라갔다. 처녀는 속옷을 보이며 발버둥쳐서 대원은 애를 먹었다. 병시들이 웃으며 재미있어하며 구경하였다. 대원이 처녀들을 붙잡아 손을 비틀며 트럭에 실자 징용대는 바로 출발하였다. 해안도로를 50~60km 동진하자 다니 중사가 트럭을 바위산 그늘 숲속으로 끌고 가서 말하였다. "위안부의 징용 경비는 병사들이 담당합니다. 여기서 30분 정도 휴식을 취하며 놀리겠습니다." 다니 중사의 휴식 명령은 병사들을 즐겁게 했다. 병사들은 일제히 처녀들을 태운 트럭 속으로 들어갔다. 처녀들의 비명이 울리고 대원들은 웃었다. 이 처녀들은 징용되자마자 바로 병사들의 위안부가 되어버렸다.

일본은 교과서 검정에서 강제연행에 대한 부문을 수정할 것을 권고하고 있다. " '강제적으로 연행되어' 는 실태로서는 그렇지만 조선인이 일본인으로 취급되고 있으므로 강제적은 아니다. '국민징용령에 의하여' 라고 표현한다면 어떤가. 또 '전혀 인권을 무시한 노예적 노동' 도 많은 경우에는 그러하였을 수 있지만, 모두 그러하였는지 아닌지는 당시의 실정에 비추어서 기술하시오." 이와 같이 교과서 검정에 있어서 수정의견(출판노연『「일본사」「세계사」검정자료집』1975
년도 검정 고교일본사A 조건예)을 제출하고 있다. 그러나 강제 연행의
실태를 연행 실행자의 생생한 고백으로 읽을 때 이것은 진실을 왜곡하
고 은폐하려고 하는 정치적인 교육 행정의 남용이라는 것을 누가 보아
도 알 수 있을 것이다. 한국 정부가 검정에 의해 왜곡된 이러한 교과서
기술에 대해 일본 정부에게 강한 항의를 하게 된 것은 일본 정부의 정
치적인 검정 방침이 불러 온 결과이다.

　　군인 · 군속으로서 종군한 조선인 중에는 일본 패전 후에 연합국
군으로부터 BC급 전쟁 범죄인으로 처벌된 사람들이 있었다. 우쯔미
아이코內海愛子의『조선인 BC급 전범의 기록』에 의하면 조선인으로
서 유죄판결을 받은 자 148명, 그 가운데 23명은 사형에 처해졌다. 그
대부분은 포로수용소에서 연합국군 포로 학대의 책임을 지게 된 것이
었다. BC급 전범 재판에 대해서는 6장에서 다시 검토하겠지만, 그 절
차는 매우 조잡했다. 일본의 식민지에서 해방되어 독립한 나라의 국민
이 아니라 일본인과 같은 자격으로 재판받는 조선인의 고뇌가 있었을
것이다. 위 책은 다음과 같이 기록하고 있다.

　　그 때 모집에 응하지 않았으면 좋았을 것이다. 지금에 와서 후회해 보아야 소용
없는 일이지만 일본의 전쟁인데 왜 우리가 전쟁 범죄인으로 살해되지 않으면 안 되는
가. 이 의문은 아무리 생각해도 풀리지 않았다. 일본인 사형수처럼 "천황폐하 만세"라
고 외치면서 죽을 수는 없다. 조선인 사형수의 마음을 괴롭힌 것은 "왜 조선인인 우리
가"라는 생각이었다. 자신의 죽음에 아무런 의미도 위로도 찾을 수 없는 것은 고통스럽
다. (중략) L씨는 P홀에서 많은 사람의 죽음을 보았다. (중략) 임씨는 "천황폐하만세"

"대한독립만세"를 절규하면서 죽었다. "황국신민"이 되어야 한다는 교육을 받아온 임씨의 머리 속에는 조선 독립과 천황이 섞여 있었던 것이었다. 이것은 임씨 뿐만은 아니었다. (중략) 조선인 4명이 동시에 사형 집행을 받기 전날 밤의 만찬회에서, 어떤 자는 아리랑을 부르고, 어떤 자는 도라지를 부르고, 4인 모두 애국가를 합창하였다. 그 후에 일본인과 조선인이 함께 합창한 것은 기미가요와 우미유카바였다. 천황이 개재하지 않는 일본인과 조선인이 함께 부를 수 있는 노래가 없었던 것이다. (중략) 조국이 일본의 식민지 지배에서 해방되었음에도 불구하고 자신들은 일제 협력자로 죽음을 맞이하지 않으면 안 된다. 자신에게 그 죽음을 어떻게 납득시킬 수 있단 말인가. 조선인 사형수의 고뇌는 일본인에게는 알 수 없는 일이었다. (중략) 같은 P홀에서 생활하였어도, 그 갈등을 눈치 챈 일본인은 거의 없다.

1963년 8월 16일 일본TV의 논픽션 극장 「잊혀진 황군」에서는 전 일본인 병사 한국인의 비참한 생활을 보여주고 있다. 그들은 전시 중 일본군 혹은 군속으로 제1선에서 팔과 다리, 혹은 양 눈을 잃고 송환된다. 그 후 전쟁이 끝나 국적을 일본에서 한국으로 옮겼다. 그러나 그 때문에 부활한 군인 연금 기타 보호 대상에서 제외되고 길거리에서 구걸해야 했다. 이 방송은 시청자에게 강한 충격을 주었다. 이 사람들은 일본 관계 관청에 보호를 청하였으나 단호하게 거절당하였다. "한국대표부에 가면 당신들은 스스로 일본군에 지원하지 않았는가라는 식으로 방기된다. 생각다 못해 시위를 생각해 보는 17명. 한여름 내리쬐는 태양열 아래 도쿄의 번화가를 걷는 군모, 백의, 의수, 의족, 검은 안경, 목발의 이상한 행렬. 한 방에 모인 그들의 8 · 15 기념의 소찬에는 분노와 비탄이 혼합된 신음 소리가 울린다" 일본 텔레비전에는 시청자들이 감정에 복받쳐 '일본인으로서 부끄럽다' 라는 소리도 있었다고 한다(『아사히』 63년 8월 20일 「일본의 치부를 노출시키다」, 『마이니치』 63년 9월 13일 「잊혀진 황군」).

1965년 「재산 및 청구권에 관한 문제 해결 및 경제 협력에 관한 일본국과 대한민국간의 협정」을 발효한다. 한국인의 대일 청구권에 관해서는 '완전히 또 최종적으로 해결되었다' 라는 명목 아래 조선인으로 일본군인이나 군속이었던 희생자의 보상의 길은 차단되었던 것이다.

강제연행, 혹은 그 이전부터 내지 이주에 의해 전쟁 말기의 히로시마 · 나가사키에는 다수의 조선인이 노동하면서 생활하고 있었다. 원폭 투하와 함께 그들은 피폭자가 되었다. 원자병에 걸려서 조국에 돌아간 한국인 피폭자의 고통을 『마이니치신문』 1968년 3월 28일 「한국에도 있는 원폭피해자」는 전하고 있다.

청계천 옆에 멍석과 나뭇조각으로 만든 가건물에 사는 김장환 씨(50)는 히로시마에서 피폭 당하였다. 25세였을 때 그는 징용으로 히로시마에 끌려와 동양공업에서 일하였다. (중략) 고향은 경기도 여천군 능서면 마래리의 조용한 농촌으로 경작지 2.2ha 정도의 중농이었다. 아내는 머리카락이 다 빠져서 전신 5군데에서 고름이 나오는 그를 받아들였다. (중략) 귀국 후 3명의 어린아이가 생겼다. 그러나 작년 4월, 그 부인도 결국 장녀만을 데리고 가출하고 말았다. (중략) 김씨의 귀국은 일가를 파탄으로 이끌었다. 부모님은 논밭을 팔았다. 서울로 옮겨 정미소를 사서 장사를 시작하였다. 남은 돈으로 김씨를 입원시켰다. 그러나 치료비는 늘어나기만 하였다. 이윽고 정미소도 팔아버리고 조그만 여관으로 전업. 그리고 가건물 생활자로 전락 (중략) 김씨의 병세도 점차 악화되고 있다. 기침이 심하다. 말을 하는 동안에도 콧물이 쉴 세 없이 나온다. 전신에 때때로 마비 증세가 나타나 바늘로 찌르는 듯한 아픔에 손발을 부들부들 떤다. 오른발은 감각이 없다. 오른 손도 자유롭게 사용할 수 없고, 주먹은 가볍게 쥔 채로 움직일 수 없다. "옛날, 돈이 좀 있었을 때에는 아편도 피웠습니다. 술이라도 마시면 조금 기분이 좋아지지만 그것도 이제는 할 수 없습니다. 빨리 죽고 싶군요"라고 말하는 김씨의 치아가 이상하다. 피폭으로 이도 전부 빠져서 틀니를 하고 있다.

서울시에는 한국원폭피해자 원호협회가 1967년에 설립되었지만 전쟁이 끝난 지 22년, 이 사이에 한국에서는 조선전쟁이라는 '비참한 경험'을 하였으므로 이제 와서 태평양전쟁 당시를....이라는 분위기가 강하다. 그래서 원폭환자에게 구원의 손길을 내미는 사람들은 적다. 원호협회는 발족 이래 종종 한국정부 관계자에게 진정하고 있으나, 원폭을 입은 장소는 일본, 원호는 일본 정부에게 요청하라는 대답이 있을 뿐이다(『마이니치』 1968년 2월 16일 「구원을 기다리는 한국의 원폭피해자」). 일본은 외국인이 되어 외국에 거주하는 원폭피해자를 구제할 의지가 없다. 히로시마현의 조선인 원폭피해자 협의회편 『흰 저고리의 원폭피해자』에서는 조선인 원폭피해자 총 4만8천 명, 그 가운데 1년 이내에 사망 혹은 행방불명이 된 사람이 3만 명, 한국에 돌아간 사람이 1만 3천 명이라고 추정하고 있다. 원폭투하는 미군에 의한 위법으로 반인간적인 행위이지만 그렇다고 해도 대미전쟁 속행을 위해 조선인까지 원폭의 불길로 끌어들인 일본의 책임이 없는 것은 아니다.

조선의 남북분열은 일본이 직접 야기시킨 것은 아니지만 일본의 항복이후 지금까지 40여 년간에 걸친 남북의 분열을 초래하였음을 가르치지 않으면 안 된다. 만일 일본이 조선을 식민지화 하지 않았다면 그리고 일본이 미소 양국을 적국으로 싸우지 않았다면, 조선이 미소 양군에 의해 분할 점령되고 남북으로 분열되지는 않았을 것이다. 따라서 일본의 조선 영유와 대미, 대소 전쟁과 조선의 남북 분열 현상 사이에는 인과관계가 있다. 일본은 그 한도에 있어서 조선 전민족에 대해 전쟁책임을 갖는다고 말할 수 있다. 물론 그 후 미국을 주력으로 하는 이른바 서구진영과 공산주의 국가와의 냉전이 조선의 분열을 고정시킨 결정적 요인이다. 그러나 그 냉전 속에서 일본은 한쪽에만 가담하여 남쪽의 정권인 대한민국과 국교를 맺고 오늘날까지 북쪽의 조선민주주의인민공화국을 적대시하여 국교를 단절하고 인민의 왕래를 저지하고 있는 것도 조선의 비극을 고정시킨 중요한 한 요인이 되고 있음도 자각할 필요가 있다. 이것은 6에서 서술한 것처럼 베트남에 대해 그 완전 해방 실현까지 일본 정부가 북베트남을 적대시하고, 미국의 침략전쟁에 협력한 것과 같은 문제이다. 양자를 통해 일본의 전후 역대 정권이 전쟁책임을 자각하지 못하였음을, 일본인은 깊이 생각해야 한다.

1.8 타이완 도민에 대한 책임

타이완은 1895년 청일전쟁으로 일본에 할양되고 일본이 처음으로 획득한 식민지였다. 일본에 할양을 반대하는 한족 도민들의 격렬하고 조직적인 무장 항쟁을 군대의 힘으로 진압하여 겨우 영토로서 통치권을 안정시킨 지역이다. 타이완에는 한족 이외에도 산악지역에 원주민인 남방계 고산족이 거주하고 있으며, 이를 일본 지배 아래 복속시키기 위해 그 후에도 강온 양면 정책이 계속되었다. 1930년에는 가혹한 노역 부과로 말미암아 고산족 일부 인민이 봉기하여 이를 무력으로 진압하였던 무사霧社 사건이 발생하였다. 이처럼 타이완 지배에도 식민지화 과정에서 나타나는 문제들이 많았다. 그러나 조선처럼 독립국이 아니었으며 또 일본이 지배한 기간도 조선보다 길었으므로, 조선에 비하면 일본의 지배 질서는 비교적 안정된 것처럼 보인다. 그러나 조선과 마찬가지로 일본어 사용강제, 도내 여러 신문의 한문란의 폐지 등으로 황국화 정책이 강화하면서 한민족으로서의 문화·관행을 빼앗았다. 그 원한은 도민의 내면으로 스며들었을 것이다.

다른 한편으로는 지배 정책이 성공했다. 일본에 귀순한 고산족 남자는 특히 열대 남방지역에서 군속으로 근무하면서 남방 민족 특유의 능력을 발휘하여 일본군의 전투에 큰 공헌을 하며 15년 전쟁에 적극적으로 협력하였던 것이다.

1945년 패전 직전에 타이완에도 병역법에 의한 징병제가 실시되었다. 이리하여 타이완 도민들 사이에서는 많은 전사자, 부상자가 나타난 것이다. 본래 중국 민족이거나 혹은 중국·일본 어느 쪽에도 지배당하지 않아야 할 도민들이 15년 전쟁에 내몰려서 충성을 다할 필요도 없는 일본을 위해 많은 희생을 당해왔다. 이에 대해 일본은 타이완 도민들에게 전쟁책임을 지어야 마땅하다.

그럼에도 불구하고 일본은 조선의 경우와 마찬가지로 영유권을 방기한 구식민지 인민은 모두 일본 국적을 상실하였기 때문에 일본인이 아닌 전사, 부상자에 대한 보상의무는 전혀 없다는 입장을 취하고, 전혀 보상 조치를 취하지 않고 있어. 희생자는 큰 고통을 감수할 수밖에 없는 상태에 놓여있다. 『아사히신문』 1978년 4월 28일 「타이완 전일본병사의 "상흔" 지금도 깊어」에는 타이완 전사자 유족이나 부상자 들을 역방 취재한 가토 구니히코加藤邦彦의 조사 결과가 보도되어있다.

일본의 전쟁에 가담하게 된 21만의 타이완 병사, 군속(그 가운데 전사자는 3만)에 대해 일본 정부는 아무런 보상도 하지 않고 있음이 밝혀졌다. 그리하여 금년 2월, 타이완에서 약 2주간 20명 정도의 유족과 부상자를 만났다. 타이완 남부 가의현嘉義縣에서 만난 5명의 유족 여성은 모두 생활고에 시달리고 있었다. 양염생楊炎生 씨(해남도에서 사망)의 부인(63세)은 움집에서 살면서 쓰레기 줍기를 하며 정신 장애인 아들과 함께 살고 있었다. "남편은 솜씨가 좋은 목공예 기술자였다. 살아있다면 이러한 고통은 하지 않을 것을..." 이라며 매우 지친 표정을 지었다. 임화담(林火炎) 씨(뉴기니에서 전사)의 부인(57세)은 지금은 홀몸. 대나무 빗자루 공장에서 시간제로 일하면서 겨우 생활을 꾸려나가고 있다. "버스회사에 근무하던 남편은 결혼 2년 만에 징용되었다. 어찌하여 이러한 고통스러운 운명이..."라며 다만 눈물을 흘릴 뿐이었다. (중략)

이만춘李滿春 씨(남방에서 전사)의 어머니를 방문하자 "왜 왔어. 일본인은 도의가 없는 국민이다. 만나고 싶지 않다"라고 호통을 쳤다. 일본인을 보고 전후 30여년의 분노가 폭발하였으리라. 목적을 말하자 겨우 외아들을 잃고 어떻게 고통스러운 하루하루를 살아 왔는지 말해 주었다. 그녀가 보여준 만춘滿春 씨의 일기에는 사랑하는 여성을 그리워하는 타이완 청년 22세 청춘의 모습이 있었다. (중략) 부상당한 몸으로 생환한 자들의 생활도 기막혔다. "차라리 죽었더라면 좋았다"고 내뱉는 소리조차도 있었다. 묘휼현苗栗縣의 등성鄧盛 씨(56세)는 라바울에서 오른손과 왼쪽 눈을 잃었다. 무너진 흙담, 의자와 테이블 밖에 없는 가난한 농가였다. 등鄧 씨는 말하였다. "부상한 후, 군에서 앞으로는 국가가 돌보아 줄 것이라고 격려해 주었습니다. 그러나 일본 정부는 아무것도 해 주지 않았습니다. 겨우 귀향하였지만 장애인으로 취직도 할 수 없었습니다. 8명의 아이들이 있어서 마치 지옥 같은 생활. 일본은 풍요롭게 되었는데, 왜 보상해 주지 않는 것인지요. 육지로 연결되어있다면 폭탄이라도 던지고 싶군요." (중략) 가토 加藤 씨가 방문하였던 부상자들은 장애인이기 때문에 일자리가 없고, 일용직, 행상, 쓰 레기 줍기 등을 하는 사람이 많았다. 오른쪽 다리가 의족임을 감추고 소학교 용무원을 하고 있는 사람은 그나마 잘된 편이었다. 가의현嘉義縣 소령목蘇鈴木 씨도 왼손을 부 상당하고, 몸속에는 파편이 들어있는 상태다. 괭이를 왼팔에 묶고서 밭을 갈았다. "지 원, 지원이라고 하지만 마을마다 할당되어 일본인 순사들이 강제적으로 끌고 갔다. 그 리하여 지금 일본인은 보상도 해주지 않고, 기생관광 하러 타이완에 놀러 온다"고 토해 내듯 말하였다.

여기에 등장하는 등성鄧盛등 13명의 타이완인 일본군인 전상자 는 일본 재판소에 대해 보상청구 소송을 일으켰다. 1982년 2월 26일, 도쿄지방재판소는 보상을 행할 법적 규정이 없으며, 원고의 고통에 대 해서는 "당 재판소로서도 동정을 금할 수 없으나, 그러한 문제는 사건 의 성격상 국가의 국제적 외교적 처리 내지는 입법 정책 사항에 위임 되어야 한다"라는 이유로 청구를 기각한다는 판결을 내렸다(『판례시 보』 1032호). 이 판결의 적부는 차지하고 설령 일본국 법률상 구제의무 가 존재하지 않는다고 가정하여도 정치상·도의상 책임이 있음은 명 백하다. 7)에서 거론하였던 『조선인 BC급 전범의 기록』에 의하면 연합 국군이 전범으로 처벌한 타이완인 173명 가운데 26명이 사형에 처해 지고 있다.

1.9 구위임통치령 태평양제도 주민에 대한 책임

　　제1차 세계대전 후에 일본은 구 독일영 서태평양제도 가운데 적도 이북의 마리아나·파라오·트라크·AKTIF 등 각 섬들을 국제연맹으로부터 위임통치령으로 지배할 권리를 얻었다. 이들 제도의 원주민은 타이완 고산족과 마찬가지로 열대지방을 전쟁터로 하는 15년 전쟁에서 극히 유능한 전력으로 활용되었다. 그리고 다른 식민지 주민의 경우와 마찬가지로 많은 희생자가 발생했다. 『선데이 마이니치』 1973년 9월 30일호 「나는 보았다. 대일본제국의 비정한 손톱자국」에는 전쟁체험 담화가 수록되어있다. 포나페섬에서는 20대를 주력으로 최연소 19세부터 최연장자 43세까지 20명의 도민이 전쟁에 참가했다. 그들은 1942년에 출발, 그 중 17명이 전사하였다. 미국에서 대학을 나와 17년간 포나페에서 의사로 활동을 하였던 에류엘―프레드릭은 요하네스·요아킴 두 사람의 형을 뉴기니아에서 잃었다.

　　아버지의 말씀에 의하면 요하네스가 소집되었을 때 요하킴은 형 혼자 보내기 싫다고 스스로 지원하였다고 합니다. 1년 계약으로 현지 감독 임무였지만, 라바울에서 온 편지에는 "인부의 감독이 아니라 병사가 되어있다"라고 써 있었습니다. 그 편지는 공습으로 타버렸습니다. 아버지는 술도 담배도 하지 않던 분이었으나, 두 아들이 전사하였다는 소식을 듣고서는 밤낮으로 술을 마셨습니다. 공습이 계속되는 중에도 아버지는 피난하지 않고 소이탄 불 속에서 머물렀습니다. 두 아들이 이런 상황을 맞이하였을 것이고 나도 같은 운명을 맞이하고 싶다라는 뜻이었습니다. 전쟁이 끝난 후에도 아버지는 국제연합의 대표나 미국 정부 관계자가 올 때마다 반드시 자식들의 안부를 물으러 가곤 하였습니다. 1970년 워싱턴에서 온 최후의 편지, 두 아들 사망확인 편지가 온 후에야 아버지는 결국 포기하셨습니다.

일본 정부는 1969년에 포나페를 포함하는 미크로네시아의 주권자 미국과 미크로네시아협정을 맺고, 주민들의 보상 요구를 일체 들어주지 않고 있다. 그러나 일본군에 속해 전사한 아버지를 둔 다니엘 로페스 드사르아는 1973년 도쿄에 와서 외무성에 일본 정부가 책임을 질 것을 요구하는 일인 시위를 계속하였다. 「아버지는 미국을 적으로 하여 싸웠고 전사한 일본병사이다. 그 보상을 미국에 구하는 것은 잘못이다. 설령 10엔짜리 동전 하나라도 좋다. 일본 정부의 이름으로 봉투에 넣어서 총리대신이나 외무대신의 사과장을 동봉해 유족 앞에 보내 준다면…」(『주간신조』 73년 8월 9일호). 한일협정과 마찬가지로 미크로네시아협정이, 일본국의 보상의무를 해제하였다고 가정하여도 일본의 정치적 · 도의적 책임은 소멸하지 않는다.

1.10 소괄

'대동아전쟁'은 구미열강의 식민지가 된 아시아 여러 민족을 그 제국주의적 지배에서 해방하고, '대동아공영권' 건설을 목적으로 하는 '성전'이라는 것이 당시 일본제국이 내걸었던 전쟁 대의명분이었다. 전후에 있어서도 아시아 식민지 여러 민족이 전후 독립국이 된 것도 '대동아전쟁'에 의해 제국주의 지배가 단절된 결과라는 것이다. 일본은 전쟁에는 졌지만 아시아의 해방이 달성되었으므로 「대동아전쟁」

의 목적은 실현되었다라는 주장이 있다. 전혀 논평할 가치도 없는 일이지만 만일을 위해 간략하게 그것이 허위임을 밝혀두고자 한다.

첫 번째로 만일 일본이 참으로 아시아 여러 민족을 제국주의 지배에서 해방시키고자 생각했다면 우선 식민지로 지배하고 있었던 조선을 독립시키고, 타이완을 중국에 반환해야 했다. 식민지 포기론이 일찍부터 일본 국내에서 주장되었음은 이미 1)에서 언급한 바이다. 자국이 구미 제국주의 정책의 꽁무니를 쫓아서 식민지 지배를 견지하면서, 어떻게 구미제국주의로부터의 아시아 해방을 주장할 수 있는가. 원래 중국 침략의 발단이 되었던 만주 점령에 대해서는 다음의 기록이 있다. "계획자들은 조선과 만주 사이에는 (중략) 통치나 치안상의 관계에서 보아도 끊을래야 끊을 수 없는 관계가 있다. (중략) 만주 문제의 조기 해결이라는 것은 조선의 입장에서도 극히 바람직한 일임은 말할 나위도 없다. 조선총독부로서는 이 점에 대해 중대한 관심을 가지고 있어, 군으로서도 응하지 않을 수 없게 된 것이다. 그러므로 조선군으로서는 단지 남의 일에 도움을 주는 것이 아니라 동시에 자신의 머리위로 떨어지는 불씨를 제거한다는 기분이 그 근저에 있어서 감히 독단으로 월경하여 관동군을 지원하였다"는 당시 조선군 참모였던 도요시마 후사타로豊島房太郎의 자백이 있다(『별책 지성, 숨겨진 소화사』에 수록된 「조선군 월경 진격하다!」). 이로서도 알 수 있듯이 중국 침략은 조선 식민지 지배 방어를 위해서 일으킨 것이었다. 1941년 10월 14일 각의에서 육군대신 도조 히데키는 중국에서 철병하라는 미국의 요구를 거절해야 하는 이유로 "미국의 주장을 그대로 받아들이는 것은 지나사변의 성과를 파멸시키는 것이다. 만주국도 위험하게 된다. 나아가 조선통치를 유지하는 것도 위험하게 된다"라고 말하고 있다(『스기야마 메모』). 미국과의 전쟁 돌입 동기 가운데 하나가 조선통치의 유지에 있었음을 말해주고 있다. 1945년 6월, 패전이 확실해진 시점에서 미국의 의향을 비공식적으로 타진하였을 때에도 타이완과 조선은 「일본이 살아남기 위해 필요하므로 남겨두고 싶다」라고 집착을 보여주고 있다(『終戰사록』 소수 후지무라 요시로 「다레스 공작」). 조선과 타이완을 식민지로 지배하면서 구미 식민지 지배의 일소를 외쳤던 모순은 누구의 눈으로 보더라도 명백하지 않은가.

두 번째로 중국과의 전쟁은 어떠한 각도에서 보아도 침략전쟁이었다. 그때까지 이미 관동주를 조차하고, 만주 · 동부내몽고를 반식민지화한 일본제국이 나아가 전 중국을 식민지와 같은 상황으로 만들고자 15년에 걸친 전쟁을 계속한 것이었다. 중국침략을 멈추자는 주장이 일본 국내에서 있었음도 설명한 바이다. 중국에 대해서 제국주의 전쟁을 추진하고, 중국민중에게 잔학한 행위를 마음껏 행했던 일본에게 아시아를 제국주의에서 해방시킨다는 말을 할 자격이 없음은 또한 명백하다.

세 번째로 조선 · 타이완 · 중국을 제외하고, 남방 아시아 여러 민족에 대하여 일본은 참된 해방자였는가. 독립국이었던 조선을 식민지로 지배한 것이나 독립국 중국을 침략한 것과는 달리 일본의 남방 점령이 일시적으로는 구미 열강의 식민지 지배를 단절시킨 것은 사실이다. 그러나 그것은 그 지역의 여러 민족을 일본을 포함하는 모든 제국주의적 지배에서 해방시키고자 한 것은 결코 아니었다. 〈본장 1절 2〉에서 서술한 바와 같이 중국침략을 계속하기 위한 전략물자 획득을 위해 미영과의 전쟁을 감행해서라도 남방지역을 점령할 필요가 있었던 것이다. 구미열강으로부터 해방시킨다는 것은 그 참된 목적을 위장하기 위한 미사여구에 불과하다. 그러므로 1941년 11월 20일의 대본영정부 연락회의에서 결정된 남방점령지 행정 실시요령에는 '국방자원취득과 점령군의 현지자활을 위해 민생에 부담을 지우고, 선무상의 요구는 위 목적에 반하지 않는 한도에서 행한다', '원주민에 대해서는 (중략) 그 독립운동은 지나치게 유발하지 않도록 한다'라고 명료하게 남방지배 방침이 나타나있는 것이다(『스기야마 메모』, 『태평양전쟁에의 길』별권, 와세다대학교 사회과학연구소편 『연구』). 1942년 8월 7일의 군정총감 지시에는 다음과 같이 기술되어 있다.

점령지역 장래의 귀속에 대해서는 국책으로서 최종 결정을 보류한다. 현지는 너무 빨리 제국의 뜻을 표명하거나 혹은 현지 주민에게 언질을 주거나 하지 말 것은 군정상 제시책으로 장래의 귀속에 누를 끼치지 않도록 유의한다.

참고를 위해 중앙의 내의를 말하자면

이 섬 및 미얀마는 제국 여러 차례 성명에서 밝힌 바와 같이 대동아공영권의 일환으로 제국에 협력할 때에는 장래 적당한 시기에 독립을 허용할 수 있다. 단 이 독립은 군사, 외교, 경제 등은 제국의 강력한 파악하에 둔 독립이라는 점에 특히 유의해야 할 뿐만 아니라, 그 범위에 관해서도 제국으로서는 아직 어떠한 언질을 줄 수 없으므로, 지도상 특히 이점을 깊이 유의한다.

또 1943년 1월 14일 대본영정부연락회의 제안 「점령지 귀속복안」은 다음과 같다.

1. 점령지의 귀속에 관해서는 아래 기준에 의해 이를 정한다.

가. 대동아 방어를 위해 제국이 확보할 필요가 있는 요충 및 인구 희박 지역 및

독립 능력을 결여한 지역으로 제국 영토로 삼기에 적당한 지역은, 이를 제

국 영토로 하고, 그 통치 방식은 해당 각 지역의 전통 민도 외 제반 사정을

감안하여 정한다.

나. 종래의 정치적 경위 등을 살펴 독립을 허용함이 대동아전쟁 수행 및 대동

아건설상 좋은 방침이라고 인정되는 지역은 이를 독립시킨다.

같은 해 5월 31일, 어전회의 결정 「대동아정략 지도대강」6의 (가)
에는 아래의 기록이 있다.

말레이시아 수마트라 자바 보르네오 세레베스는 제국 영토로 결정하고, 중요
자원의 공급지로서 적극적으로 개발하고 민심 파악에 노력한다('당분간 발표하지 않
는다'라고 되어있다. 저자).

이상은 와세다대학교 사회과학연구소편 『인도네시아에서의 일
본 군정의 연구』, 『대일본 외교연표 및 주요문서』에 게재된 당시 기밀
문서의 일부를 인용한 것이다. 이를 보면 필리핀과 미얀마는 독립시키
지만 군사·외교·경제 등은 일본의 '강력한 파악 하에 둔다'는 규정
으로 만주국과 유사한 독립형식을 취하고 있다. 그 외에는 인도네시아
를 비롯하여 모두 일본의 영토로 한다는 것이다. 말하자면 구미로부터
식민지를 빼앗아 일본의 영토로 한다는 것에 불과하다. 이것이 '대동
아공영권'의 실질적 내용인 것이다. 따라서 제국주의 지배에서 식민

지 민족을 해방시킨다는 말은 비슷하지도 않은 것이다. 전후에 이러한 지역의 여러 민족이 독립을 실현하였다. 처음부터 일본의 침략과 싸워 온 필리핀의 게릴라나 베트남 독립동맹, 또 처음에는 일본군을 환영하고 이에 협력하였으나 그 정체를 간파하고 반기를 들었던 미얀마의 민중들, 결국 일본의 괴뢰가 되기를 거부하였던 인도네시아의 독립운동가들, 이 모두가 일본의 식민지 지배 군정과 싸워서 독립을 실현하였던 것임을 잊어서는 안 된다. 아시아 여러 민족의 해방이 일본의 은혜인 것처럼 말하는 것은 진실을 호도시키는 것이라는 비난을 면할 수 없다. 일본은 남방 여러 민족을 대동아공영권의 미명하에 정복하고, 위의 각 항에서 언급한 바의 피해를 주었다. 이러한 나라들에 대해 전쟁책임을 지어야 함은 당연하다.

2. 미국과 그 외 구미 연합국가(소련을 제외)에 대한 책임

중국을 비롯한 아시아 이웃 민족과의 전쟁은 침략전쟁이었으나 미국 · 영국 · 네덜란드 등 구미 연합국가와의 전쟁은 성격이 다르며, 평가도 달라야 한다는 견해가 있다. 고바야시 유小林勇의 『석력장주인』에 의하면 이와나미 시게오岩波茂雄는 중국과의 전쟁에는 협력을 거절하였으나 미 · 영과의 개전 후에는 "미영을 물리친다는 것에는 나도 찬성이다"라고 공언하였다고 한다. 미노베 다츠요시美濃部達吉도 〈1절 1의 2〉에 서술한 바와 같이 군이 중국에 무력 압박을 가하는 것을 비난하면서도 미·영과의 전쟁은 환영하였다. 마루야마 마사오丸山眞男도 말레이시아 해역 해전에서 일본군이 영국함대 2척을 격침시켰다는 뉴스를 들었을 때의 기쁨은 매우 컸다고 말하였으니 이와나미도 같은 생각이었으리라고 생각된다. 앞서 인용한 이와나미의 심경을 「아시아주의의 전망」(『현대일본사상대계 9』 해설)에 인용한 다케우치 요시미竹內好는 1959년 『근대일본사상사강좌』 7권에 기고한 「근대의 초극」에서 '전쟁에서 중국 침략전쟁의 측면을 찾아내어 그 측면 혹은 부분에 대해서만 책임을 진다' 라는 가메이 카츠이치로龜井勝一郎의 '생각' (이라고 다케우치가 이해하는 견해)을 들어서 다음과 같이 서술하고 있다.

나는 이 점에 대해서만 말한다면 가메이의 생각을 지지하고 싶다. 대동아전쟁은 식민지 침략전쟁임과 동시에 제국주의에 대항한 전쟁이기도하다. 이 두 가지 측면은 사실상 일체화되어 있으나 논리상으로는 구별되지 않으면 안 된다. 일본은 미국이나 영국을 침략하고자 한 것은 아니었다. 네덜란드로부터 식민지를 빼앗았으나 네덜란드 본국을 빼앗으려고 한 것은 아니었다.

같은 이야기가 1960년 간행된 『현대의 발견』 제3권에 기고한 「전쟁책임에 대하여」에서는 더 확실하게 「일본이 행한 전쟁의 성격을 침략전쟁이면서 동시에 제국주의 대 제국주의 전쟁이었다」라는 가설을 세운다. 여기서는 "따라서 침략전쟁의 측면에 관해서는 일본인의 책임이 있으나, 제국주의 전쟁의 측면에 관해서는 일본인만이 일방적으로 책임을 질 이유는 없다"고 표현하고 있다.

여기에 대해서 『시대』 1971년 11월호 「중일전면전쟁시=2」에서 나카니시 이사오中西功는 다케우치의 견해에 대해 다음과 같은 비판을 가하고 있다.

물론 중국의 대일 전쟁은 민족해방전쟁이며, 미영의 대일전쟁은 다분히 자신들의 제국주의적 권익을 지키기 위한 전쟁이었다(그러나 일면에서는 반파시즘·반침략적측면도 갖고 있었다). 그러나 전쟁을 시작한 일본의 입장에서 그 전쟁은 전체로서 제국주의 침략전쟁이었다. 일본이 전쟁을 일으킨 목적은 중국을 포함하는 전 아시아·태평양의 점령과 수탈이었다. 그 때문에 거기에 대항하였던 소·중·미·영 및 아시아 여러 민족과 싸웠던 것이며 그 전쟁의 성질은 누구와 싸웠는가에 있는 것이 아니라 근본적인 전쟁의 목적 즉 아시아 태평양을 침략하려는 목적에 의해 규정되는 것이다. 그리하여 그것은 일본제국주의 체제에서 생긴 것이었다. 그 목적을 상대국에 따라 나누는 것은 불가하다.

나 역시 다케우치의 견해에 찬성할 수 없다. 일본은 중국침략전쟁을 계속하기 위해 이를 중지시키려 하였던 미·영·란 여러 나라와 개전하게 되었던 것이다. 중국침략전쟁의 연장선상에서 대미전쟁이 일어난 것이며, 중국과의 전쟁과 대미·영·란 전쟁을 분리하여 별개의 전쟁으로 간주하는 것은 불가하다. 대미 개전의 결의가 최종적으로 어떠한 이유로 결정되었는지 그 경과를 보면, 이는 명백하다.

1931년 일본이 중국침략전쟁을 개시한 이래 미국과 영국 등은 일본의 행동을 비난하고 있었으나 일본은 이를 무시하였다. 중국과의 전쟁 수행에 필요한 석유와 철 등의 전쟁 물자는 이들 나라가 일본에 공급하였던 것이다. 문부성은 나의 교과서를 검정에서 불합격시킨 이유로 중국이 일본군에 대하여 끈질기게 항전을 계속한 배경에는 영불미소 등이 중국에 대하여 활발한 원조를 하였던 사실 등 당시의 열강의 움직임(이른바 장개석 원조 루트)등에 대해 언급하고 있지 않은 것을 들고 있다(제1차 교과서 소송 1심 정부측 제9준비 서면). 그러나 교전국에 제3국이 원조한 것을 쓰는 것이 꼭 필요한 것이라면 일본이 미·영·란 등으로부터 전쟁물자를 공급받고 있었기 때문에 중국과의 전쟁을 계속할 수 있었다는 사실도 써야 한다. 그렇지 않으면 일방적인 시각이 되지 않는가. 처음에는 일본의 중국 침략을 실질적으로 원조하고 있었던 여러 나라도 1941년 이래 일본에 원조를 중지하고 중국침략을 중지할 것을 요구했다. 일본측이 이를 거부하고 전략 물자를 확보하기 위해 네덜란드령 인도지나와 그 외 동남아시아 여러 지역을 점령하며 전쟁을 일으킨 것이다. 그러므로 중국과의 전쟁과 미·영 등과의 전쟁은 따로 생각할 수 없는 것이다.

대동아전쟁은 ABCD포위진에 의하여 일본이 어쩔 수 없이 '자존자위'를 위해 전쟁을 시작하였다는 견해가 전후에도 널리 유포되어 결국 국가의 공적 견해가 된다. 이와 같은 사정은 1966년 6월 2일 도쿄지방재판소 형사법정에서 행해진 변호인측 증인에 대한 검찰관의 반대심문에 의해서도 알 수 있다. 속기록을 보자.

검찰관　대동아전쟁이 일어나게 된 가장 중요한 원인이 무엇이라고 생각합니까?

증인(이에나가)　일본의 중국 침략입니다.

검찰관　그것은 이른바 ABC라 불리는 미국과 다른 나라들이 일본을 포위하였으므로 이래서는 일본은 아무 것도 할 수 없고 자멸할 수밖에 없다라는 것도 큰 이유가 되지 않습니까?

　이 같은 속기록은 역사적 사실에 반하는 것이다. 이를 위해 개전 결정에 이르기까지의 경과를 개관하고자 한다. 또 개전 이유 외에 개전과 전쟁 속행 과정에서의 국제법 위반 책임에 대해서도 논하고자 한다. 한편, 소련도 연합국에 속하고 있으나, 소련과의 전쟁은 미·영·란 등과의 전쟁과는 전혀 성질이 다르므로 이는 항을 바꾸어서 따로 검토하고자 한다.

　오랜 기간에 걸친 복잡한 경과를 살펴보는 것은 피하고, 전쟁을 할 것인가 피할 것인가의 선택의 기로에서 개전을 결단한 핵심 내용이 무엇이었는지 최종단계를 통해 살펴보자.

　1941년 7월에서 8월에 걸쳐서 미·영·란은 일본에 대한 전략물자의 수출을 금지하고 일본자산을 동결하는 조치를 내렸다. 9월 일본은 어전회의에서 10월 하순을 기하여 전쟁준비를 완수할 것과 이에 따라서 외교적으로 일본의 요구를 관철하도록 노력할 것 등을 제시하였다. 그 경우 제국이 달성해야 하는 최소한도의 요구사항은 일본이 맺은 중국과의 조약 및 일본·만주·중국 3국 공동선언에 준거하여 사변을 해결하려는 기도를 방해하지 말 것, 미국과 영국은 일본의 소요물자 획득에 협력할 것 등이다. 이 요구가 관철된다면 이에 따라 일본이 받아들일 수 있는 한도는 「① 일본은 프랑스 인도지나를 기지로 하여 중국을 제외한 근린 지역에 무력진출을 행하지 않는다. ② 일본은 공정한 극동평화 확립 후 프랑스령 인도지나에서 철병할 용의가 있

다」등이다. 위 문중의 중국이란 모두 왕조명을 수석으로 하는 괴뢰정
권을 말한다. 요약하면 "영국과 미국은 일본의 만주국과 왕조명 정권
유지에 의한 중국지배의 기성사실을 승인하라. 항일 중국을 굴복시킬
전쟁수행을 방해하지 마라. 그 때문에 필요한 전쟁 물자를 공급하라.
그렇게 한다면 프랑스령 인도지나로부터 철병해도 좋다."라는 것이
다. 즉 중국침략정책 유지가 최저한의 타협 조건이 되는 것이다.

그 만큼 중국침략에 고집하는 이유로서 10월 14일의 각의에서
육군대신 도조 히데키는 다음과 같이 주장하고 있다.

철병문제는 심장이다. 철병을 어떻게 생각하는가. 육군으로서는 이를 중대시하
고 있다. 미국의 주장에 굴복한다면 지나사변의 성과를 파멸시키는 것이다. 만주국도
위험하게 된다. 나아가 조선통치도 위험하게 된다. 일본은 성전 목적에 따라 비병합 무
배상 원칙이 있다. 지나사변은 이에 따라 수십만의 전사자, 여기에 수배에 달하는 유가
족, 수십만의 부상자를 내고 수백만의 군대와 일억 국민의 전장 및 내지에서 고통을 주
었으며, 또 수백억의 비용을 사용한 것이다. 보통 세계열강이라면 영토할양 요구를 하
는 것이 당연한 것이다. 그런데도 일본은 관용한 태도로 임하고 있다. 군대를 주둔시킴
으로 사변의 성과를 내고자 하는 것은 당연한 일이다. 세계에 대해 주저 할 필요가 없
다. 공교한 미국의 압박에 굴복할 필요는 없다. 북중국 몽고에 부동의 태도를 취하지
않으면 어찌되는가. 만주건설의 기초는 어찌되는가. 장래 자손에 대해 책임의 화근을
얻게 되며, 이를 회복하기 위해서 또 전쟁이 될 것이다. 만주 사변 전의 소일본으로 환
원한다면 아무말도 하지 않겠다(『스기야마 메모에서』).

3차 고노에近衛 내각이 무너지고 도조東條 내각이 성립한 후,

1941년 9월 6일의 어전회의에서 결정된 전쟁결정 방침을 백지화하였으나, 11월 1일부터 2일까지 14시간을 넘는 대본영 정부연락회의에서의 결론과 이를 정식적인 국가의지로 결정한 5일의 어전회의에서 실질적인 개전방침이 굳어진다. '지금 미국과 영국, 네덜란드에 대한 전쟁을 결의한다. 무력발동의 시기를 12월 초로 정하고, 육해군은 작전준비를 갖추라. 대미교섭이 12월 1일 오전 0시까지 성공한다면 무력발동은 중지한다' 라고 확인하고 있는 것이다. 대미교섭은 그 후에도 계속되었으나 11월 26일 미국에서 보내온 국무장관 헐의 대안, 이른바 '헐 노트' 에 '일본국 정부는 지나 및 인도지나에서 일체의 육해공군 병력 및 경찰력을 철수시켜야 한다. 합중국 정부 및 일본국 정부는 임시 수도를 중경에 둔 중화민국국민정부 이외의 지나에 있어서 어떠한 정부 혹은 정권도 군사적, 경제적으로 지지하지 않아야 한다' 라는 조항이 포함되어있었다. 이에 일본 정부는 이미 타협의 여지가 없다고 판단하고, 12월 1일의 어전회의에서 '일본제국은 영국, 미국, 네덜란드에 대해 개전한다' 고 결정, 12월 6일부로 외무대신 도교 시게노리東鄕茂德가 일미교섭중단의 통고를 정해진 날짜에 미국무장관에게 교부하도록 정하였다(교섭중단과 개전을 둘러싼 순서의 문제는 뒤에 논한다). 그리하여 12월 8일 아침, 일본군의 미국과 영국에 대한 무력 공격이 개시되었던 것이다.

교섭중단의 통고 중에 다음과 같은 항목이 있다. '합중국 정부가 지나 문제에 관하여 일본에 요망하는 바는 전면철병의 요구, 통상무차별원칙의 무조건 적용으로 어느 것이나 지나의 현실을 무시하고, 동아시아의 안정세력인 일본의 지위를 파멸시키고자 하는 것이다. 또 합중국정부가 지금 중경 정권을 제외한 어떠한 정권에 대해서도 군사적, 정치적, 경제적으로 지지하지 않도록 요구하여 남경정부를 부정하는 태도를 보인 것은 교섭의 기초를 근저에서 무너뜨리는 것이다' 라는 항목, 또 '요컨대 지금 합중국 정부의 제안 중에는 (중략) 중국에 있어서 치외법권 철폐 등 본질적으로 가능한 조항이 있지만, 한편으로는 4년여에 걸친 지나 사변의 희생을 무시하고, 제국의 생존을 위협하고 권위를 모독하는 것이 있다.' 이는 일본측에서는 중국 침략 중지 요구가 전쟁을 감행해서라도 받아들일 수 없는 결정적 문제였음을 보여준다. 그런 점에서 9월 6일의 개전 방침 결정 전후의 생각이 일관되게 나타난다 할 수 있다.

일본에서는 전후에도 '헐 노트'는 최후통첩과 같은 것이며, 일본을 전쟁에 몰아넣으려는 미국의 의도에 의한 것이었다는 견해가 유포되고 있었다. 그러나 미국에서는 '헐 노트' 제출에 앞서 일미교섭이 성공할 가능성은 거의 없음을 전제하면서도 일중 직접 교섭을 촉구하여 일중협정이 성립하도록 노력했다. 미국은 중국에 군수품 공급을 정지하고, 일본측은 중국·프랑스령 인도지나에 병력 증강을 행하지 않는다 등을 골자로 하는 '헐 노트'보다도 훨씬 부드러운 잠정협정안의 제시를 포기하지 않았던 것이다. 잠정 협정안이 제시되지 않고 '헐 노트'가 전달된 것은, 오직 중국의 강한 요망에 의한 것이었음이, 후쿠다 시게오福田茂夫 저술 『태평양전쟁에의 길 7』 제2편 「미국의 대일 참전」에 나타난다.

헐에게 대일 잠정협정안 제시에 대한 영·란·중의 회답이 도달하였다.

영국 정부는 답했다. "헐이 최선의 방법이라고 한다면 지지하고자 한다. 그러나 요구를 높게 하고 대상을 적게 해야 하며, 또 석유 수출 재개는 의문이다."

네덜란드는 군사 잠재력을 증대시키지 않는 한도 내에서 석유 공급을 조건으로 찬성하였다.

중국대사는 "미국이 중국을 희생하여 대일 유화정책을 취하고자 하는 모습이 보인다. 만일 대일 경제 봉쇄가 완화된다면 중국국민과 군대의 저항 정신은 붕괴될 것이다"라는 장개석의 반대 의견을 대통령과 각료에게 전하도록 희망하였다. 더욱 강한 태도의 전언이 송자문으로부터 녹스와 스팀슨에게 보내졌고, 또 장개석의 정치고문 라티모어로부터 루스벨트의 비서에게 '장개석의 견해를 지금 대통령에게 전달하도록'이라는 타전이 있었다. 그 밤에 도착한 처칠이 루스벨트에게 보낸 회답서에도, 장개석과의 관계를 우려하고 있음을 강조하는 내용이 있었다.

위의 기술에 의해 '헐 노트'가 제시된 것은 중국의 입장에 대해 영국의 배려가 받아들여진 것으로 이해된다. 미국이 타협을 피한 것도 일본의 중국 침략에 대한 강한 저항의 결의라 할 수 있다. 요컨대 일본과 미국 어느 쪽에서 보더라도 교섭 최종결말이 일본의 중국침략문제를 핵심으로 진전되고 있음을 알 수 있다. 일본의 대미 개전이 중국침략전쟁의 연장선상에 있다는 견해는 잘못이 아닌 것이다.

중국에서의 전면 철병을 강경하게 반대한 것은 육군이었다. 도조내각 외무대신 도고 시게노리는 '헐 노트' 접수까지 전쟁회피에 더 힘을 기울였다. 그의 회상기 『시대의 일면』(1952년)에서 다음과 같이 말한다.

지나와 교섭이 성립한 다음에 프랑스 인도지나에서 철병하는 것에 대해서는 별 이론이 없었으나, 지나에서 철병하는 것은 역시 큰 문제가 되었다. 참모본부 측에서는 지나사변의 성과를 상실함과 아울러 군대의 사기를 죽이는 것이므로 도저히 철병은 받아들이기 어렵다고 강하게 반대하였다. 도조 수상 역시 본문제는 신중히 고려할 필요가 있는 문제로 가볍게 철병에 응할 수 없다고 하여 은근히 통수부의 의견을 지지하였다. 스즈키 국무상도 대략 같은 태도를 견지하였다. 또 시마다 해군상도 최근 자신이 지나 방면 함대 사령관으로 견문한 바에 의하면 일본군대가 철퇴하면 일본 기업의 유지는 물론 그 안전도 보장할 수 없다고 하여 주둔에 찬성하고, 어떠한 경우에도 해남도의 철병에는 응하기 어렵다고 말하였다. 이윽고 온건파였던 가야 대장성조차도 북중국 개발 주식회사 총재시대의 경험을 이야기하며, 주둔은 새중국 기업에 필요하다고 하여, 나는 고립무원의 상태에 빠졌다.

그러나 본문제는 고노에 3차 내각이 무너진 원인인 만큼 군대로부터 강한 주장이 나올 것임은 각오하고 있었으며, 나도 입각 당시부터 만일 기한내에 철병 의견이 거부된다면 단연 사직할 결의를 굳게 하고 있었으므로 앞의 반대에 대하여 "타국의 영토에 무기한 주둔할 논리가 없음과 따라서 기한을 정하고 철병을 하는 것이 사기에 영향을 준다는 것은 잘못이라 생각한다. 거류민의 보호는 궁극적으로는 군대의 주둔에 의해 이루어질 수 있다. 지금 일본이 이웃나라 지나에 대해 오랫동안 병력을 통해 압박을 가하는 것은 동양의 영원한 평화를 유지하는 바가 아니며, 군대의 힘에 의하지 않으면 유지할 수 없는 기업은 채산상 이를 방기하여도 가하다"는 이유를 들어 격론하였으나 역부족인 상황이었다.

육군뿐만이 아니라 기획원총재 · 해군대신 · 대장성대신까지 무기한 주둔을 주장하였으니 중국에서 전면 철병인가 주둔 유지인가는 대미 화전의 분수령이었음이 한층 명확해지는 것이다. 대미 교섭 결렬은 그 외에도 삼국 군사동맹과 기타 문제가 얽혀있어서 중국문제가 유일한 원인이라고는 할 수 없지만 적어도 이 문제가 핵심이었음은 부정하기 어렵다. 다시 말해 중국을 침략해서 만든 만주국과 왕조명의 국민정부의 두 괴뢰정권을 유지시키고, 나아가 영구히 일본군을 중국영역 내에 주재시킨다는 것이다. 그리고 미·란이 여기에 필요한 석유·철 등 전쟁물자를 공급한다는 약속을 해 주지 않으면 중국과의 싸움에서 생긴 많은 희생을 무위로 돌릴 뿐만 아니라 조선의 식민지 지배도 곤란하게 된다는 것이 미국과의 타협을 거절하고 전쟁의 길을 선택한 근본적인 이유였다. 그러므로 중국과의 전쟁이 침략전쟁이었다는 평가를 피할 수 없는 한, 대미영란 전쟁을 '자존자위'를 위해 어쩔 수 없었던 전쟁으로 정당화할 수 없다. 미·영·란이 제국주의 국가이고 일본이 그 본국에 침입한 것이 아니라 그 식민지를 빼앗으려고 하였을 뿐이므로 이러한 나라들과의 전쟁은 중국과의 전쟁과 비교해 볼 때 대제국주의 전쟁이라는 평가 역시 불가능하다. 부전조약의 무력행사 금지에는 자위권 행사가 포함되어있지 않다는 미국의 유보가 있고, 대미영 개전의 소서에는 '제국은 지금 자존자위를 위해 궐기하여 일체의 장애를 파괴하지 않을 수 없다'라고 되어 있어서 대미영 전쟁이 자위권 행사로 되어 있으나 중국침략 지속을 위해 결행된 대미영 개전을 자위권의 행사로 해석할 여지는 없다. 원래 자위권의 행사는 그 필요를 인정하는 국가의 판단에 맡긴다는 견해도 있다. 극동국제재판소 판결에서 펄의 소수의견에서는 그러한 견해가 보이기도 하지만 다오카 료이치田岡良一는 이를 비판하여 다음과 같이 논하고 있다(『공동연구팔 판결서』서장「펄 판결의 의의」).

　　행사된 자위권이 정당한 한계를 넘었는지 아닌지는 사회의 판단에 맡겨야 한다. (중략) 자위권 행사는 완전히 국가의 자유에 맡길 수 없는 것이다.

　　나는 여기에 찬성하고 싶다. 자위권의 행사라고 주장하기만 하면 부전조약 위반도 면할 수 있다. 자위권 행사를 구실로 어떠한 무력행사도 가능한 것이다. 적법한 자위권 행사인지 여부는 객관적 입장에서 판단해야 하며, 무력을 행사하는 국가의 자유 판단에 맡겨서는 안 됨은 다오카의 논리 그대로이다.

　　중국에서 철병을 하면 중국과의 전쟁으로 생긴 막대한 희생이 무의미하게 되고 만주국의 존립도 조선의 식민지 지배도 위험하게 된다. 그러므로 일본의 자존자위를 위해서는 전쟁을 걸고서라도 거부하지 않을 수 없었다는 당시 일본국 최고기관의 논리가 정당하였다고 한다면 중국 주둔은 물론 왕정권도 만주국도 없고 조선의 식민지 지배도 하지 않는 오늘날 일본이 자존뿐만 아니라 경제대국으로 번영하고 있음은 어떻게 설명할 것인가. 그렇지 않으면 다시금 중국에 일본군을 진출시키고 만주국재건과 일본 이권의 회복, 조선 재병합을 시도해야 할 것인가. 오늘날 누가 보아도 비상식적인 명제를 놓고 1941년 일본국가의 최고기관이 고집하여 개전한 것을 어떻게 정당화할 수 있는가.

　　나카니시 이사오中西功는 1972년 1월 9일자 나에게 보낸 서한(『가까이 있어서』제3호에 전문을 소개)에서 ‘ABCD의 원조를 ABCD포위로 보았다’는 점에 잘못이 있었던 것이며, 평화의 길은 ‘ABCD포위를 원조로 보는 데에 성립한다',고 말한다. 그리고 이 길은 "국제적으로는 반파쇼 국제전선이 일본 국민에게 행한 평화의 요청이었습니다. 이는 1941년에 실현되지 못했지만 1945년 8월 15일에는 신헌법의 기초가 된 포츠담선언이라는 형태로 일본 국민 앞에 나타났습니다. 물론 그로부터 4년간의 세월은 결코 헛된 것은 아니었습니다. '헐 노트'는 포츠담선언으로 발전한 것입니다. 그것은 반파쇼 세계인민의 힘이 반영된 것이었습니다. 이처럼 일본 평화의 문제가 외국에서 강요되었다는 특성은 단지 8·15 뿐만 아니라 1941년 7·7의 경우도 마찬가지였다고 말할 수 있겠습니다. 그러나 밖에서의 압력이라는 점에서 신헌법이 외국의 압력에 의한 것이라는 군국주의자들의 생각이 맞을 것입니다."라고 말하여 일본은 당시 중국에서의 전면 철수를 행하고 평화의 길을 선택해야 했으며 중국에서의 철수를 구하는 ABCD 포위도, '헐 노트'도 평화를 구하는 일본인에 대한 원조로 해석하여야 한다고 역설하고 있다.

'헐 노트'를 원조로 보는 것은 많은 사람들을 놀라게 하는 견해일지 모르겠다. 그러나 이 견해가 '헐 노트'에서 포츠담선언으로, 포츠담선언에서 일본국헌법으로라는 기본선이 일관되고 있음을 지적하고, 일본국헌법의 평화주의·민주주의의 기점으로서 '헐 노트'를 평가하고 있는 점은 상식의 맹점을 찌르는 바가 있으며 경청할 가치가 있다.

포츠담선언이 나오기 직전에 고노에 후미마로는 천황의 특사로서 소련에 건너가 연합국과 화평하기 위한 조건안을 제시했다. 「평화교섭의 요강」이라는 문서에는 '국토에 대해서는 (중략) 어쩔 수 없다면 고유 본토로 만족한다', '고유 본토의 해석에 대해서는 최소한 오키나와, 오가사하라제도, 사할린을 버리고 치시마는 남반부를 보유하는 정도로 한다' 고 기록되어있다(야베사다 하루『고노에 후미마로』에 전문 인용). 남부 치시마는 '고유 본토'로서 보유하지만, 오키나와·오가사하라는 '고유본토' 밖으로 방기하여도 좋다라는 것은 중대한 문제로 뒤에서 다시 논하고자 한다. 어쨌든 포츠담선언 전에, 물론 포츠담선언과는 근본정신을 달리한다고 해도 일본 지배층 사이에는 이와 같은 '양보'를 할 의지가 자발적으로 형성되고 있었다. 이 점에서 보면, '헐 노트'를 수락하고 전쟁을 회피할 선택을 전혀 고려하지 않았던 당시 일본 국가의 최고기관의 책임을 묻는 것은 정당한 것이다.

미국과 영국에 대한 전쟁 결정은 중국에서의 철병, 즉 중국 침략의 포기를 수락할 것인가 여부에 대한 선택이었다. 일본 국가기관 내부에서 최후까지 의견일치를 보지 못하게 된 것은 전쟁에 승산이 있는지 여부에 대한 것이었다. 오히려 이 편이 국가의지 결정 전제로 가장 중요한 논점이었다고도 보인다. 이 문제는 국제적 책임이 아니라 일본 국민에 대한 권력자의 책임 문제에 속하므로 다음절에서 따로 자세히 논하고자 한다.

다음으로 개전 과정에 대해서도 문제가 있다. 우선 개전의 결정에서 선전포고에 이르기까지의 일본 정부와 군부의 조치와 행동을 시간 순서에 따라서 기록해 두자.(표 1)

도고 전게서에 의하면 군령부 총장이 기습을 할 것이라고 하고, 군령부 차장은 교섭을 전투 개시까지 계속하도록 요청하였다. 그러나 도고는 이는 통상 절차에 위배되며, 자유행동에 나선다는 사전통고가

표 1 개전의 결정에서 선전포고에 이르기까지의 일본 정부와 군부의 조치와 행동

일본시간	워싱턴시간	사실
7일 1:50	6일 11:50	대미 교섭중지 통고문 제13단까지 발신
11:30	21:30	미 대통령, 일본통고문 제13단까지 읽고 '이는 전쟁을 하지는 것'이라고 이해
16:00	7일 02:00	대미 통고문 제14단(최종단) 발신
8일 02:15	12:15	일본군, 영국령 말레이 상륙작전 개시
03:00	13:00	(대미통고문 미국무성에 전달 예정 시각)
03:20	13:20	하와이 공습 개시
03:50	13:50	주미대사관 통고문 타이프 완성
03:50	13:50	미 국무성, 하와이 공습 보고 받음
04:05	14:05	주미 일대사, 미 국무성에 도착
04:20	14:20	주미 일대사, 통고문을 헐 장관에게 전달
07:00	17:00	전쟁상태에 들어간다는 대본영 발표 라디오 방송
07:30	17:30	도고 외상, 구루 주일 미 대사에게 통고문 전달
08:00	18:00	도고 외상, 크레기 주일 영 대사에게 통고문 전달
11:40	21:40	선전포고

국제 신의상 절대적으로 필요하다고 주장하였다. 결국 군령부로부터 워싱턴 시간 오후 0시 30분에 교섭 중단 통고를 해 달라는 부탁을 얻어 내고, 그 시각이 공격개시까지 충분히 여유가 있는 시간임을 확인한 다음 도고는 동의하였다. 12월 5일 참모차장과 군사령부차장이 앞서 정한 시각을 30분 늦춰줄 것을 요청하여 거듭 공격 개시까지 충분한 여유가 있는지를 확인한 후 동의하고 6일의 대본영정부연락회의에서 공식으로 확인하였다. 외무성은 위의 예정시간에 맞추어 통고문을 발신하였다. 다만 교섭 중단 결정 통고는 주미 일본대사관원의 전보 암호 해독과 타이프인쇄가 늦어져 통고문을 미국무장관에 넘겨주기 전에 하와이 공습이 되었던 것이다. 미국무성은 이미 하와이 공습정보를 보고 받았으므로 통고문 전달은 뒤늦은 추태가 되고 말았다.

이는 고의로 통고를 지연시킨 것이 아니라 과실에 의한 것이었지만, 결과적으로 사전 통고 없는 공격개시가 되었다. 그래도 미국에 대해서는 공격개시 전에 통고하려는 노력이라도 하고 있었지만, 영국에 대해서는 통고 예정조차도 없었다. 그것도 대미통고문 전달 예정 시각보다 앞서서 영국령 말레이 반도에 상륙작전이 개시되었다. 또 대미통고문에도 교섭 중단을 표명하였을 뿐 개전의 의사 표명은 없었으며, 선전의 칙소가 발령된 것은 말레이 공격이 개시된 후 9시간, 하와이 공격 개시로부터는 8시간을 경과한 후였다. 네덜란드에 대한 선전포고는 전혀 이루어지지 않았다.

일본이 1911년에 비준한 「개전에 관한 조약」에는 「체약국은 이유를 붙인 개전 선언의 형식 또는 조건부 개전 선언을 포함 최후 통보의 형식을 갖는 명료한 사전 통고 없이 상호간의 전쟁을 개시하지 않을 것임을 승인함」이라고 제1조에 명기되어있다. 일본의 개전은 명백하게 고의로 조약을 위반했다고 할 수 있다. 일청·일러·일독 각 전쟁에서 선전의 소서에는 모든 국제법의 범위에 있어서 일체의 수단을 다한다고 명시하고 있으나, 대미영 선전 소서에는 여기에 해당하는 문구가 전혀 없다. 가와이 신타로河井信太郎는 『공연公硏』1977년 7월호 「어느 검사관의 기록」이라는 회상록 중에서 다음과 같이 말하고 있다.

해군시대의 추억은 무엇인가...

드디어 전쟁이 시작된다고 하므로 "너는 대학에서 전시 국제법을 공부하였으니 그 이야기를 해 보아라"라고 말을 들었다. 당시 거기에는 제5함대가 있어서 그 가운데 초급사관을 모아서 강의를 하였다. 그 때 "미영 개전이 되면 일청·일러·일독의 전쟁과 마찬가지로 '전시 국제법을 준수하여 이 전쟁의 승리를 기하라' 라는 선전 소칙이 내릴 것이다. 이번의 소칙에도 반드시 그 부분이 있을 터이므로 여러분은 전시 국제법을 지금부터 공부하여 포로의 취급이나 전시 법규에 대해 잘못이 없도록 하여야 한다" 고 강조하였다. 그러나 유감스럽게도 대동아전쟁의 소칙에는 그러한 말이 없었다. 전쟁이 끝난 후 어찌하여 그 말이 빠졌는지 전사자료실에서 찾아보았다. 그러자 역시 몇 번이나 넣었다가 빼곤 하다가 최후에 삭제되었음이 드러났다.

가와이가 확인한 소서를 기초해 소서가 결정된 경과를 보면 국제법 준수 구절이 고의로 삭제되었고, 대미영 전쟁에서 국제법을 무시하려는 방침이 정해져 있었다고 할 수 있다.

"미국은 일본이 받아들일 수 없는 조건을 강요하여 일본을 전쟁에 끌어들였다. 또 일본의 암호전보를 모두 해독하고 있었으므로 대미공격이 시작됨을 예지하고 있었다. 따라서 일본이 개전에 대한 사전통고가 없어도 배신행위는 아니다" 라는 견해가 일부 유포되고 있다. 「미국 진주만 공격 조사 보고서」(『현대사자료 태평양전쟁(3)』)에 의하면 미국측에서는 일본의 암호를 해독하고 있었다. 루스벨트는 일본의 교섭 중단 통고문 13단까지 읽고 측근 홉킨스에게 "이것은 공격을 하자는 것이다. 그러나 우리가 먼저 공격할 수 없다. 우리들에게는 좋은 기록이 있다" 라고 말했다는 증언이 있다. 미국 최고 수뇌부가 일본의 기습을 사전에 알면서 최초의 공격을 일본군에게 양보함으로 미국에게 유리한 기록으로 남기고자 하였음은 확실하다. 다만 일본의 기습이 남서 태평양 방면에서 일어날 것이라고 추측하였으며, 진주만을 공격할 것임은 예측하지 못하였던 것 같다. 진주만 공격 정보를 받고서도 루스벨트가 하와이 해군 사령부에 알리지 못하게 했다는 증언도 있다. 그러나(『아사히』 82년 11월 26일 「진주만 공습에 대한 새로운 증언」) 설령 그렇다고 해도 이는 미국 최고 수뇌부와 진주만 희생자 내지는 미국민 사이의 미국 국내법상의 책임 문제이다. 이로 인해 일본이 통고 없이 전쟁을 개시한 위법성은 사라지지 않는다. 영국에 대해서는 미국에 통고할 예정 시각보다 일찍 공격을 개시할 계획을 세워서 실행하였으므로 전혀 변명의 여지가 없다.

미국 대통령이 최초의 공격을 일본이 해 오기를 기대하였다고 해도 또 기습이 고의가 아니었다고 해도, 진주만 기습이 그때까지 고립주의를 주장하고 참전 반대를 주장한 많은 사람을 포함한 대부분의 미국인들에게 대일 적개심을 불러일으키는 결과를 초래한 것은 중대한 일이다. 일본의 선제공격은 미국인들에게 전의를 고양시킨 힘이 되었다. 뿐만 아니라 전후 수십 년이 경과한 후에도 적지 않은 미국 국민의 뇌리속에 '진주만을 기억하라' 라는 인식을 심어주었던 것이다.

『아사히신문』 1971년 3월 15일에 실린 미국인 여론조사 결과에 따르면 '진주만 공격에 대해 어느 정도 강한 감정을 느끼는가' 라는 물음에 대해 '지금도 매우 강한 감정을 느낀다' 가 26%, '지금도 상당한 감정을 느낀다' 가 18%로 합계 44%에 달하고, '거의 잊었다' 28%보다 훨씬 높다. 이 수치는 '원폭사용은 어쩔 수 없었다' 가 64%로 '원폭사용은 잘못이었다' 는 21%에 비해 압도적 다수를 점하는 것과도 관계가 있다고 생각된다.

『마이니치신문』 1977년 12월 8일 석간에는 뉴욕 발 보도로 『데일리 뉴스』에 게재된 피트 하밀의 「다음에 TV를 살 때에는 진주만을 기억하라!」라는 칼럼이 소개되었다. 이 칼럼에서는 진주만에 대한 비열한 공격을 이야기한 후 미국 시장에 자동차·카메라·텔레비전 등 일본 제품의 범람하고 그에 따라 미국 실업인구가 증대하고 있다고 지적하였다.

『요미우리신문』 1981년 12월 2일 석간에는 요미우리 기자가 진주만에 떠있는 전함 애리조나호 기념관에서 관광객에게 감상을 묻자 한 백인 노파가 가까이 와서 "일본인이 왜 여기에 오는가"라고 엄중한 말투로 힐문하였음이 기술되어있다.

『마이니치신문』 1984년 3월 9일 석간에는 후루모리 요시히사古森義久의 일본계 미국인에 대한 연재물이 소개되고 있다. 이에 의하면 텔레비전 보도 앵커로 지명도가 높은 웬디 토크더는 전후 출생한 미국 시민인데도 일본계인이라는 이유로 '비판하는 투서가 끊임없고, 특히 진주만 공격 기념일 전후로는 증오의 편지가 반드시 도착한다'고 한다.

미국 체류 11년째인 일본인 연구자 아키바 다다토시秋葉忠利는 미국인들에게 원폭 피해의 비참한 모습을 호소하자 "진주만은 어찌할 것인가. 먼저 한 것은 너희가 아닌가"라는 반응이 되돌아 왔다고 말하고 있다(『아사히』 79년 9월 10일), 이는 핵 금지 운동을 미국에서 펼치려 할 때, 진주만 기습이 미국인의 심리에 준 영향이 큰 방해가 되고 있다는 것이다.

또 히로시마 피폭자 대표가 국제연합에서 핵 폐기를 호소하고 돌아가는 도중, 진주만을 찾았을 때에 일행은 미국 관광객들에게 차가운 시선을 받게 되었다. 그래서 예정에 없는 "노 모어 펄 하바, 노 모어 히로시마"라고 외치자 그때서야 뜨거운 박수가 일어나 현장의 분위기가 좋아졌다. 그리하여, 이들은 귀국 후 "역시 우리는 가해자였네요"라고 술회하였다고 한다. 이는 일본인이 솔직하게 일본 국가의 전쟁책임을 자각하고 있음을 미국인에게 보여 줄 때에 상호간의 전쟁책임의 자각이 새롭게 나타나고 세계 평화의 길이 열린다는 교훈이다.

네덜란드와의 개전은 중국에 대한 침략전쟁을 계속하기 위해 필요한 석유자원을 목적으로 한 것이다. 이는 인도네시아 민족의 해방을 목적으로 한 것이 아니었으므로, 어떠한 각도에서 보아도 위법적인 침략전쟁이었다. 게다가 영국에 대해서와 마찬가지로 네덜란드 정부에 대한 개전 통고는 전혀 없었다.

프랑스와의 관계는 미 · 영 · 란에 대한 개전과는 사정이 현저하게 다르다. 1940년 6월 프랑스는 독일에 항복하여 연합국에서 탈락하였고, 7월에는 페탄이 비지에 친독 정부를 수립하였다. 따라서 프랑스령 인도네시아는 비지 정권 하에 놓이게 되었다. 일본은 27일 대본영 정부 연락회의 결정 「세계 정세 추이에 따른 시국 처리 요강」에서 다음과 같은 방침을 세운다. '프랑스령 인도네시아에서 장개석 정권을 돕는 행위를 철저히 차단한다. 동시에 속히 아군의 보급 담당 군대를 통과시키고 비행장 사용 등을 용인시키며 일본이 필요로 하는 자원 획득에 힘쓴다. 정황에 따라 무력을 행사할 수 있다' 라는 방침으로 어려운 상황에 있는 프랑스에게 프랑스령 인도지나 북부에 일본군 주둔을 수락하도록 강요한다. 또한 평화협정이 있었음에도 불구하고 육군 부대는 중앙의 명령을 무시하고 전투를 야기하였다. 나아가 다음해 1941년 1월 30일 연락회의 「대프랑스령 인도지나에 대한 시책 요강」에서 '프랑스로 하여금 프랑스령 인도지나에 관해 제3국과 일체의 정치적,

군사적 협력을 맺지 않도록 약속시킨다. 프랑스령 인도지나 특정 지역에 항공기지 및 항만 시설의 설정 또는 사용 및 유지를 위한 소요 기관의 설치, 제국 군대의 거주, 행동에 관한 특별한 편의 제공을 정치적 및 군사적 요구로서 프랑스에 수락시킬 것, 교섭의 경과에 따라 적당한 위압을 가하여 목적을 달성하도록 할 것. 위압 행동에 대해 프랑스령 인도지나가 무력으로 저항을 한다면 해당 부대는 무력을 사용하여 이를 제압할 것 등을 정한다. 그리고 7월 29일 프랑스령 인도지나의 공동 방어에 관한 일·프 의정서를 조인할 것을 프랑스에 수락시킨다. 일본군은 프랑스령 인도지나 남부에 주둔하고, 전 프랑스령 인도지나에 일본군을 배치하였다.

이 시점에서는 일본군은 전 프랑스령을 군사기지로 하면서 프랑스의 지배권은 그대로 존속시키고 있었다. 그러나 전황이 불리하게 되자 1945년 2월 1일 최고전쟁지도회의에서 프랑스령 인도지나에 대한 무력처리방침을 결정한다. 3월에는 무력을 행사하여 군대와 경찰의 무장 해제와 정권 접수를 강행하고 완전하게 점령하게 한다. 인도지나 프랑스 정청은 비지 정부에 소속하고 있었으며, 연합군 측에 속하여 대독 레지스탕스와 함께 항전을 계속하고 있었던 망명정부나 그 외 저항자들의 입장에서 보면 비지 정부는 정통성을 갖고 있지 못했다. 그러나 그것은 프랑스 국내 문제이다. 이러한 문제가 있다해도 프랑스의 주권을 침해한 일본의 프랑스령 인도지나 주둔·점령이 부전조약을 위반한 침략이었다는 사실은 변함이 없다.

프랑스를 포함하는 구미 연합제국과의 전쟁은 진주만 공격, 호주의 시드니 군항에 대한 잠수함 작전, 미국 본토에 풍선 폭탄 방류 등 공중 · 해상에서의 국부작전을 예외로 하면 거의가 그 식민지에 대한 지상작전으로 행해졌다. 그러므로 식민지 지배기관 또는 원주민 이외의 외국인에 대해서 중국 국민에게 가한 것과 같은 잔학 행위가 대규모로 전개되지는 않았다. 일본군의 침략에 의한 피해를 집중적으로 받은 것은 당시 구미제국의 식민지 지배하에 있었던 아시아 · 태평양 거주 제 민족이었음은 〈본장 1절 1〉에서 본 바와 같다.

구미 제 국민에 대한 전쟁 법규 위반 사건은 오로지 일본군에 포로가 된 사람들에 집중되고 있다. 전쟁 후 수많은 BC급 전범 재판에서도 주로 이런 종류의 사건이 다루어지고 있으나 그 사건의 실체에는 의문이 많이 있다. 여기서는 의문의 여지가 없는 두 가지 예들 들고자 한다. 그 하나는 석원도石垣島 수비대의 포로 처형이다. 1945년 4월 15일 수비를 담당하였던 해군 경비대는 격추된 폭격기에서 낙하산을 타고 내려온 미군 3명중에 두 사람을 참살하고 한 사람은 기둥에 묶어서 여러 명이 찔러 죽였다고 한다(『전망』 1965년 8월호, 사쿠다 게이이치 作田啓一 · 다카하시 사부로高橋三郎의 「우리들 속에 있는 전쟁 범죄자 —석완도의 경우를 둘러싸고」, 『오키나와현사 10, 오키나와전 기록 2』, 고하마 마사쿠라小浜正昌 「석완도 사건의 전범으로」 등). 희생자 수나 규모로는 '바탄 죽음의 행진' 이 보다 잘 알려져 있다. 그러나 바탄의 경우에는 잔학행위가 사실이 아닐 여지도 있지만, 석완도 경우에는 중국 전선에서 반복되었던 포로 학살과 같은 경우이다.

그것보다도 더욱 중대하고 잔학한 일은 냉정한 과학자들의 손에 의해 행해진 큐슈대학 의학부 생체해부사건이다. 이는 〈본절 1〉에서 기술한 731부대 잔학행위의 축소 국내판이라고 불리는 성질의 것이다.

미공군기의 승무원은 격추되면, 낙하산으로 탈출하도록 교육받았다. 그러나 일본군은 이들을 포획하면 포로로 대우하지 않고, 전쟁 범죄인으로 처형하는 일이 종종 있었다. 1942년 7월 28일 육군 차관 발령의 「공습해온 적 항공기 탑승원 취급에 관한 건」에 '적 항공기 탑승원을 전시 중죄범으로 처단하는 데 불복하는 자는 군율회의에 송치한다'는 내용이 포함되어 있어 군율회의의 판결에 의해 탑승원을 처형할 수 있는 근거가 마련되었다. 같은 해 10월 19일에 방위총사령관은 '대일본제국 영토를 공습하고, 우리 권역에 들어온 적 항공기 탑승원으로 무도한 행위를 한 자는 군율회의에 따라 사형 또는 중형에 처한다'고 포고하고 동시에 '보통 인민을 위협 또는 살상할 것을 목적으로 폭격이나 사격 등 공격을 가하는 행위', '군사적 성질을 갖지 않는 사유재산을 파괴 훼손하거나 또는 태우는 것을 목적으로 폭격 사격 등의 공격을 가하는 행위', '어쩔 수 없는 사정 외에 군사적 목표 이외의 목표에 대해 폭격이나 사격 등 공격을 가하는 행위', '앞서 말한 3개 항 외에 특히 인간의 도리를 무시한 행위'를 행한 적군 항공기 탑승원으로 일본 권내에 들어온 자는 총살(정상에 따라서는 무기 또는 10년 이상의 감금으로 대체할 수 있음)이라는 군법에 처한다고 정했다. 미 공군의 일본 본토 공습에 대해서는 5장에서 자세히 서술하겠지만 전쟁 법규를 명백히 위반한 것이 많았으므로 탑승원을 처벌한 것이 반드시 전쟁 법규 위반이라고는 할 수 없다. 동부 해군은 포로가 된 미 탑승원을 종종 처형하여 패전 후 전범으로 기소된 사령관 오카다 다스쿠岡田資는 법정에서 미군 공폭의 잔학상을 법정에서 폭로하여 탑승원 처형의 정당성을 당당하게 주장했다(이상 오오오카 쇼헤이大岡昇平『기나

긴 여정』에 의함). 그러나 처형을 하려면 적어도 심문의 절차가 필요하다(다치사쿠 타로立作太郎 『전시국제법론』). 군율회의가 사형을 '총살'로 정한 한 총살 이외의 참살과 기타 잔학한 살해 수단을 취하는 것은 위법이다. 하물며 군율회의의 심문을 받은 것도 아니고 총살 이외의 잔인한 방법으로 학살하였음은 변명의 여지가 없는 전쟁범죄이다.

　서부군에서는 일본 본토를 공습한 후 격추되어 포로가 된 미 항공기 탑승원 8명을 큐슈 제국대학 의학부 제1외과 교수 이시야마 후쿠지로石山福二郎의 생체 해부용으로 제공하여 살해하였다. 큐슈대학 제1외과 출신인 견습군의관 오모리 다카시小森卓가 서부군 참모 육군 대령 사토 나오기치佐藤直吉의 허가를 받아 이시야마에게 건의하자 이를 적극적으로 받아들였다. 해부학교실을 담임교수 히라미츠 고이치平光吾一의 승낙을 얻어 사용하고, 제1외과 소속 조교수·조교·간호부·연구생 등에게 보조작업을 하도록 명해, 오모리와 이시야마의 집도로 해부를 한 사건이다. 해부는 5월 17일, 23일, 29일 그리고 6월 3일 모두 4회에 걸쳐 행해졌으며, 총 8명의 미 탑승원이 살해되었다. 그 구체적 정황은 히라미츠平光吾一의 「전쟁 의학의 오욕을 말하여」(『문예춘추』 1957년 12월호), 센바 요시교仙波嘉清의 『생체해부사건』, 아즈마노 토시오東野利夫의 『오명, 큐슈대학 생체해부사건의 진상』, 고우사카 후유코上坂冬子의 『생체해부 큐슈대학 의학부 사건』 등에 기술되어 있다. 아즈마노東野의 저서에서 제2회 생체해부 당시의 구체적 사실을 예로 들어 소개해 보자.

　메스가 번쩍였다. 흉골의 앞부분에서 배꼽까지 일직선으로 빛이 지나갔다. 피하지방에서 약간의 피가 흘렀다. 순식간에 배가 열렸다. "저것이 위장이다". 군의관이 나에게 속삭였다. (중략) "에조파구스, 식도" "피로루스, 유문"... 군의관 대위는 하나하나 돌아보며 나를 가르쳐주었다. 그리하여 위가 절제되고, 양쪽 절단면이 봉합되었음은 나도 알 수 있었다. 그러나 그 외의 수술 내용에 대해서는 이해할 수 없었다.

포로의 용태가 악화되기 시작한 듯 하다. 수액 주사가 빨라지기도 하고, 혈압을 재는 빈도가 잦아졌다. (중략) "헤르츠 마사지!" 집도의의 소리가 크게 울린다. (중략) 수액을 보는 의사가 나를 바라보았다. 또 이리가토르(관주기)를 가져오라는 뜻이다. (중략) 나는 관주기를 가져와 높이 걸었다. 혈압이 떨어지고 있는 모양이다. 수술이 가슴 위쪽으로 옮겨진다. 약 20cm 정도 메스가 지나갔다. 지혈대에서 나는 소리. 그리고 벅벅 하는 듣기 싫은 소리가 나더니 갈비뼈 몇 개가 잘려나갔다. 옆에 있었던 군의관 대위가 속삭이는 소리가 들린다. "저것이 심장이다." 그 말에 뒤이어 수술의의 지시가 내린다. "잠시 심장을 정지시킨다." 실내에 놀라는 소리가 울린다. 심장과 연결된 거대한 혈관이 기계로 강하게 압박을 받고 심장이 멈추었다. 정지 시간을 기록하도록 명령한 수술의는 그대로 심장에 손을 대고 있었다. 긴박한 시간이 흘러간다. 2분, 3분, 4분, 5분이라고 작은 소리로 시간을 재는 소리가 들린다. "헤르츠 마사지!" 잘 보이지는 않았지만 관주기를 높이 쳐들고서 나는 수술의의 동작을 응시하였다. 또 시간을 고하는 소리가 들리고 지금껏 멈추었던 심장이 다시 움직이기 시작하였다. (중략) 수술이 끝났다. (중략) 견습 사관은, 수술이 끝난 포로를 굽어보았다. 머지않아 포로의 모든 움직임이 멈추었다.

〈본절 1. 1의 라〉에서 많은 예를 소개한 바와 같이 중국 전선에서는 731부대의 실험을 비롯한 많은 생체해부가 행해지고 있었다. 731부대의 실험을 견문한 의사 아무개가 이시야마에게 그 자료의 일부를 제공하였음(고우사카上坂 저)을 보면 이시야마의 의도를 알 수 있다. 어쨌건 인명을 구조하는 인도적 정신을 직업윤리로 삼아야 하는 임상 의사가 연구욕을 충족시키기 위해 생체해부를 행한 것은 731부대나 기타 대륙전선에서 전쟁을 위한 실험으로 행해진 경우와 마찬가지로 엄중한 비난을 면할 수가 없다.

히라미츠平光의 제자로 사건의 일단을 목격한 아즈마노東野는 외과의에 의한 수술과 해부의에 의한 해부의 사이에는 생체와 시체라는 확연한 차이가 있었다. 메스를 잡는 자의 전공 분야도 확실히 달랐다. 그러나 이 차이는 패전 후 이른바 '큐슈대학 생체해부사건' 재판으로 완전히 혼동되어버렸다. 생체와 시체의 생명현상의 차이는 무시되고, 메스를 잡은 자의 연구 분야의 차이도 사상되었다. 그 결과 '생체수술'과 '시체해부'를 연결하는 '생체해부'라는 혐오스러운 호칭으로 지금까지 전해지고 있다라는 말을 했다. 또 센바仙波는 '전쟁에 있어서 전과라고 불리는 것은 대량살인의 결과이다. 적도 아군도 모두 미치광이가 되어서 완전히 이성을 잃고 대량살인 경쟁을 한다. 그 전쟁에 부수하여 일으킨 수많은 사건을' 이라고 운운하며 '모든 것은 전쟁이라는 사건이 만든 것이다' 라고 말하고 있다. 도처에서 의사의 반윤리성을 면책하고자 하는 논조를 유지하는 관계자를 면밀히 취재한 고우사카上坂는 '그 시대를 체험한 인간의 하나로 그것을 고발, 규탄한다는 형태로 써 내려가는 것만으로는 수습되지 않는다는 생각이 든다' 라고 말한다. 또 '그 때 제1외과 교실의 의국원은 도대체 어떻게 하여야 하였을까. (중략) 그렇게 하는 것 외에는 다른 방법이 없지 않았을까' 등의 감상적인 발언을 한다. 그러나 이러한 말을 그 어느 것 하나에도 동감할 수 없다.

　'수술'이라는 것은 살아있는 환자를 치료하는 행위를 일컫는 말이며, '해부'란 사체를 절개하여 그 구조를 연구하거나 사인 등을 조사하는 행위를 일컫는 말로 그 목적에 따라 구별되는 것이다. 행위자의 전문분야에 따라 형식적으로 구별하는 말이 아니다. 이시야마石山가 행한 일은 치료를 목적으로 한 것이 아니다. 뿐만 아니라 살의를 가지고 한 행위인 이상 이를 '수술'이라고 말하는 것은 기만이다. 본래 '생체'에 붙여서는 안 되는 '해부'를 행하였기 때문에, 의학용어가 되어서는 안 되는 '생체해부'라는 새로운 용어가 생겨난 것이지, 혼동한 것은 아니다. 이 행위가 설령 전쟁 중이라고 해도 군대가 아닌 대학 의학부에서 4회에 걸쳐서 철저한 계획 아래 이루어졌다는 중대한 문제를 '여러 가지 사건'이라는 말로 사소한 일처럼 표현하는 것도 의사로서는 도저히 있을 수가 없다.

　'그렇게 하는 것 외에는 방법이 없지 않았을까'라는 고우사카上坂의 발언은 명령을 받아서 보조했던 사람들 가운데 최초로 거부한 제1외과의 조교수 도리스 타로鳥巢太郎의 취재에 나온 말이다. 도리스는 "그렇게 말하면 옳지 못합니다"라고 차단하고 있다. 그의 부인 후키蕗가 저술한『재심사』에 의하면 도리스는 1회 해부 후 귀가하여 아내에게 개략을 말하고, 아내 후키가 "이시야마 교수가 또 포로를 수술하자고 해도 당신만은 결코 참가해서는 안 됩니다. 내가 만일 미국 군인의 아내라면 왜 남편은 수술 받았을까. 수술 받지 않았으면 내 남편은 죽지 않았을 것이라고 생각할 겁니다. 설령 전쟁 중이라도 미국 군인 포로를 의학 연구 대상으로 삼아서는 안 된다고 생각합니다"라고 충고하였을 때, "마음이 내키지 않았기 때문에 평소와 같이 이시야마 선생의 수술을 도울 마음이 들지 않았다"고 한 마디 하고, 다음에는 이시야마 교수 연구실에 혼자서 찾아가서 "또 그런 수술을 합니까. 그런 수술은 그만 둘 수 없습니까. 포로는 군대 소관이므로 군대에서 알아서 처리하는 것이 좋지 않겠습니까. 군대에 그렇게 말하면 어떻겠습니까"라고 중지를 구하였다. 그럼에도 불구하고 이시야마는 "군은 이미 포로를 데리고 왔으므로 지금 중지할 수는 없다. 수술을 강행하니까 도와주...."라고 말했지만 아내의 말이 강하게 머리에 남아있었고, 자신도 포로를 의학 연구의 자료로 해서는 안 된다고 생각하고 있었기 때문에 다음부터는 수술에 참가하지 않았던 것이다. 도리스는 고우사카上坂의 말을 차단하고 나서 "당시 반전 언동을 이유로 경찰에 불려 간 사람이 있었습니다. 그 시대에 반전을 외치는 것에 비하면 우리들이 해부를 거부하는 것이 쉬운 일일 것입니다. 어쨌든 어떠한 사정이 있더라도 어쩔 수 없었다고 말하는 것은 옳지 않습니다"라고 말하고 있다. 도리스 부부의 당시와 전후 수십 년이 지난 후의 언동에 전쟁책임에 대한 감동적인 대처 방안이 표현되고 있는 것은 주목할 가치가 있다.

또 아즈마노東野는 낙하산으로 오오이타大分현 산골에 낙하한 미 탑승원을 다수의 촌민들이 죽창이나 삽을 들고 공격하고자 하였을 때에, 이들을 저지한 오노미도리大野翠라는 노인의 행동을 전하고 있다. "모두 들어 주십시오. 포로는 죽여서는 안 되는 것입니다. 죽여서는 안 되요"라고 외치며, 「무슨 소리냐, 너는 애국자가 아니다」라는 비난 소리에도 굴복하지 않았다. "그래, 절대로 포로는 죽여서는 안 된다.

나는 러일전쟁에 참전하였기 때문에 잘 알고 있다. 포로는 죽여서는 안 된다. 죽이려면 먼저 나를 죽여라"라고 격렬한 기백으로 가로막아서, 촌민들이 미군 병사를 린치 학살하고자 하는 것을 몸으로 막아 저지시 켰던 것이다. 전쟁중이라고 해도, '그렇게 하는 것 외에는 방법이 없지 않은가' 라든가, '모든 것은 전쟁이라는 사건이 만들어 낸 일이다' 라고 전쟁중의 일체책임을 회피하고자 하는 것은 용납될 수 없다. 도리스 부부나 오노미도리 노인의 언동에 비추어 보면 명백해 질 것이다.

3. 중립국에 대한 책임

일본은 연합국 가운데 주축국에도 속하지 않은 중립국인 포르투 갈의 영토를 침략하여, 아시아에서 포르투갈령 마카오와 태평양상의 티모르 섬을 점령하였다. 이런 일은 전시 중 대본영의 발표로 공표되 어 있기 때문에, 전전 · 전중 세대는 알고 있을 터이지만, 전후 세대의 대다수는 아마도 알지 못하고 있을 것이다. 티모르 섬이 어디에 있는 지조차 모르는 사람도 많을 것이다. 그러나 일본인은 잊어도 포르투갈 인들은 잊지 않고 있다. 포르투갈학교에서 사용하는 역사 교과서에 그 사실이 명기되어 있기 때문이다. A.H.오리베이라 마르케스 저서(긴시 치 타다오金七紀男 편역), 『포르투갈의 역사』(호르프 출판 『세계의 교 과서 = 역사 포르투갈 3』)에는 다음과 같은 기술이 있다.

제2차 세계대전 발발(1939년)..... 초에 포르투갈은 처음부터 중립을 선언하고,

다행스럽게도 이 자세를 유지할 수 있었다. (중략) 그러나 이 중립 정책은 그만한 대가를 지불하지 않으면 안 되었다. 티모르는 처음에 호주군(1941년), 뒤이어 일본군(1942년)에 의해 두 번의 침략을 받았다. 일본군은 3년간 티모르를 점령하고 닥치는 대로 수천 명의 포르투갈인과 원주민을 살육하였다. 그럼에도 불구하고 포르투갈과 일본과의 외교 관계는 단절되지 않았다. 마카오에서도 역시 일본인이 전시중임을 핑계로 사실상의 행정권을 장악하였다. (중략)

1939년~1945년의 전쟁에서 전투가 일어난 것은 티모르뿐이었다. 1941년 말, 호주군은 그 섬에 상륙하여 리스본 정부의 항의를 받지 않고 평화리에 섬을 점령하였다. 그 후 일본군이 호주군과 싸워 이를 추방한다는 목적으로 상륙하였다. 일본군의 침입은 평화적인 것과는 거리가 멀었고, 모든 폭력과 대량 파괴를 가져왔다. 각지에서 호주인, 티모르인, 많은 포르투갈 이주민, 그리고 백인 정치범까지 가담한 게릴라전이 시작되었고, 이는 전쟁이 끝날 때까지 지속되었다. 1945년 일본군이 그 섬에서 철수할 때까지 포르투갈 출신의 많은 백인을 포함하여 수천 수백 명이 전사하고, 혹은 일본군의 폭격 내지는 형무소에서 죽었다. 데이리 및 그 외의 집락은 파괴되었고 영토 전체는 파괴적인 전쟁으로 황폐해졌다.

4. 소련에 대한 책임

소련에 대한 일본의 전쟁책임이라고 하면 이상한 말이라고 생각하는 사람이 많을 지도 모른다. 소련은 일소 중립조약 유효기간 중에 일방적으로 선전포고하여 일본을 공격해 왔기 때문에 소련과의 전쟁에서는 책임이 모두 소련에 있고, 일본은 '침략을 당한 쪽' 이라는 부류의 생각이 상당히 널리 퍼져 있기 때문이다. 소련에게 대일 전쟁책임이 있다는 점에 대해서는 5장에서 서술하겠지만 그렇다면 일본에게는 대소 전쟁책임이 전혀 없는가라고 하면 그렇게 말할 수는 없다. 1945년 8월, 소련이 대일 선전포고를 하기 전에 일본이 소련에 대해 어떠한 일을 행하였는가, 혹은 하려고 하였는가를 검토해 볼 필요가 있다.

1945년 8월에 대일 공격을 개시하기 전까지, 러시아 제국을 포함하여 소련이 일본 국내를 침략한 행위는 막부 말기 단시간에 걸친 대마도 점령을 제외하고는 전혀 없다. 러일전쟁은 두 제국주의 국가가 조선·만주에서의 패권을 둘러싸고 제3국인 조선·중국을 전쟁터로 해서 벌인 전쟁이다. 최종단계에서 일본군은 치시마·사할린 교환조약으로 러시아령이었던 사할린에 침입하여 점령하고, 포츠머스 강화조약으로 그 남반부를 할양받아 일본령으로 하였다. 제1차 세계대전 말기에 독일에 패한 러시아에서 혁명이 일어나 사회주의 정권이 성립하자 영국·프랑스 양국 군대는 러시아에 침입했다. 일본군과 미국 군대는 시베리아에 군대를 침입시켜서 반혁명군을 원조하여 혁명 정권 성립을 방해하는 간섭 전쟁을 일으켰다. 일본은 1922년까지 동부 시베리아와 사할린 북부를 점령하고 있었다. 20세기 초 이래에 중국·조선 이외에 러시아=소련에서도 일본 침략이 행해지고 있었음을 잊어서는 안 된다.

소련을 승인하고 국교를 맺은 후에도 일본 제국 지배층의 대소련 적대시는 계속되었으나 국가체제의 차이를 넘어 평화 공존 외교 정책이 취해진 시기도 있었다. 일소 국교수복 후 머지않아 신설된 주소련 일본대사관 3등 서기관으로 모스크바에 부임한 니시 하루히꼬西春

彦는『회상 일본외교』에서 일소 어업조약을 성립시킨 추억을 이렇게 회상하고 있다.

그 무렵 일본과 소련간은 매우 우호적이었다. 만주에서도 만철수비대 이외에 일본 병대는 없었고, 소련도 극동지역에는 그다지 많은 병력을 배치하지 않았다. 이러한 분위기가 교섭에도 미묘하게 반영되어, 기술적으로는 어려운 일이었지만 서로 상당한 타협을 할 수 있어서, 이권관계의 복잡한 어려운 교섭을 타결할 수 있었던 것이다.

또 일본 어장에 일든 어떤 통조림 공장 문제의 어려운 교섭에 관해서도 다음과 같이 기록하고 있다.

끈기 있는 교섭이 계속되었다. 결국 일본측의 요구를 소련측도 받아들여서 교섭이 맺어졌다. 이 문제는 나로서는 지금도 잊을 수 없는 기억이다. 소련도 그렇게 완고하게 나오지 않았으며, 우리도 필요한 경우는 끈질기게 하였지만 타협할 경우도 있었다는 적절한 예였다.

당시 소련 국력이 약했기 때문에 전후 초강대국이 된 소련과 동일시 할 수는 없다. 그래도 상호간에 무력을 근접지구에 증강하지 않고 구체적 이해 조정을 끈기있게 계속하면 소련과 우호관계를 유지하는 것이 가능하였음이 입증된다. 그런데 15년 전쟁은 중국 침략에서 시작된 것이며 중국 침략을 기획 추진한 사람들 사이에는 일찍부터 중국을 전진기지로 하여 소련 영토를 침략하고자 하는 의도를 가진 사람들도 있었다. 1931년 5월 29일 관동군 고급참모 이타가키板垣征

四郎가 만주 주둔 제2사단 간부들에게 행한 강연중에 다음과 같은 기술이 있다.

만약에 만몽 문제가 완전히 해결되어 우리 세력이 북만주에 미친다면 우리 국방의 제1선은 흑룡강에서 대흥안령에 이르는 선에서 선정되고 호론바이르 사막지대를 전지로 삼게 되어 러시아는 우세한 병력을 가지고도 공격하기 어렵게 되며, 아마도 동점을 단념하게 될 것입니다. 그렇게 된다면 연해주는 자연히 우리 세력 범위에 들어오게 됩니다(『태평양전쟁에의 길』 별권).

1934년 1월 육군대위 가타쿠라片倉衷를 좌장으로 하는 소장 막료의 연구 성과로 상사에 제출된 「정치적 비상사태 발발에 대처하는 대책요강」의 외교 방침 부분에는 다음의 항목이 있다.

소련에 대해서는 만주국을 개입시켜 하루 속히 동지나 철도 매각 문제를 해결한다. 일본은 기회를 보아서 적화방지 및 소련의 극동군비 제한을 조건으로 하는 불침략조약을 제휴한다. 또 별도로 비밀리에 그 내부 붕괴를 도모한다(하타 이쿠히꼬秦郁彦, 『군 파시즘 운동사』 부록 참고).

이런 것들은 군 내부의 의견이며 국가의지로 채용된 것은 아니지만, 일본군 내부에 잠재된 대소 침략의도의 모습이라고 보아도 좋을 것이다. 조선·만주국과 소련과의 국경선이 불분명함에도 불구하고 일본군은 국경지대에서 소련군의 행동을 불법이라고 간주하고, 고의적으로 충돌을 야기시켜서 국지전쟁을 거듭 일으키고 있다. 중국과의 전면전쟁에 돌입하기 직전인 1937년 6월에 발생한 캔자스 사건은 「니시무라 도시오西村敏雄 회상록」(『현대사자료 12, 일중전쟁4』)에 의하면 한구漢口 작전 개시 직전에 소련의 동향을 알아보기 위한 무력정찰이었다.

이 캔자스 사건은 지나사변 발발 1개월 전에 일어난 것으로 참으로 좋은 위력적인 정찰이었다고 생각합니다. 우리들의 마음으로는 흑룡강 사건은 절대로 전원일치의 불확대주의이며 노구교사건, 랑방廊坊사건, 광안문사건 등은 어느 정도 불확대주의였습니다. 먼저 너무 깊이 들어서지 않는 방법으로 지나에 일격을 가하고 응징하는 것을 마음에 두었던 것으로, 이러한 마음의 여유는 캔자스 사건의 결과 모스크바의 비겁함을 알게 되었다는 편안함이 있었기 때문입니다.

두 사건 모두 어느 쪽이 국경선을 넘었는가를 묻는 것이 아니라 일본군 측에서 소련군에 걸어본 국지전쟁이었음은 이 「니시무라西村 회상록」이 거짓이 아닌 한 부정할 여지가 없다.

그리하여 가장 대규모로 발생한 것이 1939년 여름의 노몬한 사건이었다. 이 때에는 앞서 두 사건과 같은 소규모 전투로 종결되지 않고, 소련군의 본격적인 반격에 의해 일본군은 1만 8천여 전사자를 내고 전멸에 가까운 패배를 맛보아야 했다. 그 원인은 관동군이 불명료한 국경선을 일방적으로 결정하고 이를 넘은 소련군을 철저하게 격파하려는 방침을 세웠기 때문이다. 호라 노미오洞富雄는 「노몬한 사건의 발단」(『조선전쟁』)에서 국경선에 대해 상세하게 검토하고, 소련측이 주장하는 국경선을 일본측이 인정하고 있었음에도 불구하고, 이를 넘었다는 구실로 전투행동에 나선 것을 입증한 후 다음과 같은 결론을 내리고 있다.

지금까지 각 방면에서 추리하여 본 결과 노몬한 사건은 관동군사령부가 만·몽 간의 역사적 국경선이 어떠하였는지 고려하지 않고 만주국의 영토를 억지로 하루하강까지 넓히려고 하여 계획적으로 일으킨 군사행동이었다. (중략) 그러나 좀 더 추리해 보면 노몬한전쟁은 그 대소 전략을 통하여 외몽고의 동부를 점령하고 자바이칼 방면 공략 기지로 삼고자 하였던, 관동군 본래의 계획대로 군대를 움직인 결과로 보인다.

후단의 추리가 옳은가 하는 문제는 두고 보더라도 관동군의 적극적 공격 의도가 사건의 발단이 되었음은 호라洞의 결론이 옳다고 생각된다. 캔자스·장기봉張鼓峰·노몬한의 세 사건의 공통점은 일본군의 대소 도발이며 도하체홉스키 원수 처형 등 내분으로 국정이 불안정하였던 소련의 약점을 찌른 무력정찰이라는 것이다.

이러한 것들은 현실적으로 유혈 참사를 야기한 대소 국지전쟁이었다. 비록 실행하지 않았더라도 나치독일의 침략을 받아 곤경에 처한 소련을 침략하기 위한 구체적 준비가 1941년 여름에 일본의 정식 국가 의지에 기초해서 진행되었다는 것은 중요한 부문이다. 노몬한 사건 직후 소련이 예로부터 적대국이고 일본의 동맹국인 나치 독일과 불가침조약을 체결한 것은 일본 정부를 당황하게 했다. 결국 일본은 우여곡절 끝에 1941년 4월에 일소 중립조약을 체결하게 된다. 그러나 직후 독일이 독소 불가침조약을 파기하고 소련 침략전쟁을 개시하자 일본 지배층 중에는 이 기회를 이용하여 독일과 호응하여 시베리아를 공략해야 한다는 주장이 나타났다. 이 주장은 먼저 남진을 해야 한다는 주장과 충돌을 일으켜 결국 같은 해 7월 2일 어전회의에서 다음과 같은 개전의지가 공식적으로 결정되었다.

독소 전쟁의 추이가 제국을 위해 유리하게 전개된다면 무력을 행사하여 북방 문제를 해결하고, 북변의 안정을 기한다.

실은 이 정식 결정에 앞서서 육군은 이미 준비를 하고 있었다. 방위청 전사실 『전사총서 대본영육군부2』는 다음과 같이 기록하고 있다.

6월 26일 관동군은 '독소개전에 따른 전황 관계사항으로 업무처리를 위한 평시적 사항과 구별할 것을 요하는 것'을 '관동군 특종 연습(관특연)' 이라고 부를 것을 정하여 참모장 요시모토 데이이치吉本貞一 중장의 이름으로 예하 부대에 통첩하였다. 이는 비밀을 유지하기 위한 배려였다. 그리고 이를 중앙에도 보고하여 그 후 중앙과 현지를 통하여 대소 무력준비 실시를 관특연이라고 총칭하게 되었다. (중략) 다음과 같은 기본 구상 (중략)

五. 전쟁 및 작전은 급습을 기본으로 한다. 남부 프랑스령 인도지나 주둔, 대지나 작전의 강행, 외교 및 언론 조작, 집중 단축 등을 유감없이 이용하여 작전을 최단기간에 종료하도록 도모한다.

다음으로 동원 수송에 대해서는 다음과 같이 견적하였다.(중략)

四. 동원 결의를 6월말, 동원령을 7월 상순, 개전 결의를 8월 상순에 행할 것을 기준으로 하며, 대 북방 작전 준비 일정은 다음과 같다.

동원결의	6월 28일
동원령	7월 5일
집중개시	7월 20일
개전결의	8월 10일
제1단 완료	8월 24일
제2단 제1차 완료	8월 29일
작전개시	8월 29일
제2단 제2차 완료	9월 5일
작전 완료	10월 중순

(중략)

7월 2일 어전회의에서 국책요강은 재가 되었다. (중략) 이리하여 개전준비를 신속하게 추진하게 되었으며, 관특연 실시에 관한 큰 진전이 이루어졌다. 이제는 본격적 동원이 당연하게 되었으며, (중략) 메이지 건군 이래 최대 동원규모가 된 것이다. (중략) 그 총 병력은 약 85만이며, 새로이 약 50만이 동원 소집되었다. (중략)

7월 7일 도조東條 육군상과 스기야마杉山 참모총장은 연명으로 동원에 관한 상주를 행하여 결재를 받았다. (중략)

참모본부 작전 당국은 16개 사단 기간태세를 정비하는 것을 백호百號라는 암호명을 사용하여 「백호동원」, 「백호수송」, 「백호태세」 등으로 불렀다. 7월 7일의 제1차 동원령이 내려져 동원 첫째 날은 13일이라고 정해졌다. 극력 동원을 감추기 위해 동원령의 전달은 본래 전보로 행하는 것을 서한으로 바꾸었다. 또 소집영장의 '충원소집'이라는 문구를 '임시소집'이라고 바꾸기 위해 동원 첫째 날까지 약 일주일간의 준비 기간을 필요로 한 것이었다. 또 동원이라는 말은 사용하지 않고 '임시편성'이라는 말로 바꾸었으며 (중략) 응소자의 장행회나 환영회 등은 일체 금지되었다.

『전사총서 관동군(2)』에도 대소 작전준비의 진행 상황에 대한 자세한 기사가 있다. 참모본부는 전쟁지도계획 연구를 진전시켜서 그 일환으로 '대소 전쟁에 따른 만주국 취급 요령'을 결정하고 '무력해결 발동에 따른 점령지 행정에 관한 연구'도 행했다(시마다 준코島田俊彦『관동군』). 또 점령지 통치를 담당할 부서가 정해졌다. 처음에는 소장 하타히꼬 사부로秦彦三郎를 장으로 하였으나 후에 대령 이케다 스미히사池田純久를 장으로 하고 군참모부 제5과로서 1943년 여름까지 존속하였다(『관동군(2)』).

'관특연'이 어느 정도 구체성을 갖는 침략작전 준비였는가는 대소 모략 활동의 중심적 임무를 담당하였던 니시하라 다다오西原征夫의 저서『전기록 하얼빈 특무기관 관동군정보부의 궤적』에 나오는 다음과 같은 기사를 보면 알 수 있다.

관특연인 경우에 일본인 및 백러시아인 부대를 사용한 공격 구상은 정예 선발 부대를 가지고 가능한 한 빨리 막하漢河(갑지로 호칭) 및 구포鷗浦(을지로 호칭) 각 부근에 진출하는 것이다. 그리고 은밀하게 정찰 및 훈련에 임함과 동시에 폭탄약·의복·식량 기타의 전투 자재를 집적하여 태세가 정비되면 이 두 지점에서 다시금 준비된 적군 군복을 걸치고 국경을 돌파하여 순식간에 마그다가치, 루프로우오 부근에 진출하여 철도를 차단하도록 하는 것이다. 특히 갑지 방면에서는 아사노淺野부대(만주군의 한 부대로 백러시아인 부대임 —저자) 외에 일본인 일개 부대를 보내어 요점 파괴 임무를 담당하도록 하는 것이다. 동시에 이 방면에서 병진하는 아사노부대를 독려하게 하였다. (중략) 갑지 방면에서의 특별 정진대에 대해서는 (중략) 1942년에 이르러 개척 의용단에서 엄선한 체력과 기력이 뛰어난 유능한 훈련생 10명이 2차에 걸쳐 증원되었다. 이들도 이름을 바꾸고 만주국 경찰로 위장하여 현지 부근에 있어서 정진 기습 및 파괴 훈련을 하면서 무라타村田소령 등의 작업을 원조하였다. 특별 정진대는 사기가 왕성해 명령 하나에 바로 흑룡강을 돌파하여 적중에 잠입하고, 철도 차단과 기타 유격전을 전개할 준비를 갖추고 시기가 오기만을 기다렸다. (중략) 그러던 중 관특연은 불발에 그치고 고생한 보람도 없이 수포로 돌아갔다. (중략)

그 후 육군의 기대와는 달리 독일군의 대소 작전은 진척이 없었고, 극동 소련군의 대폭적인 이동도 행해지지 않았다. 일본도 미국과 영국에 대한 개전으로 도저히 소련 영토를 공격할 수 있는 여유가 없었으므로 관특연을 실전으로의 이행 할 수 없었다. 그러나 그것은 대소 공격이 일소 중립조약 위반이기에 조약을 준수하고자 한 것은 아니었다. 단지 상황이 불리했기 때문에 개전할 기회가 도래하지 않았을 뿐이다. 일소 중립조약 제1조에는 '양국은 상호간 평화우호관계를 유지하고 또 상호간의 영토 및 불가침을 존중하기로 약속함' 이라고 되어있다. 소련도 서쪽에서 독일의 강력한 침략을 받아 고전하고 있었다. 그러한 소련의 동쪽 국경에 대군을 집결시켜서 침입태세를 갖추어 병력을 서쪽으로 보내는 것을 견제한 것은 조약 제1조 전반의 '양국간의 평화 우호의 관계를 유지' 한다는 약속에 반하는 행위임은 부정할 수 없을 것이다.

문제는 후반의 '상호간의 영토 및 불가침을 존중할 것을 약속' 한 것을 위반하였는가의 여부이다. 하야시 켄타로林健太郎는 이에나가 사부로의 고의 논쟁에서 '법률은 실제로 행해진 행위에 대해서 적용하는 것으로 마음속에서 생각한 것은 법 적용의 범위가 아니다. 관동군에 어떠한 계획이 있었다고 해도 그것이 실행되지 않았다면 법률상 문제는 생기지 않는다' 라고 주장하였다(『요미우리』 65년 11월 20일 석간 게재문). 그러나 관특연이 마음속으로 생각한 것이 아니라 구체적인 행동을 취하였던 것임은 앞서 기록한 그대로이다. 영토의 침범은 실행되지 않았지만 법률은 기수행위의 책임을 물을 뿐만이 아니라 위험성이 큰 중대한 행위에 대해서는 미수, 혹은 미수에 미치지도 못하는 예비·음모의 행위에 대해서도 책임을 묻는 것이다. 당시 일본 형법에 '외국에 대해 사사로이 개전을 행할 목적으로 예비 또는 음모를 행하는 것' 을 범죄로 처벌하는 규정이 있다. 국내법으로 국민의 대외 사사로운 전쟁 '예비 또는 음모' 가 위법이라면 국가의 중립 조약 위반의 '예비 또는 음모' 가 어찌 위법이 아니라고 할 수 있을까. 중대한 범죄에 대해 미수 혹은 예비·음모를 처벌하는 것은 일본 형법의 다른 많은 범죄 규정에서도 예가 있으며 제외국의 법률에도 예가 있다. 국제사법재판소 규정 제38조 제1항은 동 재판소가 적용하는 법 근원의 하나로 「문명국들에 의해 인정된 법의 일반원칙(les principes generaux de droit par les nations civilisees)」을 들고 있다. 국제법은 국내법처럼 주도한 규정을 설정하지 않는 경우가 많으므로 조약의 문면에서 형식적 해석만으로는 안이하게 판단할 수 없는 경우가 많다. 그러나 문명국들이 미수·예비·음모를 범죄로 함을 「일반원칙」으로 삼고 있는 이상 관특연은 일소중립조약의 '영토 및 불가침 존중' 약속에 반하는 위법임을 면할 수 없다.

설령 백보 양보하여 위법이라고 까지는 말할 수 없다고 가정하여도 일본이 그러한 배신행위를 한 이상, 1945년 소련의 대일 개전을 비난할 도의적 자격이 없음은 명백하다. 형식적으로는 일소중립조약

이 소련의 선전포고까지 유효하였다고 해도, 일본은 실질적으로는 1941년 7월 2일의 어전회의 결정과 관특연의 실시에 의해 중립조약을 일방적으로 파기할 준비를 실행하였기 때문이다.

방위청 방위연수소 전사실장 노무라 마코도野村實는 『중간 역사와 인물 실록·태평양전쟁』에 실린 「태평양전쟁 통설의 문제점」에서 다음과 같이 말하고 있다.

> 일본에서는 위로는 관료에서 아래로는 가정주부에 이르기까지 소련이 종전 직전에 일소중립조약을 파기하고 일본을 공격한 것을 들어 비난한다. (중략) 일본도 독일 공격이 계획대로 단기간에 성공해, 소련이 붕괴되려고 했다면, 관동군 특종연습이라고 칭하는 동원병력을 만주에 집중하여 시베리아를 침입할 기회를 노렸을 것이다. 일본이 대소 공격을 단념하였던 것은 일소중립조약 때문이 아니라, 독일의 공격이 예상대로 진전되지 않았기 때문이다. 일본도 일소중립조약 침범 미수범의 위치에 있다. 소련의 대일 진공의 현실에서, 결론적으로 소련의 잘못만을 지적하는 것은 국제사회에서 비난을 받을 만한 일이다.

방위청 고급직원이며, 구제국군대 장교였던 사람조차도 관특연을 확실한 '일소중립조약침범의 미수범'이라고 단언하고 있는 것을 보아도, 나의 견해가 결코 잘못된 것은 아니라 할 수 있다.

2절
국내적 책임

15년 전쟁은 국제적으로 위법적인 전쟁이었으며 동시에 일본 국민들에게도 커다란 피해를 주었다. 이러한 전쟁을 개시·수행한 일본 국가 권력의 책임을 묻지 않을 수 없다. 나아가 대외전쟁 뿐만 아니라 국내 정치에서도 국민의 자유·권리를 극도로 억압하고, 국민들에게 많은 정신적 고통을 주었다. 또한 정당하지 못한 무모한 전쟁을 반대하는 의견과 조기 종전을 외치는 소리를 봉쇄함으로써 전쟁 피해를 확대시키는 결과를 초래한 책임을 반드시 물어야 한다.

일본 국민들이 15년 전쟁으로 받은 피해는 말로 표현할 수 없을 정도로 심각했다. 전후 수십 년이 지난 오늘날, 아직도 전쟁으로 인한 고통에 신음하고 있는 사람들이 많다는 것은 서장에서 상술한 대로이다. 일본에서는 '전쟁참화'를 말할 때, 일본 국민이 피해자로서 받은 비참과 고통을 말한다. 그리고 공습이나 원폭으로 인한 피해는 무차별 살상의 직접 수행자인 미국의 책임이라는 인식이 팽배해 있다. 물론 전쟁법규 위반인 무차별폭격에 대한 책임 추궁은 필요하다. 그러나 그러한 사태를 야기시켰거나 혹은 그러한 사태가 이르지 않도록 이전 단계에서 전쟁을 종결시키지 못했던 일본 국가의 당시 권력자·지배층에 대해 인민의 입장에서 책임을 추궁할 필요가 있음을 강조해 두고자 한다. 일본 국민은 다음 장에서 서술하는 바와 같이, 피침략 국가나 민족에 대해 가해자로서의 책임을 피할 수 없다. 동시에 권력자의 국정 운용의 결과로 생긴 '전쟁참화'에 의한 피해자로서 가해자에 대해 책임을 물을 권리가 있음을 자각해야만 한다.

　　일본 국가 권력이 자국민에 대한 가해자로서의 책임을 지어야 하는 행위로는 또한 여러 가지 종류가 있다. ① 국내 정치에서 국민의 자유·권리를 파괴하는 파시즘 체제를 강화하여 국민의 정신적·물질적 권리뿐 아니라 육체적 권리까지 박탈하고, 또 인민들의 반전활동을 봉쇄하여 전쟁 방지와 조기 종전을 막았던 조치들 ② 군인 군속을 전장에 동원하거나, 인민을 정복지에 보내어 군수공장 등에 동원함으로써 다수의 전사자와 전병사상자를 만들어 낸 조치들 ③ 다수의 비전투원이 거주하는 국토 또는 정복지에 적군이 진격하여 왔을 때, 비전투원 동포들을 유기하여 비참한 상황에 빠지도록 만든 행위, 나아가 일본군 스스로가 동포인 비전투원을 살상한 조치들, 그리고 가장 근저에는 일본 국민의 생명·신체·재산 등의 안전과 평화로운 생활을 유지할 인간적 권리를 무시하고, 천황·국가의 이름으로 지배층에게 무조건 복종과 헌신을 강요하는 일관된 국가 정책이 있었음을 생각해야 할 것이다.

1. 국민의 자유·권리를 파괴하고
전쟁반대·조기종전 요구를 봉쇄한 책임

15년 전쟁은 국제적으로 위법 부당한 전쟁으로 외국에 대한 억압전쟁이었다. 국내에서는 일본 지배자가 파쇼체제를 강화하여 인민의 자유·권리를 파괴하는 반민주주의·반인도적 정책을 강행해 일본 국민을 억압한 전쟁이기도 하다. 원래 제국헌법 하에서는 국민에게 기본적 인권 보장이 없었다. 전쟁 개시 이전부터 자유와 권리가 국가로부터 막대한 침해를 받고 있었음은 4장 서설에서 얘기하겠지만 15년 전쟁기에 들어서면 이는 더욱 강화되어 이른바 공포시대라 할 수 있는 상황이 전개된다. 즐거운 청춘을 보내야 할 청년들이 전쟁에 대한 기억을 「어두운 골짜기의 시대」라고 부르는 것도 대외전쟁에 의한 고난 외에 압정 하에서 정신적 자유를 상실한 심정을 함축하고 있는 듯하다. 나치 독일 압정 하에 있던 독일국민의 고난과는 질적·양적의 차이는 있겠지만, 비슷한 고난을 일본인도 겪어야 했다. 전후세대는 상상할 수도 없는 전쟁체험을 재인식하지 않고서는 일본 국가의 인민에 대한 책임을 논할 수 없다.

1931년에 중국 침략이 개시된 시기에는 대정 데모크라시기의 제국헌법 하에서 비교적 자유로운 분위기가 유지되고 있었다. 탄압은 훨씬 이전부터 있었지만, 사회주의·공산주의·노동조합·농민조합 등의 계급투쟁 운동이 합법·비합법 양 분야에서 계속되고 있었다. 또한 자본주의를 지지하는 입장에서의 리버럴리즘이 사상계에서는 물론 정계에 있어서도 정통적인 지위를 유지하고 있었다. 국체관념을 내건

고루한 국가주의가 굳은 지위를 유지하고, 파시즘을 목표로 하는 우익의 잠재적 · 현재적 진전도 보였다. 전쟁의 개시와 함께 대정 데모크라시적 상황을 뒤집을 조건이 갖추어졌다고 해도 광신적인 일본주의 · 군국주의가 국민 사이에서 생기는 비판의 소리를 완전히 침묵시키거나 다수 국민의 자주적 정신형성을 마비시킬 정도는 아니었던 것이다. 따라서 15년 전쟁 초기에는 사회주의자 · 무정부주의자 등 이른바 좌익진영에서 제국주의 전쟁반대 운동뿐만 아니라, 이른바 자유주의자나 크리스트교 평화주의자들 중에서도 전쟁에 대한 명료한 반대 의사를 표현하는 사람들이 많았다(그 전형적인 실례는 본장 1절 一에 설명한 바이다). 그러나 중국침략전쟁의 확대에 따라서 그와 같은 동향은 모두 압살되었다. 15년 전쟁의 발단이 된 유조호柳條湖사건 자체가 처음부터 지나군에 의한 철도파괴로만 세상에 알려졌다. 이것이 일본군의 모략에 의한 것임은 국민 대다수가 패전이 될 때까지 모르고 있었다. 사실 저자인 나도 패전 후 동경재판 보도를 보고서야 그것이 일본군의 모략임을 비로소 알게 되었다. 그때까지는 중국군이 폭파하였다는 허위의 보도를 그대로 믿고 있었다. 만주국이 일본군의 괴뢰정권임은 희미하게 짐작하고 있었다. 그러나 만주국 내에서 일어난 뿌리 깊은 항일 게릴라전을 '비적의 잠동'이라고 하는 보도를 의심하지는 못했다. 그와 같은 정보의 통제는 일중 전면전쟁을 계기로 한층 강화되어, 일중전쟁의 실태는 국민에게 은폐되었다. 〈3장 1절 1의 1)〉에서 예시한 것과 같은 일본군의 잔학행위나 거기에 굴복하지 않은 제8로군을 비롯한 중국측의 끈기 있는 항일전의 실상은 종군 병사가 귀국하여 사적인 회합에서 이야기 해 주기 전까지는 국민의 대다수가 합법적으로 알 수 있는 방법이 없었던 것이다.

1937년 8월, 키리우 유유桐生悠悠는 개인잡지 『타산지석』의 「시국에 관한 기사 취급에 관한 건」이라는 문서에서 어떠한 신문에도 보도되지 않았던 내용을 폭로하고 있었다. 거기에는 다음과 같은 사항의 보도 자제가 요구되었음이 들어있다.

① 반전 또는 반군적 언설을 하거나 혹은 군민을 이간시킬 수 있는 사항
② 우리 국민을 호전적 국민으로 인상지우는 기사, 혹은 우리 나라의 대외 정책을 침략주의적이라는 의심을 갖게 하는 사항
③ 외국신문 특히 중국신문 등의 논조를 소개하여 우리 나라를 비방 혹은 우리 나라에 불리한 기사를 전재하거나 이를 용인 또는 긍정하는 듯한 언설을 하여 일반 국민의 판단을 잘못 이끌 우려가 있는 사항

이러한 기사가 신문지상에서 전부 사라져 국민이 중국에 대한 전쟁의 진상을 알 수 있는 수단이 없었고, 따라서 이를 비판하기 위한 지식도 가질 수 없었다. 진상을 알고 있다고 해도 이를 비판하거나 반대할 자유를 박탈당하였음은 당연한 결과라고 말할 수 있다.

1941년 12월 9일, 미국과 영국에 대하여 전쟁을 개시한 다음날에는 경보국과 출판관계자들과의 회담이 열려 「기사를 금하는 사항」이 발표되었다. 특히 경계해야 할 사항으로 다음의 10항목이 열거되었다 (하타케나카 『각서 소화출판 탄압 소사』).

① 전쟁에 대한 진의를 곡해하고, 제국의 공명한 태도를 비방하는 언설

② 전쟁의 경위를 곡해하고, 정부 및 통수부의 조치를 비방하는 언설

③ 개전에 임하여 독일과 이탈리아의 원조를 기대했다고 하는 논조

④ 정부, 군부와의 사이에 의견의 대립이 있다고 하는 논조

⑤ 국민은 정부의 지시에 복종하지 않고 국론이 통일되지 못한 듯이 하는 논조

⑥ 중·만 기타 외지에서 불안이나 동요가 있다고 하는 논조

⑦ 국민 사이에 반전·혐전 기운을 조장시키는 논조에 대해서는 특히 주의를 요함

⑧ 반군사상을 조장시킬 우려가 있는 논조

⑨ 평화기운을 기대시키고, 또 국민의 사기를 떨어뜨리는 논조(미국·영국에 대한 타협, 전쟁중지 요구를 시사하는 등의 논조는 당국이 가장 경계하는 바로, 엄중 주의를 요한다)

⑩ 치안을 어지럽히는 논조

이제는 전쟁비판 정도가 아니다. 진상보도나 비판적 언론이 일체 금지되어, 국민은 국제적·국내적 상황의 진상을 알지 못하고, 비판적 견해를 들을 기회마저 잃게 되었다. 정부·군의 지도를 완전히 신뢰하여 묵묵히 그 시책에 협력할 수밖에는 아무런 방법이 없는 상황으로 몰렸던 것이다.

탄압은 정보·언론 영역뿐만이 아니라, 모든 정신문화영역에 미쳐 시국에 적당하지 않다고 지적되는 것은 완벽히 삭제되었다. 학문·

문예 · 연극 · 영화 · 음악 등 모든 영역에서 반국가적, 반전적, 비시국
적, 적성이라고 간주되는 가치 있는 문화적 산물은 차례로 모습을 감
추어 일본인의 문화적 욕구가 충족되지 못했다. 전쟁 확대에 따른 물
자 부족으로 국민의 생활필수품이 부족했다. 특히 식료품의 결핍으로
사람들은 먹을 것을 구하는 데에 혈안이 되었다. 이렇듯 결핍은 정신
적 · 육체적 모든 측면 발생했던 것이다. 표현의 자유에 대한 억압은
표현의 금지에 머무르는 것이 아니라, 반체제 내지는 비판적 사상 · 언
론을 갖고 있다고 간주되는 개인이나 단체에 대해서까지 이루어지는
경우도 많았다. 4장 서설에서 다시 말하겠지만, 인신의 자유 보장이 결
여된 상황 아래에서 권력은 인민에게 폭력을 행사하여 반권력적, 반
전 · 반군사적인 언동을 봉쇄하였던 것이다. 특히 차례로 개악된 치안
유지법을 극한적으로 남용하는 예가 자주 나타나게 되었다. 일본에서
는 나치독일과는 달리 재판을 통해 반권력적 범죄로 사형 판결을 받고
형장에서 죽은 일본인은 조르게 사건의 오자키 히데미尾崎秀實 한 사
람뿐이다. 그러나 재판을 기다리지 않고 경찰서에서 테러나 미결 · 기
결 구금 중 열악한 생활 조건이나 비인도적인 처우로 옥사한 사람들이
많다. 따라서 나치독일에 비하여 훨씬 인도적이었다고 말할 수 있을지
는 의문이다. 그 극단적인 예가 1932년 동경 쯔기지築地 경찰서에서
공산당원 프롤레타리아 문학 작가 고바야시 타끼지小林多喜二가 학
살된 일이다. 에구치 기요시江口渙는 고바야시와 함께 체포되었던 이
마무라 다게오今村恒夫의 다음과 같은 증언을 소개하고 있다(江口
『세 가지의 죽음』).

경시청에서 특고계장 경부 나카가와中川成人가 부하인 테러계 스다須田 순사부장과 야마구치山口 순사를 데리고 들어와서 심문을 시작하였다. 그러자 고바야시는 이마무라今村를 보면서 "어이, 이렇게 된 바에야 할 수 없다. 한번 버텨보자"하고 소리에 힘을 주어서 말하였다. 이를 들은 특고 경찰들은 "무슨 건방진 소리를" 라면서, 나카가와中川 경부의 지휘하에 고바야시의 옷을 벗겨서 굵은 몽둥이로 때렸다. 쓰기지 경찰서의 미즈노야水谷 주임과 오자와小澤, 아시타芦田 등 특고계 4~5명이 이를 도왔다. 때리고, 발로 차고, 메달고서는 또 때리고, 내리고서는 발로 차고, 또 메달고서 두드리고, 발로 찼다. 자기들이 지치면 쉬면서 차를 마시고, 또 두들겨 팼다. 담뱃불로 얼굴과 손을 지지고, 다시 걷어찼다. 두들겨 패고 짓밟았다. 고바야시小林가 정신을 잃고 기절할 때까지 잔학한 행위는 3시간 이상 지속되었다.

에구치江口는 경찰이 심장마비로 죽었다고 인도한 고바야시의 시체를 눈으로 직접보고 다음과 같이 기록하였다.

뭐라고 말할 수 없는 처참한 모습이었다. 하복부에서 무릎에 이르기까지 하복부, 넓적다리, 엉덩이, 앞 뒤 구별 없이 먹으로 칠한 것처럼 음침한 색으로 변해 있었다. 게다가 다량의 내출혈이 있었는지 피부가 터질 듯이 부풀어 올라 있었다. 그리고 그 두께는 보통의 두 배 이상으로 팽창되었다. 검붉은 내출혈은 음경에서 고환에 이르러, 이상할 정도로 부풀어 있었다. 자세히 보니, 검붉게 부풀어 오른 피부 위에는 좌우 모두에 날카로운 꼬챙이에 찔린 구멍 자국이 15~16 군데 이상 있었고, 피부가 터져서 속에 있는 살점이 삐져나왔다. 그 살점 색이 또 검푸른 색이어서 다른 검붉은 피부와 확실히 구별되었다.

이처럼 한 눈에 보아도 명백한 학살에 대해 검사국은 전화로 사인을 묻는 『시사신보』기자 사사모토 스스무笹本寅에게 "검사국은 고바야시의 죽음을 심장마비에 의한 병사로 인정한다. 이 문제에 대해서 더 이상 간여한다면 공산당을 지지하는 자라고 인정하여 즉시 형무소에 처 넣겠다"라고 호통을 쳐서 끝내버렸던 것이다. 그리하여 고바야시 학살은 경찰관이 표현의 자유를 탄압할 때, 경찰관이 언론 관계자를 위협하는 데에 공공연히 이용되기에 이르렀다. 전쟁 말기인 1943년에 시작된 대규모 언론탄압으로 유명한 요코하마 사건에서 『개조』편집부원 아오야마 겐조우青山憲三에 대해 가나가와현 경부 가라사와 이쿠지柄澤六治는 "너 말이야, 가나가와현 특고를 우습게보다간 다쳐. 고바야시가 어떻게 죽었는지 알고 있겠지".라고 위협을 하면서 잔학한 고문을 개시하였다고 한다(青山, 『요코하마 사건 「개조」 편집부원의 수기』).

사실, 요코하마 사건의 피의자들은 누구나 고바야시 학살과 비슷한 잔학한 고문과 함께 허위자백을 강요받았다. 전후 고소장의 기록(木村亨, 『요코하마 사건의 진상』) 가운데서 하나만을 예시로 인용하고자 한다.

피고소인 마츠시타松下英太郎는 1943년 5월 18일 오후 1시경부터 야마노테 경찰서 2층 취조실에서 고소인 취조에 임하였다. 무라사와村澤昇와 1명의 순사부장에게 명령하여 양손을 뒤로 묶게 하고, 죽도로 양쪽에서 약 30분간 구타하게 하였다. 고소인이 실신 상태에서 쓰러지자 중지시키고, 의식을 회복하면 다시 약 30분간 구타하게 하였다. 그 사이에 "너와 같은 국가의 적은 죽여도 상관없다"라고 외치고, 머리털을 잡아

끌고 다녀서, 그 때문에 양 무릎과 대퇴에 혈종창이 생겼으며, 실신하자 겨우 고문을 중지시켰습니다.

탄압은 사생활까지 미쳤다. 『아사히신문』 1976년 2월 16일 「소리」 난에는 망월 다카꼬(53세, 주부)가 다음과 같은 투서를 하고 있다.

17~18살 때, 나는 당시 영화 「오케스트라의 소녀」나 「스미스 도시에 가다」에 감동하고, 「령녀계令女界」, 「약초若草」를 애독하는 극히 평범한 문학 소녀였습니다. 그리하여 문학 동인지의 동인으로 단편을 2~3편 쓰고 장래를 꿈꾸고 있었습니다. 1941년 12월 4일 새벽, 특고가 치안유지법 위반이라고 경찰서로 끌고 갔습니다. 2~3일 지나자 라이징선석유회사의 지배인이라는 키가 큰 외국인이 끌려와서 일본과 미국이 전쟁을 시작했음을 알게 되었습니다. 나를 조사한 내용은 '고바야시小林多喜二를 읽었는가' 라는 것이었는데 나는 그때 처음으로 그 이름을 접했습니다. 그런데도 30일간 구류를 살았습니다. 어머니가 불려 와서야 겨우 집에 돌아올 수 있었습니다. (중략)
경찰에서는 참으로 배가 고픈 나날을 보냈습니다. 종이끈으로 커버를 짜서 불결한 마스크를 덮어 사용하였습니다. 어느 날은 참을 수가 없어서, 아침부터 하루 종일 큰 소리로 울었습니다. 양손은 점차 붉은색 반점이 생기고, 미치기 직전이었다고 생각됩니다. 그 때에 "이것이 미친년 행세를 하려고 해"라는 소름끼치고 무자비한 소리에 정신이 들었습니다.

『마이니치신문』 1958년 11월 20일, 동란에 게재된 하루노春野芳枝라는 주부의 투서에는 다음과 같은 체험이 기록되어 있다.

지금부터 14년 전, 만주국 신경新京에 살고 있었던 내가 어머니의 병환으로 유치원 보모를 그만두고 일본에 돌아오는 기차 안에서 생긴 일입니다. 기차가 점차 조선을 향해 가고 있는데, 몇 번인가 양복을 입은 형사가 승객을 검문하고는 우리들의 칸에서 승객을 동반하여 하차하였습니다. 우리들은 그 때마다 "분명히 나쁜 짓을 한 사람일 거야"라고 옆 사람과 소곤거렸습니다. 기차가 조선에 들어서서 얼마 되지 않아 40세 정도의 형사가 나에게 수첩을 보이라며 예의 없는 어투로 여러 가지를 질문하였습니다. 결국은 나의 보자기 속까지도 조사하여, 그 속에 있던 나의 일기를 읽기 시작하였습니다. 아직 어렸던 나는 일기를 다른 사람이 읽는다는 사실 만으로도 창피하고 견딜 수 없었습니다. 형사는 "너는 빨갱이구나"라고 억압적으로 말했습니다. 아무리 변명해도 허락되지 않아 결국 다음 역에서 강제로 내려야만 했습니다. 빨리 전쟁이 끝나서 세상이 밝아지면 좋겠다는 두 줄이 안 되는 단순한 문장이 나를 빨갱이로 몰았던 것입니다.

구치장에서의 시간은 당시의 나에게는 말로 표현할 수 없는 고통과 슬픔이었습니다. 만일 내 친구가 당시 만주국 관리였던 사람에게 연락을 해 주지 않았더라면, 나는 분명 젊고 순수한 혈기로 인해 죽었을 것입니다.

경찰 등의 강권으로 국민의 사상·표현의 자유를 압살하는 한편, 교육에 있어서는 국민을 전시체제에 적극적으로 협력하는 충용한 신민으로 만들기 위한 교육내용·지도방침의 철저화가 추진되었다. 원래 제국헌법체제 하에서는 대정 데모크라시기라 할지라도 반민주주의적인 국가 지상주의, 천황의 신성시, 군국주의 정신이 일관되게 나타났다. 이러한 경향은 15년 전쟁 하에서 전에 없던 강렬한 색체를 띠게 되었다. 이것은 정도의 차에 불과하다고 말할 수도 있겠지만 당시 교과서의 내용을 살펴보면 그 심각성을 바로 알 수 있다. 약간의 예를 들면, 우선 1941년 발행된 국정교과서 『소학 국사』는 여태까지 본문 중에 인용된 신칙을 다음과 같은 형태로 권두 1페이지에 크게 게재하여 신국주의를 강조하였다.

[신칙]

도요아시 하라豊葦原의 1500년 된 일본국은 내 자손이 왕이 될 만한 땅이다. 황손이 취임하여 잘 다스려라. 융성한 곳, 바로 하늘의 땅이라 하여도 부족함이 없을 것이다.

또한, 현대사 부분에 해당하는 권말 「소화의 성대」장에는 다음과 같은 내용이 실려 있다.

중국에서는 청이 망하고, 공화국이 되어 국호를 중화민국으로 고쳤으나 그 후에도 국내는 어지러웠다. 우리 나라는 항상 이웃나라와의 친교를 중시하여, 서로 손을 잡고 동양 평화를 유지하고자 힘썼다. 그러나 중국은 매사에 우리의 성의를 의심하고, 나아가서는 우리 거류민에게 위해를 가하여, 만주에 있는 우리의 권익도 위태롭게 하였다. 우리 나라는 종종 중국의 반성을 촉구하였으나, 중국의 만행은 나날이 늘어나 1931년 9월, 중국군이 남만주 철도를 폭파하기에 이르렀다. 그러므로 우리 나라는 어쩔 수 없이 병사를 파견하여 만주 각지에서 중국 군대를 몰아내었다. 이를 만주사변이라고 한다.

오랫동안 악정하에 고통을 받고 있던 만주주민들은 이를 기회로 독립운동을 일으켜 1932년 7월 3일, 새로운 나라를 세워 만주국이라고 하고 부의를 집정으로 추대하였다. 우리 나라는 이에 따라서 9월 만주국의 독립을 승인하고, 동시에 일만의정서를 교환하였다. 일본과 만주 양국은 공동으로 국방을 담당하여 동양 평화를 유지하기로 굳게 약속하였다. (중략)

만주사변이 어느 정도 진압되자, 우리 나라는 중국과 정전협정을 맺었으며, 일·만·중이 서로 도와 동양의 영원한 평화를 세우고자 노력하였다. 그러나 중국 정부는 우리의 성의를 받아들이지 않고 구미제국의 원조를 얻어 우리 나라를 배척하고자 하였으며, 그 위에 군비를 증강시켜 만주국의 발전을 방해하고자 하였다. 1937년 7월, 중국군은 북경에 가까운 노구교에서 연습중인 우리군대에 발포하여 싸움을 걸었다. 뿐만 아니라 우리 거류민을 난폭하게 대하기도 하였으므로 그 잘못을 고쳐주고 동양 영원한 평화를 세우기 위하여 정의의 군대를 보내게 되었다. 이후 우리 군대는 육해공에서 놀라운 공적을 세웠다. 우리 국민들은 진심으로 이를 후원하여, 대사명을 달성하고자 거국일치로, 동아시아 영원한 평화의 기초를 점차 쌓고 있다.

이처럼 중국 침략전쟁을 미사여구를 동원하여 찬미하고 있으며, 전시하의 사조를 도처에 드러내고 있다. 다음은 같은 1941년 발행된 국정 수신교과서 하급아동용 『착한 어린이』의 내용이다.

일본 좋은 나라

깨끗한 나라

세계 제일의

신의 나라

일본 좋은 나라

강한 나라

세계에 빛나는

위대한 나라

다음해인 1942년 발행된 국민학교 국정교과서 『초등과 수신』 제1권 「일본의 어린이」장에는 이와 같은 사례가 있다.

세계에 나라는 많이 있습니다만, 신의 혈통을 이어 받으신 천황폐하가 다스려 한없이 번영하고 있는 나라는 일본 밖에는 없습니다. 지금 일본은 먼 옛날, 신이 나라를 세우실 때의 큰마음을 따라서 세계 사람들을 올바르게 인도하려고 하고 있습니다. 우리들의 아버지, 형, 아저씨 들이 모두 용맹하게 싸우고 있습니다. 전장에 나가지 않은 사람들도 모두가 힘을 합하고 마음을 하나로 하여 나라를 지켜야만 할 때입니다. 올바른 것을 행하는 것이 일본인의 역할입니다. 우리들은 신의 가르침을 따라서 세계의 사람들이 행복해지도록 하지 않으면 안 됩니다.

이러한 사례에서 알 수 있듯이, 신국주의와 군국주의를 결합한 교훈을 거듭 반복하여 아이들의 뇌리에 주입하고자 하고 있는 것이다.

다음으로는 중등학교용 교과서의 한 예를 보자. 1942년 문부성 검정 『신찬 공민교과서』 상권 제1장 「우리 나라」 제1절 「우리 나라」의 모두를 보면 다음과 같다

우리 나라는 만세일계인 천황이 다스리시는 세계에 비할 수 없는 나라이다. 기타하다케北畠親房는 신황 정통기의 모두에 "대일본은 신국이다. 천조가 처음으로 기반을 닦고, 일신이 오랫동안 통치를 전하여 왔다. 우리 나라만이 이러하다. 다른 나라는 이러한 일이 없다. 이런 이유로 신국이라고 한다"라고 기록되어 있다. 세계에 유례가 없는 이러한 이유로 우리 황국은 흠잡을 데가 없는 나라인 것이다.

이어 제6장 「국헌과 국법」 제2절 「입헌정치」에는 다음과 같이 서술되어 있다.

우리 나라의 입헌정체는 천황통치의 목적을 완전히 수행하기 위해 정해진 것이므로 (중략) 제국의회는 민주국 의회와 같은 명의상 주권자인 인민 대표기관이나 군주의 전횡을 억제하고 군민공치를 위한 인민 대의기관이 아니다. 오로지 천황정치에 있어서 민의를 참작하기 위한 것이며, 이를 통해 신민에게 익찬의 길을 넓히고자 하는 제도이다. 또 신민의 권리·의무의 규정 등도 서양제국처럼 주권자에 대하여 인민의 권리를 옹호하고자 하는 것과는 달리 천황이 백성을 사랑하는 정신과 신민에게 천업 익찬의 기회를 균등히 주고자 하는 마음이 나타난 것이다.

같은 책 하권 제9장 「국방과 국교」 제1절 「국방과 병역」에는 다음과 같이 기술되어 있다.

우리 국방의 본의는 (중략) 나라의 대정신에 기초하여 팔굉일우의 황모를 현양하고, 황도를 세계에 넓혀서 참다운 세계 평화를 초래하고, 전 인류의 복지를 증진하는 데 있다. 현재 국제정세에 임하여 위정척사의 신무를 발양하고, 먼저 동아시아의 평화를 확립하며, 나아가 황국의 도를 사해에 펼쳐서 참다운 세계의 안정 화합에 공헌하는 데에 있다. (중략)

오늘날 우리 나라는 모든 어려움을 떨치고 고도의 국방국가 건설에 매진하고 있다. 우리 황군이 모든 어려움을 떨치고 동아시아 질서 확립에 충용을 다하고 있는 것도 이러한 우리 국방의 본의에 기초한 것이다.

이렇듯 이 또한 신국주의와 군국주의의 결합 위에 선 논리가 곳곳에서 보이는 것이다.

이와 같은 내용의 교과서가 유효하게 아동·생도의 학습에 활용될 때에 청소년 의식이 객관적 인식, 비판적 정신을 잃고 획일화되는 것은 당연하다. 교과서의 내용뿐만이 아니라 학교 교육 전체가 광신적인 애국자를 사육하는 방향으로 폭주하고 있다. 전시기 교사였던 사람의 전후 고백에는 다음의 내용이 있다.

교문을 들어서면 좌측 벚꽃나무에 인형이 매달려 있었습니다. 인형이라고 해도 볏짚을 굵게 묶어서 종이로 얼굴을 만든 것이었습니다. 8개가 있어서 인형 밑에는 1학년에서 고등과 2학년까지 학년 이름이 매달려 있었습니다. 이는 미국과 영국 병사의 인형이라는 겁니다. 정문을 들어선 학생들은 자기 학년 인형 가슴 부분을 "미영 격멸! 에잇!" 하고 오른손 주먹으로 한방 먹이고서는 교실로 들어갑니다. 비가 올 때에는 우산을 펼친 채로 땅에 내려놓고는 한사람씩 한방 먹입니다(荻野末, 『어느 교사의 쇼와사昭和史』).

또 당시 생도였던 사람의 다음과 같은 회상이 있다.

우리시대의 국민학교에서는 교실 2층 난간에 칸마다 한 글자씩 크게 '미추필살(추한 미국놈 필살)', '칠생보국' 등 큰 붓으로 쓴 먹 글씨가 수많은 족자에 소중하게 보관되어 있었습니다. 이것들은 교문 밖에서도, 길을 걸어가면서도 읽을 수 있었습니다.

'신주불멸'이나 '미추필살'이라고 써진 교실에서는 남교사가 맹렬하게 우리 남자애들을 구타하였습니다. "얻어맞고 억울하면 이것이 추한 미국과 영국이라고 생각하라!"고 언제나 훈시를 들었습니다. 전쟁이라는 특수한 시기에, 임시 교원양성소를 나온 16~17세의 아주 젊은 교사는 유난히 무서웠습니다. 우리들에게 적국에 대한 증오심을 불러일으키기 위해 "정신 차려엇!" 하고 호령을 하고, "돌격!" 이라고 소리를 지른 후 "군기가 빠졌다" 라며 때리고 발로 찼습니다. 그럴 때면 교실 구석에서 비실거리거나, 교정 뜨거운 운동장에 쓰러지면서도 이상하게 교사에 대한 증오심은 일지 않았습니다. (중략) 익숙해지면서 얻어맞은 놈일수록 친구들 사이에서는 용감한 놈으로 여겨지기도 하였습니다(和田多七郞, 『우리들 먹칠한 소국민, 전쟁과 어린이와 교사』).

이러한 기록은 극단적인 예인지는 모르겠다. 하지만 전시시기의 학교 교육의 실태를 잘 말해주고 있다고 생각했다.

이와 같은 교육을 받은 세대는 전후가 되어 '속았다' 라는 생각이 세월이 지날수록 커져서, "최소한 존경하고 있었던 선생님만큼은 진실을 가르쳐 주었으면 싶었다....." 라고 한을 품는(豊川 20년회, 『가슴에 구멍이 뚫린 여자 정신대원의 기록』에 수록된 야마시타山下의 「우리가 배운 소학교 시대의 교과서」) 사람들이 적지 않았던 것이다. 그러나 아래와 같은 생각을 하는 청소년이 많았다.

1944년 초봄, 졸업이 가까운 어느 날, 집에 돌아온 모모요百百代 양은 어머니에게 "학교에서 도요가와로 가는 사람들을 모집하였다. 오빠들도 나라를 위해 생명을 바쳐 전선에서 싸우고 있다. 나도 갈 것이다! 이러한 비상사태에 태연하게 학교를 다니기에는 내 양심이 허락하지 않는다" 라고 말했다고 한다. 어머니는 열심히 모모요 양을 설득하였다. "나는 신체가 찢기는 느낌이었다. 아무리 말해도 듣지 않아 아버지에게 부탁하여 설득하도록 하였다" 고 한다. 그러나 모모요 양의 돌과 같은 굳은 결심은 바꿀 수 없었다.

도요가와豊川 해군공장에 출근해, 중노동을 하다가 결핵에 걸려 18세의 짧은 생애를 마친 소녀(상기 「실처럼 말라서 죽은 百百代양」)처럼, 강제되기 전에 부모님의 반대를 무릅쓰고 스스로 가혹한 병기제작 노동에 생명을 바친 자도 나타났다. 그러나 이것이 이상한 일은 아니다. 이는 작은 하나의 예에 불과하다. 전시 하의 청소년들은 소수 예외자를 제외하고는 모두 마음으로 '군국소년', '군국소녀' 였음은 그 당시 소년 소녀였던 많은 사람들의 회상을 보아도 의심의 여지가 없다.

2. 다수의 국민을 죽음으로 내몰고 회복 할 수 없는 정신적 · 육체적 피해를 준 책임

2.1 국민이 받은 실대한 피해

국민에 대한 책임 가운데 무엇보다도 중대한 것은 육체적 피해에 대한 것이다. 수많은 사람들이 죽거나 혹은 평생 회복할 수 없는 부상, 불치병 등으로 육체적 피해를 당했다. 물질적 · 경제적 손해가 개인 또는 가족에게 회복하기 어렵다고해도, 대개는 전후의 부흥과 고도 경제성장에 의해 소멸되었다. 하지만 대체성이 없는 생명과 육체의 멸실 또는 손상은 개개인의 인생을 파멸시켰다. 나아가서 그 가족들의 생활을 일그러뜨려 정신적인 고통을 준다는 점에서, 보다 책임이 크다고 할 수 있다.

15년 전쟁 동안 사상자 수는 패전 전후 대혼란 등으로 정확하게 파악되지 않고 있다. 『아사히신문』 1956년 3월 15일 석간에 의하면, 참의원 예산위원회에서 후생대신은 일중사변 및 태평양전쟁으로 인한 군관계 인적 손해로 '군인, 군속 및 여기에 준하는 사람들의 전사·병사자 수는 약 233만 명, 행방불명자 및 외국 잔류자 수는 소련·중공·남방 제지역을 포함하여 약 63,000명, 그 중 생존 자료가 있는 자가 45,000명이라고 그 수를 발표하고 있다. 또 핫도리服部卓四郎의 『태평양전쟁전사』에는 대동아전쟁에 의한 일본인의 인적 총 피해로 다음과 같은 통계를 들고 있다.(표 2)

표 2 대동아전쟁에 의한 일본인의 인적 총 피해				
	육군	해군	관민	계
사망 행방불명	1,439,101	419,710	658,595	2,517,406
불구 폐질환	85,620	8,895	불명	94,515
계	1,524,721	428,605	658,595	2,611,921

① 이 표의 숫자는 복원국 및 경제안정본부 보고를 기초로 누계한 최신판이다.
② 육해군의 수에는 각각 군속을 포함한다.
③ 관민 사망자 수에는 전쟁이 끝난 후, 만주 중국에서 사거한 170,100명과 오키나와에서 사망한 시민 165,000명 및 일본에서 행방불명이 된 24,010명을 포함한다.
④ 육군의 불구, 폐질환자 수는 대략의 수치이다. 또 불구, 폐질 94,515명 가운데 약 20,000명은 전쟁이 끝난 후 사망한 것으로 보인다.

불구·폐질환만이 아니라 그 외의 숫자도 1단위의 숫자까지 나오고 있음을 보면 그 정확성이 의심스럽다. 실제로는 이를 훨씬 초과할 것이라고 짐작한다. 이 이외의 통계가 없으므로 당분간은 이 수치를 개략치로 간주하여 두자. 그래도 우선 이 큰 수에 놀라게 된다. 육군군인·군속 전사·전병사자 수는 청일전쟁 8,388명, 러일전쟁 84,945명(大浜徹也 『근대 민중의 기록 8 병사』)과 비교하면 벌써 단위부터가 다르다. 그 때의 전쟁이 외국 영토에서만 행해졌기 때문에 비전투원 사망자가 거의 없었음에 비해서 이 전쟁에서는 비전투원 사망자가 약 65만에 이른다는 점이 중요하다.

군인·군속에 대해 말하자면, 모두가 피해자라고 말할 수는 없다. 스스로 육군사관학교·해군병학교를 지원 입학하여 직업군인의 길을 선택한 장교들인 경우, 전쟁이 일어나면 전사하는 것은 직업선택의 결과라고 말할 수 있다. 그러나 그 비율은 매우 작다. 대부분은 징집된 병사들이거나 병사에서 진급한 하사관·하급장교 들이기 때문에, 전사한 군인·군속의 대다수는 국가에 대한 피해자로 보아도 좋을 것이다. 그 가운데 본장 1절에서 서술한 것 같은 적국의 비전투원·포로·동포학살 가해자가 다수 포함되어 있다고 해도, 국가 권력과의 관계에서는 피해자의 측면을 갖는다. 비전투원 중에도 (4장 1절에서 언급하겠지만) 전쟁 추진을 적극적으로 행하였던 사람들이 포함되어 있음은 틀림없다. 하지만 그 사람들도 마찬가지이다. 자기 의지와는 달리 어쩔 수 없이 소집되어 전장에 끌려가서 죽은 병사들이나, 본래 공격목표가 되어서는 안 되는 데도 공습 등의 공격으로 죽은 비전투원들에 대해서는 희생자라고 밖에는 말할 수가 없다.

병사들은 적군 포로나 비전투원에 대해 종종 잔인한 가해자로서 나타난다. 그러나 다른 한편으로는 대본영이나 상급 지휘관의 무모한 작전 계획으로 비참한 사지에 내몰려 죽음을 당하는 피해자로 볼 수 있다. 그 극한적인 예가 임팔 작전이다. 임팔 공략작전 1944년, 미얀마 방면군 소속 15군 사령관 무다쿠치 렌야牟田口廉也의 공명심에서 기획된 것이다.

"임팔은 매우 장대한 보급전을 필요로 하며, 게다가 길도 없는 산과 계곡을 넘지 않으면 안 됩니다. 후방 보급을 어떻게 준비하겠습니까?"

제5비행사단장 다조에 노보루田副좦의 이러한 염려는 간단하게 묵살된다.

"보급선을 유지하려고 하니까 괴로운 것이다. 귀관은 공중 수송을 염려하지만, 임팔과 같은 산이나 밀림에서는 비행기로는 수송할 수 없다. 험난한 산길이므로 지상에서의 수송도 기대할 수 없다. 그러므로 나는 칭기즈칸의 원정을 배워서, 소와 양을 함께 데리고 간다. (중략) 거기에 가면 풀이 있으므로 사료는 충분하다. 양식이 없게 되면 소나 양을 잡아먹는다. 또 말린 밥을 충분히 준비해서 소 등에 실어 간다. 말린 밥은 분량은 적어도 물에 불리면 훌륭한 식량이 된다. 이렇게 하면 상당한 기간의 양식을 간단히 해결할 수 있다."

"그렇다고 해도 어느 정도의 보급선은 확보하지 않으면 안 됩니다. 여기에 대해 적은 비행기로 상당히 집요하게 방해할 것입니다. 현재 미얀마에 있는 비행기만도 1월에는 2,500대 이상에 달하고 있습니다. 이것을 전부 쫓아내기는 무리입니다. 제가 담당하는 비행기는 전투기 2개 전대, 경폭기 1개 전대, 정찰 1개 전대입니다만 실제로 움직일 수 있는 비행기는 모두 100대 정도입니다."

"좋아, 좋아, (중략) 비행기가 적어도, 탄약이 모자라도, 우리는 이미 시작하였으니까 실행할 것이다."

위의 대화를 통해서도 잘 알 수 있듯이, 이 작전은 전혀 피아 전력의 차를 무시하고 개시한 난폭하기 짝이 없는 작전이었던 것이다(高

木俊朗『임팔』).

　고도로 기계화된 장비로 반격 태세를 갖춘 영국·인도군에게 일본은 보급선도 없이 열악한 장비로 맞서 제대로 전투를 하지도 못했다. 탄약과 식량이 부족해 도망치다가 적의 추격, 부상, 기아로 장병들이 차례로 도상에서 쓰러졌다. 참가 병력 약 10만 명 중 3만 명이 죽고, 약 2만 명이 병으로 쓰러졌다. 그리고 남아있는 약 5만 명중에서도 반수가 환자라는 참담한 결과로 끝났던 것이다. 이 작전에 참가하였던 군의관 가루베 시게노리輕部茂則의 회상기『임팔 진공의 꿈 깨어지고』에는 일본군의 비참한 상황을 구체적으로 기술하고 있다. 그 일부를 발췌 인용한다.

　어느 환자의 얼굴은 검푸르게 부풀어 올랐다. 다리는 심하게 붓고 감각조차 없어 군화를 신을 수도 없었다. (중략) 단순한 평지라면 다리를 끌면서라도 나아가겠지만, 바위를 오르기도 하고, 돌을 밟아서 건너뛰어야만 하는 기복이 심한 곳에서는 전혀 나아갈 수가 없다. 다리가 저려서 마비되었기 때문이다. 우리들 7명은 환자를 한 사람 한 사람 안아서 옮기지 않으면 안 되었다. (중략) 다리를 질질 끌면서, 지팡이를 짚고 올라가는 환자의 모습은 현실이 아니라고 생각하고 싶을 정도였다. 작전 준비에 임하여 위생 상황을 파악하여 두었다면 이러한 환자는 미연에 방지할 수 있었을 것이다. 근본은 식량 결핍에서 유래하는 결과이지만, 약품도 좀 더 준비하였으면 좋았을 것이다. (중략)

　1944년, 20세기에 1905년식 총을 가지고 싸우는 병사가 안타까웠다. 총 뿐만이 아니다. 대포도 전차도 비행기도 영국군에 비해서 현격한 차이가 있었다. 더욱이 식량의 차이는 말도 못했다. 당시 영국군의 식량은 종류도 많았다. (중략) 전장이 밀림이라면 주식을 주로 한 정글레이션이, 전장이 벌판이라면 부식을 주로 한 필드레이션이 우리들 눈앞에서 낙하산으로 내려오는 것이다. 물론 영국군은 무거운 장비를 짊어지고 전투를 하지도 않는다. 가까이 차로 이동하여, 어깨에 탄약을 십자로 걸고, 톰슨 총을 사용하여 전진하는 경장비였다. 거기에 비하여 우리들은 자신의 일용품을 몽땅 배낭에 넣고, 무거운 탄약을 허리에 차고 전진하였다. 싸우기도 전에 승패는 결정난 것이나 다름없었다. (중략) 차 한 대, 헬리콥터 1대만 있었다면...하고 생각하였다.

경무장한 적 보병의 장비는 많은 탄약을 몸에 지닐 수 있었다. 가볍게 자동 소총을 조작하고, 화염방사기를 뿜으며, 일본군 진지를 침묵시켰다. 게다가 하늘에서는 드럼통을 떨어뜨려 불바다를 만들고, 유일한 은폐지인 밀림을 태워버려 나대지로 만들었다. 그리고 저녁에는 아쉬움 없이 사라져 버렸다. 결코 무리하지 않았다. 그만큼 인명을 존중하고 있는 것이다. 그들에게는 내일이 있지만, 우리들에게 내일은 없었다. (중략)

산길에는 움직일 수 없게 된 환자나 낙오자들이 꿈틀거렸다. (중략) 눈은 초점을 잃고 젖어 있었다. 더 이상 아무런 기력도 남지 않은 것이다. 나무에 기대어 앉아 있을 뿐이다. 때때로 움직이는 손발이 아직 죽지 않았음을 증명하고 있었다. 그리고 그 부근에는 낙오자의 시체가 있었다. 시체에는 무수한 파리와 빨간 개미가 달라붙어 있었다. 그리고 흰 구더기가 움직이고 있었다. (중략) 시체로부터 기름과 같은 분비액이 흘러 나왔고, 빗물에 젖어 갈색을 띠고 있었다. 복부도 흉부도 부풀어 오르고 손발도 얼굴도 크게 부었다. 시체의 냄새가 풍겼다. 이러한 장소임에도 불구하고, 다른 낙오자는 그 옆에 자신의 깔개를 펴는 것이다. 그리고 앞사람과 마찬가지로 죽어갔다. (중략) 길 옆의 백골은 남으로 내려감에 따라 늘어만 갔다. 어느 시체에도 군화는 없었고, 최후까지 들고 있었던 식판에는 풀이 담겨 있었다.

제31사단장 사토佐藤幸德는 무다구치牟田口의 무모한 작전 강행에 격노하여 독단적으로 퇴각을 결의하였다. 설득하러 온 참모장에게 다음과 같이 말한다.

임팔 작전의 현상은 '대륙의 가다르카나르'라고 할 만한 비참한 실패에 빠져있다. (중략) 그러나 무다구치는 쓸데없이 임팔에 망집하고 있다. 무다구치가 생각하고 있는 것은 정치이며, 전략이 아니다. 나 자신은 친보직으로서 폐하의 군대를 의미 없이 아사시키는 일은 행할 수 없다.

이와 같이 상관 이름을 부르며 비판하고, 장병에게 의미 없는 죽음을 요구하는 명령을 거부하여 퇴각 결의를 실행하였다. 그는 항명죄로 사단장직에서 해임되고 군법회의에 회부되는 것도 두려워하지 않았다(高木俊朗『항명』).

이러한 유의 무모한 작전에 의해 과대한 전사자를 낸 경우는 규모의 차는 있어도, 곳곳의 전선에서 보인다. 예를 들면, 1944년 중국 전선에서 제120연대장과 제2 대대장 와다 다케오和田健男 사이에 다음과 같은 격론이 있었다는 기록이 있다.

와다　연대장님, 회룡산 적 진지는 정상을 향해 4단으로 방어벽이 되어 있으며, 장애물인 울타리가 진 앞에 있습니다. 또 측방의 준비도 되어 있고, 진지에 이르는 도로에는 지뢰가 있습니다. 게다가 산은 바위산이어서 전망이 좋고, 도중에 엄폐물이 전혀 없습니다. 이 진지를 공격하려면 오늘 밤과 내일에 걸쳐서 충분히 적정·지형·측방기능 등을 수색한 후 내일 밤이나 모레 밤에 공격하는 것이 적당하다고 생각합니다. 그렇지 않으면 쓸데없는 피해를 낼 뿐입니다.

연대장　그렇게 여유롭게 할 수는 없다. 하마구치 부대는 오늘 밤 구배암狗扒岩을 야습한다. 와다 부대도 야습하라.

와다　연대장님, 하마구치부대는 낮에 적의 정면에 도착하였습니다만, 와다부대는 저녁 무렵에 도착하였을 뿐입니다. 전혀 상황이 다릅니다.

연대장　와다 부대는 어떠한 어려움이 있더라도 오늘 밤 연대기의 명예를 걸고 야습하라

와다　그런 엉터리 명령을 들을 수는 없습니다.

연대장　뭐야! 너는 연대 명령을 위반할 것인가! 연대장의 명령은 천황폐하의 명령이다!

와다　연대장님, 저 와다 대위는 부하가 개죽음 당할 것을 알면서 명령을 내리지 못하겠습니다.

연대장　무엇이 개죽음인가!! 훌륭한 명예로운 전사다.

와다　무엇이 명예로운 전사입니까! 100% 실패라는 걸 알면서 공격하여 전사하는 것은 개죽음입니다. 예로부터 전해지는 '일장성공만골고' 의 전형입니다.

제2대대장은 항명죄를 무릅쓰고 야습 명령에 복종하지 않았으나, 그 후에도 똑같은 일이 일어나고 있다.

갑자기 연대장이 전화를 걸어왔다.

"와다 부대는 오늘밤, 동문洞門 진지를 습격하라. 단 공격은 기습이다" 라고.

"연대장님, 이 진지는 중화기로 울타리를 파괴하지 않으면, 돌입할 수 없으므로 강습을 행하겠습니다."

"와다 대위, 강습은 절대로 안 된다. 기습하라."

"연대장님, 기습은 적에게 의도를 감추고 공격할 수 있을 때, 그것도 기습으로 돌격이 가능한 야전 진지에서 행하지 않으면 효과가 없습니다. 이 진지는 견고한 장애물이 있으며, 적이 대기하고 있기 때문에 기습은 의미가 없습니다. 쓸데없이 피해를 입을 뿐입니다. 와다 부대는 이미 강습 준비를 완료하고, 공격 시기를 기다리고 있으니 기습 명령을 들을 수 없습니다."

연대장은 작일 전화로 격론을 한 때문인지 고압적인 태도를 버리고,

"와다 대위, 부탁한다. 이번만큼은 연대장의 명령을 들어주라. 부탁한다."

"연대장님, 기습을 하면 실패임을 알면서도 그래도 명령하시겠습니까?"

"실패하면 연대장이 책임을 진다."

"피해의 책임을 어떻게 연대장님이 지겠습니까?"

"바보! 와다 대위, 강습은 절대 허락하지 않는다."

전술 상식을 일탈한 이 연대장의 적정 지형 판단이나 명령, (중략) 이 진지, 이 지형, 기습할 수 있는 것이 아닌데... 연대장은 어찌하여 이해하지 않는 것인가. 만약 실패하면 전도양양한 젊은이들을 희생시키는 것인데...

제2대대장은 이번에는 어쩔 수 없이 명령을 실행하였다. 그리고 과연 그 희생은 컸다.

숨이 벅차서 돌아온 일인의 병사, "대대장님!" 보니 눈에는 눈물이 가득하였고, 얼굴은 눈물로 범벅이었다. 최악의 예감이 적중하였다.

"사이토 분대장님 이하 전사 다수, 남은 자는 거의 모두 중상, 전멸입니다... 애통합니다." 별빛에 드러난 그 얼굴에서 눈물이 솟았다. (중략) 오호라, 왜 보다 강하게 연대장에게 반항하지 못했단 말인가. 만약 대대장으로 자신의 신념 하에 명령을 뒤집

었더라면… 그러나 이미 물은 엎질러졌다. 전사한 영혼은 다시 돌아오지 않는다.

이상은 『남嵐병단 보병 제120연대사 피눈물의 기록』에 실린 당시 대대장 와다 다케오和田健男의 직접 서술이다. 와다는 편집 책임자로 권말에서 다음과 같이 소감을 피력하고 있다.

물론 전쟁은 인간과 인간이 서로 죽이는 일이다. 많은 사람이 희생된다. 그러나 그 희생을 최소한으로 줄여야 할 임무를 달성하기 위해 전술이 있는 것이다. 또 이를 위해 최선의 노력을 하는 것이 각급 지휘관의 당연한 임무이다. (중략) 그럼에도 근대전에서 일청·일러 전쟁 당시와 같은 공격을 하고, 쓸데없이 많은 장병을 사지에 던지는 상급 지휘관의 작전 지도에 나는 전신의 피가 역류하는 분노를 느낀다.

15년 전쟁 전체가 군 최고 수뇌의 무모한 전쟁 개시에 의해 많은 국민을 사지로 몰아넣은 폭거였다. 와다가 말하듯이 전쟁을 하는 한 전사자가 나오는 것은 불가피한 일이라고 해도, 위의 예처럼 상급 지휘관의 상식을 벗어난 작전 명령 때문에 희생자 수가 격증한 문제 책임은 엄중하게 묻지 않으면 안 된다. 제15군사령관과 제31사단장, 그리고 제120연대장과 제2대대장 사이의 논쟁은 전쟁책임을 물을 수 있는 근거를 명백하게 보여주고 있다고 생각한다.

무모한 작전 때문에 회피할 수 있었던 출혈을 강요당한 장병의 희생 보다 더한 인명 무시의 비인간적 행위는 일본군에 의한 동포 비전투원의 살해이다.

미국군이 일본 근해로 진격해 와서 일본인이 거주하고 있는 지역에 상륙할 단계가 되자, 일반 일본 국민은 처음으로 공습 외에 지상전에 말려들게 되어 많은 사상자를 내게 되었다. 그러나 적의 공격에 의한 사상자가 아닌 일본군에 의한 살해라는 예상하지 못했던 비극이 나타났다.

1944년 여름, 미군이 일본인이 다수 거주하고 있던 사이판을 공략하였을 때, 많은 일본인 부녀자가 북단에 있는 마르피 곶의 절벽에서 집단으로 투신하였다. 『동경일일신문東京日日新聞』은 이 상황을 취재한 종군기자 로버트 샤로드의 보고를 1944년 8월 20일 「청사에 찬란한 사이판 방인의 최후」라는 제목으로 스톡홀름 특파원 발 보도로 상세히 소개하고 있다. 또 샤로드의 보고를 단행본으로 정리한 『사이판』(中野五郎 역)을 보면 일본 신문에는 기록되지 않았던 다음과 같은 구절이 있다.

이 암석이 중첩된 마르피 곶 일대에 흩어져 서 있던 일본병사들은 항복을 회피하기 위해 어떠한 극단적인 행위도 서슴지 않았다. 뿐만 아니라, 군인 이외의 재류 방인들이 항복하지 않도록 하기 위해서 모든 노력을 기울였다. 해병부대는 지금 우리가 서 있는 절벽 조금 아래에 있는 동굴에 한 사람의 저격병을 배치하였다. (중략) 그는 부친과 모친 그리고 일본인으로 보이는 4명의 아이들 일단이 바위 위에 서서, 투신자살을 하려고 하지만 각오가 부족하여 망설이고 있는 것을 보았다. 그러자 이 일본군 저격병은 이 일단을 조준하였다. 우선 첫발은 부친을 등 뒤에서 쏘아 바다로 떨어뜨렸다. 그리고 그의 가공할 2탄은 모친에게 명중하였다. 그녀는 고통스럽게 바위 위를 30자 정도 기었다. 그리고 그녀는 피를 흘리며 몸부림쳤다. 저격병이 남은 아이들을 쏘아야 할 순번이었으나, 이 일본인 여인이 갑자기 일어나 바위에서 아이들을 데리고 사정권 밖으로 사라졌다.

야마우치山內武夫의 『겁병기怯兵記—사이판 투항병의 수기』에는 일본 병사들과 비전투원인 주민들이 동굴 속에 숨어 있을 당시의 이야기가 실려 있다.

동굴 속에는 10명 내외의 피난민이 있었다. 거의 모두 여자였다. 갓난아이의 울음소리가 연이었다. 먹다 굶다를 반복하고 물도 없는 한 달간 공포에 가득찬 피난 생활로 젖이 나오지 않게 되자, 말라빠진 갓난아이는 애타게 모유를 구하고 있는 것이다. (중략)

그 때—

"갓난아이를 울리지 마라! 적이 가까이에 있다. 아무리 해도 울음을 멈추지 않으면 이 동굴을 나가라! 여기에 있고 싶으면 바로 울음을 멈추게 하라!" 하사관이 단호한 어조로 그렇게 명령을 하였다. 여인들이 필사적으로 아기들을 달래기 시작하였다. 갓난아기들은 울음을 멈추지 않았다. "군인아저씨, 부탁입니다. 젖이 나오지 않아요... 울지 않도록 할 터이니까 여기에 있게 해 주세요." 하사관은 위세있게 말했다. "우리는 전투중이다. 방해가 되는 자는 여기에 둘 수가 없다. 싫으면 나가라" 나는 가만히 지켜보았다. 갓난아기들은 여기저기서 아직도 앵—앵— 울고 있었다. 하사관이 화를 냈다. "내가 명령한다. 갓난아기들을 죽여라! 전투에 방해가 되는 자는 한 사람도 여기에 있어서는 안 된다. 갓난아기를 즉시 죽여라. 명령이다!" (중략) "Y상병. 스스로 자기 아이를 죽이지 못하는 경우, 병사들이 죽여주어라. 명령이다!" 동굴 내에 공포와 절망의 공기가 퍼져나갔다. 추종하는 병사들이 명령을 실행하고자 하는 움직임이 느껴졌다. "멈춰요!... 내가 죽일 테니까..." 병사들이 손을 대기 전에 드디어 한 사람의 모친이 결심하여 스스로 아기의 목을 조르는 모양이었다. 그러자 한 사람의 모친이 갓난아기를 데리고 동굴 출구로 나가면서, 하사관에게 울면서 말하는 소리가 들렸다. "아기를 죽일 정도라면, 총알에 맞아 죽는 편이 나아요. 나는 나가겠어요. 어차피 죽으면 그만이지요..." 나는 숨을 멈추고, 그 원한에 가득한 모친의 소리를 들었다. 동굴 속에서 아기의 울음소리는 사라지고, 모친들의 흐느낌과 "아가야, 용서해다오. 엄마도 곧 뒤 쫓아 갈게...." 라는 중얼거리는 소리가 들렸다.

이와 같은 사태가 1945년 3월, 미국군이 오키나와에 상륙하여 격렬한 전투가 전개되었던 오키나와 남부 본토 각지에서도 나타났다. 이때의 상황은 『오키나와현사9 오키나와전 기록1』, 『동10 오키나와전 기록2』, 『나하시사 전시기록자료편 제2권 6』에 실린 주민의 체험담에 다양하게 나타난다. 한 예를 들자(『오키나와현사 9』大城永善의 담화).

아기의 부친이 와서 반시간 정도 지나자, 참호를 찾으러 갈 테니까 장남을 봐 달라고 말하고 떠나서는 밤이 되도록 돌아오지 않았어요. 초저녁에 떠난 사람이 말이에요. 그래서 아기는 울었지요. 아빠! 아빠! 하고 부르면서 말이지요. 그래서 타노田野 병장이 명령했어요. 이 아기를 죽이라고 말이지요. 명령을 받은 것은 나였어요. 저는요, 듣지 못한 척 했어요. 내가 듣지 못한 척 하니까 이번에는 타마모토玉本 위생병에게 명령하는 것이었어요. 이 위생병은 (중략) 오키나와 출신이 아니었어요. 명령을 받았으므로 이 위생병이 계단에서 아기의 목을 졸랐어요. 처음에는 숨도 멈추어서 죽었구나 하고 생각했는데 깨어서 울었답니다. 또 목을 졸랐어요. 말도 못하고 눈을 뒤룩거렸지요. 세 번째 목을 조르자 완전히 죽었답니다.

비전투원인 주민이 미군에 항복하게 되자, 일본군은 적에게 투항하여 생명을 유지하려는 일본인을 학살하기 시작하였다. 『조류潮流시보』 73호에 실린 아니야 세이소安仁屋政昭의 「오키나와에서 일어난 일본군의 잔학행위」에는 다음과 같은 담화가 소개되어있다.

　　5월 12일 한밤중, 10여명의 일본 병사가 와서, 우리를 깨워서는 바닷가로 집합시켰습니다. 모인 30여명의 피난민을 모래밭에 앉게 하고는, "너희는 이래도 일본인인가. 미군의 포로가 되어 부끄럽지 않은가!"라는 취지의 말을 소리쳤습니다. 나는 노부코와 후미코를 오른쪽에 앉히고, 마사코를 안고, 사치코를 왼쪽 무릎에 올려놓고 앉아 있었습니다. (중략) 14~15명의 병사들 쪽에서 "준비는 되었는가!"라는 큰 소리가 들렸습니다. "하나, 둘, 셋" 하는 소리와 함께 수류탄이 우리에게 날아왔습니다. 그 한 발로 노부코와 후미코는 즉사하였습니다. 노부코는 옆구리가 터져서, 내장이 흘러나왔습니다. 그 후, 또 한발이 날아왔다고 합니다만, 저에게는 기억이 없습니다. 한 순간에 지옥으로 변한 모습은 이 세상의 일이라고는 생각되지 않습니다. (중략) 바닷가에 모였던 주민들은 이른바 피난민뿐으로, 포첨촌浦添村, 나패시那覇市, 독곡산촌讀谷山村 사람들이었습니다. 우리 내간부락內間部落 사람들도 있었습니다. 이나미伊波カメ 씨는 딸을 잃었고, 가네시로金城よしこ 씨는 중상을 입었습니다. 이웃 부락의 아주머니는 아기를 업은 채로 즉사, 업힌 아이는 중상을 입고 뒤에 병원에서 죽었습니다.
　　우리들을 학살하기 직전에, 우리들의 리더라고 지목된 남자 두 사람이 살해되었습니다. (중략) 한 사람은 독곡산촌讀谷山村 출신으로 촌의회 의원이었답니다. 이 사람은 파노회옥부락渡野喜屋部落에 들어서기 직전 길옆에 있는 소나무에 매달려 가슴을 총검으로 난자당하여 살해되었습니다. 나중에 그 소나무가 있는 곳을 가 보았는데, 홍건한 핏자국이 남아있었습니다.

3장 _ 일본국가의 전쟁책임은 무엇에 있는가　215

일본군은 오키나와 주민을 준 식민지 주민으로 간주하고, 멸시와 불신의 눈으로 바라보고 있었다. 많은 주민들이 스파이 용의로 일본군에게 살해당한 것은 일본군의 마음에 그러한 뿌리 깊은 편견이 잠재되어 있었기 때문이었다. 조선인과 결혼한 주민 여성과 그 어린이들에 대한 학살은 조선인에 대한 멸시·불신과 겹쳐서 생긴 비극이다. 일본이 항복한 5일 후인 8월 20일, 오키나와 본도에서 오키나와 여성과 결혼하여 구미도久米島에 거주하고 있었던 우타(세가와 노보루谷川昇, 일본명) 일가 살해 사건은 일본군에 의한 오키나와 주민 학살 사건 중에서도 가장 잔인한 예일 것이다. 오시마大島幸夫의 『오키나와의 일본군: 구미도 학살의 기록』에는 다음과 같이 기록되어 있다.

우타谷川昇(50세), 부인(37세, 본명 美津), 장남(10세, 국민학교 4학년), 장녀 아야코(7세), 차남(5세), 차녀(2세), 유아(생후 수개월, 미입적). 우타씨는 재혼이었으며 장남은 전남편 소생이었다. (중략) 몇 명의 목격자가 있었다. 그 증언에 의하면, 우타 씨는 공포에 떨면서 "나는 스파이 활동을 하지 않았어요." "내 동생도 군인입니다"라고 열심히 일본병사에게 호소하였다. 그럼에도 일본병사가 살의를 드러내자 "아이들만은 살려주세요."라며 필사적이었다. (중략) 어떠한 호소도 살인 집단에는 통하지 않았다. 우타 씨는 등 뒤에서 목을 찔렸다. 격렬한 비명과 함께 멜빵이 끊어지고, 우타 씨의 등에서 떨어진 젖먹이에게도 가차 없이 칼날이 파고들었다. 그리고 울면서 도망치려고 했던 장남의 머리에도 ―. 저항 없는 모자 3인을 놀리며 죽인 것이다. (중략) 우타씨 부자는 우조도宇鳥島 친지의 집 근처 방공호에 몸을 숨겼으나, 머지않아 일본 병사의 추격으로 붙잡히어 끌려 나왔다. 수명의 살인자들이 우타 씨의 손발을 묶었다. 목에 밧줄을 매어 산 채로 해안으로 수 백 미터나 끌고 갔다. 해안에 도착하였을 때 이미 우타 씨는 숨겨있었다.

목격자의 한 사람인 이토카즈 시게미츠뺏數重光의 이야기는 무시무시하다. "추석이 가까워 첨차로 밝아지는 달밤이었어요. 촌민으로 변장한 10여명의 일본병이 해안에 우타谷川씨의 시체를 버렸답니다. 병사 가운데 하나가 어린아이를 안고 와서는 시체 옆에 던지자, 어린아이가 시체를 안고 엉엉 울었지요. 그 어린아이를 총검으로 수차례나 찔렀답니다. 거듭, 거듭…갈기갈기 찢었답니다. 나는 두려워서 무릎이 덜덜 떨렸지요…일본군에게 시체 처리를 명령 받은 우리들 경방대원은 울면서 해안에 구덩이를 파고 매장하였어요. 어린아이의 단말마의 비명이 지금도 귀에 남아 있는 듯 합니다…참으로 불쌍한 일이었지요." 일본병은 처음에는 "본보기다. 내버려 두라"고 말한 듯 하다. 그 후에 이토카즈씨 등 경방대원 청년들에게 "시체를 처리하라"고 명령한 것이다.

남은 어린 자매 두 사람은 도망갈 곳도 없어, 자택 뒤에서 아연히 있었다. 학살의 마수는 여기에도 미쳤다. "엄마가 있는 곳에 데려다 줄게" 살인자는 어린 자매를 우산리 방면으로 끌고 가 참살하여버렸다. 자매의 시체는 수인의 여자 청년단원에 의해 발견되었다. 목에 밧줄이 걸려 있었고, 시체는 나란히 거적을 덮어쓰고 있었다고 한다. 이렇게 우타씨 일가 7인의 처절한 학살은 완수되었다.

일본군이 비전투원인 동포의 생명을 먼지처럼 생각했기에, 이와 같은 잔학행위가 일어날 수 있었던 것이다. 다음의 체험담은 이 동포를 어떻게 생각하고 있었는지 잘 말해주고 있다.

시마시리島尻에서 병사들이 왔습니다. 그리고 대장인 듯한 사람이 일본도를 들고 지휘하는 듯한 모습이었습니다. "너희들은 이 참호에서 나가라!"하고 말했습니다.

(중략) "우리들은 아이들도 이렇게 많고, 참호는 이곳 이외에도 많이 있으니 생각해 주십시요"라고 말했다. 그러자 "여러분은 모두 죽어도 괜찮다. 그러나 병사들은 한 사람도 죽어서는 안 되지 않는가. 너희들의 전쟁이 아닌가. 듣지 않으면 죽이겠다"라고 말하면서 일본도를 치켜들고 나를 죽이려고 하는 것입니다. 그래서 "아, 그렇습니까?" 하고 우리들은 모두 나왔답니다(『오키나와현사 9』 시로마 에이기치城間英吉 담화).

이처럼 호에서 쫓겨나 빗발치는 총탄 속에서 죽어간 사람들이 얼마나 많았는가. 직접 손을 대서 죽이지는 않았어도, 일본군에게 살해당한 것과 마찬가지이다. 일본군은 주민에게서 식량을 약탈하고 여성을 강간하였다.

아버지의 친구는 (중략) 이미 미군 보급기지가 된 하네지羽地(오키나와현)나 나고名護(오키나와현)에서 감자를 얻고, 가족들이 기다리는 산 중에 있는 대피소로 서둘러 가는 도중에 "아군"에게 제지당하였다. "네가 가지고 있는 것이 식량임은 알고 있다. 우리는 지금부터 적진에 돌격할 예정이지만 배가 고파서 전쟁도 할 수 없다. 식량을 두고 가거라" 처음부터 살기를 느끼게 하는 어조였다. 그래서 그 사람은 (중략) "대피소에서 가족이 기다리고 있으니까"라고 하면서, 반분하자고 제안하였다. 그러나 "군인에게 저항하면 어떻게 되는지 알고 있나!"라고 총을 겨누거나 칼을 빼어 들기에, 식량을 포기하지 않을 수 없었다. 그리하여 울고 싶은 심정으로 그 자리를 뜨려고 하자 이번에는 "잠깐, 갖고 있는 괭이를 두고 가!"라는 말이 들렸다. (중략) 피난민에게 괭이는 식량 획득의 중요한 도구일 뿐만 아니라, 식량을 구하기 위해 이동할 때에 대피소를 만드는 데에도 없어서는 안 될 도구였다. "이것만은 봐 주십시요"라고 탄원하였으나 성큼 성큼 다가온 아군들은 (중략) 억지로 괭이를 뺏으려고 했다. (중략) 그 사람의 저항이 강경하자, 또 한사람이 총을 한 발 쏘아서 흉부를 관통시키고, 쓰러진 사람을 일본도로 참살하였다고 한다(『那覇市史 전시기록』, 平良龜之助 수기).

『호소가와 모리사다細川護貞 일기』 1944년 12월 16일조에 오키나와 시찰에서 돌아온 오키나와의 일본군이 '도민과 잡거하면서, 물자를 마음대로 징발하고, 부녀자를 능욕하는 등 마치 점령지에 있는 것처럼 행동'하고 있다는 기술이 보인다. 미군 상륙 이전에 이미 그리하였으므로, 지상전 개시 후에 생긴 주민에 대한 잔학행위가 이상할 것은 없다.

오키나와 주민 비전투원 사망자 총수에 대해서는 현 생활복지부 간행 『오키나와현의 복지』에 실린 '주민 전투참가자 55,246명, 일반주민(추정) 38,754명'라는 숫자가 나와 있으며, 정확한 숫자는 확인할 수 없지만, 10만 내외의 비전투원이 전화로 사망하였음을 알 수 있다.

오키나와현과 치시마를 제외한 본토에서는 지상전이 벌어지지는 않았다. 그러나 미 공군의 공습에 의해 주요 도시가 공격을 받아, 폭탄과 소이탄에 의한 화재, 기총사격에 의한 많은 비전투원의 사상자가 발생하였다. 공중 방어는 만전이라는 군의 발표는 전혀 거짓말이었다. 곡사포의 명중률은 낮았으며, 전투기의 수는 적었기에, 일본의 하늘은 거의 미공군이 장악하고 있는 것과 마찬가지였다. 공습에 의한 사상자의 정확한 산정은 없지만, 오키나와와 만주에서의 사망자를 제외한 대다수의 사망자 수가 공습에 의한 것이다. 그 중에도 1945년 3월 10일 행해진 동경 야간공습 시 희생자 수가 가장 많아서, 8만~10만으로 추정된다. 그것도 5장에서 서술하는 바와 같이 무차별폭격 방침에 의하여 불로 원을 그리고 그 안에 있는 주민을 모두 죽인다는 전술이 채용되었다. 이에 따라 퇴로를 차단당하고 불길과 연기로 둘러싸여 죽어간 사람들은 비참하기 이를 데 없었다. 사와다 겐지澤田賢二는 3월 11일 다음과 같은 상황을 목격하였다(『아사히』 70년 8월 12일 「동경 피폭기―마네킹 인형」).

진흙투성이가 된 트럭이 마치 영화의 한 장면처럼 천천히 나타나 통과하였다. 짐칸에는 벌거벗은 마네킹 인형에 먹을 칠한 것과 같은 시체가 허공에 팔과 다리를 내밀고 넘칠 듯이 만재되어 있었다. 이 시체들은 가까운 공원의 커다란 구덩이에 묻혔다. 그러나 그것을 보고 있는 내 마음은 아무런 감정이 없었다.

그 중에서도 어린아이를 안은 채로 불탄 모친의 시체가 애처로웠다.

다카바시 근처의 공동변소 안에는 배가 터진 채로 남자아기를 안고 있는 모자의 시체가 있었다. 모친은 조금 그을렸고, 질식사했다. 아기는 거의 상처가 없었으며, 평안한 얼굴이었다(『아사히』, 70년 8월 6일 「동경피폭기 불바다 속」 小坂部正己 수기).

길에서 발견된 시체의 이상한 모습에 의아심을 갖게 되었다. 머리털이 다 타버리고, 옷이 다 타버려서 화상을 입은 피부가 드러난 것까지는 차이가 없지만 (중략) 그 시체만은 지면에 얼굴을 박고 웅크리고 있었다. 옷을 보면 여성이라고 보이는데 왜 이러한 자세로 죽었을까. 그 사람은 아기를 껴안고 있었다. 그 밑에는 큰 구멍이 있었다. 엄마의 손가락에는 피와 진흙이 배여 있었고, 손톱은 없었다. 어디선가 와서는 이제 죽겠구나 생각하고, 손가락으로 단단한 지면을 파고 아기를 넣어 그 위를 몸으로 덮어서 아기의 생명을 지키고자 한 것이었다. 아기의 옷은 조금도 타지 않았다. 조그맣고 귀여운 아기의 한 손이 엄마의 가슴을 잡고 있었다. 그러나 연기 탓인지 이 아기도 이미 숨져 있었다.(『아사히』 70년 12월 29일, 「동경피폭기」 스다 다카오須田卓雄 수기).

드디어 8월 6일 히로시마, 9일 나가사키 원폭이 투하된다. 그 참상에 대해서는 여기서 다시 언급할 필요도 없다. 원폭에 의한 사상자 수는 산정하기 어려워 정확한 수를 알 수 없지만, 『원폭의 실상과 피해자의 실정—1977 NGO 피폭문제 심포지엄 보고서』의 추계를 최신 수치로 들고자 한다.

히로시마시의 경우, 원폭투하 순간에 어느 만큼의 인간이 있었는지는 불명확하다. 이는 군인의 숫자가 불명확하기 때문이다. 아마도 4만 이상의 군인이 직접 피폭 당했을 것이다. 군인을 제외한 직접 피폭자 수는 31만˜32만 명으로 이 가운데 1945년 말까지 약 14만 명이 사망했으리라 추정한다. 군인 사망자수는 2만 명 내외 일 것이다. 이들 외에도 수만 명의 조선인이 직접 피폭 당했을 것이다. (중략) 상술한 수치 중에는 소재가 불명확하였던 조선인 일부도 포함되어 있다. 그 외에도 많은 조선인이 히로시마에서 직접 피폭으로 사망하였으리라 추측한다.

나가사키의 경우, 전체 27만~28만 명이 직접 피폭을 당하였고, 그 중 약 7만 명이 1945년 말까지 사망하였다고 추정한다. 나가사키시의 조선인 피폭자도 다수 있으리라 추정되지만 그 실태는 불명하다. 1945년 12월 이후에도, 피폭자 사망률은 컸다. (중략) 1950년 국세조사에서 원폭 후 1주간 이내에 히로시마에 들어간 사람이 3만 7천 명이라고 알려지며, 이들 중에는 잔류 방사능으로 인해 사망한 자도 있었음을 잊을 수 없다.

공습에 의한 비전투원 사망자의 대다수는 미군의 무차별폭격이 직접적인 원인이므로, 5장에서 논하듯이 미국의 전쟁책임을 묻지 않을 수 없다. 이와 같은 참극을 예견하면서도 전쟁을 강행하고, 공습의 격화와 원폭투하에 이르기 전에 전쟁을 종결시키지 못했던 일본 국가권력 또한 책임을 면할 수 없다.

일본군 점령지에도 다수의 비전투원 일본인이 이주·거주·체재하고 있었다. 패전 후 적군이나 현지 주민들의 공격을 받아서 피난 중에, 혹은 억류 생활 중에 살해되거나 또는 자살하거나, 기아, 병으로 사망하는 자도 막대한 수에 달한다.

필리핀에서 생긴 이러한 종류의 비극의 한 예로『부인화보』 1948년 4월호에 실린 마스토미益富鴬子의 「고아를 키워― '애린원' 에서 남방에서 온 전쟁고아의 생활 기록」을 보자. 이야기는 마닐라에서 유리 상점을 하면서 행복한 생활을 하던 한 가족이 전쟁으로 인해 얼마나 비참한 운명을 맞이하게 되었는지 말하고 있다. 단지 홀로 살아돌아온 12세 소년이 쓴 작문의 한 구절이다.

촌장님이 산으로 도망가라고 말씀하셨기에 아버지는 마차를 내었습니다. (중략) 나는 말고삐를 끌고, 아버지와 어머니는 마차를 밀었습니다. 6살 된 여동생은 마차에 타고 있었고, 9살 된 여동생은 걸었습니다. (중략) 매일 밤, 마차를 끌면서 걸었습니다. 경사진 곳에 다다랐을 때에, 말이 걸으려고 하지 않았습니다. 그래서 억지로 밀자, 큰 돌에 부딪혀서 마차가 부서졌습니다. (중략) 언젠가는 5명이 산길을 걷고 있을 때, 갑자기 비가 내렸습니다. (중략) 경사지를 내려오자, 길은 물길이 되어버렸습니다. 그 물길에는 자갈이 너무 많아서 걷기 힘들었습니다. 넘어지기도 하고, 비에 젖기도 해서,

물에 빠진 생쥐 꼴이 되었습니다. 비가 너무 세차게 내려서 강물이 불어나 건널 수 없게 되었습니다. 그래서 할 수 없이 옆에 모포를 깔고 쉬었습니다. 거기에 있는 동안에 엄마가 까무러치고 아빠는 배탈이 나서 앞으로 나갈 수가 없게 되었습니다. (중략) 점심 때 아빠가 배가 아프다고 해서, 강가에 있는 군인들에게 약을 얻으러 갔습니다. 조금 있다가 보니까 이미 아빠는 숨져있었습니다. (중략) 엄마는 하룻밤 더 같이 잠을 자고 내일 아침에 군인들에게 아빠의 시신을 강물에 띄워 보내게 하자고 말했습니다. (중략) 아빠의 시신을 강물에 띄워 보낸 후, 엄마는 아빠의 사진을 꺼내어 더 이상 아빠와는 만날 수 없으니까 이 사진을 소중히 간직하라고 말했습니다. 그날 밤, 또 폭우가 쏟아져서 모든 것이 물에 휩쓸려 내려가 버렸습니다. (중략) 다음날 오후, 엄마가 돌아가셨습니다. 여동생이 엄마가 아무 말도 하지 않으니까 죽었다고 말을 했습니다. 바라보니까 정말로 엄마는 죽어있었습니다. (중략) 그러는 사이에 엄마의 시체도 냄새가 나기 시작하였으므로 자리를 옮기자고 했지만, 여섯 살 된 여동생은 도저히 엄마와 헤어질 수 없다고 말하였습니다. 아홉 살 된 여동생은 가자고 말하였으므로, 할 수 없이 엄마에게 흰 모포를 덮어주고는, 둘이서 자리를 옮겼습니다. 조금 지나 다시 보니, 여동생과 엄마는 옷을 입은 채로 백골이 되어 머리털도 눈도 없었습니다. (중략) 군인들이 산에서 내려간다고 해서 우리 둘도 내려갔습니다. 그 때, 여동생은 서 있을 수가 없었기 때문에, 강아지처럼 기다가 도중에 더 이상 갈 수 없노라고 말했지만 그래도 따라오라고 말했습니다만, 싫다고 하면서 오지 않았기 때문에 할 수 없이 나 혼자서 갔습니다. 여동생은 오빠— 오빠— 하고 불렀지만 나는 혼자서 갔습니다.

그 중 가장 대량으로 희생된 것은 만주국 거주의 일본인이었다. 특히 개척농민으로 국책에 의해 이주한 사람들, 개척 청소년의용군 대원으로 학교 교사의 강한 권유를 받아 이주한 청소년들은 소련과 만주

국경 가까운 지역에 있는 개척촌에서 농업에 종사하고 있었다. 그러나 만일의 경우에 지켜줄 것이라고 믿었던 관동군은 그들을 버리고 후퇴하였다. 그들은 모르는 사이 군대에게 버림 받고, 소련군의 진격과 현지 주민의 봉기에 노출되었던 것이다. 남방 전선에 병력을 차출당하여 약체화된 관동군에 대해 대본영은 1944년 9월 19일의 명령에 의해 '만주 대부분을 포기하고', '남만주 조선 북부의 산지를 확보하여 지구전을 준비하라' 는 새로운 작전요령을 내렸다. 나아가 1945년 8월에 소련이 대일 선전포고를 하자, 10일 관동군에 대해서 '공격해 오는 적을 도처에서 격파하여 조선을 지킬 것' 이라는 명령을 내렸다. 이리하여 관동군의 방어선은 전해에 이미 '통화 · 임강 부근을 중심으로 하는 압록강 연안의 산악지대' 까지 후퇴하였다. 이제는 만주 지역은 완전히 포기하기에 이른 것이었다. 이러한 후퇴에 모두 극비리에 진행되었다. '국경 부근의 거류민을 소개(철수)시키는 것은 군의 의도를 폭로하여 소련의 공격을 앞당기게 될 우려가 있다' 또, '만주국 원주민에 대해 동요를 불러일으킬 우려가 있다' 는 이유에서다. 그리하여 개척 일본 농민은 아무조건도 모르고 국가로부터 버림을 받아, 비참한 운명을 맞이하게 되었던 것이다(이상 『전사총서―관동군(2)』).

『요미우리신문』 1948년 4월 30일자에는 「고야마긴자小山銀座 개척단의 최후」라는 제목의 글이 실렸다. 도쿄도 시나가와구 에바라荏原小山정 무사시고야마 상점가의 상인들 1,079명이 만주에 들어갔는데 그 대부분이 다시는 조국의 땅을 밟지 못하였음을 전하고 있다. '나는 관동군 수뇌부의 무책임을 평생 저주할 것이다' 라는 말로 시작하는 단한사람의 귀국자 이다치 모리조足立守三(당시 56세)의 기록을 보자.

지금까지는 선량하다고 생각하고 있었던 그 주민들이 마치 손바닥 뒤집듯이 적으로 변하였다. (중략) 불안한 밤이 지났다. 밝아지자 조금 원기가 회복되어 남쪽 백성자白城子 방향으로 탈출하자는 이야기가 나왔다. 마차 10대를 준비하여 병자와 물건을 싣고, 800명의 부녀자를 가운데에 두고, 전후로 70여명의 남자들이 경계하였다. (중략) 날이 저물어 골짜기에 도착하였다. 계곡물 소리가 목이 말랐던 사람들의 근심을 잊게 하였다. 사람들이 경쟁적으로 냇가로 내려갔을 때에, 폭도의 일단이 일제 사격을 가하여왔다. 죽은 것은 2~3명이었지만, 그 가족이 음독자살하였기에, 여기서 8명을 잃었다. (중략)

오후 2시경, 소련기 한 대가 저공비행으로 다가오는가 싶더니 부근 고지에서 총알이 쏟아졌다. 그러자 지금까지 친절했던 부락민이 습격해왔다. 동쪽 산지에 수대의 소련군 전차가 이쪽을 바라보고 있음이 보였다. 전차는 우리들에게 아무런 해도 가하지 않았지만, 폭도들에게 당하는 우리들의 모습을 지켜보고 있는 것이었다. 공포심은 사라지고, 분노가 치밀어 올랐다. 부녀자를 가운데에 두고 원형으로 모였다. 17~18세 정도의 소년 몇 명이 마차에서 말을 떼어서 타고는 폭도들 속으로 달려갔다. 토다戸田, 하세가와長谷川, 나카무라中村 등 60세가 넘은 노인들이 나무 막대기를 들고 폭도와 싸우기 위해 뛰어들었다. 나도 그 중 한 사람이었다. 등 뒤에서 이상한 비명소리가 나서 뒤돌아보니 도깨비 형상을 한 여자들이 여기저기서 자기 자식들의 목을 조르고 가슴을 찌르고 있는 것이 아닌가. 밤이 되었다. 살아남은 20여명이 모였다. 남자들의 호령소리나 비명소리는 사라지고 달빛 사이로 시체만이 나뒹굴고 있었다. 내 아내와 딸은 서로 껴안은 채 음독자살을 하였다. 야마자끼山崎 단장도 처자식을 잃었다. '나는 가족 옆에서 죽고 싶네" 늙은 단장은 이렇게 말하며, 나에게 애용하는 파이프를 주더니 음독하였다.

거우 고향에 돌아올 수 있었지만, 영원히 회복할 수 없는 불구의 몸이 되어 전후 생활을 해야만 했던 사람들도 있었다. 『아사히신문』 1948년 9월 13일자에는, 실명하여 귀향한 13세 소녀 후나키船木玲子의 고난을 보도하고 있다.

　　만주 흑룡강에서 전쟁이 끝났다. 목수였던 아버지는 병으로 쓰러졌고, 엄마도 곧바로 나와 내 여동생(11세)을 남기고 돌아가셨다. 그 때부터 50세 정도 되는 일본인 아줌마에게 이끌려, 남으로 남으로 먼 여행을 하였다. 걷다가 힘들면 여동생은 울기도 했지만, "엄마의 조국으로 돌아가자"라고 격려하면서 걸었다. (중략) 작년 겨울 겨우 봉천에 도착하자, 아줌마는 돈이 없다면서 과자가게에 나를 팔았다. 3,000엔이 아줌마에게 넘겨지는 것을 나는 바라보았다. 과자가게 아저씨는 나를 당나귀 대신에 산 것이었다. 나는 그 때부터 커다란 콩 절구를 밀었다. 나는 그 때 11살이었으므로 절구를 밀어도 힘이 모자라 밀리지 않았다. 밧줄을 어깨에 묶고 땅을 기듯이 하여서 아침부터 밤까지 빙글 빙글 돌았다. 처음에는 눈이 빙빙 돌았다. 중국옷도 다 헤져서 맨발로 밧줄을 당겼다. (중략) 식사는 콩죽을 먹었다. 1년이 지나자 나는 몹시 야위었고 기운이 없어졌다. 게다가 작년 봄에는 눈이 점차 보이지 않게 되었다. 아무리 눈을 비벼도 희미하게만 보였다. 그리하여 올 겨울에는 돌 절구위에 있는 콩도 보이지 않게 되어버렸다. 텅 빈 절구를 밀고 있자니 주인이 나무라면서 나를 마을에다 버렸다. 내 눈은 이제 낮을 잃고 밤만 존재하듯이 아무것도 보이지 않았다. 길에 쓰러져서 "엄마!"하고 울었다. 이틀 쯤 지나서 "어, 일본인 아이다"라면서 오카岡라는 일본인 여자가 나를 안아 주었다.

　　『요미우리신문』 1965년 12월 7일자 키모토 노리꼬木元敎子의 「방송의 앞뒤⑥」에는 성인이 된 레이코玲子가 등장하고 있다. 주인은 쓸모가 없게 되자, 독이 든 음식을 먹이고 마차가 달리는 길가에 버리고 가 버렸기 때문에, 독물에 의한 구토로 고통을 받았다. 그때 구해준 사람을 귀국 후 17년 만에 만나서 은인의 손을 꼭 붙잡고는 "전쟁은 있어서는 안 되는 것이지요."라고 말했다고 한다.

많은 여성들이 소련군 장병에게 강간당했다. 귀국 후에 좋은 남편감을 만나고서도 대륙에서 당한 굴욕을 고백하지 못하고 고민하던 끝에 결국 결혼식을 앞두고 자살한 여성도 있었다. 또 다음과 같은 비통한 삶을 살아온 사람도 있다. 여러 명의 외국병사가 "치치하르시 피난민 수용소를 습격하여왔다. 자동소총을 남자들에게 겨누면서 두 손을 들게 하고는, 두려움에 떠는 여자들을 차례로 겁간하였다. (중략) 백주 대낮에 많은 사람들이 보고 있는 중에 강간당한 것이다. (중략) 나도 귀국한 후에 강간당한 상처를 내 혀로 핥는 느낌으로 살아왔다. 그리하여 1964년 겨우 보통 사람들에게는 입에 담을 수 없는 내용을 겨우 문장으로 작성한 것은, 이 신체를 흐르는 검은 피의 탓일까. 이는 또 전장, 혹은 전쟁이 끝난 후, 그 신체를 더럽힌 여자들의 저주의 시이기도 하다."(『아사히 저널』 84년 6월 1일호 「독자의 글」란 69세 익명 희망자 투서 「강간을 넘어서」)

관동군은 변경의 주민을 버리고 몰래 후퇴하였을 뿐만 아니라, 만주국의 수도 신경新京에서도 군인과 군속 가족만을 먼저 피난 열차에 태워 남하시키고, 일반 서민들을 버렸다.

이 경우가 되어도, 슬픈 일은 피난 열차에도 계급과 서열이 있었었다는 것이다. 군인과 군속 가족, 정부, 그리고 특수회사라고 불리는 국책 회사의 사원 가족의 순서가 있었다. 그리고 특수회사에도 크고 작은 순서가 있었다. (중략) 일반 시민이나 개인 상점을 하는 사람들은 승차 할당이 없었다. 남겨진 사람들은 떠나가는 사람들을 부러워하거나 또는 분노하였다. "바보취급하고 있어. 군인들만 도망가다니", "꼴불견이야. 관동군이 도대체 뭐야." 피난 열차가 떠나는 신경新京 역의 혼잡은 극심하였다. 우는 여자나 어린이의 모습은 참으로 아수라장이었다. 군도를 찬 헌병이 마치 정말로 그 자리에서 사람을 벨 것 같은 무서운 형상으로 군중들을 정리하고 있었다. 혼잡을 틈타서 열차를 타려고 하였던 한 남자가 헌병에게 끌려 내려와, 얼굴을 얻어맞고 발로 채였다. (중략) 인솔자 이외의 남자는 피난을 허락하지 않았던 것이다. "비국민, 매국노!' 쓰러진 남자의 얼굴이며 어깨를 헌병의 군화가 마구 짓밟았다(『비록 대동아전사 만주편』 야마다 이치로山田一郎 「신기루 나라에서 살아」).

"영구 정착하였던 국민의 피난은 도저히 급속하게 실행할 수 없다는 회답이 만주국 정부측에서 관동군에 도달하였다. 그리하여 관동군은 어쩔 수 없이 신속히 이동이 가능한 군인·군속의 가족을 우선적으로 수송하도록 하였고, 도착하는 자들만 먼저 강제적으로 출발시켰다."『대동아전쟁 전사』라는 후쿠베 시로腹部四郎(전 육군대령)의 서술은 핑계에 불과하다. 『주간 요미우리』 1967년 11월 24일호 좌담회 속기록을 보면, 만주국 총무처 차장 코우미 타다시古海忠之와 만주전업 사원 부인 아시다 아키코芦田明子, 그리고 관동군 참모 쿠사치 데이코草地貞吾(당시의 지위) 사이에 다음과 같은 대화가 오고 갔다.

쿠사치 거류민은 움직임이 둔하여, 모이라고 해도 좀처럼 모이지 못합니다. 그러나 군은 명령 하에 즉시 모인다는 것이지요.

코우미 1, 2등 침대를 연결하여 간다는 그 생각은 좋지 않다.

쿠사치 그것은 당신의 인식이 부족한 것으로, 1, 2등이라는 것은 확인하지 않았으므로…

코우미 객차인 것은 확실합니다. 그 밖에는 느낌으로 알아요.

아시다 우리들은 지붕이 없는 무개차였습니다. 객차와는 크게 달랐어요.

코우미 관동군과 만철이 떠난 다음에는 객차는 있지도 않았어요. 변명하지 말고 잘못을 시인하면 되지 않습니까. 거류민이 봤다고 하잖아요.

쿠사치 그렇게는 말하지 못합니다.

코우미 차량이 객차인 것은 틀림이 없습니다. 그 뒤부터는 지붕이 없는 화물칸입니다. 이는 사실이요. 화장실 같은 것도 없었어요. 우리 가족은 14일, 안동까지 갔습니다. 보내준 것은 무개차, 그것도 비가 오는 중이었어요. 자기변명하지 말아요.

쿠사치 자기변명이 아닙니다. 사실을 말했을 뿐이요.

버려진 일본인 비전투원은 피난 도중이나 숙사에서 습격 · 약탈 · 강간 등에 노출되었다. 극한의 추운 계절을 맞아 월동 중에 한기나 식량 · 의약품 결핍, 역병 유행, 그리고 과중한 노동 등에 의해 참으로 많은 수가 귀국을 하지 못하고 죽었다. 아이치현 인권연합 발간 『인권의 광장』 1968년 2월호 이하에 22회에 걸쳐 연재된 사토 도시코 「아이에게 주는 유서―귀국자의 기록」의 한 구절을 통해 그 비참한 상황의 일면을 소개하자.

별실의 시체도 매일 늘어갔다. 한 번 들어가면 같은 종이포대에 들어 있으므로 누가 누군지 알 수 없다. 혹한의 시기였으므로, 시체가 꽁꽁 얼어서 그래도 다행이었다. 여름이었다면 바라볼 수도 없었으리라. 그리하여 살아있는 사람이 힘을 회복하게 되면 산적한 시체들을 마차에 실어 방공호에 던졌다. 흙이 얼었으므로 눈으로 덮었다. 그 눈을 들개들이 헤쳐서 오늘은 누구의 발을 뜯어 먹었다거나 누구의 머리를 뜯었다는 입고 있었던 옷으로 판단한 이야기였다.

2월도 중순이 되어, 집단의 비용이 고갈되기 시작했다. 걸을 수 있는 사람은 남녀를 불문하고 일하러 나가지 않으면 안 되었다. 조금만 더 정양을 한다면 완전히 치유될 사람이 서둘러 돈벌러 나갔기 때문에 재발한 사람들도 많았다. 재발한 사람들은 거의 다 사망하였다. 며칠만이라도 쉬었으면 하고 생각하여도, 이웃의 눈치나 관리들이 끊임없이 감시하면서 용서하지 않으므로 누워있을 수가 없었던 것이다. 이 때에 출산은 거의 없었지만, 회계를 맡았던 미카미三上씨의 부인이 피난생활 중 최후의 아기를 낳았다. 발진티푸스의 고열 중 출산이었으므로 난산이었다. 그래도 아기는 건강했다. 그러나 모친이 아기를 거부하여 전혀 모유를 먹이지 않았다. 며칠 지나서 "미카미 씨의 부인은 병중에 출산하였더니 이상해졌다. 아기를 가까이 데려가면 젖을 물리기는커녕 아기를 구박하여 결국 죽어버렸다"라는 말이 돌았다. 그 모친도 2~3일 난폭하게 행동하더니 사망하였다.

만주국에 거주하고 있었던 일본인 약 155만 명 중 약 18만 명이 사망하였다고 한다.

2.2 무모한 개전 결정과 종전 지연

이미 서술한 바와 같이 국민에게 막대한 피해를 준 책임은 무모한 전쟁을 개시하고, 명백하게 패전이 되었음에도 불구하고 무의미한 전투를 계속하여 종전을 늦춘 일본 국가기관이 지지 않으면 안 된다.

중국과의 전쟁을 개시한 책임에 대해서는 오직 중국에 대한 책임이라는 관점에서 〈본장 1절 1.1〉에서 서술하였으므로 여기에서는 영미개전의 결정과 종전 지연에 대해 서술하도록 하자.

중국침략에 대해서는 이미 서술한 바와 같이, 거의 군의 모략 혹은 기획대로 진행되었지만, 역시 미국과 영국과의 개전에 임해서는 심각한 대립이 있었음을 〈1절 2〉에서 설명하였다. 거기서는 중국침략 중지(전면철병)를 둘러싼 국가의지 결정 경위를 살펴보았고, 여기서는 국민에 대한 책임이라는 각도에서 전쟁의 전망에 대해 어떠한 논의가 있었는지를 검토하여야 하겠다.

제3차 고노에近衛文麿 내각 때, 수상 고노에는 미영과 싸워서는 승산이 없다고 생각하고, 육군상 도조 히데키東條英機와 대립하였다. 패전 후, 고노에의 기록에 의하면, 철병을 주장하는 고노에에 대해 도조는 "인간이 때로는 눈을 감고 푸른 물 속에 뛰어드는 것도 필요하다"고 말하였다. 이에 대해 고노에가 "개인으로서는 그러한 경우도 일생에 한 두 번은 있겠지만 2,600년의 국체와 1억 국민을 생각한다면, 책임이 있는 지위에 있는 사람으로서는 그렇게 할 수 없다"고 대답한 적이 있다고 한다. 고노에는 지나사변이 아직 해결되지 않은 현재, 앞이 보이지 않는 대전쟁에 돌입하는 것은 도저히 용납할 수 없다고 도조를 설득하였으나 결국 실패하고 내각을 나왔다. 그 후 도조가 대신 내각을 새로 조직하였다. 도조東條 내각의 성립에 의해 바로 개전이 결정되지는 않았다. 1941년 11월 1일 대본영 정부연락회의와 이를 이은 5일 어전회의에서 실질적으로 개전 방침이 확정되었다. 이미 살펴본 바와 같다. 그 때 논의의 초점이 된 것은, 중국에서 철병하는 문제와 불가분의 문제로서 철병을 거부하여 전쟁이 벌어졌을 때의 승산에 대한 것이었다. 『스기야마杉山 메모』에 있는 연락회의 의사록에는 다음과 같은 의견이 기록되어있다.

대장대신 남방작전 개시의 승기는 우리에게 있다고 해도 결전의 승기는 미국의 손에 있다. (중략) 물론 남방전략의 요점은 우리에게 있다고 해도, 2년 후에 미국이 결전을 걸어오면, 우리는 군수 등에서 많은 곤란을 갖게 될 것이며, 확실한 승산이 없다.

군사령부총장 (중략) 일미전쟁의 전망에 대해서는, (중략) 만일 적이 우리가 가장 희망하는 단기전을 기도한다면, 우리에게 승산이 있다고 확신한다. 그러나 이를 가지고 전쟁을 결정하자는 것은 아니고, 전쟁은 십중팔구 장기전이 될 것이다. 즉 제1단 2년간 장기전 태세의 기초를 확립하면 이 사이에는 승산 있다.

제2단 3년 이후는 해군력의 증강, 유형무형의 국가 총력, 세계정세 추이에 의해 결정될 것이므로 예단할 수 없다. (중략)

이상을 가지고 총리는 다음과 같은 결정을 내렸다.

— 2년은 확실하다.

— 3년 이후는 불확실하다.

— 통수부가 책임을 지고 언명하는 한도는 이상과 같다고 이해한다.

4일 군사참의회에서 군사참의관 아사카朝香宮鳩彦王는 "전쟁이 장기전이 될 가능성이 있다는 판단 역시 수긍이 가며, 이는 우리의 약점이 된다. 특히 자원이 부족한 우리로서는 크게 고려해야만 한다고 생각한다"라고 말했다. 여기에 대해 군령부총장은 부족한 우리는 이 문제를 고려해야 한다고 생각한다.

장기전은 각종 원인으로 예견하기 어려운 요소를 포함하고 있다. 우선 미국에 비해 우리는 여러 가지 재료, 자원이 적고, 공업력도 현격한 차이가 있다. 또 개전 후에 미국의 병력 보충은 지금보다 훨씬 좋아질 것으로 보이며, 해상 교통의 보호 공격 등에서도 미국은 잠수함을 동양에 증파하는 것이 용이하다고 생각된다. 이러한 점을 생각하면, 수년 후 장기간에 걸쳐 확신을 가지고 전황의 귀결에 관해 말하는 것은 곤란하다. 하물며 이 사이에 세계정세가 어떻게 변화할지 모른다. 일본해군으로서는 개전 2년간은 필승을 확신하고 있지만, 유감스럽게도 돌발적인 일들이 발생할 장기전에 대해서는 예측할 수 없다.

이와 같이 답하였다. 또 군사참의관 히가시구니東久邇宮稔彦王의 질문에 대해서 육군대신은, "전쟁을 단기 종결시키고자 함은 우리가 바라는 바로, 여러 가지로 고려하고 있지만 명안이 없다. 적을 압도할 수단이 없음이 유감이다"라고 인정하면서도, 만일 이대로 시간을 보낸다면 "기름이 부족하고, 또 미국의 국력과 전력이 정비되며, 특히 항공력이 현저히 우리를 뛰어넘어, 남방의 요지는 난공불락의 상태가 된다", "대일 경제봉쇄는 나날이 강화될 것이고, 우리는 아무런 처방도 없다. 이 상황은 중국과 소련에 반영될 것이다. 우리가 점거하고 있는 중국의 지역, 만주의 동향은 어떠하겠는가. 더욱이 타이완, 조선의 향배는 어떻게 되겠는가. 이는 팔짱을 끼고 옛날의 소일본으로 되돌아가는 것으로, 빛나는 2,600년의 역사를 더럽힌다고 말하지 않을 수 없다. 이상으로 인하여 나는 2년 후의 전망이 불투명하다고 자멸을 선택하는 것보다는 난국을 타개하여 장래의 광명을 구하기를 원한다"라고 대답하고 있다. 이러한 답변에서 나타나듯이, 3년 이후의 승산이 전혀 보이지 않아도, 결국 육군대신이 당시 고노에 수상에게 말했던 것 같이 '푸른 물에 눈을 감고 뛰어드는' 것과 같은 기분으로 감히 개전을 결정할 수밖에 없었음이 명료하게 나타난다.

패전 직후, 해군 수뇌였던 사람들이 특별좌담회를 열어 체험담을 나눈 기록이 있다(니나 다께오新名丈夫 편『해군전쟁 검토회의 기록』). 여기에는 1946년 1월 22일 좌담회 석상에서 다음과 같은 말들이 있었다.

사와모토澤本賴雄 1941년 9월 26일경, 야마모토 장관(연합함대사령장관 야마모또 이소로꾸山本五十六)이 상경하였을 때, 장관은 "장관으로서의 의견과 일개 대장으로서의 의견은 다르다. 장관으로서는 (중략) 그래도 못할 바는 아니다. 일개 대장으로서 말하자면 일본은 싸워서는 안 된다. 결국 국력전이 되어서 패한다. 일본은 중국과의 싸움으로 지쳐있다. 또 전쟁을 한다면, 조선 · 만주 민족도 이반離反한다."고 말씀하셨습니다. (중략)

사와모토 (중략) 자재의 현상에서 일년 반 정도는 견딜 수 있으나, 결국 적을 굴복시킬 수단이 없다. 강경론자는 '공영권에 의해 불패 태세를 정비할 수 있다. 전쟁은 돈과 인력을 집중하면 이상한 힘이 나온다'고 주장하지만, 나는 소모전으로 평소보다 생산은 저하될 것이라 생각한다.

해군 내부에서도 '승산은 없다'라는 견해가 우세하였음을 알 수 있다. 제2차 간담회에서도 다음과 같이 말하였다.

사와모토 고노에의 기록에 해군은 화전의 결단을 수상에게 일임하였다고 하지만 당시의 분위기는 현재와는 전혀 달라서 '해군은 싸울 수 없다'라고 말할 수 있는 정세가 아니었다. (중략) 다만 '해군은 싸울 수 없다고 말해 주라'고 육군 측이 요청한 적도 있었다.

이노우에井上成美 육군과 해군대신이 다투어도, 모든 육 · 해군을 잃는 것보다는 낫다. 왜 남자답게 조치하지 못했는가. 유감이다.

오요가와及川古志郎 수상이 육군을 누르지 못하는 데, 해군이 어찌 누를 수 있으랴.

이노우에 내각을 장악하면 가능하다. 전가의 보도이다. 또 작전 계획과 전쟁 계획은 다르다. 불가하다고 한다면 총장을 바꾸면 된다.

사와모토 철병문제에 관하여, (중략) 오요가와 대신이 "드디어 때가 되면, 육군과 다툴 심산이다"라고 말하자, 나가노 총장이 "글쎄올시다"라고 말하였기 때문에, 대신의 결심이 약해졌다. 해군도 반드시 단결된 것은 아니다.

이노우에 대신은 인사권을 갖는다. 총장을 바꾸면 된다.

오요가와 내각에서 쫓겨날 것이다.

이노우에 전쟁반대를 명확히 한다면, 그 행동을 보여야 한다.

해군 내부에도 미국과의 전쟁은 국력, 자재의 양면에서 이길 수 없으므로 전쟁을 피해야 한다는 강한 의견이 있었음이 주목된다. 그럼에도 불구하고 결국, 해군은 개전에 동의하였던 것이다. 개전 결정에 참여할 지위에 있지는 않았지만, 미국과의 전쟁은 이길 수 없다는 예측을 한 공적 기관이 존재하였다는 사실이 소개되어 있다. 총력전연구소에 각 관청의 관리와 약간의 민간기관에서 온 사람들이, 각각의 각료나 기타 구성원이 되어서 모의정부를 구성하였다. 여기서 미국과 개전開戰하였을 경우 군수 생산력, 공영권내의 물자교류, 경제력 동원, 기타 다양한 방면에서 정책을 연구 토의한다. 이 「총력전 탁상 연습 실시 계획」을 40여 일에 걸쳐 행한 후, 1941년 8월 23일에 낸 결론은 다음과 같은 것이었다. 즉 설령 남방의 자원을 장악한다고 해도, 이것이 본국에 도착하지 않으면 의미가 없다. 해상 수송선이 침몰하는 소모전을 경계하면, 3년간에 약 2/3의 수송선이 없어져서 석유 비축은 바닥난다는 것이다. 경제면에서도 미국과의 전쟁은 '우리 국력이 허용하는 바가 아니라'는 견해가 유력하여, 각의의 일치를 볼 수 없어, 내각은 총사직한다' 는 것이었다.

이는 「총력전연구소 '모의내각' 의 일미전 필패 예측」이라는 부제를 단 저서 『소화 16년 여름의 패전』에 이노세 나오키猪瀬直樹가 많은 사료를 수집하여 소개한 사실이다. 정부 공적기관에서 행해진 일미전 예측에서 구체적인 경제력을 검토한 후에 이러한 결론이 나왔음에도 불구하고, 국가 최고 기관이 이를 무시하고 개전의 길을 선택한 사실도 기억해 두어야 한다.

더욱이 국력에 관한 통계나 객관적인 세계정세를 정확하게 알 수 없었던 일반국민 사이에도 구체적인 수치를 들지는 못하였어도, 평소 축적된 견식이나 대국적 견지에서 일미전이 일본의 파멸로 끝날 것이라고 정확하게 예측하였던 사람들이 적지 않았다. 개전 직후 서전의 승리에 따른 흥분이 가라앉아 가는 중에 동경 제국대학 교수 식당에서 총장 오노小野塚喜平次는 "이로 말미암아 일본호도 침몰하는 군요"라고 말했다. 또 개전 당일 '인간의 상식을 뛰어넘고 학식을 뛰어넘어 온 일본이 세계와 싸우다'라고 노래한 교수 미나미南原繁와 같은 지식인들 외에도, 평범한 국민들 사이에도, 직관적으로 '비상식적인 일을 해버렸다'라고 비극이 닥쳐올 것을 예상한 사람들이 결코 적지 않았다.

전쟁책임을 생각할 때에, 대미전쟁의 승산에 대해 지금 여기에서 문제로 삼는 것은 승산이 없는 대도 전쟁을 벌여서 졌기 때문에 책임이 있다는 시각이 아님을 명확히 언급해 두고자 한다. 그렇지 않으면, 승산이 있다면 전쟁을 하여도 좋다는 오해를 불러일으킬 우려가 있기 때문이다. 승산이 있고 없음이 문제가 되는 것은, 승산이 없는 전쟁으로 많은 국민들의 생명을 빼앗고 신체를 다치게 하기 때문이다. 뿐만 아니라 패전의 경우 국민에게 미칠 심대한 피해를 고려하기 때문이다. 이와 같은 결과를 고려하지 않고 전쟁을 단행한 책임을 여기서 문제 삼고자 한다.

패전이 되면 어떠한 상황에 빠질 것인가에 대해 정확히 예측한 민간인이 있었다. 모든 기밀자료를 보고 일본의 국력을 파악하던 국가최고수뇌부와 동일한 수준으로 전쟁을 예측, 설명한 사람은 퇴역 해군 대령 미즈노水野廣德였다.

미즈노는 일찍이 1929년 11월 8일 『아사히신문』 지상에 이케사키池崎忠孝의 저서 『미국을 두려워 할 필요가 없다』를 다음과 같이 비판하였다.

저자는 (중략) 세계가 일본을 어떻게 보고 있는지에 대해 전혀 무관심하다. 그리고 만일 영국이 미국에 가세하여도 일본은 결코 지지 않는다고 용감하게 말하고 있다. 그 자신감과 허풍에 경탄할 뿐이다.

일미전 경과에 대해 나는 이렇게 생각한다. 일본은 반드시 필리핀과 괌을 점령할 것이다. 그러나 이 때문에 상당한 희생을 초래할 것이다. 미국 함대는 하와이에 진출할 것이다. 그러면 일본과 미국의 주력 함대는 서태평양을 둘러싸고 대치상태가 될 것이며, 오로지 순양함과 항공기만으로 위협, 습격하게 될 것이다. 동경과 샌프란시스코가 공중공격의 제1 목표이다. 만약 이 때에 승리를 서둘러서 미국함대가 필리핀 탈환을 도모하거나, 일본함대가 하와이 공략을 시도하게 되면 먼저 손을 댄 쪽이 실패할 것이다. 그리하여 서태평양의 해상권을 장악한 일본과 동태평양 및 대서양의 해상권을 장악한 미국 사이의 지구전이 되는 것이 일미전쟁의 자연스런 추이이다.

그런데 이 경우 저자는 군비 부담과 국민의 비난에 의해 미국이 먼저 굴복할 것이라고 말하고 있다. 일미전쟁 승패의 관문은 여기에 있다. (중략) 전쟁이 공업화, 기계화, 경제화하고 있는 현대에 있어서도 저자는 경제력을 무시하고 '미국을 두려워할 필요가 없다', '백인종 무더기로 덤벼라' 라고 호언하고 있다. 나 역시 저자와 마찬가지로 미국의 해군력을 그렇게 두려워하지 않는 자이다. 그러나 저자와는 반대로 미국의 경제력은 무시할 수 없다고 생각한다. 결국에는 대미·대유럽 무역 전부를 상실하게 될 것이다. 일본은 3~5년의 지구전을 감당하기 힘들어 할 것이다. 만일 여기에 대처할 수 있다면, 싸움에 있어서는 5 대 3의 해군 비율(워싱턴 군축조약에 의한 미일 주력함의 보유 톤수 비율)도 감히 두려워할 것이 아니다. 그러나 만일 여기에 대처할 수 없다면, 필리핀, 괌의 일시 점령이 무엇을 의미하는 것인가. 가장 사랑하는 사람의 아이를 상어 밥이나 구덩이의 풀로 삼는 것과 다름이 없을 것이다. 이 최후의 문제는 내가 평가하기 보다는 현명한 독자의 판단에 맡기는 것이 올바를 것이다.

15년 전쟁에 돌입하기 2년 전, 일본과 미국 두 나라 사이의 전쟁이라는 한정된 전제하에서의 예측임에도 불구하고, 마지막 부분의 최종 예측에 이르러서는 실제로 진행된 일미전쟁의 경과와 일치하고 있다. 참으로 경탄할만한 것이다.

1932년 10월에 이미 만주국이 발족한 후에 저술된 미즈노의 『타개인가 파멸인가 흥망의 일전』은 소설의 형태를 빌어 한층 더 구체적으로 일미전쟁의 추이를 상술하고 있다. 이 책은 발행과 동시에 판매금지 처분을 받고, 다음해 11월 만주국관계 부분을 대폭 감추고 서명을 『일미 흥망의 일전』이라고 고쳐서 개정판을 발행하여 무사히 시판에 성공하였다. 일미 미래전의 부분은 판매금지본이나 합법본이나 거의 동일하다. 미즈노가 서술하는 일미전의 중요 부분을 발췌하여 보자. 전쟁의 진행과 함께 국민은 물자 부족으로 고통받고, 이윽고 미 공군이 동경을 공습하여 초토화되고 시체가 널린 처참한 광경이 나타난다. 물론 세부까지 실제와 일치하는 것은 아니지만, 큰 줄거리는 일미전쟁 과정을 그대로 예견하고 있다고 말해도 좋을 것이다.

처음 생활 궁핍의 묘사

일본은 군함과 비행기와 탄약병기 기타 각종 군수품 제조 공장을 제외한 일체 생산공장의 굴뚝 연기가 끊어지게 되었다. 석유연료는 정부의 통제 하에 놓였고 군용 이외의 자동차는 거리에서 모습을 감추었다. 타이어가 없는 인력거가 복귀하여 긴자 거리를 설치고 있었다. (중략) 국내에 남아도는 것은, 생사와 견포, 도자기와 완구, 수산물, 만주에서 들어온 콩뿐이었다. 당연히 발생하는 물자 결핍과 물가 상승은 국민 생활의 궁핍을 가져왔다. 재계는 군수 관계 성금 외에는 자금이 없어 불황에 빠졌다. 생활고로 인해 동반 자살하는 가족, 파산으로 인해 미치는 자 등이 나날이 그 수를 더해갔다. 걸식자가 도시에 가득하고, 강매는 도처에 횡행하여 마치 유럽전쟁시의 러시아나 독일과 비슷한 모습을 보였다. 이러한 고통 중에도 국민은 군부가 외치는 '최후의 승리'라는 한마디를 신뢰하여 애국심에 박차를 가하고, 이를 깨물며 승전의 날을 기다리고 있다. 그러나 그 때는 언제나 올 것인가.

다음은 동경 공습의 묘사

적기는 바닷물과 강물의 빛을 길 안내자로 삼아 제2, 제3선을 돌파했다. 몇 대의 적기가 최종 방어선에 들어섰다. 동경 본 방어선의 탐조등이 켜졌으며 고사포와 기관총이 탄환을 토해냈다. (중략) 적의 비행기 몇 대가 동경 상공에 나타났다. 와사탄과 소이탄이 투하되었다. 와사 마스크를 준비하지 못한 시민들은 바로 와사에 감염되어 떼죽음을 당하였다. 적기가 습격해 온지 한 시간만의 일이었다. 화재는 먼저 시의 동쪽과 남쪽에서 발생하였다. 이윽고 북쪽에도 서쪽에도 화재가 난 곳은 30~50여 개소에 달하였다. 피난민의 혼란으로 인해 소방차도 달리지 못하였다. 조금 전에 불기 시작한 남동풍은 불을 보고 더욱 강렬해지고 있었다. 만천滿天을 불태운 맹렬한 불길은 전 도시를 태웠다. 물건이 타는 소리, 사람들의 비명소리, 물건이 무너지는 소리. (중략) 화염은 이틀 밤낮을 계속되었고, 태울 만한 것은 모두 태워버린 후, 자연스럽게 소진하였다. 그 후에는 잿더미만 남았다. (중략) 인간이 타는 냄새가 바람을 타고 코를 찌른다. 모든 것이 다 타버린 속에 오직 궁성의 소나무 숲만이 사막 속의 오아시스처럼 푸른색으로 남아있을 뿐이었다.

미즈노는 최후로 등장인물에게 아우성치게 하고 있다.

도대체 누가 전쟁을 시작하였는가. 어린아이와 아내를 살려내라. (중략) 이 무슨 추태인가! 이 무슨 학살인가! 이런 처참한 일이! 이 무슨 비참한 일인가! (중략) 아아 이 무서운 전쟁참화! 아아 이 증오할 전쟁의 독수! (이하 생략)

위의 묘사는 약간만 고치면 마치 대미 전쟁으로 일본 국민이 실제로 당한 피해의 현실을 그대로 재현하고 있다고 말해도 좋을 것이다. 한때는 우수한 해군 장교였다고는 하나, 이미 퇴역한 한 민간인으로서 기밀 정보를 입수할 수 없었던 미즈노가 이만큼 일미전쟁의 결과를 예측하고 있었다면, 국정 최고 책임자들도 패전의 경우 국민을 위와 같은 비참한 상황으로 떨어뜨릴 수 있음을 예견할 수 있었을 것이다. 그럼에도 이러한 사태를 피할 수 있는 행동을 취하지 않았기에 비난을 피할 수 없는 것이다. 만일 예견하지 못하였다면, 중대한 과실이며, 예견했음에도 국민에게 그 피해를 감내하도록 했다면 고의 내지는 미필적 고의가 있었다고 해야 할 것이다. 법률적으로는 살인죄, 적어도 업무상 과실치사상의 범죄가 성립되며,[8] 법률상의 책임을 떠나서도 정치상, 도덕상 책임은 도저히 피할 수 없다.

이처럼 개전 결정 자체가 비참한 결말을 예측할 수 있었기 때문에, 미군이 일본 근해에 접근하여 본토 방위가 어렵게 되었던 시점에서는 전쟁을 중지해 조금이라도 참화를 줄이는 것이 최고

8 적어도 미국과 영국에 대한 개전을 결정한 어전회의 구성원과 선전포고의 칙서에 부서한 국무대신은 이 죄에 대해 형사책임을 면할 수 없다고 생각한다. 형사소송법 제250조에 의하면, 이미 공소제기의 시효가 지났다고도 생각할 수 있지만, 단도우 시게미쯔団藤重光『형사소송법강요』에 의하면, 시효기간의 기산점은 결과가 발생한 때를 표준으로 하는 것이 타당하다고 본다. 그렇다면, 지금도 원폭증 환자의 사망이 계속되고 있으므로 공소 시효는 지나지 않았다. 상기 책임자로 현재도 살아있는 사람들에 대해서는 형사재판을 할 수 있다는 법률해석론상의 가능성이 있다고 생각된다. 이에나가 사부로「역사학과 법률학의 접점 그 케이스 스터디로서의 전쟁에 의한 국민의 대량 치사상에 대한 형사책임의 문제」(『법학세미나』 1977년 5월호, 졸저『역사와 책임』재록)에서 상세한 논증을 시도하였으므로 참조 바란다.

책임자의 의무였다. 또 몇 차례의 기회가 있었는데 적절한 수단을 취하지 못하였고, 완전히 승산이 없게 된 이후에도 무의미한 전쟁을 계속하여 최악의 사태를 초래했다.

우선, 1944년 7월 사이판 함락을 계기로 중신들이 협력하여 도조내각을 총사직 시켰을 때 바로 평화내각을 만들어 전쟁을 중지해야 했다. 만일 1944년에 항복하였다면, 오키나와전이나 본토공습·원폭·소련 참전 등에 의한 거대한 희생을 치르지 않아도 되었을 것이다.

그 후에도 신속히 처리할 수 있었던 기회가 있었다. 1945년 독일이 항복한 5월 11일, 12일, 14일 3회에 걸친 최고전쟁지도회의 구성원회의에서 「전쟁의 종결」을 위한 외교교섭 개시에 대해 전원의 합의가 있었다. 또 6월 22일 천황이 수상·해상·육상·외상·양총장에 대해 '시국을 수습하는 데에 필요한 고려'에 대해 질문하였을 때, 7월 26일에 포츠담선언이 발표되었을 때에 항복을 결단할 기회가 있었다.(외무성『종전사록』, 참모본부『패전의 기록』등) 그럼에도 불구하고, 언제나 적절한 방책을 실행하지 못하고, 허송세월하고 있었다. 8월 6일 히로시마에 원폭투하, 8일 소련의 선전포고를 받고서야 겨우 9일 오전 11시에 포츠담선언을 수락하기 위한 최고전쟁지도회의 구성원회의가 열렸다. 그러나 항복조건을 둘러싸고 육군대신 아난阿南惟幾·참모총장 카이즈海津美治郎·군령부총장 토요다豊田副武가 유보조건을 붙이도록 요구하여 결정을 내리지 못하였고, 그러는 중에 나가사키에 대한 두 번째의 원폭투하가 행해지게 된 것이다.

그 후, 각의와 어전회의를 거쳐서 10일 오전 3시에 양해사항을 첨부한 포츠담선언 수락을 결정하여, 오전 6시 45분에 연합국에 발송하였다. 그러나 양해사항에 대한 연합군 측의 회답을 둘러싸고 각의와 어전회의에서 논박이 반복되어, 최종적으로 포츠담선언을 수락한 것은 8월 14일 정오, 그리고 항복 칙서가 작성된 것은 오후 11시가 되어서였고, 일본 정부가 연합국에 포츠담선언을 수락한다는 뜻이 도착할 때까지 미공군의 본토폭격 및 외지에서의 전투가 계속되어, 비전투원 사상자가 많이 발생하였다. 8월 14일 밤에는 다카사키, 구마다니, 이세사키, 아키다, 소다하라, 오사카, 히카리, 사에키가 공습을 받아 히카리(현 야마구치현)에서 738명을 비롯해 약 1,500명의 사망자가 났다.(宮澤望 개인잡지 『키라』 197, 198호 연재, 「최후의 공습」). 이것은 국가 최고책임자들의 시간 낭비가 국민의 희생을 최후까지 증가시켰다는 것을 극단적으로 보여주는 예가 된다.

고노에 후미마로는 1945년 2월 14일에 '패전이 분명하며 (중략) 승리의 전망이 없는 전쟁은 하루라도 빨리 종결' 시켜야 한다는 상주문을 제출(細川護貞 『호소가와 일기』)하였다. 외무대신이었던 아리타有田八郎도 "쓸데없이 필승 불멸의 신념을 내세워 전쟁완수 외길로 매진하고자 하는 자가 있다면, 이는 결국에는 황국을 멸망의 길로 이끌 것이다"라고 말하여 천황의 결단을 촉구하는 상주문을 7월 9일에 제출하고 있다(『평화』 1955년 9월호). 주 소련대사 사토佐藤尙武는 6월 8일 이래 거듭 외무대신 앞으로 조속히 전쟁을 종결지어야 한다는 뜻을 전보를 통해 역설하고 있다. 또 7월 12일 발 전보에서는 '적 공습이 가속도가 붙어서 격화되고 있는 지금, 아직 제국에는 항전의 여력이 있는가', '무조건 항복과 비슷한' 형태를 취한다고 해도 전쟁을 종결시켜야 한다고 잘라 말하고 있다(『종전사록』). 그 외에도 전쟁을 즉시 종결해야 한다는 공작이 많이 시도되었다. 최소한 7월 초순에 일본이 항복을 결정했다면 적어도 원폭과 소련군 참전에 의한 대참사는 면할 수 있었을 것이 아닌가.

그래도 고노에 상주문을 비롯하여, 내무대신 모토 코우이치木戸幸一 등 천황주변의 중신층의 전쟁 종결 의견이 8월 재도의 어전회의에서 천황에게 포츠담선언 수락의 '성단'을 내리게 한 것은 확실하다. 이러한 중신들의 종결 공작에는 그 의도 및 방법의 양면에서 중요한 문제를 갖고 있었다. 방법으로서는 소련을 중개하여 미국과 영국과의 화평을 도모하고자 하는 것으로, 7월 12일 천황이 고노에에게 소련에 특사로 갈 것을 명하지만 소련이 받아들이지 않았기 때문에 실현되지는 못했다. 이 시기에서 소련의 호의를 기대하는 것은, 지금까지 일본이 소련에 대해 취한 태도(본장 1절)에 비추어 보면 비상식적이라고 말하지 않을 수 없다. 중의원의원이었던 오야마小山完吾는 6월말에 고노에와 면담하였을 때, '일본 정부의 방향은 러시아를 통하여 강화회담을 하고 싶다는 것이다'라는 말은 듣고, '대 반대'라는 뜻을 표하였다. 그 이유로서 다음과 같이 논했다고 한다(『오야마일기』부록「고노에公과 나」).

지금까지 일본은 러시아에 대해, 어떠한 성의를 보였는가. 그 쪽이 곤란하게 되는 상황이 오면 시베리아까지도 침략하고 싶다는 마음으로, 실제로 동지나 철도를 무리하게 빼앗은 것이 아닌가. 그런데 지금 우리가 곤란하다고 러시아의 호의에 의존하고 그들이 승낙하리라고 기대하는 것은 어리석은 것이며 미치광이의 생각이다.

이것이 의식있는 행동이라 할 것이다. 앞에 인용한 아리타 상주문에도 중경重慶 혹은 소련·연안을 우리 쪽으로 끌어들임으로 대세를 만회할 길을 구하고자 하여도 이는 도저히 바랄 수 없는 바여서 다시 이를 시도해 보아도 쓸데없이 귀중한 시간만 허비하는 것에 불과하다고 강조하여, 완곡하게나마 미국과 영국에 즉시 항복할 것을 권유하고 있다. 이러한 양식있는 말을 받아들이지 못하고, 귀중한 시간을 허비한 최고지배층은 이런 점에서 국민에 대한 책임을 면할 수 없다.

그들이 패전이 분명하다고 보고 항복을 할 심경이 된 것도 국민이 입는 참화를 우려해서가 아니라, 오로지 국제의 호지를 위한 것이었다. 8월 14일 정식 항복 결정에 이르기까지 그것이 항복의 길을 선택한 기본 이유가 되고 있다. 그 점을 가장 전형적으로 보여주는 것이 위에 인용한 고노에 상주문이었다. '승리의 전망이 없는 전쟁을 이 이상 계속하는 것은 오로지 공산당의 술수에 말려드는 것입니다. 그리하여 국체호지의 입장에서 본다면, 하루라도 빨리 전쟁을 종결하는 방도를 강구해야 한다고 확신합니다.'라는 문맥에서 고노에의 본의가 극단적으로 나타나고 있다. 전황이 악화됨에 따라, 점차 국민들 사이에 원성이 높아졌고, 치안당국은 이를 정확하게 파악하고 있었다. 내대신이 종종 치안당국 책임자를 면회하고 있다는 사실(『모토 코우이치木戶幸一일기』 등)에서 본다면 이러한 정보는 중신들의 귀에도 들어갔을 것이다. 전쟁피해의 증대와 민심의 이반이 '국체의 호지'를 곤란하게 할 것이라는 우려가 그들로 하여금 전쟁을 종결시키도록 한 것이라고 말해도 과언은 아니다.

앞서 인용한 외상 앞으로 보낸 사토의 전보에도 "모든 희생을 참고 국체 옹호 외길에 매진하는 것 외에는 없다고 생각합니다."(6월 8일 전보)라고 되어있다. 원래 앞서 인용한 "오늘날 아직 제국에 항전의 여력이 있는가." 바로 다음에 "수십만의 장병과 수백만의 무고한 도시 주민을 희생시키고 아직 항전의 의미가 있는가."(7월 12일 전보)라고 되어 있으며, 국민에 대한 배려가 전혀 없다고는 말할 수 없지만, 최고수뇌부의 의지 결정 경과를 보면, 그보다는 '국체' 즉 당시의 지배질서의 '호지' 가 가장 중요한 안목이었다. 8월 9일~14일에 걸친 최고전쟁지도회의 · 각의 · 어전회의에서 의견이 대립하여 시간을 낭비한 것도 포츠담선언 수락에 의해 국체호지가 보장 되는가 아닌가의 불안이 있었기 때문이다. 그 사이에 본토와 점령지에서 국민의 희생이 시시각각 증대되고 있었다. 이는 국민의 희생은 안중에도 없었던 것이다.

군대는 본토결전을 행하며, 국민을 지옥의 길동무로 한다는 생각조차 가지고 있었다. 군대가 비전투원을 버려두고 후퇴해 버린 것이나, 비전투원인 동포의 생명이나 식량을 빼앗기까지 한 것에 대해서는 〈본장 2절 2의 1)〉에 상술하고 있는 바이다. 군대는 국민의 생명을 지킬 마음이 없었고, 오히려 군대가 필요로 하는 경우에는 언제든지 국민의 생명을 빼앗을 수 있다고 생각했다. 그리고 이와 같은 생각을 당연한 것으로 여겨 행동으로 나타났다. 이를 의식적으로 명시한 문헌도 존재한다.

항복 직전에 동부 27609부대에 극비리에 전달된 「국토결전 전투수칙」이라는 것이 있다. 이를 받은 병사 스즈키鈴木晨道가 『나가노』 57호(1974년 9월)에 게재하였다. 그 중에 '적은 주민 부녀 노유老幼를 앞세워 전진하여, 우리 전의를 꺾고자 할 수 있다. 그럴 경우 우리 동포는 이미 생명을 유지하는 것보다는 황국의 승리를 기원하리라고 확신하고 적을 공격하는 데에 주저하지 말라'라고 한 항목이 있다. 동포의 부녀 노유라도 사양하지 말고 사살하라는 것이다. 또 패전 직전에 북관동 전차대에 있었던 시바 료타로司馬遼太郎가 대본영의 장교에게 '적이 상륙해 올 때에 전차대가 남하하는 길목에는 인구가 많은 게이힌京浜(요꼬하마)에서 북상하는 피난민으로 가득할 것이 분명한데, 교통정리는 어떻게 합니까' 하고 질문하였을 때에 그 장교는 '깔아뭉개면서 지나가!' 라고 답하였다고 한다(『마이니치』 83년 11월 21일 석간). 위의 시바의 체험에 관하여 쯔노다 후사꼬角田房子가 '군인의 임무를 규정한 것 중에 국민을 지킨다라는 항목은 없었는가' 라고 질문하자 당시 육군대신 비서관 하야시 사부로林三郎는 '그것을 명기한 것은 없습니다' 라고 대답하였다고 한다. 소노 아야꼬曾野綾子는 1973년 저서 『어느 신화의 배경―오키나와·도까시마渡嘉敷島의 집단 자결』에서 마치 전시하의 군인을 대변하는 듯한 어투로 이렇게 쓰고 있다.

만일, 미군이 가고시마鹿島만에 상륙해 온다면 관동지방에 사는 많은 비전투원은 일본군의 방어선과 미군 사이에 버려지게 될 것이다. 아니 이렇게 주민을 희생할 것을 전제로 방어선이 배치된 것이었다. (중략) 군대가 지역 사회의 비전투원을 지키기 위해 존재한다는 발상은 극히 전후적인 것이다. 군대는 자경단이나 경찰과는 다르다. 군대는 싸우기 위해 존재한다. 그들을 종종 지키기도 하지만, 그것은 결코 비전투원을 지키기 위한 것이 아니다. 그것은 전력을 지키기 위한 일 일 뿐이다. '작전요무령강령'에는 다음과 같은 구절이 명확하게 기술되어있다. '군대의 주임무는 전투이다. 그러므로 모든 것은 전투를 기준으로 삼아야 한다.'

소노曾野의 소론은 당시 일본군의 실태에서 본다면 참으로 사실적인 인식이다. 그러나 그것은 일본군에 대한 사실이라 해도 법률적ㆍ도덕적으로 허용되는 것은 아님을 간과해서는 안 된다. 일본군은 제국헌법을 정점으로 하는 법체계 가운데 법적으로 설치 유지되는 국가기관이며, 그 자체가 자기 목적으로 가치를 갖는 존재는 아니었다. 제국헌법이 아무리 군주권 중심의 입헌주의 헌법이어도 그 발포될 당시 포고문에는 '세계 인민의 경복을 증진' 한다고 하였고, 그 훈시에도 '짐은 우리 신민의 권리 및 재산의 안전을 귀중히 하며 이를 보호한다' 고하였다. 제국헌법이라고 해도 국민의 생명을 지키는 것을 대전제로 한 입법임을 명시하고 있는 것이다. 따라서 소노曾野의 주장은 '작전요무령강령' 이라는 군대 내부의 규칙이 일본 국가의 법질서에 우선하는 최고법규인 것처럼 생각하여 군이 국가의 법질서 내부에 있는 존재임을 망각한 잘못된 논리라고 말할 수 있다. 나는 헌법의 고문告文이나 훈시上諭의 문리해석만을 기초로 말하는 것이 아니라, 근대 국가의 본질론에서 도출된 원리에 기초하여 논하고 있다. 제국헌법의 해석서인 1921년 미노베 다츠기치美濃部達吉 저서 『일본헌법』 제1권 「국가의 본질」이라는 절의 「국가존재의 필요」항에는 「인간의 인간다운 생활은 다만 공동생활에 의해서만 이루어 질 수 있으며, 그리하여 공동생활은 다만 국가생활에 의해서만 가능한 것이다」라고 명기되어 있다. 공동생활이라는 것은 전국민의 공동생활을 의미하며, 공동생활이 그 나라의 군대에 의해 파괴되는 것을 허용한다면 국가존재의 필요는 소멸하여, 역으로 국가는 공동생활의 해악이 되고 마는 것이다.

군대도 국민을 지키는 것을 임무로 한다고 인정한 예가 있다.

1927년 5월 28일, 산동 출병에 관한 정부의 성명서 중에는 '위의 육군력에 의한 보호는 재류방인의 안전을 위한 자위상 어쩔 수 없는 긴급조치에 다름이 아니다' (『일본외교연표 및 주요문서』)라는 기술이 있다. 32년 상하이사변 때 육전대 지도관의 발언 중에도 '만일의 경우 거류민의 생명·재산보호, 자위권발동을 위해 단호한 조치를 취할 각오를 갖고 있다' (『태평양전쟁에의 길 2』)라는 한 구절이 있는 등 이러한 예는 적지 않다. 외국 거주 일본인의 생명을 지키는 것은 군대의 임무이지만, 본토 거주 일본인의 생명을 지키는 것은 군대의 임무가 아니다라는 것은 말도 안 되는 논리가 아닌가. 외국에 있는 동포의 생명이 위험하게 되면 철수시키는 것이 원칙이다. 본토에 거주하는 일본인은 생명이 위험하게 되었을 때 어디로 피난할 수 있겠는가. 외국에 있는 동포는 지키지만, 본토에서는 동포를 살해하고, 혹은 사지로 내모는 것이 당연하다는 논리를 누가 긍정하겠는가.

1933년 육군성 징집과에서 작성한 『학교교련필휴』의 「제국군제」장에 있는 「건군의 본뜻」이라는 절에는 '황군은 황국의 존엄과 국가 국민의 정당한 활동과 안전을 보장하는 자위전에 임할 군대이다'라고 씌어 있다. 국민의 안전을 보장하는 것이 건군의 본 뜻의 하나로 간주되고 있다. 원래 그 책에는 군비의 필요는 '개인의 생명, 재산 등의 안전을 유일한 목적으로 하는 것은 아니다. 국방을 위해서는 오히려 이를 희생으로 할 경우도 적지 않다' 라고도 써 있다. 그래도 여기서도 개인 생명의 안전이 군비의 유일한 목적이 아니라고 해도, 그 목적의 하나인 것을 자명한 전제로 삼고 있다. 그러므로 군대 자체가 결코 동포의 생명을 지키는 것이 그 임무가 아니라는 등의 표현은 인정할 수 없음이 명백하다.

국민도 당연히 군대가 자신들의 안전을 지켜줄 것이라고 믿고 있었기 때문에 '어깨를 나란히 하여 형과 함께 오늘도 학교에 갈 수 있는 것은 군인아저씨들의 덕분입니다'라고 어린이들에게 가르친 것이 아닌가. 군대는 15년 전쟁을 통하여 국민의 생명의 안전을 지킬 임무를 포기하였을 뿐만이 아니라, 오히려 동포를 살해하기에 이르렀다. 원래 비참한 패전이 예견되었던 무모한 전쟁을 개시하였던 것도, 촌각을 다투는 상황에서 전쟁 종결을 지연시켰던 것도, 모두 국가와 제국헌법의 이념에 반하여 국민의 신뢰를 배신한 위법·배신행위이다. 이에 엄한 책임을 묻지 않을 수 없는 것이다.

일본 원폭피해자협의회는 국가가 원폭피해자에 대해 보상을 할 법적 책임이 있음을 전제로 피폭자원호법 제정을 요구하였다. '국가는 전쟁을 개시하고, 국민을 전쟁에 끌어들였다. 또 포츠담선언 수락을 지연하여 전쟁종결을 늦추었다. 그러므로 히로시마·나가사키의 피해가 종전을 결정하게 된 이유 가운데 하나였음을 인정하고, (중략) 그 책임을 다하여야 한다'고 주장(『원폭피해자의 특질과 "피해자 원호법"의 요구』 1966년, 동 협의회 발행)한 것이다. 그러나 1980년 12월 11일, 후생대신의 자문을 받은 원폭피해자 대책기본문제 간담회는 「원폭피해자 대책의 기본이념 및 기본적인 형태에 대하여」라는 제목의 답신을 정리하여 대신에게 보고하였다. 그 글에서 전쟁에 관한 국가의 법적 책임에 대해 다음과 같이 서술하고 있다.

무릇 전쟁이라는 나라의 존망을 건 비상사태 하에서 국민이 그 생명·신체·재산 등을 희생당하였다고 해도 그것은 나라 전체가 입은 전쟁에 의한 일반 희생임으로 모든 국민이 동일하게 감내해야 할 것이다. 정치론에서 나라의 전쟁책임을 운운하는 것은 그렇다고 해도 법률론에서 개전, 강화와 같은 이른바 정치행위(통치행위)에 대해, 나라의 불법행위책임 등 법률상의 책임을 추궁하고, 그 법률적 구제를 구하는 길은 열려있지 않다.

답신의 이 주장에 대해 협의회는 12월 11일 성명서 중에서 '이는 국가의 전쟁책임을 묻지 않으려는 것 뿐 만이 아니라, 전쟁을 긍정하는 자세라고 말하지 않을 수 없다' 고 강하게 비판하였다. 그러나 이 명제는 그대로 전쟁 피해에 대한 국가의 법률적 책임을 부인하는 정부 견해로서, 그 후 다른 장소에서도 일관되게 유지되었다. 전사한 군인군속의 유족과 전상병군인군속 등은 '전상병자전몰자 유족등원호법'에 의해 국가로부터 원호를 받고 있으나, 민간인이 전쟁으로 피해를 입었을 때에는 아무런 원호도 기대할 수 없다. 이것은 법의 평등에 반하는 것이라고 하여 손해배상청구 소송이 일어났으나, 모두 입법정책의 문제로 그 청구가 기각되고 있다. 그 하나의 예로 공습에 의해 한쪽 팔이 절단된 두 사람의 여성이 나고야 고등재판소 공소심에서 다음과 같이 주장하고 있다.

피고소인인 국가는 1941년 12월 8일, 그 권한과 책임으로 태평양전쟁을 일으켜 많은 국민을 죽음에 내몰아 상해를 입게 하였다. 미공군의 나고야 공습에 의해 공소인 아카사카 노리코赤坂律子는 1945년 3월 25일, 공소인 나카시마 미쯔꼬中島美律子는 5월 17일 폭격을 맞고 왼팔이 잘렸다. 위의 전쟁은 객관적으로는 승산이 없는 데 시작된 것이었으며, 45년에 이르러서는 누가 보아도 일본의 패배가 자명했다. 미군은 이미 오키나와에 진격해 왔고, 본토 공습도 날마다 격화되고 있었다. 전쟁을 계속하는 것은 공소인들 본토 주민의 생명과 신체에 커다란 손해를 가져올 것임이 충분히 예견되는 상태였음에도 불구하고, 일본 군부는 국민을 속이고 전쟁을 속행하였다. 때문에, 공소인들은 앞에 언급한 바와 같은 신체상 상해를 입고, 평생 불구의 몸이 되었다. 위 공소인들이 상해를 입은 것은 당시 군부의 업무상 중과실 내지는 미필적 고의에 기인하는 것이라고 해도 과언이 아니다.

이 주장에 대해 나고야 고등재판소는 1983년 7월 7일 판결 중에 다음과 같은 판단을 하고 있다. 이는 앞서 후생대신의 자문에 대한 간담회 답신에 나타난 원칙과 같은 것으로, 간담회의 답신이 재판소의 판례에 계승되었음을 명백히 보여주고 있다.

전쟁은 국가 존망에 관한 비상사태이며 국민 모두가 그 생명, 신체, 재산에 대한 희생을 감내하도록 요구한다. 그 희생은 전쟁희생 또는 전쟁손해로 국민이 함께 감내하지 않으면 안 되었던 것이다. 이러한 전쟁 희생자의 인적 손해를 보상하고, 혹은 그 구제를 위해 어떠한 입법조치를 취할 것인가의 선택 결정은 입법부의 넓은 재량에 위임된다. 그것이 명확하게 합리성을 결여하고, 명백하게 재량 범위를 벗어나 남용되고 있지 않는 한 재판소가 심사판단하기에는 적절하지 않은 사항이라고 말할 수 있다(『판례시보』 1086호).

이 판례는 입법재량론으로 청구를 기각하면서도 '아무리 전쟁이라는 정당하지 못한 행위라 하여도'라고 하여, 전쟁의 정당성을 부인하는 1980년 8월 29일 나고야 지방재판소 1심 판결(『판례시보』 1006호)보다 훨씬 후퇴하고 있다. 이는 간담회 답신과 마찬가지로 승산이 없는데도 개시하고, 국민의 희생 급증을 충분히 예기할 수 있었음에도 전쟁을 속행한 국가의 책임을 전적으로 무시하는 것이다. '전쟁은 국가의 존망에 관한 비상사태' 라든가 '국민 모두가…. 전쟁에 의한 희생을 감내할 것이 요구된다' 든가 하는 전쟁 일반에 대한 추상론을 정면에 내세우고 있다. 이를 기반으로 15년 전쟁의 위법성을 무시하고, 무모하고 위법적인 전쟁에 의한 피해에 대해서도 모든 국민이 무조건적으로 감내할 의무가 있다고 하는 것이다. 이처럼 전시하의 신민도덕론의 재현처럼 판지를 전개하고 있다. 이 점에서 입법재량론에 의한 청구기각 결론에 대한 법률론의 당부를 떠나서도, 나고야 고등법원의 판결은 전쟁책임에 대한 무감각을 적나라하게 드러낸 것이라는 비난을 면하지 못할 것이다. 정부와 재판소가 이렇게 국민의 전쟁 피해에 대한 국가의 책임을 부정하는 공적 판단을 내리는 한, 국가가 행한 전쟁의 개시와 수행에 대한 전쟁책임 추궁은 오늘날에도 계속되어야 할 필요가 있다.

3절
일본 국가의 전쟁책임은
누가 지어야 하는가

앞 절에서 서술한 바와 같이 일본 국가의 전쟁책임은 공법인으로서 대일본제국과 그 계승자로서 일본국이 전면적으로 책임을 지지 않으면 안 된다. 국가의 제도나 기관의 구성원이 바뀌었다고 해서 책임이 소멸되는 것은 아니다. 전후 강화조약이 성립하고 국교가 회복되어 국제법상 책임이 소멸되었다고 해도, 국제 도덕상 책임까지 소멸한 것은 아니다. 하물며 일본 국가에 의해 피해를 입은 구적국인이나 구식민지 개개인에 대한 도의적 책임은 회복이 불가능한 생명(본인·근친·연인 등)이나 육체 일부를 상실한 경우 특히 중대하다. 그 개개인이 전후에 소속한 국가와 일본국과의 사이에 어떠한 조약이 성립하였다고 해도, 그것과는 다른 차원에서 일본국의 책임이 남는 것이다.[9]

『아사히신문』 1983년 12월 24일자에는 야마구치현 노무보국회 동원부장으로 조선인 강제연행 임무를 실행하였던 요시다 세이지吉田淸治가 자비로 한국 천안시에 '사죄비'를 건립하고, 그 제막식에 출석하여, 한국 민중 앞에 엎드려 사죄의 뜻을 표한 것이 사

[9] 일본군 군속으로 전사상한 대만인과 그 유족이 일으킨 보상요구 소송을 일본 재판소(제1심)가 기각한 것은 〈1절 1.8〉에서 서술한 바이며, 또 일본 일반국민이 받은 전쟁 피해에 대한 보상 청구도 재판소에서 모두 기각된 것은 〈2절 2.2〉에서 서술한 바이지만, 설령 법률상의 국가 책임이 인정되지 않는다고 가정하여도, 정치상·도의상의 책임은 남는 것이다.

진과 함께 보도되고 있다. 그러나 말단 실행 행위자 개인이 사죄하였다고 해서 일본 국가의 책임이 청산되는 것은 아니다. 위 보도 후판(25일 지방판)에는 '요시다 씨, 당신의 행위는 잘 알고 있습니다. 그래도 일본 정부는 전후 38년간 무엇을 해 주었습니까'라는 한국인의 한 맺힌 소리가 기록되어있다(나는 TV에서 한국인이 분노하는 모습을 보고 그 소리를 들었다).

마찬가지로 일본 국민에 대해 일본제국이 준 손해에 대해서는 국내법에 의해 당시 일본 국민의 의무 수행 결과에 불과하며 감내할 수밖에는 없다고 가정한다고 해도, 또 다른 문제가 남는다. 전후의 국내법에 의해 어떤 사람들에게는 일정한 보상을 행하고, 어떤 사람들에게는 아무런 보상도 없다. 이런 상태로 정부가 모든 조치가 끝냈다고 하셔도 그 책임문제는 이런 점에서 구적국인·구식민지인에 대한 경우와 크게 다르지 않은 것이다.

그러나 전쟁책임을 공법인으로서 국가라는 추상적 존재에게만 도려 끝내고자 하는 것은 불가능하다. 법인을 운영하는 것은 그 기관으로서의 자연인이므로, 당시 일본 국가기관의 지위에 있어서, 위법·무모한 전쟁을 개시 수행하며 권한을 행사하고 남용한 자연인 개개인에게도 책임이 있는 것은 당연한 일이다. 731부대 간부대원이었던 요시무라吉村壽人는 『동상에 걸려 1941년 10월 26일 만주 제731부대 육군기사 吉村壽人』이라는 표지에 '秘' 마크가 찍힌 보고서(국립공문서관 소장)를 작성하고도, 전후 아무런 책임을 지지 않았다. 뿐만 아니라 의학계의 요직을 역임하여, 경도京都부립대학 의과대학장까지 지냈다. 그는 아사노 도미조朝野富三의 전화 취재에 대해 "당신 말이야,

그것은 전쟁이었어요. 알겠어요. 모든 것은 국가의 잘못입니다. 국가의 책임이지요. 동경 국제군사재판이 잘못된 재판이었다고 말하지요, 그것과 같은 것입니다. 잘 모르겠으면 공부 좀 하세요."라고 말하면서 전화를 끊었다고 한다(常石敬一・朝野富三『세균전부대와 자결한 두 사람의 의학자』). 마찬가지로 731부대에서 이시이石井의 뒤를 이어 최고 책임자가 된 당시 육군 군의관 소장 기타노 세이지北野政次는 전후 요시무라와 마찬가지로 의학계의 요직에서 활약한 요시무라와 같이 국가에 책임을 전가하지는 않았으나, TBS 디렉터 요시나가 하루꼬吉永春子의 면담 요청에 대해 "나는 아무것도 말하고 싶지 않습니다. 미안합니다만 거절합니다.", "나는 부대의 일은 잊고 싶답니다. 생각해 내고 싶지 않아요."라고 거절하고 있다(『제군』1976년 9월호에 수록된 요시나가의 「이시이 세균부대의 전후 30년」). 이것은 모든 것을 국가의 책임으로 돌려 개인의 책임을 부정하거나 혹은 책임추궁을 회피하기 위해 침묵을 지키려고 하는 자세이다. 국가의 책임뿐 아니라 동시에 그 기관으로서 국가 권력 행사에 참여한 개인의 책임도 있다. 이것을 부정하는 것은 국가를 방패삼아 자연인의 모든 불법불륜을 면책하는 것이고 또한 도덕적 존재로서의 인간의 존엄을 말살하는 것이다.

731부대의 간부들이 전쟁 후 아무런 책임을 지지 않고 사회적 혜택을 누리는 지위에서 잘 지내는 것과 다음의 예는 비교되고 있다. 731부대 협력기관이었던 중국파견군 1644부대에서도 731부대와 비슷한 인체실험을 실시하였다. 그곳에서 인체실험에 관여하였던 동경제국대학 조교수 이다시마 다모츠飯島保(『동경대학 일람』,『직원록』에서 실명을 확인하였으나, 보고자가 쓴 가명으로 기록해 둔다)는 패전 직후인 1945년 9월 2일, 아내에게 "어리석고 기가 약한 남편을 나무라지 말아다오. 나는 내 죄를 안다. 패해 가는 자신을 욕하지 마라"라는 유서를 남기고 자살하였다(常石·朝野 전게서). 731부대 운전수에 불과하였던 코시 사다오越定男가 진실을 공개하기 위해 체험기를 발간한 것에 대해서는 본장 〈1절 1의 1) ㈔〉에서 서술한 바이며, 조선인 강제연행 실시자였던 요시다 키요지吉田淸治처럼 개인적인 책임을 지기 위해 한국에 건너가 엎드려 사죄한 사람도 실제 존재한다. 국가 기관의 상급에 있었던 사람들이 개인적 책임을 지지 않으려 하는 것에 비해서 하급 지위에 있던 사람들은 자기가 말하지 않으면 아무도 모르고 넘어갈 일들에도 오히려 책임을 통감하고 있다. 이것이 일본인의 양심이다. 개인의 책임이 모두 국가책임에 흡수되어서 소멸하는 것이 아니라는 것을 사실상 보여주고 있는 것이다.

그렇다면 어떠한 기관, 어떤 사람이 전쟁책임을 지어야 하는가. 팽대한 전쟁 관계 업무에 종사한 국가기관 재임자 모두에 대해 논하는 것은 도저히 불가능하다. 때문에, 여기에서는 오로지 중요한 기관에서 중요한 행동을 하였거나, 또는 중대한 국가의지 결정에 간여한 것에 대해 예시하는 것에 그치고자 한다.

우선 15년 전쟁의 발단이 되었던 유조호사건의 책임자로, 그 모략의 기획과 실행에 자신의 의지로 참가한 육군 장교 전원을 들 수 있다. 관동군 참모 이시하라 간지石原完爾·이타가기 쇼우지로板垣征四郞·하나타니 아키라花谷正가 기획을 한 중심인물이며, 실행에 임한 사람은 장학량 군사고문 이마다 신타로今田新太郞, 독립수비대 중대장 가와시마 타다오川島正·가와모토 스에히데河本末秀 등이다. 또 계획에 따라서 바로 조선군의 월경 출동을 꾀하였던 조선군 참모 간다 마사히데神田正種도 책임을 면할 수 없다. 그들의 행위는 육군형법 제35조「사령관 외국에 대해 이유 없이 전투를 개시하였을 경우에는 사형에 처한다」, 동 제37조「사령관 권외의 사항에 대해 정당한 이유 없이 마음대로 군대를 진퇴시켰을 때에는 사형, 무기 혹은 7년 이상의 금고에 처한다」라는 조항에 해당하며, 국내법에 비추어도 여지가 없는 범죄행위였다. 그들의 모략이 성공하여 만주 점령에서 괴뢰정권「만주국」을 만들어 내고, 나아가 열하성熱河省·동부내몽고東部內蒙古·익동지구冀東地區로 차례차례로 침략의 손을 뻗어서, 결국에는 노구교사건을 계기로 중국과 전면전쟁을 하게 되었다. 때문에, 그 이후 15년에 걸친 전쟁의 근원은 그들의 모략에 더 기인한다. 따라서 그 책임은 더욱 중요하다.

또 유조호사건 시점에서, 모략을 통한 불법 개전 범죄인들을 지원하는 중앙의 동지가 있었다고 해도, 관동군 사령관 혼죠 시게루本庄繁는 사전에 모략을 알지 못했다. 또 중앙에서도 확전을 하지 않을 방침이 정해져 있었기 때문에, 만약 내각·참모본부가 관동군의 폭주를 저지할 결의가 있었다면, 만주 점령에 이르지 않고 끝낼 가능성도 있었다. 그러므로 불확전 방침을 취하면서도 그 관철을 방기한 중앙 최고 수뇌부의 책임도 모략 범죄인의 책임과 함께 극히 무겁다고 할 수 있다.

특히, 모략을 확대시키는 데에 큰 힘이 된 조선군사령관 하야시 센쥬로林銑十郞가 관동군의 증원의뢰에 응하여 독단으로 조선군 소속 부대를 만주로 출동시킨 월권 조치에 대해, 중앙 수뇌부가 묵인하고 있는 것은 주목할 만하다. 참모총장도 시종 무관장에게 조선군 사령관의 독단 출병은 타당성이 결여된다는 소견을 말하자, 무관장도 역시 그렇다는 뜻을 표명한 사실에서도 잘 알 수 있다. 이처럼 중앙의 육군 수뇌부도 결코 하야시를 전면적으로 지지하지 않고, '정부는 조선 군사령관의 독단 조치를 대권 침범으로 간주하며, 민정당 역시 이를 반육군 정치공세로 이용할 준비중이라는 정보도 있으므로 내일(9월 22일)의 각의가 비판적으로 전개되리라 판단된다. 그러므로 결국 육군 대신, 참모총장의 사직도 검토할 필요가 생기고, 비장한 결의 하에 각종 준비를 행해야 한다' 고 하였다. 내각 총리대신 와카쯔기 레이지로 若槻禮次郞은 육군성 군무국장과의 면회석상에서 '조선군에 관하여, 이미 출동한 이상 어쩔 수가 없지 않은가' 라는 뜻을 비치고, 각의에서도 '조선군의 출동에 관해서는, 각료 전원 불찬성이 아니며, ① 이미 출동한 것을 각료가 인정한다. ② 이 사실을 인정하는 이상, 여기에 필요한 경비를 지출할 것을 결의하여' 수상에게 상주하게 되었다고 한다(『현대사자료 7만주사변』에 수록된 「조선군사령관의 독단 출병과 중앙부의 이에 대해 취한 조치에 관하여」).

와카쯔기若槻 내각은 모리 겐자부로護憲三朗 내각 이후 형성된 '헌정의 상도' 에 의해 중의원에 토대를 갖는 정당내각으로, 외무대신 시데하라 키쥬로幣原喜重郞은 '시데하라 외교' 로 이름이 높은 비무력 평화외교 추진자였다. 시데하라는 유조호사건을 정확한 세부 진상까지 파악하지 못했으나 봉천 총영사관 발신 전보를 통해 적어도 관동군의 모략이라는 것은 알고 있었다. 조선군의 독단 월경 파병은 군대의 모략을 분쇄할 좋은 기회인 동시에 참모본부와 내각과 여당 민정당이 반격에 나서서 육군수뇌부를 궁지에 몰아넣을 수 있다는 예측에도 불구하고, 정부는 조선군의 불법월경을 아예 추인해 버린 것이었다. 이 것으로 15년 전쟁의 길을 저지할 최초의 가장 중요한 관문은 어처구니 없이 무너진 것이었다. 모략을 사전에 탐지하고 있던 봉천 총영사 하야시 규지로林久治郎는 훗날 유고로 출판된 저작에서 만약에 군의 횡포를 제지하지 못한 것을 이유로 내각이 총사직하고, 후계 내각도 또 그 정신을 견지하여 대처하였다면, 국제관계를 정상적으로 회복할 수 있었고 입헌정치의 사실상의 붕괴를 초래하지 않았을 것이라고 말하고 있다. 또한 당시국에 임하여 와카쯔기 마스오若槻男 등, 민정당내각의 각료의 책임은 실로 중대하다라는 기록도(江口圭一, 『소화의 역사4―15년 전쟁의 개막』에 의함) 있다.

만주 점령 성공 후, 열하 · 동부 내몽고에 대한 침략, 기동괴뢰정권 수립을 거쳐서 드디어 노구교사건을 계기로 중국과의 전면 전쟁으로 돌입한다. 그 추진을 담당한 육해군 고급장교들과 이를 저지하지 못하였던 중앙의 정부 · 통수기관의 최고급 문무관료는 모두 침략 확대의 책임을 지어야 한다. 특히 전면전쟁으로 전개되는 직접적인 원인이 된 노구교사건의 직후에 대동원 · 중국파견의 조치를 취하고, 더군다나 독일 공사의 평화알선을 물리치고 중국의 수도 남경을 점령, 1938년 1월 16일에는 '제국정부는 이제 국민정부를 상대 하지 않는다' 는 설명으로 평화의 길을 좁게 만들었던 당시 내각총리대신 고노에 후미마루近衛文麿 이하 전 각료, 참모본부 간부장교 들의 책임은 유조호사건 당시의 최고책임자, 대미영개전 결정간여의 최고책임자 책임과 병행하여 가장 무거운 것이라 할 수 있다. 만주국을 그대로 두고 중국과 참된 평화를 언제까지 유지할 수 있었을까는 의심스럽다. 그러나 적어도 그 시점에서 중국과 전면전쟁을 개시하여, 그 후 8년간에 걸쳐 산해관 남쪽 중국 전토에 전화를 확대시켜 엄청난 수의 중국 군민을 살상하고, 중국 여성을 강간하고, 중국 민중의 생활을 파괴하는 등 대참사를 야기한 결과에 비추어 볼 때, 고노에 등의 책임은 극히 중대하다. 반면, 중국과의 전쟁으로 일본군 장병 다수를 살상시킨 책임도 마찬가지로 중대하다.

다음으로 대미영 개전 결정에 대해서는, 〈2절 2〉에서 상술한 바와 같이 참담한 패전으로 끝나 비전투원 동포 다수를 참사시킬 가능성이 큰 무모한 개전을 실행한 책임자로서, 제3차 고노에 내각의 육군대신 도조 히데키東條英機는 최후까지 개전을 저지시키기 위한 노력을 다하지 않고 고노에近衛文磨의 후임이 되었다. 따라서 참모총장 스기야마杉山元, 군령부총장 나가노永野修身와 함께 도조東條 내각의 전국무대신의 책임을 엄히 물어야 한다.

미국과 영국에 대한 전쟁이 일어난 후에, 남방의 광대한 지역 동남아시아, 서남태평양 제민족에게 큰 희생을 주고, 나아가 태평양 해상과 동남아시아와 서남태평양 지역의 지상에서 많은 일본군 장병을 사지로 몰아넣었다. 그리고 본토와 만주 등에서 〈2절 2의 1〉에서 서술한 바와 같은 수많은 비전투원 동포를 사상시킨 것은 일본역사상 전례가 없는 잔학행위라고 할 수 있다. 히틀러 나치스 수뇌부의 책임과 마찬가지로 세계사에 유례가 없는 중대한 책임인 것이다.

마지막으로 누가 보아도 패전이 명백해졌을 때에도 적절한 조치를 신속하게 취하지 못하고, 전쟁 종결을 지연시켰던 고이소 쿠니아키小磯國昭・스즈키 칸타로鈴木貫太郎 양 내각의 전 각료, 참모총장 우메즈 요시지로梅津美治郎・군령부총장 오이카와 가타시로及川古志郎・토요다 소에무豊田副武 이하 통수 간부의 책임도 무겁다. 스즈키는 처음부터 전쟁을 종결시킬 내각의 사명을 자각하고 수상에 취임하였다고 평가되며, 포츠담선언 수락 결정을 주장하였다는 공이 있다. 하지만 포츠담선언이 나오자 이를 '묵살한다'는 부주의한 담화를 공표하여(사실은 아무 말도 하지 않을 예정이었다고 한다), 미국의 원폭 투하를 실행시켰던 과실 책임을 면하기 어렵다. 또 스즈키 내각의 육군대신 아난 고레치가阿南惟幾는 참모총장 오이카와梅津・군령부총장 토요다豊田와 함께 포츠담선언 즉시 수락에 반대하여 결정을 지연시키고, 육군 장교가 수락을 저지하기 위해 반란계획을 기도했을 때 그 계획을 알면서도 진압에 나서지 않고 오히려 자살하였다. 이른바 8・15사건이라고 불리는 반란에 관하여 아난阿南은 예비음모에 참가한 의혹이 있으며, 또한 반란방지 의무를 다하지 않은 죄를 범했으므로 책임을 면할 수 없다고 생각한다(졸저『태평양전쟁』264~265항 참조).

　　서설에서 말했듯이 내대신에게는 국무에 관하여 천황을 보필할 권한이 없다. 기토 코우이치木戶幸一는 1941년부터 항복 후까지 내대신으로 재직하고, 그 사이에 역대 수상 인선에 공식적으로 가담하였으며, 정부・육해군・중신・재계 그 외 지배층 요인과 접촉을 통해 전쟁정책 수행에 깊이 관여했다. 천황의 측근에 있어서 천황에게 의견을 개진할 기회가 다른 누구보다도 많았으며, 대권행사의 모든 면에서 실질적으로 천황에게 큰 영향을 주었다. 그러므로 기토 코우이치木戶幸

―의 책임은, 국무대신·참모총장·군령부총장 등의 책임에 비해 결코 가볍다고 할 수 없는 것이다.

이상은 15년 전쟁에 대해 특히 중요한 국가 의사 결정과 군사력 행사에 대하여, 주로 최고당국자의 책임을 추궁한 것이다. 그 외에 또 전쟁 기간 중에 중·하급 권력 기관의 지위에 있으면서 문무관을 통틀어 직권남용을 행한 것도 아니고 부하에게 명령하지도 않고 오로지 충실하게 직무에 종사했던 사람에게는 법률상의 책임을 물을 수 없다. 하지만 도의상의 책임은 본인의 양심의 문제로 남지 않을까. 이와는 달리 형식상 유효한 권한 행사라고는 해도, 적극적으로 무모한 작전을 발안하여 다수의 부하를 무의미한 죽음에 몰아넣은 제1선의 고급지휘관이나 그 막료들, 부하의 잔학 행위를 방임 간과한 상하급 지휘관들, 국민의 자유와 권리를 현저하게 억압하는 법을 입법하였거나 인민에 대한 탄압을 적극적으로 실시한 행정·사법 관리 등은 본인의 양심에 의한 자기비판에 맡기지 말아야 한다. 이들은 피해자인 국민들로부터 책임 추궁을 받아야 마땅하다. 더욱이 피침략국·점령지역·식민지 인민, 및 일본 일반인민에 대해 학살·강간·폭행·고문·상해·방화·재산파괴·약탈 기타의 가해행위를 직접행사한 문무관은 하급 직위에 있었던 자라고 해도, 엄하게 책임을 물어야 하는 것이다.

제국의회는 본장 서절에서 언급한 바와 마찬가지로, 입법부로서의 권한은 적고, 군 통수에도 개전·강화를 포함한 외교에도 관여할 권한이 없었다. 그러나 예산의 의정권, 정부에의 질문권, 천황에의 상주권 등을 통하여, 불의·무모한 전쟁 정책의 수행을 견제할 수도 있었다. 특히 법률안의 의결권에 의해 국내 파시즘 체제 강화를 저지할 수는 있었을 것이다. 국민의 대표기관으로 국민을 불행한 운명에 빠뜨리는 정책의 진행을 감시·저지할 책임을 지어야 할 제국의회가 보통선거에 의해 선출된 의원인 중의원을 포함한 집행권의 독주에 대해 아무런 제어도 하지 못했다. 뿐만 아니라 중의원은 거꾸로 1935년 천황기관설 사건에 임하여 '국체명징'의 결의를 행하여 기관설 헌법학자를 박해하는 데에 가담하였다. 또 1940년에 중국과의 전쟁에 관하여 군을 솔직히 비판한 의원 사이토齊藤隆夫를 제명시키는 등 스스로 입헌주의 정치의 무덤을 파는 일을 하였던 것이다.

제국의회의 의원으로서 적극적으로 전쟁 정책 추진 활동을 하였던 사람들, 특히 '익찬의원'으로 당선된 사람들의 책임도 무겁다. 제1기 의회 이래의 중의원의원 오자키尾崎行雄가 1933년 『개조』지상에 「비석 대신에」를 연재하여, 중국에 대한 군사 정책의 당당히 반대하는 논진을 펼쳤다. 1944년 도조 정권하 '익찬선거'의 비추천후보로 입후보하여 불경죄로 체포되고 기소되었지만, 탄압에 굴하지 않고 투쟁하였음을 보아도, 국회의원으로서 전쟁 정책을 따르지 않는 길이 있었다고 할 수 있다.

제국헌법에서 행정부·입법부와 독립된 권한을 가지며, 신분을 보장받고, 정치적 동향에 좌우되어서는 안 되는 사법부의 재판관들이 자진하여 전쟁정책에 영합하고 있는 것을 주목할 필요가 있다. 예를 들면, 1939년 3월 29일 대심원 판결에서 그 재판관은 '그렇게 해석하는 것이 소위 국책에도 적합하다고 할 것이다'라는 이유로 형벌법규 구성요건에 죄형법정주의에 반하는 확대해석을 하여 무죄가 되어야 할 피고인을 유죄로 판결하였다. 한편 갑부甲府지방재판소 재판관은 위와 같은 이유로 비상식적인 탄압입법을 제안한다.

문서 또는 강연에서 국체를 무시 내지는 묵살하는 자를 엄벌할 규정을 설치할 것. 주로 대학 교수의 강의를 대상으로 한다.

[이유]

절대인 국체를 무시 또는 묵살하는 것은 장래 지도자층이 될 학생에게 악영향을 미칠 수 있다. 사상범죄의 두려운 바는, 사상 그 자체에 있다. 하물며 이미 불특정 다수에게 이를 발표하는 행위에 있어서야. 발본색원하는 견지에서 바로 사상범죄의 근간을 흔들고자 함이다.

갑부지방재판소 재판관(사법성 형사국 『사상연구자료』 특집 제79호 소재 1940년 5월 사상실무가회 의사록 부록 「자문사항에 대한 답신」)은 이와 같은 이유로 사상, 학문의 자유를 파괴하는 제안을 하고 있다. 15년 전쟁 하에서 재판관들이 침략전쟁과 국민탄압에 날마다 적극적이고 자주적으로 가담하였는지 단적으로 알 수 있다. 당시 재판관직에 있던 다테 아키오伊達秋雄는 "우리 사법은 치안유지법 사건 처리를 중심으로 일본의 군국주의적 총동원령체제의 강력한 지주가 된다. 전쟁수행에 기여한 것은 명백하며, 이 의미에서 전후 추방된 사상검사 뿐만 아니라, 재판관도 전쟁책임의 한 부분을 담당해야 한다. (중략) 당시 공지 사실이었던 고문을 지적하여 자백의 증거력을 부정한 재판의 예가 있었던가" 하고 지나친 사법의 전쟁 협력 태세를 깊이 부끄러워하는 뜻을 말하고 있다(제2동경변호사회 『헌법시행30주년 기념문집』에 수록된 「砂川사건의 추억」. 이처럼 재판관의 전쟁책임은

당시 그 직책에 있었던 사람들도 인정하는 바이다.[10]

학교 교육은 본래 비권력적 행위이지만, 공립 소학교(후의 국민학교)의 '행하는 교육은 국가의 사무'이며, '교장 및 교원은 (중략) 그 신분에 있어서는 국가의 관리'라 하였다(美濃部達吉『행정법 撮要』). 그 위에 교육 내용도 국정 교과서에 의하여 세부까지 국가에 의해 결정되었기 때문에, 아동의 교육에 임하는 교사는 교육 내용에 관한 한 재량이 전혀 없었다고 말할 수 있겠다. 그러나 매일 아동과의 인격적 만남을 통하여 적극적으로 침략주의나 광신적인 일본주의를 불어넣어 줄 것인가, 아니면 가능한 한 냉정하게 보편적 인류 도덕을 가르쳐 이성을 잃지 않는 태도를 견지할 것인가에 따라 아동에게 미치는 영향은 크게 다르다 할 수 있다. 이 때에 전자의 태도를 취한 교사의 책임은 면할 수 없다. 교사는 같은 하급관리인 경찰과 같은 권력 행사의 임무를 갖는 자는 아니지만 아동에 대해서는 사실상 권력을 행사하는 것이 가능하다. 특히 아이들의 마음을 좌우하는 영향력을 갖고 있으므로, 육체적인 탄압을 가하여 인민을 두려워하게 하는 경찰보다도 군국주의 교사가 오히려 더 큰 책임이 있다고 생각할 수 있다.[11]

징병제에 의해 강제적으로 군대에 편입된 병사(직업군인이 아닌 간부후보생 출신의 장교, 현역병으로 입영하여 승진한 하사관 도 거의 같은 부류로 생각되지만, 간부를 지원하거나 하사관으로 임관하거나 하는 데에는 일단 선택의 자유가 형식적으로는 있었으므로 문

10 이 외에 전쟁 당시 재판관으로서 재판관의 전쟁책임에 대해 자기비판을 하는 것으로는 아오키青木英五郞의 『재판관의 전쟁책임』이 있으며, 사료를 통해 재판관의 전쟁 정책에 편승한 것을 구체적으로 소개한 것으로는 나(家永三郞)의 『사법권 독립의 역사적 고찰』이 있다.

11 교육자의 전쟁책임에 대하여 교육자 측에서 자기비판으로 쓴 책으로 하기노荻野末의 『어떤 교사의 소화사』등이 있으며, 피교육자의 측에서 책임을 묻는 입장으로 쓴 것으로는 야마나카山中恒의 『우리들 소국민』시리즈 5권·보권 1책과 나가하마長浜功의 『일본 파시즘 교사론—교사들의 8월 15일』등이 있다.

제를 단순화하기 위해 병사만으로 한정하여둔다)는 무기를 몸에 지니고 이를 사용할 수 있었다는 점에서는 고급 문관보다 더 권력성이 있었다고도 할 수 있다. 하지만 자기의 의지에 의하지 않고 강제적으로 병사가 되었다는 점에서는, 자유의지에 의해 관리나 기타 국가기관의 지위에 있는 사람들과는 결정적으로 다르다. 민간에서 어쩔 수 없이 병영·군함·전장에 끌려가 전투에 종사 하였으므로, 병사가 된 것 그 자체로 그 사람은 자신이 피해자라 여기는 경우가 많다. 그러나 그렇다고 해도, 전장에서 국내법이나 국제법을 위반하고 적국 비전투원이나 항복한 포로, 심지어는 동포 비전투원에 대해서 잔학 행위를 한 경우에는 책임이 없다고 할 수 없다.

육해군 형법에는 '적지 또는 제국군 점령지에서 주민의 재산을 약탈하는 자는 1년 이상의 유기징역에 처한다. 전항의 죄를 범할 때 부녀자를 강간하였을 경우에는 무기 또는 7년 이상의 징역에 처한다' 는 규정이 있다. 형법은 살인죄·상해죄 등의 벌에 대해 제국 외에서 이를 범한 제국신민에게 적용한다고 정해져 있다(제3조). 그러므로 병사도 주둔지·점령지·전장에서 스스로 행한 잔학행위에 대해 법률상의 책임을 면할 수 없다. 그리고 이러한 범죄를 처벌한 군법회의의 기록도 약간 남아있다(『속·현대사자료 6 군사경찰 헌병과 군법회의』 소수). 그러나 이는 소수에 불과하며, 거의 대부분의 잔학행위는 방치, 묵인된 것으로 보인다. 그렇지 않다면 그만큼 광범위한 잔학 행위가 반복되었을 리가 없다. 따라서 병사의 잔학행위를 금지하고, 그 처벌을 엄격하게 행하지 않은 지휘관·헌병·법무관 등은 종범이 아닌가 의심되며 적어도 제지를 게을리 한 책임을 면할 수 없다.

잔학행위가 병사들의 자발적인 의지가 아니라 상관의 명령에 따라 행해진 경우 명령을 내린 상관이 범죄 책임을 지는 것은 당연하지만, 이를 실행한(정확히 말하면 실행하지 않을 수 없었던) 병사의 책임은 어떠한가. 절대복종을 해야 하는 군대에서는 설령 어떠한 비인도적인 행위라 해도 상관의 명령을 거부하는 것은 허락되지 않았다. 상관의 명령이 위법 부당한 것이라고 해도, 하급 군인은 여기에 따를 수밖에 없다는 것이 학설과 판례를 통해 드러난 제국헌법의 해석이다.

　　미노베美濃部達吉의 『행정법촬요行政法撮要』의 「군인의 직무상 의무」 항목에는 다음과 같이 명시되어 있다.

　　무효한 명령에 대해 군인은 원래 복종의 의무를 지지 않는다고 한다. 그러나 군인이 스스로 명령의 유효무효를 심사할 책임을 지고, 만약에 무효한 명령에 복종하면 복종자가 그 책임을 지어야 한다고 할 때에는 군인은 그 복종에 두려움을 느껴 군기의 통일을 저해하게 된다. 그러므로 상관의 명령에 기초하여 행한 행위에 대해서는 가령 그 명령이 무효인 경우라 해도 복종자는 책임을 지지 않고, 그 명령자인 상관이 그 책임을 지어야 한다고 해석해야 한다. 이러한 법률이 복종을 강제하는 것을 제재하는 원리이다.

　　사사키 쥬조佐佐木重藏의 『일본군사법제요강』(1939년)에는 다음과 같이 논한다.

　　절대 복종 의무를 정하는 것은 상관이 위법인 명령을 내리고 위법인 행위를 수행시키는 결과를 만들지 않겠는가. (중략) 극히 드문 경우겠지만 위법적인 행위를 수행시키게 되는 경우가 생기는 것도 어쩔 수 없는 일이다. 이 경우 명령을 받은 자에게 명령을 심사할 권한을 주지 않고, 절대 복종만을 요구하는 것은 제도상 병력을 움직이는 데에는 없어서는 안 되는 것이다. 전투에서의 승리는 법규를 유지하는 것 이상으로 중요하다. (중략) 법령위반에 대해서는 명령자의 책임은 있을 지라도 명령을 받는 자는 절대적 복종 의무이기 때문에 책임이 없다.

1923년 관동대지진의 혼란을 틈타 육군 헌병대위 아마카스 마사히고甘粕正彦가 무정부주의자 오스기 에이大杉榮를 살해한 사건이 발생했다. 아마카스甘粕의 명령으로 오스기와 같이 있던 소년을 살해한 부하 두 사람은 '나는 그 때에 소년을 살해하는 것이 범죄라고 생각할 여유도 없었다. 다만 상관의 명령은 무조건 따라야 한다고 생각하여 여기에 복종한 것이다. 군대 내에서 상관의 명령이라면 직무상의 명령이라고 생각하였다'고 한 것이나 혹은 '평소와는 달리 이번에는 계엄령이 내린 상황이었으므로 상관의 명령대로 하지 않으면 안 된다고 생각' 하고 공술하였다. 이런 이유로 하여, 두 사람의 '행위는 범죄인 사실을 알지 못하고 행한 것으로 즉 죄를 범할 뜻이 없는 행위' 라고 인정하여, 육군 군법회의에서 무죄 판결을 받았다. 또 1936년 2·26사건에서 반란군에 참가하였다가 기소된 하사관, 병사들 가운데 다수의 피고인이 아래의 이유로 특별군법회에서 무죄판결을 받았다.

황군에게 있어서 명령복종의 문제는 천황의 칙유에 의한 것이다. 뿐만 아니라 군대내무서와 군대교육령 등은 '상관의 명령은 그 일의 여하를 묻지 말고 바로 이에 복종해야 한다' 고 명시되어있다. 명령복종의 절대성은 국군의 생명윤리와 마찬가지로 변하지 않는 철칙으로 (중략) 국군이 받는 현재의 교육훈련도 모두 이 명령복종이 절대적이라는 관념에 입각하여 행해지고 있다. (중략) 만일 불행히도 위법 명령을 받게 되더라도, 그 명령이 대의명분에 반하고 순역의 도리가 명백한 경우 외에는 위법임을 알지 못한다. 따라서 신성한 명령이라고 믿어 이에 따르게 되는 경우에는 이 역시 당연한 것이라 말할 수 있고, (중략) 그 명령이 객관적으로 위법이므로 복종한 자도 위법이라고 한다면, 명령을 받은 자는 상관의 명령을 받고 그 판단에 어려움을 겪는다. 그리고 명령을 심사하게 된 상관에 대한 신뢰가 희박해진다. 이는 황군을 통수하는 군명령의 종교적 의의를 망각하게 하고 나아가 군 성립의 기초를 파괴하기에 이르게 된다. (중략) 피고인 등은 (중략) 평소 국군에 있어서 전술한 명령복종의 본의에 따라서 복종을 제2의 천성으로 훈련 받았으며 (중략) 이러한 사정에 따라서 상관의 명령이라고 믿은 바이므로, 피고인들은 범죄라는 사실을 알지 못하고 바로 복종한 것이다. 그러므로 피고인들의 행위는 형법 제39조 제1항의 죄를 범할 뜻이 없는 행위에 해당한다.

이러한 일은 각각의 법률해석 논리에 약간의 차이가 있다고는 해도, 필경 위와 같은 위법 명령에 대해 명령을 받은자의 책임을 묻지 않는다는 법리에 의한 것이라고 생각한다.

그러나 국내법 해석과 운용은 위와 같다고 해도, 이는 국제적으로 통용되는 법리는 아니다. 15년 전쟁 패배 후 연합국 전범재판에서는 (예를 들어 극동국제군사재판소 조례 제6조) '피고인이 그 정부 혹은 상사의 명령에 따라 행동하였다는 사실은 (중략) 그 자체 해당 피고인을 그 기소된 범죄에 대한 책임에서 면책하는 데에는 충분하지 않다'고 정해진 것처럼 상관의 명령에 복종하여 행한 하급자의 행위라 하여도 면책되지 않고, 많은 C급 전쟁 범죄인이 사형을 포함한 엄벌에 처해졌다. BC급 전범 재판 문제는 6장에서 논하도록 하고, 연합군 측의 조치와는 별도로 일본인 자신이 어떻게 생각할 것인가에 문제를 한정하면, 역시 군대에서 상관의 명령을 거부하는 것은 적어도 병사들에게는 불가능하다. 그러므로 법률상의 책임을 묻는 것은 가혹하다고 생각되지만, 그럼에도 불구하고, 다음과 같은 견해도 있음을 소개하여, 이 문제에 대한 검토를 마치고자 한다.

상관의 명령은 절대적이며, 이를 거부하고 반항하는 것은 당시 허락되지 않았다. 그래도 도리가 아닌 명령에 대해 목숨을 걸고 반항한 사람이 없지는 않았다. 도리가 아닌 명령을 거부하지 않고 이에 따랐다는 것은 자신도 그것을 당연하다고 생각하고 인정하였든지, 혹은 자신은 옳지 않다고 생각하면서도 이에 반항하여 자신이 처형을 당하는 것보다는 이에 따르는 편이 유리하다고 계산한 결과일 뿐이다. 그렇다면 그 행위에 대해 스스로 책임을 지는 것은 당연하다. 요컨대 자신의 행위에 대해 책임을 질 것인가 지지 않을 것인가 둘 중 하나이다. 명령자는 명령자로서의 책임이 있으며, 실행자에게는 실행자로서의 책임이 있다(富永正三 『어떤 B·C급 전범의 전후사─참된 전쟁책임이란 무엇인가』).

강제적으로 침략전쟁 내지는 무모한 전쟁에 차출된 징병제하의 병사와는 달리 국가 주권자·통수권자로서 천황이 있다. 천황의 전쟁책임은 어떠한가. 제국헌법 제3조 군주무답책 규정에 의하여 천황에게 법률상의 책임을 물을 여지가 없음은 명백하다. 그러나 그것은 국내법상의 일이며, 외국에서의 책임 추궁을 면제할 국제법상 근거는 없다. 실제로 일본의 반대에도 불구하고 제1차 세계대전의 전쟁책임에

대해 독일황제 빌헬름 2세의 재판을 행할 조문을 포함하는 평화조약
이 체결되었다. 연합국의 A급 전범 재판을 둘러싸고 천황을 기소하라
는 주장이 연합국내에서도 강하였다. 그러나 미국은 정치적 판단으로
천황의 형사책임을 묻지 않은 불기소방침을 관철시켰다.

　　연합국 국민들 사이에는 오늘날에도 천황의 책임을 잊지 않는
사람들이 많다. 1971년 10월에 천황이 영국·네덜란드 등을 방문하였
을 때에 '일본군 포로가 되어 죽은' 사람들의 '죽음을 개죽음으로 만
들지 마라' (런던 왕립 식물원)든가 '나의 아버지는 어디에 있는가. 아
버지를 돌려다오' (암스테르담)라는 플랜카드를 든 군중들의 시위를
받았다는 것이 당시 일본 TV 뉴스나 신문기사에 구체적으로 보도되었
다(『아사히』71년 10월 7일 석간, 『마이니치』71년 10월 8일 석간, 『요
미우리』71년 10월 9일, 『마이니치』71년 10월 10일 등). 전쟁 중 동맹
국이었던 서독의 본에서도 약 250명이 참가한 천황 방독 반대의 시위
가 행해졌다고 한다(『요미우리』71년 10월 19일).

　　국내에서의 책임 문제로 돌아가자. 헌법 제3조에 의한 천황의 법
률상의 무답책에 대해서는 이론이 없다고 해도, 정치상·도의상의 책
임은 어떠한가. 미노베美濃部達吉는 1905년 발표한 「대신책임론」(『헌
법 및 헌법사 연구』) 중에서 '군주의 무책임은 또 덕의상의 무책임을
포함하는 것이다. 덕의상 무책임이라는 것은 군주의 행위나 불행위에
대해 이를 비판하거나 그 부당함을 지적하는 것이 법률상 불법임을 의
미 한다' 고 주장하고 있다. 그러나 그의 스승인 이치키 기토구로一木
喜德郎는 『이치키一木 박사 강술 국법학』이라는 제목의 강의 프린트
에서 "군주가 무책임한 것은 법률상의 책임이 없다는 것으로 정치상

도덕상의 책임은 군주라 하여도 면할 수 없다"는 견해를 피력하고 있다. 또 경도京都제국대학 교수 오카무라岡村司의 『법학통론』에도 "천황 무책임이라고 하는 것은 오직 법률상의 것으로, 정치상 도덕상 명예상 등에 있어서는 천황이라고 해도 결코 무책임할 수 없다"고 논하고 있다. 패전 직후인 1946년 천장절 당일에 동경대학 총장 미나미하라南原繁가 학생들에 대한 강연에서 이렇게 말했다(南原繁 『조국을 흥하게 하는 것』).

> 폐하에게는 이번 전쟁에 대한 정치상 법률상 하등의 책임이 없음이 명백하지만, 그럼에도 불구하고 그 시대에 그러한 큰 일이 일어나고, 건국 이래 완전한 패배와 비참한 상태에 국민이 처하게 된 것에 대해, 조상에 대해서 또 국민에 대해서 도덕적·정신적 책임을 가장 강하게 느끼는 것이 폐하일 것이라고 추측합니다.

또 경도 제국대학 교수였던 다나베田辺元가 그해 봄에 공간한 『정치철학의 급무』 중에서 다음과 같이 논했다.

> 모든 전쟁 범죄자가 전쟁을 야기한 책임을 질 때는 오직 고발된 요인에 한해서만 책임을 지는 것은 아니다. (중략) 국가를 대표하여 국민을 통치하는 천황이 외국에 대해 전쟁책임을 지는 것은 적어도 도덕상 당연한 일이라고 말할 수 있다. 나는 이 점에 관한 천황의 태도를 황송하지만 유감으로 생각한다. 측근에 좋은 사람이 없는 불행을 탄식하지 않을 수 없다. 아니, 기탄없이 말하도록 허락한다면 단지 외국에 대해 깨끗이 책임을 질뿐만이 아니라, 국민에 대해서도 또 현재보다 한층 절실한 책임감의 표현을 하는 것이 바람직하였다. 외국인이 천황이야말로 전쟁에 대한 책임의 중심에 있다고

생각하는 것은 결코 근거가 없는 이야기가 아니다.

　이러한 것들은 모두 이치키一木나 오오무라岡村와 거의 같은 논리로 천황에게 정치상·도덕상 책임이 있음을 설명하고, 완곡하게 퇴위하여 책임을 지도록 권고한 것이었다.

　패전 직후 연합군 측에서 천황의 책임 추궁 여론이 높아지고, 국내에서도 해방된 공산당원이나 공화주의자가 천황제 폐지와 천황의 전쟁책임을 주장하였다. 천황제를 유지하고자 했던 미나미하라南原나 다나베田辺 등과 같은 아카데미즘 학자들도 이처럼 발언하고 있음을 잊어서는 안 될 것이다. 아카데미즘 학자들 가운데 가장 강경한 주장을 전개한 사람은 당시 동경대학교수로 국제법 강좌를 담당하여, 훗날 최고재판소장이 된 요코다 기치부로橫田喜三郎이다. 1949년 간행된 저서 『천황제』 가운데 다음과 같은 구절이 있다.

　전쟁 준비와 개시에 천황은 깊이 관계하고 있었다. 스스로 전쟁을 바라지는 않았으나 반대하지도 않았고, 차례차례로 군부의 정책에 동의해 주었으며, 결국 전쟁 개시에도 동의해 주었다. 이 천황의 동의에 의해 전쟁의 개시는 정식으로 최종 확정되었다. 그렇게 본다면, 법률적으로는 천황에게 제1차적 책임이 있다고 하지 않을 수 없다. 천황이 스스로 전쟁을 바라지 않았다는 것을 고려하여 실질적으로 생각하여도, 전쟁 준비와 개시에 깊이 관계하고 결국은 전쟁에 동의하였기 때문에, 역시 책임을 면할 수는 없다. 설령 주요한 책임은 없다고 해도, 상당한 책임을 지지 않으면 안 된다.

　일본인 중에는 천황에게 책임이 있다고 한다면, 모든 일본인이 전쟁에 협력하였기 때문에 모든 일본인에게 책임이 있다고 해야 한다는 자들이 있다. 그러나 전쟁을 행할 것인가 아닌가에 대해, 최후의 정식 결정을 내리는 자는(보다 정확히 말하여 결정권을 갖는 자는) 오직 천황뿐이었다. 이와 같은 권력을 갖는 자는 권력을 갖지 못한 자와 입장이 다르고 책임 또한 전혀 다르다. 큰 권력을 갖는 자는 그 권력 행사에 대해 당연히 큰 책임을 져야한다. 권력만을 갖고 책임을 지지 않는다는 것은 정의에 반한다. (중략) 이미 전쟁이 개시된 후에, 거기에 협력하는 것은 다른 문제이다. 설령 협력한 것에 대해서 책임이 있다고 해도, 전쟁을 준비하고 개시한 책임에 비한다면 훨씬 가볍기 때문에 도저히 비교가 되지 않는다.

1975년 10월 31일, 천황과 일본 기자단과의 회담이 열려서 그 실황이 TV에 방영되었다. 그 석상에서『런던타임즈』기자 나카무라中村 浩二가 "폐하는 이른바 전쟁책임에 대해 어떻게 생각하십니까. 질의합니다."라고 하자, 천황은 '나는 문학 방면은 연구를 하지 않아서 그러한 말의 '표현'에 대해서 잘 모르기 때문에 질문에 답변할 수가 없군요."(宮澤望 개인잡지『키라』108호『천황황후 기자회견』전녹음,『아사히』75년 11월 1일 등)라고 하였다. 천황에 대해 직접 단적으로 전쟁책임을 묻고 천황이 육성으로 여기에 답한 것은 최초이면서 아마도 최후였을 것이다. 이를 시청한 국민의 마음에 준 충격은『아사히신문』1975년 11월 30일『아사히가단』에 실린 이이지마飯島敏江의 노래 "말의 '표현'을 어떻게 받아들이랴 무덤의 시체는, 버려진 시체는"이라는 시 한 구절을 읽는 것만으로도 그 충격을 알 수 있지 않을까.

전쟁책임이라는 직접적인 질문에는 대답하지 않았다고 해도, 이에 앞서 외국인 기자들과의 회견에서 천황은 구체적으로 그 실질에 대해 대답하고 있다. 『아사히신문』 1975년 9월 22일 석간 뉴욕발 보도에 의하면 『뉴스위크』 동경지국장의 질문에 대해 "전쟁 종결 시에 내가 결정을 하였다. 이는 수상이 내각의 의견을 통합 정리하지 못하고 나에게 의견을 물어왔기 때문이며, 그때는 내가 의견을 말하고 내 의견에 따라서 결정을 하였다. 전쟁 개시 시에는 각의의 결정이 있었으며, 나는 그 결정을 뒤집을 수가 없었다. 나는 이것이 일본 헌법의 조항에 합치한다고 믿는다"고 대답하였다는 것이다. 같은 신문 23일자 로이터통신 기자 마이케널이 쓴 기사에 의하면 재경 외국인 기자단과의 회견시에도 "내가 군사작전에 관한 정보를 사전에 받았다는 것은 사실입니다. 그러나 나는 그러한 보고를 군사령부 수뇌들이 세부까지 결정한 후에 받았을 뿐입니다. 정치적 성격의 문제나, 군사령부에 관한 문제에 대해서 나는 헌법의 규정에 따라 행동하였다고 믿습니다"라고 답하여, 거듭 "나는 항상 헌법에 따라서 행동해왔습니다"고 강조하였다고 한다. 이것과 거의 같은 취지의 천황 담화가, 1961년 간행된 후지다 히찌노리藤田尙德의 『시종장의 회상』에 나타난다. 이 담화는 1946년 2월에 시종장이었던 후지다에게 한 이야기로 「단도직입으로 전쟁 책임론을 말씀하셨다」라는 제목으로 기재되어 있다. 이상이 패전 후 천황의 일관된 견해이다. 그러나 그 내용에는 사실상으로도 법률상으로도 많은 문제가 있다.

전쟁 개시를 미국과 영국에 대한 개전으로 한정한 것에 실제로 전쟁을 유발한 유조호사건, 그리고 이후의 15년에 걸친 일중전쟁을 전혀 언급하지 않고 전쟁 개시를 미국과 영국에 대한 개전으로 한정한 것에 대해서는 미국인 기자들과의 문답이기 때문에 거기에 화제가 집중되었을 것이라고 생각하여 내버려 두자. 그러나 작전에 대한 정보를 '군사령부 수뇌들이 세부까지 결정한 후에 받았을 뿐이다' 라는 것은 납득할 수 없다. 『스기야마 메모』를 보면 1941년 9월 5일에 참모총장·군령부장을 '돌연히 불러서' 수상이 입회한 석상에서 '하문 하셨다' 는 기록이 있다. 또 '남방작전은 예정대로 진행될 것이라고 생각하는가', '(큰 소리로)절대로 승리할 수 있는가', '(큰소리로)아아, 알겠다', 같은 달 9일 참모총장에게 한 남방작전 구상에 대한 상주시 하문에서는 '작전 구상에 대해서는 알겠다. 남방을 공격할 때 북방에서 압력이 오면 어떻게 할 것인가', '그렇다면 안심이다. 중국에서 병력을 빼는 것은 큰 곤란을 초래하지 않겠는가', 10일의 대남방동원에 관한 상주시의 하문봉답에 '동원을 해도 좋다' 11월 2일 국책 재검토 종료 후 도조東條 총리 육해군 양총장 상주시 하문 봉답에는 총리로부터 11월 1일 재검토 최종연락회의의 세부에 걸쳐 상세히 주상한 것을 받고, '해군은 철 110만 톤이 있으면 손해가 있어도 좋은가. 손해는 어느 정도 예상하고 있는가', '육군도 상당한 손해가 있다고 생각하는데, 운송선의 손해 등도 생각해 두고 있는가. 방공은 안전한가. 조선 댐이 무너진다면 어떻게 할 것인가', 같은 달 3일 작전계획 상주시의 하문 봉답에는 '중국의 조계를 어떻게 할 것인가', '조계는 홍콩 다음으로 할 것이지', '12월 8일은 월요일이 아닌가', '다른 방안도 같은 날인가' 등과 같이 중요한 사항에 대해 직접 하문하고 있다. '정보를 세부까지 결정한 후에 보고 받았을 뿐' 아니라, 상세한 입안 계획의 상주를 받아 세부에 걸쳐 의문을 해결한 후에 윤허를 내리고 있다. 천황의 의문이 해결되어 윤허가 내리기 전까지는 실현이 불가능하였던 것이다.

항상 헌법을 따랐다는 천황의 주장이 있다. 앞서 인용한 후지다 회상기 중에 다음과 같은 사실을 전하고 있다.

우리 나라에는 엄연히 헌법이 있어서, 천황은 이 헌법의 조규에 의해 행동하지 않으면 안 된다. 또 이 헌법에 의해 국무상에 권한을 위임받고, 책임을 지는 국무대신이 있다. 이 헌법상 명기된 국무 각대신의 책임 범위내에는 천황이 마음대로 참견하거나 간섭하여 이를 제약할 수 없다. 그러므로 내치나 외교에서 헌법상의 책임자가 신중하게 심의를 다하여 어떤 방책을 세우고, 이를 규정에 따라 제출하여 재가를 청하는 경우에 나는 이것이 마음에 들던지 들지 않던지 재가할 수밖에는 없다.

이 또한 사실론이든 법률론이든 문제가 많다. 마키노 노부아끼 牧野伸顯나 사이온지 긴모치西園寺公望의 영향일 것이다. 입헌주의 군주로 대권을 행사하려고 하였던 천황은 제국헌법 제15조의 '국무각대신은 천황을 보필하고 그 책임을 진다' 라는 조문에 대해 국무대신이라도 천황의 명령에 복종하지 않으면 안 된다는 해석을 취하지 않고, 각 국무대신의 보필이 없이 천황은 대권을 행사할 수 없으며, 따라서 국무대신의 의견을 존중하는 것이 입헌군주로서 바람직한 자세라고 생각하였다. 위의 담화도 천황의 의식과 행동을 그대로 보여주고 있다.(「재가할 수밖에는 없다」라는 것은 지나친 말이며, 실제로도 재가하지 않았던 예가 여러 번 있었다) 그러나 천황이 국무대신의 보필만으로 행동하지 않았다는 사실이 여기서는 언급되지 않고 있다.

본장 서절에서 서술한 바를 여기서 반복하면, 통수권에 대해서는 국무대신의 보필이 미치지 않고, 천황은 보필자를 갖지 않는 전제군주였다. 또 참모총장·군령부총장과 같이 그 책임을 지지 않는 보좌기관의 상주에 대한 윤허의 책임은 모두 군의 최고사령관 즉 대원수인 천황 스스로가 지지 않으면 안 되는 것이다. 현실로 천황은 2·26사건이 일어나고 일시적으로 신변을 보필할 책임자를 잃었던 경우에는 '짐이 스스로 근위사단을 이끌고 이 진압에 임하겠다'라는 결의를 보여 '수십 분마다 (시종)무관장을 불러 행동(반란)부대 진압에 대해 독촉하였다.' 그리고 진압이 늦어지는 것에 대해 바로 진정하도록 엄달하라고 엄명을 내렸다고 시종무관장 혼죠本庄繁의 일기에 명기되어 있다. 이렇듯 어떤 사람의 보필이나 보좌 없이 원수로서 통수권을 단독 의사에 의해 직접행사하고 있는 것이다.

그리고 개전과 종전에 대해서도 이미 서절에서 서술한 바와 같이 국무대신의 전관보필사항에 속하는 개전강화 대권에 참모총장·군령부총장에게 동의권과 거부권을 준 회의의 결정을 거쳐 대권을 행사한 것이므로 각의 결정만을 따라서 행동하였다는 것은 사실과 다르다 할 수 있다. 통수권의 독립은 미노베美濃部達吉·사사키佐佐木惣一와 같은 입헌주의적인 헌법학자들도 이를 합헌이라고 하였다. 하물며 헌법의 전문가가 아닌 천황에게 그 위헌성 인식을 구하는 것은 기대할 수 없으므로 논외로 하자. 그러나 통수권의 범위를 선전·강화 대권에 까지 확대시킨 것에 대해서는 헌법위반임을 부정할 수 없다. 따라서 항상 헌법에 따랐다는 주장은 사실론에서도 법률론에서도 납득하기 어려운 것이다.

천황이 그 주변의 보필자·보좌자나 원로·중신 등으로부터 받은 영향은 크다. 그러나 전쟁에 대한 자세는 반드시 같았던 것은 아니다. 때로는 가능한 한 외교 교섭에 의한 타결을 바라고, 때로는 상당히 적극적으로 군의 의향을 중시하는 동요가 보인다. 그러나 군이 폭주하거나 억지를 부릴 때에 이를 억제하는 것이 대원수이다. 또 군에 대해 절대 복종을 명할 수 있는 것이 천황의 권한인 동시에 책무이기도 하였다. 군 수뇌 인사에 화근이 있을 경우에는 통수권 외 문무관료 임면대권을 발동할 수 있었을 것이며, 육해군대신 현역무관제라는 장해가 있어도 예비역 후비역의 장관을 특별히 현역으로 임하여(실례가 있다) 육해군 대신으로 임명하는 것도 법리상 가능하지 않았는가.[12]

천황이 미국과 영국에 대한 개전을 가능한 한 피하고자 노력하였다는 것은 인정할 수 있다. 하지만 천황은 이 전쟁에 또 다른 태도를 보이고 있다. 내대신 기도木戶幸一의 일기 1942년 2월 16일의 기록을 보면 다음과 같다.

[12] 육군대신의 임명은 육군대신·참모총장·교육총감 이른바 육군3장관에 의한 추천을 거치는 관습이 있어서 추천되지 않은 인물을 임명할 수 없고, 추천을 거부하면 내각을 조직할 수 없었다. 국무대신의 임명에 권한을 갖지 않는 참모총장·교육총감에게 육군대신 임명에 대한 동의권·거부권을 준 3장관회의라는 것은 국무대신의 전관보필사항에 속하는 헌법 10조 임관대권을 침해하는 위법의 관습이다.

배알. (중략) 폐하께서는 싱가포르 함락 소식을 들으시고, 아주 기분이 좋으셔서 계속되는 혁혁한 전과는 오로지 최초에 신중하게 충분히 연구한 결과라고 생각한다고 말씀하셨다. 참으로 감읍할 따름이다.

또한 같은 해 3월 9일의 기록에는 다음과 같이 적혀 있다.

배알하다. 부르셔서 어전에 나아가니 용안이 환하게 미소를 띠고 계셨다. '전과가 너무 빨리 나타나는구나'라고 말씀하셨다. 7일 자바 방면에서 반돈에 있는 적군은 항복하고, 목하 군은 네덜란드령 인도를 전면 항복으로 이끌고 있다고 한다. 스라바야의 적군도 항복하였고, 또 미얀마 방면에서는 랑군도 함락하였다고 말씀하셨다. 참으로 기쁨이 가득 찬 얼굴을 대하니, 감격한 나머지 경축의 말도 나오지 않는다.

이와 같이 각각 기록하고 있는 사실을 함께 생각하지 않으면 안 된다. 또 혁혁한 전과가 계속된 서전에서 위와 같은 사실이 기록되어 있음과 함께, 연합군의 반격이 시작되어 패색이 농후하게 된 1943년에 천황이 통수부의 보고에 대해 한 말을 살펴보아야 한다. 참모본부 작전과장 사나다眞田穗一郎의 일기(『스기야마 메모』해설 인용)에는 '어떻게 해서든지 어디선가 정면에서 미군을 박살낼 수는 없는가' (6월 8일조), '제법 꽤 잘 하는데. (중략) 이 후에도 노력하여 어떻게든 미군을 박살내지 않으면 안 된다' (같은 달 9일조), '국지적으로는 전투를 잘 하고 있으나, 어디선가 공세를 취할 수는 없는가' (8월 8일조), '어느 방면도 좋지 않다. 미군을 한 번 박살 낼 수는 없는가' (8월 5일조), 등등이 쓰여 있다. 또한 패전이 명백해진 1945년 2월 14일, 고노에가 천황을 알현하여 친히 조기 종결을 할 필요가 있음을 보고하였을 때에, 천황은 '또 한번의 전과를 올린 다음이 아니면 상당히 어려울 것이라고 생각한다' 고 답하여, 고노에의 주장에 찬성하지 않았다. 내대신 기도木戶幸一의 일기(『木戶幸一 관계문서』)에 기재된 것이다. 이러한 사실들은 전쟁에 대한 천황의 태도를 알기 위해서 간과할 수 없는 부분이다.[13]

『세계』 1979년 4

13 천황이 전쟁에 관하여 어떠한 언동을 보였는가. 전쟁 후 간행된 문헌에 의해 보다 명백해진 부분이 매우 많다. 여기에 인용한 것은 모두 사료에서 인상이 깊었던 것을 내가 직접 선택한 것이다. 이노우에井上淸의 『천황의 전쟁책임』은 이런 종류의 사료를 더욱 망라하여 수집 인용하고 있다. 개개 사료의 해석이나 논지 전개 방법에는 전적으로 동감할 수 없지만 사료의 종합적 소개로서 유용하다고 생각한다. 또 범위가 제1차 상하이사변에 한정된 한계는 있으나, 천황의 평화애호의식과 그 한계를 지적한 스미黑羽淸隆의 「1933년 천황의 노래 한 수」(『15년 전쟁사 서설』)는 탁월한 연구로서 필독의 가치가 있다.

월호에 게재된 신도우進藤榮一의 「분할된 영토」에 상세히 논증된 바와 같이 쇼와 천황은 1947년 9월, 미국에 '천황 메시지'를 보냈다. 즉 천황은 미국이 오키나와와 유구의 섬들을 군사적으로 점령할 것을 희망하였다. 그렇게 함으로 소련의 위협에 대비하여 국내 치안을 유지하는 데에 도움이 된다는 것이다. 나아가 유구열도의 군사 점령 방법으로는 명목적으로는 일본의 주권을 인정하고(25년에서 50년 정도) 유구열도를 미국이 조차하는 것이 바람직하다고 하였다. 이 사실은 『쇼와천황 독백록 데라사키寺崎英成 · 수행 일기』에도 언급되고 있다.

마지막으로 당시 국가 의사 결정에 간여한 정부 · 군의 최고 수뇌들의 책임에 대해, 덧붙일 것이 있다. 5 · 15사건, 2 · 26사건, 8 · 15사건 등 군대 · 군인의 반란, 그 외 미수로 끝난 몇 번의 군을 중심으로 하는 쿠데타 계획이 있었다. 군대의 횡포 · 독주를 저지하거나 개전을 거부하고 종전을 앞당기려고 했다고 해도 반란이 일어나거나 테러에 의한 생명의 위협이 생기지 않았으리라고는 말할 수 없고, 따라서 위험을 무릅쓰고 반란에 단호한 태도를 취할 수 없었던 것도 무리가 아니라는 생각이 있을 것이다. 반란에 대한 두려움은 확실히 큰 것이겠지만 『해군 전쟁 검토회의 기록』에 기재되어 있는 해군대장 이노우에井上成美의 의견대로 반란을 진압하는 것은 군의 의무이다. 반란의 위험이 있다고 안 되는 전쟁을 시작하거나 계속하는 것은 변명이 되지 않는다. 또 국가의 파멸이나 자타국 인민의 큰 희생을 미연에 방지하거나 가능한 적은 희생으로 멈추게 하기 위해서는 국가 최고 책임자들이 테러를 두려워하여 자신의 의무를 소홀히 해서는 안 된다. 국가 최고책임자들은 평소에 명예나 물질적인 면에서 일반 국민들과는 거리가 먼 높은 대우를 받고 있다. 강제적으로 전장에 끌려 나가 각박한 대우를 받고 있는 병사들에게 '죽음은 새털보다 가볍다고 각오하라'(「군인칙유」)라고 명령하고 있지 않은가. 최고 권력자에 속한 사람들도 반란이나 테러에 대해 같은 각오를 가져야 할 것이다.

요컨대 15년 전쟁 하에서 일본 국가의 최고 책임자들의 전쟁책임은 그 지위 · 직책 · 언동의 차이에 의한 경중의 차는 있어도 면책의 여지는 없다. 또 중하급 관리나 병사 중에도 적극적 · 자주적으로 비인도적 행위를 타인에게 가한 경우에는 그 책임을 면할 수 없는 것이다.

마루타 부대

4장

일본 국민의 전쟁책임은 무엇에 있는가

3장에서 국가의 전쟁책임을 생각하기에 앞서 전쟁기 국가의 제도나 그 운용의 대략을 소개하였다. 마찬가지로, 국민의 전쟁책임을 생각하기에 앞서서 당시 국민이 국가제도 아래 어떻게 자리매김하고, 권력지배에 복속하고 있었는지, 또 권력의 지도에 의한 경우와 자발적인 의지를 통해, 어떻게 전쟁에 협력하고 활동하였는지에 대해 전반적으로 개관하여두자. 국민이 놓여진 역사적 상황을 충분히 알지 않고서는 전쟁책임의 존재나 각 단체와 개인의 책임유무의 경중을 논할 수 없기 때문이다.

이 책에서는 당시 일본 식민지 주민으로 전후 독립한 여러 민족에 대한 전쟁책임을 중시하고 있기 때문에, 본장에서 말하는 일본 국민이란 식민지 주민들을 제외한 내지 출신의 일본인으로 한정한다.

서절
일본 국민이 처한 역사적 위치

제국헌법은 국민을 천황의 신민으로 하고, 그 권리·자유는 천황의 은혜로 받은 것이며, 자연권으로서의 기본적 인권은 인정되지 않았다. 제국헌법에서는 '법률의 범위 내에서' 라든가, '안녕 질서를 방해하지 않고 신민의 의무를 저버리지 않는 한도에서' 라는 단서가 붙은 자유만이 인정되었다. 특히 중요한 것은 정신적 자유와 인신 자유에 대한 강한 제한이었다. '언론 저작 출판 및 집회 결사의 자유' 는 출판법·신문지법·치안경찰법·치안유지법·불경죄 등의 법률에 의해 사전 금지나 사후 형사 소추 위협 하에 놓여서 표현의 자유도, 알 권리도, 권력이 허용하는 범위에서만 행사할 수 있었다. 권력은 국민에게 알리고 싶지 않은 정보, 국민이 배워서 알면 곤란하다고 생각되는 지식·사상의 전달을 모두 압살할 수 있었다. 때문에, 국민들이 진실을 알고, 진실에 기초하여 다양한 의견을 교환하여 최선의 길을 선택하는 것은 극히 힘들었다. 연극과 영화는 오락으로 간주되어 법률에 의하지 않고 행정입법에 의해 규제되었다. 라디오 방송은 국가가 관장하여 다른 미디어에 준 제한된 자유마저 부여되지 않았다. 신사참배는 '신민의 의무' 로 규정하고 있었다. 국교로서의 신사·신도는 형식상

'종교' 가 아니라고 하면서도, 신사참배는 신앙의 자유라고 해도 국가 신도와 공존하는 한도 내에서의 자유밖에는 인정받지 못했다. 현실의 국가를 상대화하여 절대자를 국가나 군주 위에 두는 신앙은 허락되지 않았던 것이다.

학문의 자유와 교육의 자유도 헌법의 명문으로는 보장되지 못했다. 조리상 이러한 자유의 보장이 있었다는 학설은 있지만, 성문법으로는 인정되지 못하였다. 대학 · 고등전문학교에는 어느 정도의 범위에서 연구의 자유와 교육의 자유를 묵인하였으나 여기에도 한계가 있었다. 권력이 '반국가적' 이라고 인정하게 되면, 학문의 자유와 대학의 자치는 간단히 유린되었다. 15년 전쟁기에는 대학교수에 대한 탄압 사건이 계속 일어났다. 초등 · 중등교육의 내용은 국가가 그 내용을 완전히 장악하고 있어서 소학교에서는 국정교과서를 중등학교에서는 검정교과서를 사용하도록 의무화 하였다. 교사는 그 내용을 충실히 가르치고, 아동 · 생도는 그것을 충실히 학습하도록 강요되었다. 소학교 교육이 '의무교육' 인 것은 '충량한 신민' 이 되기 위해 부과된 국민의 의무로서의 교육이라는 의미였던 것이다. 1943년에는 중등학교의 교과서도 국정이 되었다. 〈3장 2절 1〉에 예시한 것과 같은 내용의 국정 · 검인정 교과서는 천황지상주의 · 국가절대주의 · 군국주의의 정신이나 가부장적 가족도덕 등 획일화된 이데올로기를 주입하는 역할을 했다. 국민의 대다수가 그와 같은 사상을 갖게 되고, 권력이 원하는 방향으로 행동하는 인간으로 육성되는 결과가 초래된 것은 필연이었다. 학교교육은 국가 권력이 국민 의식을 지배하기 위한 가장 유효한 메커니즘으로 작용하였던 것이었다.

15년 전쟁이 진행되는 중에 정신적 자유는 극도로 억압되어, 알 권리와 학습권은 대폭 축소되었다. 특히 전쟁에 관한 정보는 군 당국의 발표를 그대로 보도해야 했다. 일본군의 모략이나 잔학행위, 전황 악화 등 군대에 불리한 내용은 일체 알려지지 않았기 때문에 국민이 전쟁의 진상을 알 길은 없었다. 앞장에서 서술한 것과 같이 중국이나 이웃나라에 대한 침략·가해나 미국과 영국에 대한 전쟁 개시에 이르는 외교 교섭도, 정부와 군부가 행한 전쟁준비도, 모두 국민에게는 알려지지 않았다. 전쟁과 강화에 대해 국민의 의견을 듣고자 하는 기회가 없었음은 물론, 어떠한 방향으로 조국의 운명을 좌우하는 결정이 내려지는지 조차 알지 못한 채로 갑자기 관동군의 봉천 점령이나 미국과의 개전 뉴스를 접하게 된 것이 당시의 실정이었다.

전쟁 후, 15년 전쟁에 대한 학문적·계몽적 저작은 전후 처음으로 공표된 기밀문서나 증언을 사료로 하여 개전에 이르는 경위나 전쟁의 적나라한 실태를 기술하고 있다. 그런 것들은 거의가 항복 후 비밀이 해제된 후에 이용이 가능하게 된 사료에 의한 것이다. 전후 세대 독자들에게 부디 부탁하고 싶은 것은 전쟁 당시 시점에서 생활하고 있었던 일반 국민 대다수는 전혀 알지 못하였음을 언제나 염두에 두고 읽어 달라는 것이다.

한편, 매스컴과 학교 교육에서 일본주의의 고취와 전쟁찬미의 소리는 날이 갈수록 높아졌다. 국정 교과서에는 신을 대신한 황국사관과 '성전'을 구가하는 내용이 넘치게 되었다. 그와 같은 교과서로 교육을 받은 소년 소녀들은 일본이 행하고 있는 전쟁의 정당성과 필승을 믿어 의심치 않았다. 특히 경찰이나 헌병 스파이가 사생활에까지 침투하여 전황이 나빠짐에 따라 심신이 고통스러워 내심 전쟁이 싫어지더라도 감히 말을 하거나 글로 쓰지 못했다. 이러한 행위를 하기 위해서는 위험을 각오해야 했다.

제국헌법에는 국민에게 '법률에 의하지 않고서는 체포 감금 및 심문처벌을 받지 않는다'는 권리를 준다고 규정하고 있으나, 피의자·피고인의 권리 보호는 전혀 지켜지지 않았다. 위경죄 즉결례에 의한 구류나 행정 집행법에 의한 검거에 의해 형사소송법의 절차를 일탈한 체포·구류가 공공연히 이루어졌다. 뿐만 아니라, 아무런 법률적 명목이 없는 임의동행, 임의구류 등이 강행되었다. 경찰서에서의 고문은 일상사였고, 경관의 폭행으로 숨진 경우에도 책임을 물을 수가 없는 실정이었다. 비위생적이고 가혹한 구금생활로 인해 숨진 사람들도 적지 많았다.

제국헌법이 보장하고 있는 일반국민의 신체 자유가 이러한 상황에 있었으므로 제국헌법이 보장하지 않는 군인의 군대 내에서의 생활이 어떠했을지는 충분히 짐작할 수 있다. 그들의 인권이 또한 무시되었다는 것은 이상한 일이 아닐 것이다. 3장 서절에서 언급한대로 군대에서도 사적 제재는 금지되고 있었음에도 불구하고, 상관이나 고참병에 의한 사적 제재가 오히려 군대교육을 위해 필요하다고 인정하고 있었다. 병졸의 입장에서 볼 때에 군대는 경찰과 함께 대일본제국이 공인하는 무법지대였다고 말해도 좋을 것이다.[14]

제국 신민인 남자는 이 무법지대인 군대에서 병역 의무를 지고, 일정한 연령에 달하면 징병검사를 받아 체격의 우열에 따라 소요인원

14 이 절에서 서술하는 15년 전쟁기의 국민이 처한 역사적 위치에 대하여, 법률적 측면에 대해서는 졸저 『역사 속의 헌법 上』 제4장 제2절, 졸저 『태평양전쟁』 제1편 제2장·제2편 제5장에 상세히 서술하였다.

만큼 현역병으로 징집되었다. 전쟁이 진행됨에 따라서 징병 적령은 점차 낮아졌으며, 또 징집 범위도 넓어져 체격이 열악한 사람까지도 징집되는 상황이 되었다.

군대 내에서의 생활은 가혹하였지만, 당시 일본 농촌에서는 더욱 가혹한 육체노동을 견디면서 낮은 생활수준을 영위한 농민도 많았기 때문에, 병사들 중에는 군대에서의 복무나 급양을 고통으로 삼지 않고, 스스로 하사관을 지원하여 장기 복무를 원하는 자들도 있었다. 그러나 해군사관학교나 육군사관학교를 졸업하고 처음부터 장교로 복무하는 젊은 간부들 밑에 근무하는 하사관과 병사의 심리에는 엄격한 계급서열로 인한 불만이 축적되어 있었다. 그 불만이 하급자에 대한 억압으로 전화되어 모든 중압이 신병에게 집중되거나 동시에 전장에서 적병이나 점령지 주민에 대한 잔학 행위로 나타났다. 같은 민족이면서도 타인의 인권을 태연히 짓밟는 한 군인이 타민족의 인권을 짓밟는 것을 주저하지 않았다는 것은 이상한 일이 아닐 것이다.

이상과 같이 국민이 제도적으로 권리·자유를 보장받지 못한 것은 제국헌법이 인권보호를 목적으로 하지 않는 외견적 입헌제 헌법이기 때문이다. 동시에 일본 사회가 그 본질에 있어서 뿌리 깊은 전근대적 공동체 질서를 유지하고 있었기 때문이기도 하였다. 관리 만능과 개인의 자주성의 결여가 제도와 사회 사이의 악순환으로 이어져 전쟁기 일본인 생활의 특질을 이루고 있었던 것이다.

메이지 민법은 에도시대 봉건사회의 가부장적 가족제도를 근대 일본의 가족법으로 존속시켰다. 뿐만 아니라, 무사 가족법이었던 가독 상속인의 단독 상속제도를 전 국민에게 파급시킴으로 가족법의 봉건성을 더욱 강화시킨 측면도 있다. 물론 현실의 가족생활은 기생지주제적인 농촌 구조가 일본적 자본주의 발달을 보완하는 것으로 강고하게 유지되었기 때문에, 지주지배 농촌공동체의 신분제도와 가부장지배의 가족 신분제도가 결합하여 그것이 국가 차원에서 천황 절대 신분지배질서 기반을 이루었다. 일본의 미풍양속으로서의 가족제도가 '국체의 기초'가 된 것은 그 단적인 예라고 말할 수 있을 것이다. 3장 서설에서 서술한 천황의 초법적 권위도 정치적으로 만들어 진 것이라고는 해도, 이 같은 사회 구조의 기초가 있었기에 형성될 수 있었던 것이다.

따라서 법적인 제재 이전에 천황에 대한 공경의 결여는 '비국민' '국적國賊'으로 사회적 박해를 받을 수밖에 없었고, 천황을 정점으로 하는 권력 기구에 대한 비판이나 저항 역시 있을 수 없는 일이었다. 천황을 대원수로 삼는 군대는 '황군'이라 불리며 천황과 거의 같은 권위를 누렸다. 군에 대한 비판은 '반군적'이라는 한마디로 '비국민', '국적'과 같은 박해를 받아야 했다.

국가에 국민 각 개인을 통합하는 매개인 조직은 자연 집단으로서의 가족공동체나 농촌공동체 외에 인위적으로 창설된 여러 가지의 민간 조직이 있다. 여기에는 보충병을 포함하는 재향군인 조직인 제국 재향군인회, 청년들 모임인 청년단, 주로 상류 부인이 메이지 시대부터 군인 원호를 위해 조직한 애국부인회, 15년 전쟁 기에 넓은 계층의 부인을 전쟁 협력에 동원할 목적으로 결성한 대일본국방부인회 등이 있었다. 이러한 조직은 거의 모두가 정부나 군과 결합되어 정부나 군의 지도를 받고 있었다. 특히 재향군인회는 1936년에는 칙령에 의한 공적 단체로서 군의 보조기관이 되었기 때문에, 순수한 민간단체라고 말하기 어렵지만, 어쨌든 전국에 지부·분회 등의 세포를 두어 민간 조직으로 국가의 정책 추진을 국민의 내부에서 활성화하는 역할을 하였던 것이다.[15]

그러나 이러한 유지들의 조직인 단체와는 달리 전국민을 그 일상생활에 밀착시

15 민간 전쟁협력단체에 대해서는, 구마다니 지로熊谷辰次郎의 『대일본 청년단사』, 제국재향군인회 본부 『제국재향군인회 30년사』, 미쯔이 사부로三井光三郎의 『애국부인회사』, 대일본 국방부인회 총본부 『대일본 국방부인회 10년사』, 『계간 현대사 일본군국주의의 조직적 기반 재향군인회와 청년단』(1978년 9월호), 도이 타다도시藤井忠俊 의 『국방부인회』 등을 참조.

켜 모두를 국가적 통제 하에 집어넣은 린조隣組나 정회町會야 말로 15년 전쟁기에 민간조직으로 가장 실질적이고 가장 큰 역할을 수행했다고 말할 수 있다. 이들도 본래는 민간 자연발생적인 조직이었으나, 15년 전쟁기에 특히 물자가 궁핍하여 일상생활필수품이 배급제로 바뀌자 배급기구로 이용되고, 전쟁 말기에는 공습시 소방활동 조직으로써의 기능도 짊어졌다. 1940년에는 '부락회 및 정내회', '인보반', '시정촌회' 를 정비하라는 내무성 훈령이 내려져서, 1943년에는 시정촌제 속에 정내회와 부락회가 자리를 잡고, 이들 조직은 민간조직이면서도 권력의 하청기구로 지역 수준에서 국책 협력을 확보하는 반은 공적 성격

16 인조隣組(반상회), 정내회町內會(마을회의) 등에 대해서는 아키모토秋元律郎의 『전쟁과 민중 —태평양전쟁 하에서의 도시생활』, 창가학회創價學會 청년부 반전출판위원회 『전쟁을 알지 못하는 세대에 46인조隣組와 전쟁』 등을 참조.

을 부여받은 것이었다.[16]

국민이 지배층에 협력하는 방향으로 조직되어 가는 반면에 국민 참정권이나 생활권을 지키기 위한 자주적인 조직은 차례로 파괴되었다.

공산주의 활동은 처음부터 불법으로 처리되었고, 철저한 탄압으로 지하운동도 거의 소멸되었다. 1940년에는 기성정당도, 무산정당도 모두 해산하여 중의원은 개설 이래 처음으로 정당이 없는 의원이 되었다. 같은 해 노동조합 전국 조직이 차례로 해산되었으며, 노동자·소작농

민의 생활권을 옹호하기 위한 조직도 모두 해체되었던 것이다.

원래 국민이 국정에 참여할 수 있는 제도로 중의원 의원 선거권만 있을 뿐이었다. 그 중의원의 권한이 매우 협소하였음은 3장 서절에서 소개한 바이며, 군 통수권도 전쟁 개시도 제국의회가 간여할 수 없는 천황의 독재 대권에 속하고 있었기 때문에 제도면에 한정하여도 국민이 군의 행동이나 전쟁의 개시·수행에 자신의 의지를 반영할 수 있는 길은 없었다. 게다가 아래서부터 국민의 의지를 실질적으로 대변할 수 있는 조직이 괴멸한 후에 국민은 단지 '상의하달'이라는 일방적인 압력에 지배당하는 존재일 뿐이었다.

그러나 독일 나치스나 이탈리아의 파쇼와 같은 파시즘 체제에 국민을 조직적으로 결집하는 일당독재 체제가 끝내 성립하지 않은 것은 같은 추축국 가운데 일본만의 특색이었다. 대정익찬회에 그러한 경향이 보이기는 하지만, 나치스나 파쇼와는 비교할 수 없는 무력한 것으로 기껏해야 중의원 의원 선거에서 '익찬선거'를 위해 권력에 협력하는 정도에 불과하다. 일본 파시즘은, 국가 기관이 권력을 강화하면서 국민을 전쟁에 동원하는 형태로 진행되었으며, 국민에 의한 아래로부터의 통일적 조직 기반은 최후까지 형성되지 않은 채로 패전을 맞이하였다.

1절
일반 국민의 전쟁책임

여기서 '일반국민' 이라고 함은 전쟁을 기획하거나 실행 · 추진할 권한이 있었던 국가기관의 지위에 있었던 사람들을 제외하고, 피치자의 지위에 있었던 국민을 의미한다. 국민의 실질적인 사회기능은 소속된 계층, 사회적 지위, 직업, 남녀노소 등의 구별에 의해 천차만별이다. 예를 들면 거대한 금융자본가 · 산업자본가 등의 경우에는 실질적으로는 권력을 행사할 국가기관의 지위에 있는 것과 마찬가지이고, 때로는 실질적으로 그 이상의 힘을 갖고 있다고 보아야 할 필요가 있을 경우도 있다. 그 중에서 금융자본가 출신으로 고노에 내각의 대장대신 겸 상공대신이 되고 그 후에 내각참의 · 추밀고문관이 된 이케다池田成彬나 산업자본가 출신으로 코메우치米內光政 내각의 상공대신, 고이소小磯國昭 내각의 군수대신 등을 역임한 후지와라藤原銀次郎처럼 국가 권력 요직에 취임하여 독점자본의 의지를 국정 운용에 실현하는 역할을 수행한 사람들도 있었다. 때문에 이른바 재벌 독점자본가들은 형식적으로는 권력을 행사할 공적 기관의 지위에는 없는 민간인이지만 일반 서민들과 함께 분류하는 것은 적당하지 않다.

다만 나는 재정사 · 경제사에 대해서는 문외한이므로, 재벌이 전쟁의 개시 · 수행에 관여한 구체적 실태를 밝힐 능력이 없다. 따라서 독점 자본가의 전쟁책임에 대해서 본서에서는 일체 언급하지 않겠다.

또한 국민대중의 의식에 영향력을 준 언론 · 학문 · 예술 등의 정신문화 생산에 종사하는 이른바 지식인, 문화인, 정보산업의 경영 · 편집에 종사하는 저널리스트의 역할도 평범한 일반대중과 동일시 하기는 어려울 것이다.

정치가 · 사회운동가 중에는 제국의회에 의원을 보내는 정당관계자나 퇴직한 문무관료, 특히 '원로', '중신' 이라고 불리는 수상급 사람들이나 육해군 퇴직장관 등은 이미 관직에서 떠났다고 해도 권력과 연동하는 힘을 갖는 경우가 많았으므로, 국가기관의 지위에 있었던 사람들과 같은 책임을 물을 여지가 있다. 그 극단에 서서 권력의 박해를 받으면서 활동하였던 반체제 사회운동가의 경우에는 그 운동이 전쟁을 저지하는 데 유효하였는지에 대해 다른 관점에서 문제가 될 수 있을 것이다.

이처럼 한 마디로 일반국민이라고 말하여도 그 사회적 다양성으로 인하여 그 책임의 유무나 정도를 세밀하게 논하는 것은 어려운 일이므로 여기서는 가장 명료하고 전형적인 사례를 살펴보는 데 그치고자 한다.

앞에서 예시한 사회적 영향력을 갖는 사람들 중에서 적극적으로 전쟁에 찬동하고, 국민의 전쟁 추진 협력을 고무한 사람들의 전쟁책임은 국가 기관의 지위에서 전쟁을 수행하였던 사람들과 거의 같은 책임을 물어야 한다. 그러나 서절에서 언급한 바와 같이 알 자유도 표현의 자유도 주어지지 않았던 상황에서 항상 심신 양면에서 권력의 통제 하에 있었던 대다수의 국민에게는 피해자의 측면이 크다는 것은 말할 필요도 없다. 특히 전쟁에 참가하거나 협력하는 것을 좋아하지 않고, 단지 전쟁에 반대하거나 전쟁 협력을 거부할 자유가 없었기 때문에 어쩔수 없이 시대에 순응하여 온 사람들의 경우 피해자적 측면이 더 크다. 그러나 그들을 포함하여 일본인인 한 일본 국가의 가해 행위에 자진해서 가담하거나 혹은 이를 저지하지 못한 책임이 있다고 말하지 않을수 없다. 즉, 일본 국가에 대해서는 피해자로서 권력 행사자를 문책할입장에 서게 되지만, 동시에 일본 국가에 의해 피해를 받은 식민지 민족이나 피침략민족에 대해서는 가해행위에 대해서 적어도 도덕적인의미에서의 연대책임을 가져야 할 것이다. 미국의 원폭투하·무차별공습 등의 피해자, 소련의 참전 이후 소련에 의해 피해를 입은 사람들은 미국 혹은 소련의 전쟁책임을 물을 권리가 있으며 동시에 일본이미국과 소련에 대해 행한 가해행위에 대해서는 그것과 직접적인 관계가 없다고 해도 일본인으로서의 연대책임을 면할 수 없는 것이다. 일반 국민의 전쟁책임을 이처럼 구별하여 각각 다른 차원에서 문제를 처리해 가는 것이 책임 문제의 혼란과 왜곡을 방지하기 위해 필요한 방법임을 거듭 강조하고 싶다.

우선, 지식인·문화인의 전쟁책임에 대해 극단적인 사례의 검토부터 시작하자. 1932년 일찍이 나타난 문예작가의 전쟁찬미 작품으로나오끼直木三十五의 『일본의 전율』을 들어보자. 그것은 극히 노골적인 표현을 직접적으로 사용하면서 중국 침략을 고취한 작품이다. 이는등장인물의 말을 통해 드러났다.

원래 미국은 일본인 이민을 금지했다고 하지 않는가. 그러므로 증가하는 인구의 배출구를 만주에서 구하겠다는 데 미국이 왜 그것까지 간섭하는가. 미국도 원래 북미국 동해안에 조그만 토지밖에 없었는데 필요상 텍사스를 취하고, 캘리포니아를 취하였던 것이다. 놀리고 있었던 인디언의 토지를 미국인이 취한 것이 긍정되듯이 중국의 토지를 일본이 취하는 것은 같은 일이 아닌가―중국인을, 인간이라고 생각하기 때문에 그게 잘못이다. 그들은 괴물이다. 괴물을 퇴치하기에는 무력 외에는 없다. 우리가 망설이면 얼마든지 독기를 품고 덤빈다. 이들이 그런 편의대便衣隊를 잡아서 해치우는 마음속에는 우리 내지인이 알 수 없는 복수심이 숨어있는 것입니다. (중략) 나도 잔혹하다거나 사리에 맞지 않는다는 말을 종종 듣습니다만 이러한 경우 우선 각각의 편의대인지 그렇지 않은지 구별되는 것도 아니고 (중략) 미국인이 일본인이 편의대를 죽였다고 해서 비난하고 있지만, 외국인에게―피해를 받지 않았던 모당毛唐에게 이 울분이 이해됩니까.

어쨌든 중국인은 인간이라기보다는 교활한 짐승이라고 생각하면 좋아. 그들과 이웃하고 있는 나라가 어떻게 짐승을 대할 것인가 하는 일이다. 이를 인간처럼 취급하고자 하기 때문에 외교관 등 일반외교론 제1장에서 좌절하는 것이야.

위의 표현에 중국침략과 중국인에 대한 잔학 행위의 정당성이 적나라하게 주장되고 있다. 이 작품은 중국과의 전쟁 수행과 그 과정에서 행해진 수많은 잔학 행위의 근저에는 이와 같은 심리가 존재하고 있었음을 있는 그대로 표현하고 있다. 이 작품이 현실적으로 중국인에 대한 가해 행위의 선동에 얼마나 효과를 주었는지, 정확히 확인되지는 않지만 지식인으로서 명확한 판단에 기초하여 활동한 책임을 물어야 하는 사례로서는 충분하다 할 수 있다.

미국과 영국과의 전쟁 개시에 임해서는 중국침략 개시 직후의 나오키直木와 같은 '선구적' 결단에 의해서가 아니라, 많은 지식인이 당시의 호전적 사조에 편승하여 일제히 전쟁찬미의 대합창에 가담하였다. 1943년 간행된 야나기타柳田新太郎편 『대동아전쟁가집 애국편』에는 당시 일류 시인이 모여서 전쟁에 대한 무조건 찬가를 바치고 있다.

- 야마토의 천황의 높음을 알지 못하고 거대한 아시아의 햇빛 지금은 (北原白秋)

- 영국군이 이르는 곳에 나타나는 비겁함을 눈앞에 본다. (窪田空穂)

- 「대동아전쟁」이라는 일본어의 울림이 큰 이 말을 감청하다 (齊藤茂吉)

- 승리의 흥분에, 목소리 저절로 커진다. 싱가포르를 쟁취하였다.(釋迢空)

- 용서할 수 없는 불순무례를 이제야말로 실력으로 때려눕히자.(土岐善麿)

- 강한가 하늘을 두려워하지 않고 땅에 부끄럽지 않은 전쟁을 (与謝野晶子)

- 지금부터는 일본양이라고 이름을 바꾸리 우리 것 태평양을(尾上柴舟)

그러나 문예작가 중에는 다음과 같은 감상을 은밀히 일기에 적어 놓은 나가이永井荷風와 같은 사람들도 있었다.

1941년 6월 15일, 일본과 중국의 전쟁은 일본군의 장작림 암살 및 만주침략으로 시작된다. 일본군은 '난폭한 중국을 응징한다(폭지응징)' 는 명목으로 중국의 영토를 침략하기 시작하였으나, 장기전으로 어려워지자 마음대로 명목을 바꾸어서 '성전聖戰' 이라고 칭하는 무의미한 말을 사용하기 시작하였다. 유럽의 전란으로 영국군이 쇠약해지자, 일본 정부는 독일과 이탈리아에 추종하여 남양 진출을 기도하기에 이르렀다. 그러나 이는 무지한 군인들이나 기도할 일로 일반 인민들이 기뻐할 일은 아니다.

국민 일반이 정부의 명령에 복종하여 남경 쌀을 먹고도 불평하지 못함은 공포 때문이다. (중략) 오늘날에는 충효를 간판으로 하여 신정부의 마음에 들도록 독려하기 때문이다. 원래 일본인에게는 이상이 없고 강한 자를 추종하여 그날그날을 편안하게 보내는 것을 제1로 삼는다. 오늘날의 정치혁신도 무진혁명도 일반 인민에게 있어서는 아무런 차이도 없다. 유럽 천지에 전쟁이 끝날 때에는 일본의 사회 상태도 역시 변할 것이다. 오늘은 장래를 예언할 수 없다.

1943년 12월 31일, 올 가을 국민병 소집 이래 군인전제정치의 해독이 사회 각 방면에 파급되었다. 아버지는 44~45세에 조상 대대로 내려오는 가업을 잃고 직공이 되었으며, 아들은 16~17세에 학업을 포기하고 직공이 되고 병졸이 되어 전쟁터에서 죽었으며, 엄마는 음식이 없어서 유아의 양육에 고통을 받는다. 거국적으로 모든 사람이 무거운 세금 부담에 허덕인다. 지금은 승패를 떠나 하루라도 빨리 전쟁이 종료되기만을 기다린다. (중략) 오늘날의 군인 정부가 하는 일은 진시황제의 정치와 비슷하다. 국내 문예 예술을 박멸한 후에는 극장을 폐쇄하고 채권을 불태워서 사유재산을 없애는 지경에까지 이를 것이다. 그리하여 일본 국가는 멸망할 것이다.

같은 문예작가이지만 이와 같이 비판의 눈을 갖는 인물이 존재했다. 이러한 예를 든 것은 시국에 편승한 전쟁찬미 작품을 세상에 낸 작가들에게 시절이 그러하였다는 구실로 책임을 면하고자 하는 변명을 할 여지가 없음을 밝히고자 한 것이다.

개인으로서의 지식인·문화인보다도 더 큰 영향력을 국민에게 미친 것은 신문·잡지·라디오 등의 저널리즘이었다. 지식인·문화인의 단행본이나 학술예술 전문지등에 발표된 논문이나 창작은 독자가 한정되어 있지만, 매스컴의 보도는 대다수의 국민들이 접하고 있다. 대다수의 국민이 지식 · 정보 및 견해나 사고를 흡수하는 원천은 학교교육과 함께 매스컴이다. 따라서 전쟁에 대한 매스컴의 보도와 논평의 자세가 국민의 전쟁에 대한 인식을 규정하는 결정적 조건이었다고 말해도 좋을 것이다. 서절에서 언급한 대로 매스컴에 대해서는 신문지법 · 출판법을 비롯하여 여러 가지 치안입법이 이를 제한하고 있있다(라디오는 방송 개시 이래 사실상 국영이었다). 전쟁의 격화와 함께 규제는 점차 강화되고 전황보도 등은 대본영발표를 그대로 게재하는 관보와 같은 모습을 보였다. 그러므로 매스컴 산업 경영자와 종업원의 자유는 극히 좁았고 따라서 그 책임을 묻는 것은 좀 가혹하다고 생각된다. 그러나 매스컴 산업이 권력의 규제 때문에 양심에 따라 보도와 논평을 못했다고는 말할 수 없다. 또 스스로 적극적으로 호전의 욕을 북돋는 활동을 하였던 것도 무시할 수 없다.

예를 들면 일중 전면전쟁 초기에 『동경일일신문』(1937년 7월 21일 조간)을 보면 「난폭한 중국군을 응징하기 위해 세 번 교전」이라는 초대 특수활자의 가로 제목 아래에 「아군, 결연 응전 포격하여 적을 침묵시키다 / 통첩을 무시하고 갑자기 도전」이라는 세로 제목이 있다. 또, 30일에도 「북중국 숙청 · 정의의 소리」라는 가로 제목 밑에 「전광석화와 같은 작전, 2일만에 평진平津지대를 완전히 점거 / 이리하여 영정하永定河 좌안을 확보」라는 세로 제목을 들고 있다. 그리고 전쟁개시 당일인 41년 12월 8일 조간 1면에는 「동아시아 교란 · 영미의 적성이 극에 달하다」라는 가로 제목 하에 「단호히 몰아내는 길 외에는 없다 / 참는 것도 한도가 있다, 1억의 분노가 정점에 달하였다 / 매진하여 성업을 완수하자」, 「집요하고 악랄한 적성, 이 많은 사실들을 보라」라는 세로 제목의 기사를 싣고 있다(이 기사가 나간 때는 아직 개전이 공포되지 않은 시점이었다. 따라서 개전 뉴스 대신에 개전을 암묵의 전제로 그 정당성을 강조하는 기사로 채워져 있는 것이다). 이 모든 것들을 보면 필요 이상의 선정적인 문자를 사용하여, 독자의 적개심과 호전의식을 고양시키고자 하는 의도임을 알 수 있다.

매스컴은 권력의 규제에 의해 전쟁 보도를 강요받은 것에 불과한 것은 아니다. 자발적이고 적극적으로 전쟁의 확대와 추진에 독자들을 선동하는 역할을 담당하였다고 말할 수 있다. 에구치江口圭一의 「만주사변과 대신문大新聞」(『사상』 제583호, 『일본제국주의사론』 재록)을 보면 대신문大新聞이 보도는 물론 그 외의 강연회, 병기헌납운동, 소학교 아동의 작문모집 등을 통하여 중국과의 전쟁에 대한 국민의식을 고양시키는 사업을 계속 전개하고 있었음을 알 수 있다.

매스컴이 이처럼 자진하여 전쟁을 지지하고 전쟁을 선전하는 길을 택하였던 것이 유일한 선택이었을 뿐이라고 말할 수는 없다. '사회의 목탁'으로서의 저널리즘이 갖는 책무를 올바르게 자각한다면 적어도 앞서와 같은 자발적인 협력을 앞장서서 하지는 않았을 것이다. 아주 드문 예지만, 언론인 가운데에서 소신을 지켜 시류에 영합하는 것을 거절한 사람도 있었다. 설령 그러한 자세를 최후까지 유지하는 것이 어려웠다고는 해도 그들의 존재는 일찍부터 자발적으로 시류편승할 수박에 없었다는 주장을 반박할 수 있는 예가 된다.

그 한 예로 『후쿠오카일일신문』 편집국장 키쿠다케菊竹淳는 사설에서 5·15사건을 폭거로 규정하고 이를 지지하는 군부의 자세를 격렬히 공격하여 입헌정치를 옹호하고 파시즘을 배격하는 논진을 펼쳤다. 그리하여 군부로부터 노골적인 협박을 받았으나 이에 굴하지 않았다. 그는 결코 평화주의적 외교론자가 아니었다. 1927년에는 재중국 권익방어를 위한 출병을 지지하는 사설을 쓴 적도 여러 차례 있었다 (『福岡日日新聞』 6월 3일, 10일, 7월 7일, 17일, 22일, 8월 17일, 25일, 9월7일). 1930년에는 런던 군축조약 문제에 대해 해군 군령부측을 옹호하는 사설도 또한 여러 차례 쓰고 있다(『福岡日日新聞』 30년 4월2일, 6일, 29일, 30일, 5월 31일, 6월1일). 유조호柳條湖사건에 대해서도 '헛된 협조주의에 빠지지 말고, 의연한 태도로 일중관계의 근본적 해결을 기하지 않으면 안 된다' (31년9월20일), '단호하게 기정방침을 관철해야 한다' (11월 16일)라는 사설을 쓴 국권주의자이기도 하였다. 그러나 이는 그가 시류에 영합하여서가 아니라, 자주적 신념 하에서 행한 것이다. 그래서 일단 군대의 파쇼화가 수상을 살해하는 테러사건을 일으키고 입헌정치의 위기를 불러일으키자 그 필봉이 일변하여 군대를 견제하고, 군부와 파쇼를 통렬히 비난하는 사설을 쓴 것은 언론인으로서 당연한 일이다. 즉 이와 같은 동향이 국가에 얼마나 위험한 일인가를 사회에 강하게 호소할 책무를 자각하였기 때문이다. 예를 들면, 1932년 5월 18일 사설을 보면 다음과 같다.

이번 사건에 대한 육군성의 공표는 '벽두 제국 국내의 현상에 분격하여, 비상수단에 호소'하였다는 등 (중략) 육군성 이름으로 이번 사건을 암암리에 변호하고 긍정하려고 한다는 비난을 회피할 수 없다.

5월 21일 사설에서는 다음과 같이 서술하고 있다.

입헌정치의 생명은 무엇인가. 한마디로 말하자면 국민의 자유존중이며, 그 권리를 공인하는 것이다. (중략) 자유는 참으로 인간 생명의 가장 소중한 요소이며 생명 그 자체이기도 하다. 좋은 입헌정체에 많은 폐해가 있다고 해도 이 이권은 다른 어떠한 것과도 바꿀 수 없는 보물이다. (중략) 파시즘이란 무엇인가. (중략) 요컨대 인민의 자유를 부정하는 것이며, 관용한 정신을 파멸시키는 것이다. (중략) 이는 거국적으로 헌법 발포 이전의 상태로 되돌리려는 기도가 아닌가.

이와 같은 주장을 보면, 이 시점에서 군부를 중심으로 하는 파쇼 체제로 일본이 전락해가는 동향에 대해 정면에서 비판을 하고 있음을 알 수 있다. 같은 시점의 다른 매스컴 논조와 비교하여도 탁월하다고 말할 수 있다. 이와 같은 논조는 구류미久留米 주둔 제12사단 사령부의 강경하고 집요한 협박을 받으면서도 계속된다. 신문인으로서의 사회적 책임을 완벽하게 완수한 것이다. 키쿠다케는 1935년 후쿠오카일일신문사 부사장으로 승진하였지만 다음해 병으로 쓰러져 1937년에 세상을 떠난다. 저항은 끝나고 만 것이다.(이상 木村榮文 편저 『六鼓菊竹淳』에 의함)

또 하나는 15년 전쟁 돌발기에 『신농매일신문信濃每日新聞』 주필이었던 키류桐生悠悠의 사설이다. 그는 군부와 전쟁정책에 대해 직접적으로 비판을 행하였다. 기쿠다케菊竹와는 달리 중국과의 우호를 주장하였던 키류桐生는 '동양의 평화가 일본과 중국의 악수를 통해 실현됨'을 전제로 하여, 다음과 같이 말한다.

다만 자부하는 것만으로는, 그리고 이에 대항하기 위해 군비를 확장하는 것만으로는, 입으로는 평화를 외치면서 침략을 행한다는 의심을 받아도 할 수 없는 일이다. 외교상 평화관계를 유지하기 위한 어떠한 노력도 보이지 않고 군비확장을 주로 한다면 그렇지 않아도 우리를 모르는 구미각국은 바로 우리를 침략자로 간주할 것이다. 이것은 당연한 일이다.

이와 같이 논하여 일본의 군비 확장이 "일미전쟁을 초래할 가능성이 있다. 우리 스스로 '악마 포위'의 조건을 만들고" 있는 현상을 언급하여 1941년의 사태를 예견하고 있다(『信濃每日新聞』33년 8월 8일). 특히 「관동방공대연습을 비웃다」(8월 11일)에서는 다음과 같이 말하고 있다.

관동지역 상공에 들어온 적기를 쏜다는 것은 아군의 패배를 의미하는 것이다. 적기가 동경 상공에 들어온다면 적기의 폭탄 투하에 의해 목조 건물이 많은 동경시는 일거에 초토화될 것이다. 투하된 폭탄이 화재를 일으키고, 또 각지에서 불이 나서 아비규환의 아수라장이 연출될 것이며, 관동대지진 당시와 같은 참상을 나타낼 것이라고 예상한다. 따라서 이러한 실전이 장래에 결코 있어서는 안 된다. 만약 이러한 실전이 벌어지게 된다면, 방공연습으로 시도되는 것과 같은 대책은 전혀 도움이 되지 않는다.

이와 같이 말하며 〈3장 2절 2의 2)〉에서 소개한 미즈노水野廣德의 견해와 같이 공습에 의한 참화와 일본의 파멸을 정확하게 예고함으로써 중국침략에서 대미전쟁으로 옮겨가는 군국주의 노선에 엄한 경고를 가하고 있다.

『복일福日』이 군부의 협박을 받았음과 마찬가지로 『신해信每』

도 재향군인회의 협박이나 불매운동을 받았다. 『신해』 경영자는 이에 굴복하여 키류桐生는 회사를 떠나 매스컴 활동을 중지하게 되었다. 그후 키류는 나고야에서 개인 발행지 『타산지석』을 통해 반전·반파쇼 집필을 전개하다가 1941년 9월 패전과 육해군의 해체를 예언하는 유서를 남기고 세상을 떠난다. 전쟁과 파쇼체제에 대한 그의 저항은 야나이하라矢內原忠雄의 개인잡지 『가신嘉信』이나 마사키 히로시正木 개인잡지 『가까운데서』의 사상적 저항과 맞먹는 것으로 전시하의 합법적 저항이었다(이상 오타太田雅夫, 『桐生悠悠의 반군논집』). 그러나 이는 매스컴 활동이 아닌 미니컴에 의한 개인적 활동의 역을 벗어나지 못하였다. 또 『신해』가 매스컴 기업체로 시류에 저항하여 그의 사설을 실었던 시기는 겨우 2개월에 불과하였다. 『복일』이든 『신해』든 둘 다 지방지이며, 그 반시국적 언론의 전개도 단기간에 끝났지만, 매스컴의 책임을 다하고자 하였던 것은 처음부터 시국에 편승하여 전쟁을 적극적으로 찬미하는 활동을 전개한 것과는 큰 차이가 있다. 일본 매스컴이 후자의 길을 걸었던 책임은 면할 수 없다.

민중에 대한 큰 영향을 갖는 정신활동분야로서 종교의 역할을 살피지 않을 수 없다. 국교로 권력과 일체화하고 있던 신사신도를 별도로 하면, 적어도 세속 정치적·사회적 권위를 상대화할 수 있는 보편적 종교, 구체적으로는 불교, 크리스트교 등은 세속국가가 추진하는 정책에 동조, 협력하는 것을 거부하거나 회피하고 신앙을 유지하는 길을 선택할 수 있었을 것이다. 그러나 실제로는 불교나 크리스트교 기타 교단종교는 국가의 전쟁 정책에 동조하고 협력한 것이 대세였다. 교직자가 선두에 서서 신도와 함께 적극적으로 전쟁수행에 봉사하였던 것이다. 특히 종교인이 중국이나 동남아시아를 침략하는 전쟁에 추종하여 점령지역의 포교활동을 행한 것은 일본 종교인의 대외 전쟁책임 소재를 더욱 단적으로 보여주는 것이다(中濃敎篤, 『천황제 국가와 식민지 전교』, 『강좌 일본근대와 불교6전시하의 불교』). 1944년 부활절에 일본 기독교단 통리자 도미다富田滿의 이름으로 발행된 소책자 『일본 기독교단이 대동아공영권에 있는 기독교도에게 보내는 서한』에 있는 다음과 같은 문장은 일본 종교인이 책임을 면할 수 없는 하나의 증거라 할 것이다.

서전 이래 황군에 의해 얻은 전과와 업적은 우리 일본의 성전의 의의를 명확히 표시하고 있는 것은 아닌가. 그들의 부정과 불의에서 동아시아 민족이 해방되는 것은 하느님의 거룩한 의지이다. 「하느님은 교만한 자를 거부하고, 겸허한 자에게 은혜를 주신다」(야고보서 4장 6절). 미국과 영국의 교만함을 무엇으로 배격할 수 있을 것인가. 황군의 장병들에 의해서이며, 지상에 정의를 실현하기 위해서 일어난 동아시아 민중들의 힘에 의해서이다. 그러므로 이 거룩한 전쟁에 우리 일본과 함께 동고동락하여 소기의 목적을 달성할 때까지 싸우고자 굳게 결의하고, 혼연히 협력을 하자. 이에 따라 대동아 천지의 우리 일본인과 함께 여러분 대동아 민족이 해방전쟁, 사탄의 횡포에 대한 일대 섬멸전의 진군을 고하는 나팔소리를 크게 불었던 것이다. (중략) 형제들이여, 여러분과 우리를 맺는 제1의 유대는 같이 이 성전에서 싸운 전우 동지라는 깊은 인식이다.(『복음과 세계』 1967년 5월호 게재문에 의함)

그러나 종교계 전체에서는 극히 적은 예에 불과하겠지만, 소수이면서도 전쟁에 반대하여 그 신앙을 관철하였던 무교회 크리스트교

신자 야나이하라 타다오矢內原忠雄와 그 문하(『嘉信』, 『通信』 등)와 등대사燈臺社・프리마스 브레즈렌파 등의 기교교파(동지사대학 인문과학연구소편『전시하 저항의 연구』I II, 이나가키 신비稲垣眞美『병역을 거부한 일본인』 등), 그리고 대본교大本教의 교조教祖(『대본 70년사』 하권, 데구치 교우타로出口京太郎『巨人出口王仁三郎』) 등도 있었다. 그들은 많은 탄압을 받기도 하였다. 그러나 대부분의 교단은 교단의 유지를 신앙의 순수성보다도 우선하여 자기 목적화 하였다. 그리하여 여러 종교교단의 대부분에게 전쟁책임이 있다고 할 수 있다.

　　일반국민 대다수가 설령 그것이 학교 교육을 통하여 주입된 군국주의정신에 의한 것이었다고 해도 스스로 자진하여 적극적으로 전쟁을 지지하고 그 수행에 협력한 것은 명백한 사실이다. 군대 소집, 경제통제, 징용 등 권력에 의한 강제가 있어서 모든 것이 자발적 의지에 의한 것이라고는 말하기 어렵다. 하지만 명확한 혐전・반전 의식을 갖는 소수를 제외하면 어쩔 수 없이 전쟁 협력을 강요당했다고만 하기는 어렵다. '폭지응징(난폭한 중국을 응징하자)'도 '만몽 권익사수'도 대중 사이에서 일어난 강한 외침이었다. 특히 중국의 배일운동에 직면한 중국 거류민단은 일본군의 출병을 강하게 요청하였다. 따라서 중국 침략을 권력 계층만의 폭주라고 할 수 없는 것이다. 미국과의 싸움에서 서전의 대승리가 국민대중의 환희와 찬미를 받았음은 말할 필요도 없다. 앞서 소개한 지식인・문화인이 행한 중국 정복 선동이나 성전구가도 그들의 의식면은 대중의 의식과 동질이었으며, 전문적 기술능력을 빌어 문자화된 것에 불과하다.

　　본장 서절에서 권력의 작용과 어울려 국민 의식을 통제하는 데에 큰 역할을 한 공동체나 인위적으로 조직된 민간조직단체의 힘에 대해 서술하였다. 그런 집단의 지도자나 활동가는 자신뿐만이 아니라 다른 동포에 대해서도 강압적 태도로 자기의 신념에 동조할 것을 강요하는 것이 보통이었다. 그들이 전쟁에 동조·협력을 잘 하지 않는 동포를 비국민, 국적, 매국노 등으로 매도하면서 사회적으로 고립시키고, 권력이 움직이기 전에 국민의 사상과 행동을 전쟁지지로 획일화시키는 효과를 초래하였음은 분명한 사실이었다.

예를 들면 1944년 8월 방공강화일에 긴자銀座거리에서 쇠로 된 투구를 쓴 방공복장의 경방단원이 화복으로 외출한 노인을 질책하는 사진이 있다(마이니치신문사편, 『어떤 보도사진가가 본 쇼와 30년사』). 복장에 대한 비난정도라면 그런대로 참을 수 있겠으나 방공단원이 공습 하에서 불길을 피해 탈출하려는 주민의 피난을 저지하고 타죽으라고 촉구하는 일도 있었다. 북일본신문사편『도미야마富山 대공습』에는 도미야마富山시 센고쿠千石町에 사는 이시가와石川正信라는 사람이 피해야 한다고 생각하고, 어머니와 누이동생, 남동생과 함께 거리에 나섰다.

도로 한 가운데에는 방공반장이 양팔을 벌리고 서 있었다. 「도망가지 마라! 도망하는 놈은 비국민이다」라고 외치고 있었으나, 어머니와 누이동생, 이시가와와 남동생은 이를 아랑곳하지 않고 두 패로 나뉘어서 남쪽으로 피난하였다.

이시가와 일가는 생명을 구했으나, 같은 시에 사는 히나다日南田의 남편은 생명을 잃었다.

두 번째 공습이 있었을 때, 하나다 부부는 같이 밖으로 뛰쳐나갔다. 그러나 길에는 헌병대와 재향군인회 소속의 인간들이 있어서 "도망친다는 것이 무슨 소리냐!"라며 큰 소리로 비국민을 욕하고 있었다. 남편은 어쩔 수 없이 멈추어 서서, "당신 혼자 먼저 가 있어요"라고 아내만을 보내었다.

그 후 하나다의 남편은 시신도 발견되지 못한 채로 이 세상에서 사라진 것이다. 여기서는 헌병대가 모습을 나타내고 있고, 경방단이나 재향군인회의 인간들이 보조 역할을 수행하고 있으며, 권력과 연동하는 모습을 보이고 있다. 그러나 이 경우에도 권력에 붙은 민간인의 책임은 오키나와나 사이판에서 병사들에 의한 민간인 학살과 마찬가지로 동포를 죽음에 끌어들인 책임이라 할 수 있다. 위 책의 편자는 다음과 같이 말했다.

각 개인에게 있어서도 그렇겠지만, 소속기관으로서 방경단, 재향군인회, 방공반, 경찰서 등 당시의 하부지도기관이 고발당하지 않으면 안 된다. (중략) 종종 하인은 주인보다 더 횡포한 것이다. 하부지도기관은 상부 지도기관보다 지도자의 뜻을 더 잘 알고 있다. 아래서 조직이 생겨나 권력과 결탁하는 것은, 관동대지진때 자경단을 보면 안다. (중략) 공습시에 피난을 저지한 당시 경방단 등도 같은 역할을 수행한 것이다(이 문제에 대해서는 당시 경찰부 수송과 차석이었던 아카오赤尾芳慶도 '경방에 지나침이 있었다'고 인정하고 있다)

이는 문제의 소재를 잘 지적하고 있다. 이는 극단적인 예라고 하겠지만 민간인도 전쟁참화를 확대하는 데에 기여한 책임이 있음을 명백히 하고자 한다.

여성이나 어린이가 오로지 피해자가 되는 경우가 대부분이지만 아무것도 모르는 젖먹이를 제외하고는 여성이나 어린 아이도 가해자의 측면이 있다. 예를 들어, '대륙의 신부' 라는 찬양으로 만주 개척민의 아내가 된 여성들은 객관적으로 보면 현지 거주 중국인의 토지를 수탈한 일본 개척단에 가담함으로 중국 민중에 가해행위를 한 것이 된다. 『아사히신문』 1980년 12월 10일 『여성도 전쟁을 담당하였다?』라는 기사에 의하면 오사카에서 국방부인회 간부였던 83세의 가타기리 요시노는 당시를 다음과 같이 회상한다.

어쨌든 전쟁에서는 이기지 않으면 안 된다. 지면 노예가 된다고 순수하게 나라를 지킬 마음으로 회원들은 마음이 일치하였습니다. 어떠한 일이라도 하겠노라고 의기에 불탔던 것이지요.

이 담화에 나오는 전형적 인물로 대표되는 열렬한 여성활동가가 국내 체제에 대해서도 예를 들면 가두에서 '파마하지 맙시다', '긴 소매는 잘라버립시다' 라는 슬로건으로 젊은 여성에게 비난을 가하거나, 그 외에도 전의를 고양시키기 위해 활발한 활동을 하였던 것은 당시를 아는 세대에게는 잘 알려진 사실이다. 여성이기 때문에 전쟁에서 수동적으로 피해를 받기만 한 것은 아니고, 전쟁 수행에 열심히 협력함으로써 동포나 타민족에 가해를 가한 것도 부정할 수 없는 사실이다.

쉬는 우리 대군의 용사들과 내 아들의 심부름은 참된 행복

가미무라 아키고神村照子(『지나사변 歌集 총후편』)

여자의 몸이라도 신하의 피는 뜨겁고 물불을 가리지 않아

도오야마 에이꼬遠山英子(柳田新太郎編『大東亞戰爭歌集애국편』)

이러한 심경의 토로를 보아도, 전쟁 추진에 몰두한 여성이 적지
않았음을 알 수 있다. 최근에 여성들 사이에서 이에 대한 반성이 나타
나고, 『내 자식들 여자와 전쟁』, 『여자도 전쟁을 담당하였다』 등 여성
의 전쟁책임을 논한 몇 편의 책들이 공간되었다.

위에서 열거한 것처럼, 민간인이면서 적극적으로 전쟁 추진에
협력한 사람들과 한편으로는 합법적 또는 비합법적인 비밀활동을 통
해 전쟁에 가능한 한 저항을 하였던 소수의 예외자와의 사이에는 전쟁
에 대하여 미묘한 자세를 취해온 많은 사람들이 존재한다. '어두운 골
짜기의 시대'에 편승하지도 않고, 죽지도 않고, 어떻게 살아왔는지 개
별적으로 조사하여 그와 같은 시대의 삶의 방식을 연구하는 것도 중요
한 과제이겠지만, 이 책에서는 그것이 주제가 아니므로 논외로 하겠
다. 그러나 적극적으로 전쟁에 협력하거나 국책에 편승하지 않았던 사
람들이라도 전쟁책임이 완전히 면제될 수 없음은 앞서 언급한 바이다.
다만, 그 책임의 성격과 경중은 각각 천차만별이므로, 책임의 정도를
인정하는 데에는 신중한 태도가 필요할 것이다.

소학생인 소년소녀가 학교 교육을 통해 주입 받은 교육을 그대
로 흡수하여 교육내용을 장악하는 권력의 바람대로 군국소년소녀가
되었음은 피해면에서 중시되어야 하며 책임을 묻는 것은 가혹하다고

생각하는 것이 타당할 것이다. 그러나 그들이 성인이 된 후에 소년기의 의식·언동을 자기비판할 수 있게 되었을 때에, 지나간 자신의 언동을 회고하고 차후 자신이 걸어야 할 길을 올바르게 선택하기 위해서라도 스스로의 점검과 반성이 필요하다. 성인들의 책임을 묻는 것과 같은 의미의 책임을 묻는 것은 불가능하지만, 책임 문제가 전혀 없다고는 말할 수 없을 것이다.

『아사히 그라프』 1932년 1월 1일 자에는 동경시 태명泰明 소학교 5, 6 학년 남녀 아동의 좌담회 발언이 기록되어 있으며, 당시의 소년 소녀가 얼마나 적극적으로 전쟁을 구가하였는지 참으로 잘 나타나있다.

기자 만주사변이란 어떤 일인가요.

가토 중국인이 일본인에 대해 매우 무례하였기 때문에 우리 일본 군인들이 이를 벌하기 위해 만주에서 중국군과 싸우고 있는 것입니다.

(중략)

기자 요즘 국제연맹이 까다롭게 굴고 있습니다. 국제연맹이라는 것을 어떻게 생각합니까.

가토 세계의 비겁자가 모여서 상담하는 곳입니다.

(중략)

기자 앞으로 일본과 미국이 전쟁을 하게 될 것이라고 생각합니까.

나카지마 모르겠어요.

후쿠사와 나는 일어날 것이라고 생각해요. 미국인은 건방떨고 있으니까. 한 번 본때를 보여주고 싶어요.

가토 미국인의 교만한 코를 꺾어 놓기 위해서 한 번 붙었으면 해요.

후쿠도미 나도 그렇게 했으면 좋겠어요.

주위의 어른들의 영향이겠지만, 여학생을 포함하여 성인들을 능가하는 전쟁 찬미를 표명하고 있다.

그들보다 10여년 아래인 세대에 속하는 베츠쇼 마키고別所眞紀子는 「옥쇄하는 용사를 따르라 소년병」이라는 소년병을 격려하는 표어를 만들기도 하였으며, 출정 군인들에게 위문편지를 써서 '멋지게 싸워서 무언의 개선을 해 주십시요' 라고 했다고도 한다(이즈미회 편 『주부의 전쟁체험기』 소수 「풀숲의 열기」). 비록 말뿐이라고 해도 여자 아동들까지 전사를 동포들에게 기대하는 것을 의아하지 않게 생각하는 심리에 빠져있었던 것이다. 그녀가 이것을 자신의 글로 회고하여 공표한 것은 피해자로서의 피해사실의 소개임과 동시에 아마도 자기비판의 의미를 포함한 책임감의 고백이라고 이해해도 좋을 것이다. 1933년 생으로 1943년에는 겨우 10세의 소학교 아동이었던 사쿠라기 도미오櫻木富雄는 6월 8일 『아사히신문』 나가노 판에 게재된 자신의 「애국작문」을 재발견하고 "이는 나 자신이 전쟁에 가담하였음을 증명하는 증명서이다. 그 죄는 어떠한 반성을 하여도 청산되지 않는다. 단지 10세의 소국민에 불과하였다고 변명할 마음은 없다"(櫻木, 『히노마루는 보고 있었다』, 후기)고 명언하고 있다.

당시 일반적인 대세와 대립하여 가혹한 박해를 받고 참으며, 옥중에서도 전향하지 않고 견딘 일본 공산당에 대해서도 전쟁책임이 문제가 된다. 전쟁 추진을 정면에서 반대하고 싸운 반체제 정치활동가로 주관적으로는 책임을 물을 여지가 없는 것처럼 보인다. 하지만 전쟁

저지를 위한 유효한 전략·전술을 창출하여 실천하지 못한 결과론적인 책임은 없는가라는 것이다. 『사상』1956년 3월호 「사상이라는 말」에 나타난 마루야마 마사오丸山眞男의 의견이 그러하다.

정치적 책임은 준엄한 결과책임이며, 파시즘과 제국주의에 관하여 공산당의 입장은 일반 대중과는 달리 단순한 피해자도 아니며 방관자도 아니고 바로 가장 능동적인 정치적 적수이다. 이 싸움에서 패한 것과 일본의 전쟁 돌입과는 무관할 수 없다. (중략) '죽어도 나팔을 떨어뜨리지 않았습니다'는 식으로 저항을 자찬하기 전에 국민에 대해서는 일본정치의 지도권을 파시즘에게 넘겨준 점에 대해 이웃 나라에 대해서는 침략전쟁 방지에 실패하였다는 점에 대해 각각 당으로서 책임을 인정해야 한다. 또한 유효한 반파시즘 및 반제국주의 투쟁을 조직하지 못하였던 이유를 대담하고 솔직하게 과학적으로 검토하여 그 결과를 공표하는 것이 지당하다.

전쟁기 통일전선 조직을 성공시키지 못한 논의에 관하여 야마모토 아키라山本明 「통일전선론에의 시좌 '프롤레타리아 독재'라는 슬로건을 둘러싸고」(藤原彰·松尾尊兇편 『논집 현대사』)에서는 제6회 코민테른대회의 「반전테제」는 좌익사회민주주의는 물론 급진적 평화주의를 포함하는 모든 평화주의에 대해서 무자비한 투쟁과 가차 없는 폭로를 행하여 '전쟁을 내란으로' 그리고 '소련과의 동맹 옹호'라는 원칙을 관철하지 않으면 안 된다고 강조하고 있다. 이것이 제7회 코민테른대회까지 코민테른 및 지부 공산당의 활동 원칙이었으며, "전쟁 전의 영웅적 저항은 실은 레닌주의의 깃발을 들고, 그와 같은 사상과 행동이 있을 수 있음을 보여주는 것에 의의가 있는 것으로 현실적 과제의 수행에 실패하였다고 비판하는 것은 너무 평론가적 태도라고 말하지 않을 수 없다." 이 원칙에 대하여 "통일전선론자 대부분은 섹터주의라는 이름 아래 부정적 평가를 받고 있다. 그러나 이러한 슬로건이 선진적 노동자나 지식인, 학생에게 얼마만큼 큰 충격을 주고, 또 큰 영향을 갖는가는 오랜 기간으로 평가하지 않으면 안 되며, 당시 '당면한 투쟁'으로 국면을 바꾸는 것이 가능하지 않았다는 것만으로 평가해서는 안 된다. (중략) 사상운동의 평가는 성급한 승패론과는 차원을 달리하지 않으면 안 된다"고 논하고 있다. 앞서 인용한 마루야마의 주장과는 대조적이라고 말할 수 있을 것이다. 필자도 "사상운동의 평가는 당면한 승패만으로 평가해서는 안 된다"는 야마모토山本의 견해에 대해서는 일반론으로서의 필자의 지론과 부합하므로 찬성하지만 일본 공산당 활동을 '사상운동'으로 한정하여 평가하는 것—물론 '사상운동'으로의 측면이 매우 중요하기는 하지만—이 과연 타당할 것인가 의문이다. 일본 공산당은 사상단체이기 보다는 반체제 정당으로서 정치활동을 주목적으로 조직된 것이었다. 그렇다면 '일본정치의 지도권을 파쇼에게 넘겨주는 것을 막고, 침략전쟁을 방지하기 위해' 할 수 있었던 현실적 가능성이 적었다고는 해도, '전쟁참화'를 부르지 않기 위해 최대한의 전략전술이 고안되고 실행되었는지 엄한 자기비판을 해야 할 책임이 있다고 할 수 있다.

　만철조사부의 『지나항전력 조사보고』를 작성하는 데에 큰 역할을 하고, 이를 통해 정부·군부에 대해 대중국 침략전쟁을 포기하도록 노력을 다하였던 나가니시 이사오中西功는 〈3장 1절 2〉에서 소개한 필자에게 서한을 보냈다. 그는 1941년 대미영 전쟁 개시를 결단할 때에는 미국의 대일양보를 획득, 일본이 중국침략을 포기, 전쟁개시라는 세 가지 선택의 길이 있었으며, 두 번째의 길 즉 헐 노트의 선을 수락하여 '9·18(유조호사건)' 이전으로 문제를 되돌리면 평화국가가 될 가능성이 단순히 논리적 뿐만이 아니라 현실적으로도 존재하였다고 하면서, 다음과 같이 논하고 있다.

그 두 번째 길은 당시 반전반군 통일전선의 길입니다. 그것은 실제로는 인민대중을 중심으로 하는 정치력, 예를 들면 공산당·사회당·평화주의자·친영미파·온건 원로세력·부르주아 의회주의세력 등의 일대 단결을 그 내용으로 하는 것이었습니다만, 이 세력은 이미 표면적으로는 박살난 상태였습니다. 그러나 그렇다고 해서 그런 세력이 모두 없어졌다고 생각하는 것은 그야말로 오해입니다. 고노에近衛의 대미교섭은 명백하게 그러한 세력을 배경으로 성립된 것입니다. (중략) 물론, 이 때에 이러한 반전반군 통일전선을 목적의식적으로 지도하는 참된 정치력은 희박하였습니다. 만일 일본국내에 지하에서 이 방향—이후에 고노에가 하고자 하였던 것에 대한 의의, 도조東條 등의 절망적 모험주의, 대전쟁을 피하고 싶어 하였던 일본인의 기분, 석유를 비롯한 전략물자 궁핍, 남양 자원은 현실적으로 도움이 안 되는 것, 중국 전선에서 일본군 상황, 독·소전의 현상 등을 체계적으로 선전이 가능하였다면 일본인의 상황은 전혀 달라졌을 것입니다. 지하방송이라는 형태로 이러한 일을 비밀리에 방송하기만 하였어도 매우 큰 역할을 하였을 것입니다. 그러나 그와 같은 구체적인 현실 투쟁이 없었던 것입니다. 내가 이 제2의 길을 문제로 삼는 것은 만일 진실로 반전투쟁을 생각하고 있던 사람들이 있었다면 이 제2의 길의 의미를 알지 못하면, 구체적인 반전투쟁은 불가능하다는 점입니다. 그러한 점에서 제2의 길은 단순히 논리적인 것은 아닙니다. 만일 그 길의 가능성을 선택 가능한 하나의 길로 생각하지 않고 '자멸인가 전쟁인가' 라는 식으로 문제를 파악하게 되면, 그 사람이 아무리 '반전' 혹은 '저항' 혹은 '천황제 타파'를 부르짖어도 당시의 반전투쟁에 대해 아무 것도 생각하지 않는 것이라고 나는 말하고 싶은 것입니다. 당시 참으로 일본이 반전투쟁을 생각하였다면, 고노에조차 한번 검토하였던 이 길을 어떻게 추진할 것인가를 생각하지 않고, 어느 시골구석에서 반전을 이야기하거나, 감옥 속에서 가슴을 펴고 '○○○ 타도!'라고 외친다고 해도 그것은 참된 반전투쟁이 아니라 에피소드 같은 사소한 일로 현실적인 힘이 되지 못한 것이지요.

당시 일본에 있어서 반전반군통일전선의 길은 이 제2의 길 내외에 있는 의의를 알지 못하고서는 올바른 반전투쟁, 즉 반전반군통일전선의 방침이 나올 수 없었던 것입니다. 그리하여 당시 일본 공산주의자・사회주의자・민주주의자・평화주의자로 제2의 길 내외의 의미(이 의미를 알기 위해서는 제2차 세계대전의 성격을 올바르게 이해하여야 할 필요가 있으며, 반전반파쇼 통일전선에 대해 올바르게 알 필요가 있습니다)를 이해하고 있었던 사람들이 몇이나 되었습니까? 나는 거기에 일본의 반전투쟁진영과 일본 국민의 불행이 있었다고 생각합니다.

나가니시中西는 '9・18' 이전으로 문제를 원상복구하고 평화국가가 되는 '제2의 길'을 일본이 선택할 가능성이 단순히 논리적이 아니라 현실적으로도 있었다고 주장한다. 이 주장에 대해 이를 당시의 반체제 정치운동 측이 취해야 했던 전략전술을 제시하고 실제로 반체제 진영이 행한 활동의 결여를 비판한 것이라고 이해한다면, 거기에는 반체제 진영 내부에 있었던 사람들에 의한 반체제 활동의 자기비판으로서 경청할 가치가 있다. 외부로부터의 초월적 비판인 마루야마丸山의 견해와 같은 방향으로서, 반체제 정치진영의 전쟁책임을 문제로 삼은 견해로 읽을 수 있을 것이다.

일반 국민의 전쟁책임을 생각할 경우, 그 대전제로서 일반국민이 국가의 정책에 어느 정도 영향력을 주었는가라는 문제가 존재한다. 본장 서절에서 서술한 바와 같이, 국민의 자유·권리가 원래 협소하였던 일본에서는 전쟁 개시나 계속을 국민의 힘으로 좌지우지할 가능성은 없었기 때문이다.

그러나 국민의 권리와 자유의 억압은 하룻밤에 강행된 것이 아니라, 오랜 세월에 걸쳐 서서히 진행된 것이다. 또한 억압의 방향으로만 진행된 것도 아니고, 그 사이에는 이완도 있으며 후퇴도 있었다. 어떤 시점에서는 불가능하였던 것도 가능하게 되었던 경우가 있었다. 구체적으로 어느 시점에서 어떠한 행위가 있으면 어느 정도 효과가 기대되었는지를 논하는 것은 너무 어려운 일이다. 예를 들어 앞서 서술한 나가니시中西功이 주장하듯이 1941년의 시점에서 헐 노트를 받아들이는 선에서 평화국가로 전환할 현실적 가능성이 있었다고 말할 수 있을까. 나로서는 이해가 안 되는 부분이다. 다만 일반론으로 말할 때에, 일본 국민에게 처음부터 전쟁참화를 회피하기 위한 노력을 할 여지가 전혀 없었다고 한다면, 전쟁의 결말까지 국민들에게는 피할 수 없는 숙명이었다는 것이 되며, 따라서 국민의 책임을 논할 여지도 소멸하는 것이다. 그러나 그렇게 생각해서는 안 될 것이다. 요시다 미쯔로吉田滿가 「한 병사의 책임」(『戰中派의 사생관』 소수)이라는 제목으로 쓴 글에서, '평범한 국민, (중략) 평균인의 능력밖에는 갖지 못한 사람이 어디까지 전쟁협력의 책임을 지어야 하는가 하는 설문'을 들어 다음과 같이 논하고 있는 것은 추상론에 그치는 유감이 있지만, 시사하는 점이 많다고 생각한다.

소집영장을 받게 되면, 이미 대항 수단은 없다. 그 이전에 적어도 전쟁 준비과정에서 이를 저지하지 않으면, 조직적인 저항은 불가능하게 된다. 눈에 보이지 않는 '전쟁으로 경사' 된 대세를 어떻게 막을 것인지에 모든 것이 걸려있다. (중략)

평범한 한 병사 혹은 한 시민에게 전쟁책임을 묻는 것은, 가혹하며 무의미하기 때문에 책임 그 자체가 존재하지 않는다고 주장할 수 있는 것일까. 그러나 나는 거기까지는 말하지 않는다. 이러한 혼미는 우선, 절대비협력인가 굴복인가만을 생각하고 그 중간의 가능성을 경시하기 때문에 나타나는 것이리라. (중략) 전쟁증오가 가장 깊이 내 마음에 뿌리를 내리고 있었다면, 전쟁 비협력에 한발이라도 더 내딛었을 것이다. 만약에 참으로 평화를 원하고 있었다면 하나하나 미세하여도 무수한 많은 기회가 주어졌던 것은 아닐까. (중략) 내 경우를 이야기하면, 전쟁인가 평화인가 하는 무수한 가능성이 중첩되면서 한 걸음씩 전쟁으로 빠져 들어가는 과정을 통하여 우선 무엇보다도 정치에 대한 놀라운 무관심에 병들어갔음을 지적하지 않을 수 없다. 또 국가와 국민의 관계에 대해서 국가의 의지를 자신의 문제로서 구체적으로 생각해 본 적이 한번도 없었다고 해도 좋을 것이다. 다른 사람에 대해 논하는 것은 본론의 뜻이 아니다. 그러나 이 의미에서는 아마도 다수의 국민이 똑같이 전쟁협력의 책임을 지어야 하지 않을까. (중략) 이와 같은 기본적인 전쟁협력책임, 전쟁 부정을 하지 않았던 책임을 다시금 확인하는 것이, 패전으로 국민이 뜨게 된 참된 눈이라는 것은 틀림이 없다.

그렇다면 어떠한 시점에서 평범한 한 시민 각자가 어떠한 일을 하였다면 평화의 가능성이 중첩될 수 있었을까. 그것은 일본의 근·현대사의 학문적 연구에 부과된, 극히 곤란하고도 절실한 문제라고 생각한다. 지금, 나는 여기에서 바로 답할 수는 없지만, 연구자로서 반드시 규명해야하는 질문임을 통감한다.

2절
'전쟁을 알지 못하는 세대'에게도
책임이 있는가

전쟁 중에 소년기를 보낸 사람들이라도 전쟁에 관계하였던 것에 대해 적어도 성장 후에 소년기의 자신의 언동을 반성할 여지가 있는 한, 책임이 없다고 할 수 없음을 앞 절에서 서술하였다. 그렇다면 전쟁 하에서 철없는 유아기를 보낸 사람들이나 전후에 태어나 전쟁과 관계없이 성장한 전후세대에는 전쟁책임이 전혀 없다고 생각하는 것이 상식이다. 그러나 '전쟁을 알지 못하는 세대' 는 전적으로 전쟁책임과 관계가 없는 것일까? 잘 생각해 보면, 문제는 그렇게 단순하지 않다.

　　예를 들면, 전후에 태어난 일본인이 해외여행을 하고 일본의 점령지역이였던 곳에 찾아가 거기서 일본군의 잔학 행위를 보존한 시설이나 희생자 추도비 앞에 서게 될 때, 혹은 일본군의 잔학 행위에 의해 희생된 사람들의 유족을 만났을 때, 자신이 태어나기 전에 일어난 일이기 때문에 자신과는 아무런 관계가 없다고 마치 제3자와 같은 얼굴로 대할 수 있을 것인가. 양식이 있는 일본인이라면, 설령 자신이 태어나기 전에 행해진 일이라고 할지라도 일본인으로서 태연하게 행동할 수 없는 부끄러움을 느끼지 않을까. 그렇게 느끼는 것이 당연하다고 생각한다. 그렇다면 왜 자신이 태어나기 전에 일어난 행위에 대해 부끄러움을 느끼고 거기에 적절한 대응을 하여야만 하는가.

그것은 세대를 달리 하여도, 같은 일본인으로서의 연속성 위에서 살고 있는 이상, 앞 세대의 행위에서 생긴 책임을 자동적으로 상속받았기 때문이다. 전후 세대라 하여도 그 육체는 전쟁세대의 자손으로 태어났을 뿐만 아니라, 출생 후 육체적·정신적 성장도 전쟁 세대가 형성한 사회의 물질적·문화적 조건들 속에서 이루어졌기 때문이다. 바꿔 말하자면, 전후세대의 심신은 전쟁세대의 물리적·사회적 유산을 상속하지 않고서는 형성될 수 없다는 것이다. 설령 전후의 격변한 여러 정황으로, 혹은 자신들의 새로운 창조적 노력에 의해 획득한 부분이 아무리 크다고 해도, 그러한 사실들조차 전쟁 전의 유산을 기본으로 이를 개조하거나 변용 하면서 형성된 것이지 이러한 유산과 관계없이 전쟁 후에 별천지에서 날아온 것은 아니다. 그렇다면, 전쟁 세대가 남긴 책임도 당연히 상속하지 않으면 안 된다. 개인의 유산 상속의 경우에는 상속을 포기함으로 부채 반환 의무를 벗어날 수 있지만, 일본인으로서 앞 세대의 육체적·사회적 유산 상속을 포기하는 것은 불가능하므로, 전쟁책임만을 상속하지 않는 것 역시 불가능하다.

일본 국가 기관의 지위에 있는 사람들이 전후세대로 교체되어도 법인으로서 일본 국가의 연속성이 존재하는 한 전쟁책임은 소멸하지 않는다. 국민들도 일본 국가의 주권자로서 국가 운영에 참여하는 지위에 있는 이상, 같은 책임을 갖지 않으면 안 된다. 국가와의 관계를 떠나서도, 민족으로서 일본인의 한사람이라면 민족의 일원으로서 세대를 넘는 연대책임에서 이탈할 수 없다고 생각해야 한다. 전후세대로 자신이 관여한 일이 아니라는 이유는, 전쟁책임의 문제를 해소하는 이유가 되지 않음을 깊이 명심하여 두기 바란다.

혹은 여기에 대해서 죄는 범한 사람만이 보상하면 충분하고 연대책임이라는 것은 "죄는 삼족에 미친다"는 연좌제나 다름이 없다는 반론이 나올지도 모르겠다. 그러나 봉건사회에서 가족이 연대책임을 지는 것과 근대국가에서 국가 · 민족의 일원으로서 연대책임을 스스로 지려 하는 것은 전혀 다른 것이다. 세습을 원칙으로 하는 봉건사회에서는 가족이나 부락 집단에서 개인의 독립이 곤란하고, 봉건지배자는 이를 이용하여 범죄를 예방하기 위해 연좌제를 설정한 것이었다. 그 경우 연좌제는 봉건적인 것이지 연대책임을 자각한 것은 아니다.

근대사회에서는 개인의 독립이 강화되고, 가족이나 공동체에서의 이탈이 용이하게 되었을 뿐만 아니라 국가 · 민족만으로 개인 생활이 매몰되지도 않는다. 국가 이외의 여러 사회집단의 구성원으로서의 생활도 있고, 국가 · 민족을 넘어 인류사회의 일원으로서의 활동도 가능하게 되었다. 그럼에도 불구하고, 국가 · 민족이라는 단위의 집단생활이 현재에도 중요한 비중을 가지고 있으며 여기서 이탈하는 것은 용이하지 않다. 국가 · 민족에 소속하는 구성원으로서 세계 인류사회에서 살아가는 한, 국가와 민족이 집단으로서 지어야 하는 책임을 분담할 의무를 갖는 것은 당연하다. 개인의 독립이 강하면 강할수록, 개인의 자발적 의지에 의해 그 책임을 지는 것이다.[17]

17 다만 한 가지, 개인에게 있어서 국가 · 민족의 일원이라는 무게가 전쟁 전에 비해 현저하게 저하되고, 세계 · 인류의 일원이라는 무게가 더 높아짐과 동시에, 일본국 헌법에 국적이탈의 자유라는 선구적인 인권 보장 규정이 있는 것처럼, 국적의 이동이나 소속 민족의 변경이 가능하게 된 세계사적 정황에 대해서 말해 두고 싶다. 패전 전후에 일본군 점령지역 주민들 사이에 남아 그 민족사회의 일원이 되어, 일본에 돌아오지 않았던 군인 · 군속 · 재류일본인이 상당수 있었다. 전후세대에도 어떠한 기회에 이와 같은 길을 걸었던 사람들이 존재하고, 앞으로도 나타날 것이다. 그리하여 일본인으로서 태어났으면서도 일본인이 아닌 타민족의 일원으로 변신한 사람들에 대해서는, 전쟁책임을 물을 수 없다고 생각한다.

시체들

5장

연합국 측의 전쟁책임은
무엇에 있는가

일본 국가와 국민의 책임에 대한 검토를 끝낸 단계에서 다음
으로 일본과 싸웠던 연합국 측의 전쟁책임에 대한 검토로 넘어가 보자.
동경재판에 대해 종종 가해지는 비난이 승전국 측의 전쟁책임은 불문
에 부치고 패전국인 일본의 책임 추궁만을 일방적으로 행하였다는 것
이다. 이 주장이 일본의 책임을 말소하기 위한 상쇄법으로 주장되는 것
이라면(노자키 아키히로野崎昭弘의 『궤변논리학詭辯論理學』을 보면
상쇄법이라는 것을 궤변의 전단계로서 강변술의 하나로 들고 있다) 문
제로 삼을 필요도 없지만, 일본의 전쟁책임과는 독립된 문제로서 연합
제국의 전쟁책임을 묻는 것은 전쟁책임론의 전체상을 구성하기 위해
서는 불가결하기 때문에 그런 의미로 여기서 논급하고자 한다.

그러나 연합국 모두가 일본에 대해 전쟁책임을 지는 가해 행위

를 한 것은 아니며, 행하였다고 해도 논급할 가치가 없는 정도에 그치므로 여기서는 미국과 소련 두 나라의 전쟁책임에 대해서만 검토하도록 하겠다.

예를 들면, 중국의 경우 항일전쟁 중에 행한 게릴라 공격이 전시 국제법을 위반한 것이었다고 해도, 압도적으로 우세한 장비를 갖는 일본군의 침략에 대해 전시 국제법이 정하는 규정에 따라서만 방어를 해야 한다고 요구하는 것은 기대할 수 없는 일이고, 정당방위로 인정해야 할 것이다. 개개의 구체적 행위를 보면 정당성을 일탈한 예도 있었던 것 같다.[18]

18 창가학회 청년부 반전출판위원회, 『전쟁을 알지 못하는 세대에게 42 중국대륙의 일본병』에 수록된 히가시나가 시코우東中志光 『군화의 혼적』에 보면 '중국 오지에 장사하러 온 일본인 거류민이 토막 나서 죽은' 사실이 기록되어 있다. 그 일본인 거류민이 왜 오지까지 와서 누구에게 왜 학살당하였는지─설령 일본군 스파이로 지목되어서 살해당하였다고 해도 비인도적인 행위로 비난을 면할 수는 없다. 그러나 일본군은 이것을 보고 눈이 뒤집혀서 차례로 중국인을 같은 방법으로 토막 내어 죽였으며, '수십 명의 여자, 어린이를 붙잡아서 토막을 내었다', '자발적으로 하는 병사들의 행동은 즐기는 듯 하였다' 라고 하였으니까 이를 가지고 중국인의 잔학함을 비난할 수는 없다. 게다가 이에 앞서서 일본군은 항복한 게릴라를 죽창으로 찔러 죽인 사실이 같은 책에 기록되어 있으므로 이러한 학살은 일본군이 먼저 모범을 보인 것이 아닌가.

1절
미국의 전쟁책임

미국이 일본에 대해 갖는 가장 큰 전쟁책임은 일본의 도시를 공습하여 수많은 비전투원을 무차별 학살한 점이다.

그 하나는 1945년 3월 10일 동경 대공습 이래 인구 밀집지역에 저공비행하며 소이탄이나 폭탄 등을 투하하여 많은 비전투원, 노약자, 여자와 어린이를 무차별 살상한 행위이다. 공습은 그 이전부터 개시되었지만, 제21폭격기단 사령관 카 치스 E. 르메이의 결단에 의해 3월 10일의 동경 공습이 이루어졌고, 새로운 공격 방법이 실행되게 된 것이었다(『동경대공습·戰災誌』 제3권 『미국 육군 항공부대사』 제5권). 1982년 미국 국립국회도서관이 발표한 미국립공문서관 공표 제21폭격기단 전술임무보고서(르메이 등이 작성)에는 '이러한 일련의 공격 목적이 일반 시민에 대한 무차별 폭격이 아니었음은 특필하여도 좋다. 목적은 이들 일본의 4대도시(동경, 나고야, 오사카, 고베)의 중심부에 집중된 공업과 전략상의 목표를 파괴하는 것이었다.' 라고 기술되어 있다. 그러나 이에 대해 오오오카 쇼우헤이大岡昇平는 '그러한 말은 지금에 와서는 설득력이 없다. 미군은 독일 함부르크, 드레스덴에서도 무차별 공격을 하고 있으며, 결과를 보면 동경공습이 무차별 공격이었음은 변명의 여지가 없다. (중략) 미군 내에서는 그때까지 군사목표주의를 내세웠던 지휘관이 경질되고, 새롭게 등장한 것이 무차별공격 전문가인 르메이 소장이었다'라는 비평담화를 하고 있듯이 비전투원을 무차별 학살하는 결과를 예측하지 못하였다는 것은 도저히 인정할 수 없다(『요미우리』,『아사히』각 1982년 8월 13일). 그 르메이가 전후에 일본 정부로부터 자위대 창설에 공헌하였다는 이유로 외국인으로는 처음으로 훈1등급 아사히 대수장大綬章을 받았음은 놀라운 사실이다.

소이탄이나 폭탄 공격뿐만이 아니다. 대소도시를 수차례 불태운 다음에는 P51전투기가 급강하하여 기총소사를 행하였다. 지상에서 조종사의 얼굴이 보일 정도의 저공으로, 도로상의 보행자나 여객열차 등을 공격한 것이다. 명백히 비전투원임이 확인되는 일본인을 다수 살상하였다. 이러한 행동이 전시 국제법 위반임은 말할 나위도 없다.

최근 오오타 마사히데大田昌秀가 미국 공문서에 의해 확인한 바에 의하면, 1944년 10월 10일 오키나와 하나那覇市시를 공습한 후, '일본 정부가 스페인 정부를 경유하여 미국에게 무차별 폭격ㆍ기총소사로 다수의 시민을 살상하는 것은 국제법과 인도주의 원칙에 대한 심각하고 중대한 위반이다'라고 항의하자, 미국 정부는 여기에 회답하지는 않았지만, 다만 검토 중에 '미국 정부는 지금까지 종종 민간인을 공습으로 살상한 행위에 대해 논란되어 왔으므로 일본 정부가 주장하는 국제법 위반을 부정하면, 모순에 빠지게 된다'고 인정하고 있어서 이미 이 시점에서 미공군은 무차별공격에 의한 비전투원 살상이 국제법 위반임을 인식하고 있었음을 확인할 수 있다.

두 번째는 히로시마ㆍ나가사키에 대한 원폭 투하이다. 원폭투하도 공습에 의한 비전투원 학살이라는 점에서는 첫 번째의 한 예에 불과하다. 그렇지만 그 잔학성은 통상병기에 의한 경우와는 질적으로 다르므로 다른 범주에서 취급하는 것이 타당하다고 생각한다. 즉, 폭풍 · 열선에 의한 사망뿐만이 아니라 즉사하지 않은 피폭자에게 방사능에 의한 원자병을 생기게 하고, 치료수단이 없는 고통을 평생 주었으며, 나아가 태내피폭자에게 원폭소두증이라는 불구의 운명을 주기도 하고, 피폭자의 자식에게도 적지 않은 피해를 주는 등(『피폭의 실상과 피폭자의 실정1977 NGO 피폭문제 심포지엄 보고서』, 『원폭이 남긴 어린이들—태내피폭소두증 기록』, 『피폭2세 그 말할 수 없었던 나날과 내일』 등 많은 문헌이 있다) 원폭투하에 의해 생긴 피해가 심각함은 말로 표현하기 힘들 정도이다.

원폭투하의 위법성을 공적으로 처음 지적한 것은 극동국제군사재판소 판결에서 인도판사인 펄의 소수의견이었다. 펄의 의견은 나중에 언급하겠지만 많은 편견을 갖고 쓴 문제가 많은 내용이다. 그러나 다음의 진술에 한해서는 정확한 논리라 할 수 있다.(그러나 펄이 731부대에 대해 구체적인 사실을 인식하고 있었다고 한다면, '유일한' 이라는 표현은 하지 않았을 것이다)

만약 비전투원의 생명과 재산을 무차별적으로 파괴하는 것이 아직 전쟁에서 위법이라고 한다면, 태평양전쟁에서는 이 원자폭탄 사용 결정이, 제1차 세계대전 중에 독일황제의 지령이나 제2차 세계대전 중에 나치스 지도자들의 지령과 비슷한 유일한 것이라고 표현하는 것만으로도 본관의 현재 목적으로는 충분하다.(동경재판연구회 『공동연구 펄 판결서』 역문에 의함)

원폭투하의 위법성을 공적 기관에 선언시키고자 하였던 시도는 피폭자와 일본 변호사 등이 어려움을 무릅쓰고 일으킨 이른바 원폭소송에 의해 달성되었다. 1963년 12월 7일 동경지방재판소는 손해배상청구를 기각하면서 판결 이유로 원폭투하가 위법임을 명백히 판시하였다.

방어가 없는 도시에 대해 무차별 폭격은 허락되지 않고, 다만 군사목표를 폭격하는 것만이 허용됨이 종래 일반적으로 인정되었던 공습에 관한 국제법상의 원칙이다. (중략) 따라서 무방비도시에 대한 원자폭탄 투하 행위는 맹목적인 폭격과 동일시할 수 있으며, 당시 국제법에 위반하는 전투행위라고 말하지 않을 수 없다. (중략) 원자폭탄에 의한 폭격이 설령 군사목표만을 대상으로 하였다고 해도 원폭의 거대한 파괴력 때문에 맹목적인 폭격과 같은 결과를 초래하는 이상, 히로시마·나가사키에 대한 원폭투하는 위법적인 전투행위라고 해석하는 것이 타당하다(『판례시보』 355호).

원폭을 투하한 것에 대해서는 원폭개발에 참가하였던 물리학자들 사이에도 반대 소리가 높았다. F.니벨 페이리 저서 『이제 고지는 없다 ─히로시마 원폭 투하의 비밀』(笹川正博·杉淵玲子 역)에는 다음과 같은 경과가 기록되어있다.

약간의 과학자가 원폭 사용에 대해 의문을 제출하였다. 시카고대학 야금연구소장 콘프튼은 1945년 초에 이들의 양심적인 소리를 받아들이게 되었다. 1945년 3월 15일, 육군장관 스팀슨은 과학자들 사이에 이러한 논쟁이 있다는 정보를 백악관 루스벨트에게 지참하여 보고하였다. (중략) 스팀슨은 그 회견에서 과학자들 중 한 그룹은 원폭사용을 중지하고, 전후도 그 비밀을 유지할 것을 주장하고, 다른 그룹은 국제관리와 원자력 정보의 자유로운 교류를 주장하고 있다고 대통령에게 설명하였다. (중략) 도시 말살을 행하면, 새로운 파괴력을 갖는 병기가 TNT나 소이탄에는 없는 윤리적인 문제를 초래할 것이라고 생각한 군부 지도자는 거의 없었다. 그러나 연구소와 폭격대는 달랐다. 그 때에 헝가리계의 물리학자로 루스벨트에 대해 원자병기 연구를 행하도록 건의하였던 시라드가 각서를 제출하였기 때문이었다. (중략) 각서는 원자 전쟁을 개시하는 것이 과연 현명한 일인가 하는 의문을 제기한 것이었다. (중략) 네덜란드의 망명 물리학자 보어도 또 3월 하순, 루스벨트 앞에 이 문제에 관한 메모를 보내었다. 시카고 연구소에서도 이미 일부 과학자가 일본에 원폭을 사용하는 것에 대한 반대 의견을 제출하게 되었다.

(중략) 4월 말경, 연합국 정치가들은 국제연합 결성을 위해 샌프란시스코에 모였다. (중략) 원자에서 방출되는 거대한 에너지에 대해 아무런 지식이 없었던 정치가들에게 어떻게 내일의 세계를 계획할 수 있을 것인가? 이 문제가 물리학자 제임스 프랭크에게 원폭이 인류에게 위험을 잉태할 것이라는 경고 메시지를 쓰게 하였다. 그는 나치 독일에서 망명한 사람으로 노벨상을 받은 사람이었다. 프랭크는 콤프튼과 함께 상무장관 헨리 워레스를 방문하여 아침식사를 함께 하면서 그 메모를 전하였다. (중략) 스팀슨은 원자력 정책에 관한 자문위원회를 임명하도록 대통령에게 제안하였다. 대통령은 이에 동의하여, (중략) 「잠정위원회」라는 이름의 위원회를 조직하였다. (중략) 스팀슨은 이 위원회에 과학자들만의 자문위원회를 만들었다. (중략) 5월 31일 (중략) 잠정위원회는 원폭 사용에 대해 회원 일치의 권고를 하였다. 가능한 한 빨리 일본에 원폭을 투하할 것, 경고는 불필요하다는 것, 군사시설과 민간 건조물이 같이 있는 최대의 파괴효과를 얻을 수 있는 목표를 선정할 것 등이었다. 이 최후의 항목은 명백하게 다수의 일반

시민을 살상함을 의미하는 것이었다. (중략) 6월 4일, 시카고대학 야금연구소에서는 대일 원폭사용을 저지시키고자 7명의 과학자가 회합을 열었다. 제임스 프랭크가 의장격이고, 멤버는 도널드 휴즈, J. J.닉슨, 유진 라비노비치, 그랜시 보그, 조이스 즈탄스, 그리고 오시라드였다. (중략) 그러나 프랭크 보고서가 먼저 제출되었다. 6월 11일의 프랭크 보고서에는 다음과 같이 기술되어 있었다.

이처럼 생각하면, 경고 없는 대일 원폭사용은 득책이 아니라고 믿는다. 인류에 대해서, 이 새로운 무차별 파괴 병기를 사용하는 최초의 나라가 된다면 미국은 국제 여론의 지지를 잃고, 군비경쟁을 조장하고, 나아가서는 이러한 병기를 국제 관리하는 협정 성립 가능성을 잃게 될 것이다. 만일 적당한 무인지역을 찾아내어서 거기서 데먼스트레이션을 행하고, 세계에 핵병기의 모든 것을 밝히게 된다면, 이와 같은 협정 성립에 유리한 조건이 생겨날 것이다.

그로부터 5일이 지난 6월 16일, 잠정위원회의 자문위원회 정식보고서가 하리슨 앞에 도착하였다. (중략) 다음과 같이, 프랭크 보고서와는 반대의 입장을 표현하고 있다.

단순한 기술적 데먼스트레이션을 주장하는 것은 원자병기의 사용을 비합법화하는 것을 바라고, 지금 미국이 이를 사용한다면, 장래의 교섭이 어려워질 우려가 있다. 한편, 신속하게 군사적 사용을 행하고, 이로 인하여 미국의 인명을 구해야 한다고 주장하는 것은 원폭의 군사적 사용이 국제정세를 호전시킬 것이라고 믿고, 이 특수병기를 포기하는 것보다는, 지금부터의 전쟁을 없애는 데에 관심을 키울 수 있을 것이다. 우리들은 후자의 의견을 지지하기로 하였다. 즉 전쟁을 끝내기 위해서는 데먼스트레이션은 불필요하다고 생각한다. 조속한 군사적 사용 이외에는 취할 대안이 없다고 보는 것이다.

반대의견에도 비전투원의 무차별 대량학살이라는 비인도성이나 국제법 위반이라는 인식은 적어도 표면적으로는 나타나 있지 않고, 반면에 제2차 세계대전 전후 원자력 병기가 가져오는 놀라운 국제정세(그것은 현대의 우리들이 직면하는 현실이지만)에 대한 예견을 포함하는 것이었다. 이렇게 원폭투하에 강하게 반대하였던 학자들의 의견이 미국 정부 최고수뇌부에게 전달되었던 것이다. 이러한 반대 의견을 알면서도, 대통령 루스벨트는 투하 의견을 채용하고 실행하였기 때문에, 미국은 의식적으로 두 개의 선택 중 하나를 고른 것이다.

대통령 및 그 최고 보좌관들로 하여금 이러한 선택을 하게 한 근본적인 동기는 무엇이었을까. L.기오와니티, F. 프리드가 쓴 『원폭투하 결정』(堀江芳孝 역)에는 다음과 같은 내용이 실려 있다.

후일 번즈는 "개인적으로 나는 일본 스스로 소련이 참전하기 전에 항복하여 전쟁을 끝낼 지혜를 발휘하기를 기도하였다"고 말하였다. (중략) 이미 소련 참전이 필요하다거나 바람직하다는 단계는 아니었다. 문제는 소련이 참전하기 전에 전쟁을 끝낼 수 있는가 하는 것이었다. 소련군이 만주 국경에 집중한 상태로는 원폭이라고 해도 소련군 진공 이전에 전쟁을 끝낼 수 있다고는 생각할 수 없었다.

소련과는 반대로 미국은 전반적으로 국제연합 내에 책임이 있는 가족의 일원으로 합류하도록 경제력 있는 일본을 키워서, 극동에서 소련에 대항할 세력으로 만드는 정책을 취하였다. 이 목적 달성을 위해서 미국 정부 내에 일부는 천황 건에 융통성을 갖도록 도왔던 것이다.

이와 같이 포츠담선언 발표에 이르는 미국의 동향에 대해 서술하고 있으며, 대일전쟁 종결이 소련과의 관계에서 가장 서둘러야 할 상황이었음을 말하고 있다.

　　뒤에서 얘기하겠지만 소련의 참전은 미국의 희망에 따른 것이므로 지금에 와서 소련의 참전을 거부하는 것은 불가능하다고 한다면, 소련군 참전 효과를 조금이라도 줄이기 위해서 원폭 사용이 효과적이었고, 이것이 원폭투하 결정의 근본동기였다는 견해를 서술한 사람이 노벨상 수상자인 영국인 물리학자 P.M.S 브라켓이었다. 그는『공포・전쟁・폭탄―원자력의 군사적・정치적 의의』를 저술히였다. 니시지마 아리아쯔西島有厚의『원폭은 왜 투하 되었는가』에서는 한 층 더 적극적으로 원폭투하가 일본의 항복을 촉진시키기 위해서라기보다 소련 위협을 위해 행해졌음을 강조하고 있다. 미국 역사학자 B. J. 번스타인도 다음과 같이 결론을 내리고 있다(小川岩雄・小野周・齊藤孝・關寬治・野澤豊・宮崎繁樹 편『국제심포지엄 원폭투하와 과학자』).

　　미국의 지도자들은 원폭이 대일전을 일찌감치 종결시키기 위한 것뿐만 아니라 나아가서는 (중략) 소련을 위협하고, 전후 소련을 견제하기 쉽도록 하기 위한 것이라고 생각하였으므로, 원폭이 냉전이후 최초로 사용되었다.

　　브라켓 등은 의견을 달리하지만, 그러나 원폭은 냉전의 한 행위로 사용되었음은 확실하다.

　　어느 쪽이든지 원폭투하는 적을 해하는 수단으로서의 한도를 넘은 위법적인 행위이다. 또 전투수단에 머무르지 않는 제3국 소련에 대한 위협 목적을 가지고 행한 것이라면, 그 비인도성은 더욱 비난을 면할 수 없다. 번스타인은

"우리들은 지금에는 원폭이 유전적 장해를 초래하며, 이 악질적인 유산을 후대에 전한다는 사실을 알고 있으나, 1945년 단계에서는 아무도 그러한 사실을 알지 못하였고, 정책 결정자 층도 과학자도 그것을 예측하지 못하고, 경고하지 못하였습니다."

라고 말하고 있으나, 중대한 결과를 초래할 행위의 실행을 결단하는 것은 그 결과에 대해 책임을 지지 않으면 안 된다. 만일 1945년 당시에 그 결과가 예견되지 않았다고 해도, 예견하지 못했던 것에 대해 중대한 과실이 있다고 할 수 있는 것이다.

히로시마 · 나가사키에 대한 원폭 투하를 미국인들이 그 후 어떻게 받아들였는지에 대해서는 너무 많은 자료가 있어서 도저히 다 소개할 수는 없다. 미국은 제2차 세계대전 후, 조선과 베트남 그 외 여러 지역에서 전쟁을 행하였다. 처음에는 소련 · 중공 · 북한과 긴장관계를 조성하고, 그 때문에 핵병기 개발 · 증산 경쟁을 계속하고 있으며, 그러한 사정 때문에 원폭투하에 대한 공식적인 반성이나 유감을 표명하지 않고 있다. 히로시마 · 나가사키의 피해가 얼마만큼 심각하였는가를 미국의 대중은 거의 알지 못하고, 따라서 그 비인간적 행위에 대한 자기비판은 극히 적다. 가와시마 다케노부川島武宣는 1965년 8월 2일에 하와이 신문에 보고된 미국인 여론 조사 결과, 히로시마 원폭 투하를 유감이라고 생각하는가 혹은 올바른 것이라고 생각하는가의 설문에 대해 유감이라고 답한 사람이 17%에 불과하였고, 정당하였다고 대답한 사람이 70%, 잘 모르겠다는 대답이 13%였다. 정당하였다고 대답한 가장 지배적인 이유는 "원폭을 사용함으로 전쟁이 현저하게 일찍 종결되어, 미국인의 생명을 구할 수 있었다"는 것이었다고 소개하였다(『법률시보』 1965년 11월호 「원폭에 대한 미국인의 생각」). 진주만 과 히로시마를 상쇄하려는 미국인의 감정에 대해서는 3장 1절 2에 서 술한 그대로이다.

히로시마에 원폭공격기 에노라게이호 지휘관이었던 폴 티베츠 는 AP통신과의 인터뷰에서 "과학자들의 이야기로 만일 폭발이 성공한 다면 전쟁이 끝날 것이라고 알고 있었다. 그것이 사실인 것이 기쁘다" 고 원폭 투하에 아무런 죄책감도 갖고 있지 않음을 보였으며, 그가 최 초에 떨어뜨린 폭탄보다도 천배나 가공할만한 위력을 가진 수소폭탄 을 떨어뜨릴 필요가 있다고 한다면 아무런 양심의 가책을 느끼지 않을 것이라고 말했다. "이번에 또 원폭을 어딘가에 운반하라는 명령을 받 는다면, 나는 운반할 것이다"라고 말했다(『아사히 그라브』 54년 8월 11일호 소재 「우리들은 히로시마에 원폭을 투하하였다」). 기둥에 묶인 포로를 총검으로 찔러 죽인다거나 여자와 어린이에게 기총소사를 행 하는 것과는 달리, 고도의 상공에서 기계를 조작하는 정도의 행위에 대해 심리적으로 잔학행위를 행했다는 실감이 없을 수도 있겠지만, 그 후 전쟁이 기계조작만으로 대량학살이 이루어진다는 것을 생각할 때 에 이 솔직한 담화에 전율을 금할 수 없다.

그렇지만 설령 현재는 아직 소수이지만, 미국인 사이에 원폭투 하의 죄를 자각한 사람들이 조금씩 증가하고 있는 사실을 주목할 필요 가 있을 것이다. 그와 같은 사람들과 국적·인종의 차이를 넘어 연대 하는 것만이 미래의 핵전쟁을 방지하기 위한 가장 중요한 계기가 될 것이기 때문이다. 베트남전쟁에 반대하는 미국인 운동이 높아지는 중, 시위 플랜카드에 '노 모어 히로시마'의 문자가 나타나고, 그것이 '노

모어 위'로 연결되었다(『요미우리』 69년 8월 7일 석간 등). 원폭의 참화를 생생하게 보여주는 사진 전시에 접한 사람들은 처음으로 원폭의 두려움을 알았다. '진주만은 어떠하였는가. 바탄 죽음의 행진은 어떠하였는가'라는 변함없는 반응도 계속되는 한편, '미국인이라는 사실이 부끄럽다'라는 솔직한 감상도 나오고 있다(『아사히』 70년 6월 25일 「노트 두 권에 감상이 가득―히로시마?나가사키 원폭 사진전」). 타흐츠 대학 준교수 아끼바 타다도시秋葉忠利의 기획에 따라 일본에 와서 히로시마·나가사키의 피폭자들과 대화를 나누고 귀국 후에 기사를 쓴 저널리스트의 리포트에 대해서 '유대인은 독일인이 저 호로코스트를 정당화하는 것을 용서하지 않은 것처럼, 일본인도 히로시마·나가사키가 정당화되는 것을 용서하지 않는다. 역사 자신도 결코 용서하지 않을 것이다'라는 감상도 들어왔다고 한다(『마이니치』 81년 8월 29일 「미국인에게 원폭의 참화를 알린다」).

　　원폭제조계획에 참여하였던 노벨상 수상 영국인 과학자 모리스 윌킨스는 히로시마시를 방문하여, "설령 나치와 대항하기 위한 것이라고는 해도 이러한 것을 만들지는 말았어야 하였다." "과학자는 두 번 다시 이러한 일에 가담해서는 안 된다. 핵병기가 대치하는 심각한 상황을 타개하는 핵군축을 향하여 힘을 기울여야 한다"고 후회하고 있다(『아사히』 82년 4월 14일 「원폭제조 부끄럽다」). 여기에 원폭투하에 직접 참여하였던 사람의 자기비판과 단순한 과거의 후회에 머무르지 않고 죄를 보상하기 위해서 무엇을 해야 하는가 하는 구체적 목표가 보이는 것에 유의하지 않으면 안 된다. 처음에 서술한 바와 같이, 이러한 견해는 미국에서는 아직 소수의견에 불과하다. 예를 들면 '지일

파'로 유명한 일본학자 에드윈 라이샤워는 『보스턴 그로브』지에서 일본인, 특히 피폭자의 신경을 거슬리게 하는 기탄없는 견해를 당당히 표현하고 있다(『아사히 저널』83년 12월 16일호 「히로시마는 일본을 구하였는가」).

만일 히로시마에 원폭이 투하되지 않았다면, 일본은 결코 항복하지 않고, 군부와 많은 국민은 절멸할 때까지 싸웠을 것이다. (중략) 소련은 만주와 조선을 석권하고, 아마도 중국 본토에도 깊이 침공하며, 일본 북부에 진군하였을 것이다. 일본이 하나의 국가로 존재한다고 해도 잘해야 미소 양국에 의해 분할되었을 것이다. 히로시마와 나가사키에 대한 원폭투하보다도 이러한 상황이 더 좋았을 것이라고 생각하는 사람은 일본에도 미국에도 거의 없을 것이다. (중략) 인류는 우수한 병기를 발명하면 반드시 그것을 사용하여왔다. 핵병기도 언젠가는 사용되었을 것이다. 어떤 의미에서 핵병기를 일찌감치 사용한 것은 행운이었다.

이러한 실정을 우리들은 명확히 인식할 필요가 있다.

미국의 일본에 대한 전쟁책임으로 무차별대량학살에 비하면 규모는 훨씬 작지만, 미군 점령 후 미군에 의한 비전투원 폭행·살인, 특히 여성 강간 등도 들지 않을 수 없다. 『오키나와현사 오키나와전 기록』에는 그러한 내용의 증언이 나온다. 『기록 2』에 수록된 기야하라 카나喜屋原의 담화를 인용하자.

미군 3명이 가까이 다가와서, 우리들이 상자에 넣어 둔 사탕을 들여다보고는 마음대로 먹고, (중략) 돌연히 젊은 처녀들을 데리고 언덕 쪽으로 갔습니다. (중략) 미군 3

명 중 한 사람이 상반신을 벗고, 총을 든 채로 처녀들을 쫓아다니고 붙잡아서는 걸으라고 등을 밀고, 도망가면 또 쫓아가서는 붙잡는 행위를 반복하였습니다. (중략) 그 처녀는 "엄마! 엄마!"라고 울부짖으며, 도망 다녔습니다. (중략) 돌연히 "탕"하는 총소리가 들리고 모두 숨었는데, 그 후 그 처녀의 모습을 보러 가보니까, 관자놀이에 구멍이 뚫려 있었습니다. 그리고는 많은 피를 흘리고 있었습니다. (중략) 많은 사람들과 함께 걷고 있었는데 미군병사는 젊은 처녀들만 골라서 강간하기 때문에 나와 사촌언니만 가고, 내 딸은 결코 밖에 내보내지 않았습니다.

일본의 항복에 의해 미군이 일본 본토에 진주하여 왔을 때 전투 종료 후의 평화 진주임에도 불구하고 여성을 습격하여 강간하였으며, 일본인들이 최저 생활로 허덕임에도 불구하고 금품을 약탈하거나 강도짓을 하였다.

1946년 4월 4일, 동경 오오모리大森의 N병원에 미군 병사들이 습격해왔다. 대병실(여성만 16명 정도 있었다)에서 K(환자) 외 23명이 잠옷 바람으로 뛰쳐나왔을 때, 미군 병사 일행이 "호! 휴!"라고 외치며 돌진해 오는 것이 보였다. 그들은 대병실에 난입하여, 임신부나 환자들의 이불을 들추며 덮쳤다. 무라츠 카세츠(29세, 가나가와)의 이틀 된 갓난아기는 한 사람의 병사에 의해 바닥에 떨어져 죽었다. 병실은 순식간에 아수라장이 되었다(이 병실에 들어온 병사들은 9명 이었다). 한 사람의 부인이 구석에 있는 전화기로 뛰어가려고 하였으나, 그 전에 미군 병사가 권총을 쏴서 전화기를 부수었다. (중략) 한편, 간호부 기숙사 뒷문에서도 15명 정도(20명 이상이라는 사람도 있다)의 미군 병사가 침입해왔다. 복도에서도 15명 정도가 들어왔기 때문에 그녀들은 포위된 형태가 되었다. 그녀들은 큰 소리로 "도와주세요! 도와주세요!"라고 외치며 손에 잡히는 물건들을 아무거나 던지면서 막았으나, 거기에서도 권총이 위력을 발휘하였다. 그녀들은 한 명씩 한 명씩 벗겨져 눕혀졌다. 10분도 채 안 되는 사이에, 그녀들은 미군 병사의 밑에 깔렸다. 어떤 사람은 7명의 병사들에게 강간당하여 기절하였다. 그들은 무릇 한 시간 정도 병원을 황폐화시켰다. 그들의 총수는 200~300명이라는 이야기가 있으나, 세대의 트럭에 실을 수 있을 만큼의 숫자(50명 정도)임이 정확하리라. 60명 정도의 환자 가운데 출신이 기까운 부인이나 중환자를 제외한 40여명이 능욕 당하였고, 간호부는 17명 모두 능욕 당하였으며, 그 외에도 15~20명 정도의 잡역부들 까지도 능욕 당하였다. 또 남자 환자가 두 사람의 권총으로 경상을 입었다(五島勉 편, 『속 일본의 정조』).

점령 하에서는 점령군의 범죄행위에 대한 보도는 일체 금지되었으며, 피해자는 그저 울면서 당할 수밖에 없었다. 강화조약 발효 후, 피해자들이 진주군 피해자연맹을 조직하여 보상법 실행위원회를 만들고, 1958년에 『잊혀진 사람들―점령 하에 있었던 지라드 사건』을, 1959년에는 『잊혀진 사람들―제2집 점령군에게 살상된 피해자, 유족의 수기』(전국 진주군 피해자연합회)를 각기 인쇄하고, 피해의 실태를 공개하여, 정당한 보상 요구를 하였다. 그 한 예를 들어보자.

호리모토(현재 45세)씨의 경우. 그는 사고를 당했던 1946년 당시 토건회사를 경영하고 있었으나, 그 해 11월 30일 오후 8시 반경, 귀가 도중에 어둠 속에서 돌연히 진주군 미군 병사 2명의 강도에게 습격을 당하여 권총에 의해 후두부 관통이라는 중상을 입었다. 약 1년 입원한 후 자택치료로 옮겨졌으나, 그 후에도 매일 격렬한 발작을 일으키며 의식을 잃는 증상을 반복하였다. 그래서 다시금 1953년 11월에 후두부를 재수술하였으나, 반신불수의 상태는 지속되었고, 종래의 일을 계속하는 것이 불가능함은 물론,

일상생활에서도 고통을 느끼고, 마음대로 생활할 수 없는 상태이다. 그런 이유로 상당히 크게 운영하였던 회사도 포기하게 되었고, 치료비는 물론 생활비도 모자라게 되어 생활보호대상자로 전락하여 겨우 생활을 영위하는 상황이다(「제1집」부터).

일본 정부는 샌프란시스코 조약으로 미국에 대한 일체의 청구권을 포기하였기 때문에, 미군에 의한 피해에 대한 정당한 보상요구는 받아들여지지 않았다. 그러나 피해자들과 그 고문 변호사의 운동의 결과, 1961년에 들어와 유족들에게 일률적으로 20만 엔의 교부가 이루어졌다.

미국이 전쟁 중 공습으로 인한 무차별학살이나 점령중의 잔학행위에 대해 오늘날에 이르기까지 일본인에 대해서 사죄를 하지 않는 것은 미국이 계속하여 핵병기를 사용하려고 전쟁준비를 견지하고 있으며, 또 그러한 목적으로 일본에 미군기지를 두고 있기 때문이다.

이와는 달리 전쟁 중 같은 주축국 국민이었던 재미 독일인 · 이탈리아인 등에게 아무런 조치도 가하지 않았음에도 불구하고 재미 일본인에 대해서는 강제수용 조치를 취하였던 것에 대해서는 1981년 이래 공식적으로 잘못을 인정하는 절차가 개시되었다. 의회에 설치된 '일본계인의 전시 수용에 관한 위원회'가 1983년 6월 "국가가 스스로 그 법률과 기본 정신에 어긋난 점에 대하여 우리들이 행할 수 있는 것은 보상을 행하는 것이다"라고 하여 보상 권고 결론을 내렸다(「아사히」 83년 6월 17일 석간). 이는 사건이 오로지 미국 국내문제이며, 또 인종차별철폐운동으로 인한 정치적 배려에 의한 것이라고 할 수 있지만 일본계라 해도 미국 시민권이 없었던 1세대를 포함한 문제였으므

로 일본인으로서는 이를 크게 평가해야 할 것이다. 동시에 '자국의 부
끄러움을 솔직히 인정한 이 조치를 충분히 평가'(『아사히』 83년 3월 4
일)하여 일본은 이것을 배울 용의를 갖추어야 한다.

2절
소련의 전쟁책임

소련이 일소 중립조약 유효기간 내에 대일전쟁을 개시한 것은 형식론에서 말하자면 잘못이지만, 실질적으로는 1941년 여름 일본이 대소침략을 개시하기 위한 예비음모 혹은 미수의 행위가 있었기 때문에, 적어도 일본인이 소련의 대일 전쟁책임을 논할 도의적 자격은 없다.

또한, 소련의 대일 전쟁이 미국의 희망에 따라서 행해졌음을 잊어서도 안 될 것이다. 매일신문사 편『태평양전쟁 비사—미 전시지도자의 회상』에 있는 통합막료장회의 의장인 레피의「나는 거기에 있었다」에는 다음과 같은 내용이 기술되어 있다.

1945년 2월 8일 얄타회담에서 루스벨트가 일본 공습을 위해 소련의 기지를 사용하고 싶다는 요청이 있어서 스탈린이 콤소모르스크와 니콜라에프스크 두 곳을 사용해도 좋다고 답하였다. 나(레피) 자신은 소련이 전쟁에 참가할 필요는 없다고 생각하였으나 육군 측은 꼭 필요하다고 생각하였다. 루스벨트도 그 의견에 가담하여 미소 거두 사이에 사할린과 치시마열도를 소련에게 반환할 것, 여순항을 소련에게 공여할 것, 만주철도를 소련이 조차할 것 등을 조건으로 소련이 독일이 패배한 후 2~3개월 사이에 대일 전쟁에 참가한다는 극비 협정이 체결되었다. 나에게 소련의 요구는 일리가 있다고

생각되었으므로, 그것이 나중에 대통령이 소련에 준 놀라운 양보라는 낙인을 얻었을
때에는 누구보다도 먼저 내가 놀랐던 것이다.

또한 같은 책에 있는 작전부장 킹의 「킹 해군원수―미국 해군의
기록」에 나타나는 회상도 거의 같다. 만일 소련에게 조약 위반의 책임
을 묻는다면, 소련으로 하여금 국제법을 위반하도록 한 미국에게 교사
및 공동정범의 책임을 물어야 할 것이나.

이 점은 남사할린과 치시마열도를 소련에게 넘겨준 것에 미국이
동의한 점에 대해서도 같은 논리가 적용될 것이다. 이 비밀협정은 1941
년에 루스벨트와 처칠의 회담에서 합의된 영토 불확대 협정에 위반한
다. 대서양 헌장을 만들었던 당시의 루스벨트가 이를 파괴하고 새로운
협정을 체결한 것이므로, 소련만을 비난하는 것은 공정하지 않다.

또 하나, 이 협정에서 소련을 끌어 들이는 요인이 된 '치시마열
도'가 어떤 범위를 포함하고 있는지 거기에 문제가 있다.

루스벨트 · 장개석 · 처칠 3자 수뇌회담(1943년 11월 27일)에서
발표된 카이로선언은 다음과 같다.

위 동맹국은 자국을 위해 어떠한 이익도 요구하지 않고, 또 영토 확장을 뜻하

지도 않는다. 위 동맹국의 목적은 일본국이 1914년 제1차 세계대전 개시 이후에 탈취

또는 점령한 태평양에서의 일체의 도서를 일본으로부터 박탈하는 것이며, 또한 만주,

타이완, 및 팽호도와 같이 일본국이 청국으로부터 빼앗은 일체의 지역을 중화민국에

반환시키는 데에 있다. 일본국은 폭력 및 탐욕에 의해 약탈한 모든 지역에서 구축되어

야 한다.

또 일본이 항복을 위해 수락한 포츠담선언에는 '카이로선언의 조항은 이행되어야 한다'라고 되어 있으므로 폭력 및 탐욕에 의해 약탈하지 않은 치시마열도가 소련에게 주어지는 것은 이러한 문구에 반하는 것이다. 포츠담선언은 위 인용문에 이어서, '또 일본국의 주권은 혼슈, 북해도, 큐슈 및 시고쿠 그리고 우리가 결정하는 여러 섬들에 국한한다'라는 문장이 있어서 4개의 큰 섬 이외에 일본에 남겨지는 섬들의 범위가 미·영·중·소 4개국의 결정에 위임되었기 때문에 치시마열도에 대한 처치도 4개국의 결정에 맡길 수밖에 없는 것이었다.

샌프란시스코 강화조약 제20조(c)는 다음과 같다.

일본국은 치시마열도 및 일본국이 1905년 9월 5일 포츠머스조약의 결과로서 주권을 획득한 사할린 일부 및 여기에 근접하는 여러 섬에 대한 모든 권리를 방기한다.

일본이 '치시마열도'의 방기를 정한 이 조약을 받아들이는 이상 카이로선언에서 나타난 치시마열도 방기 부당함을 논하는 것은 불가능하다고 말할 수 있겠다. 이것이 위법 또는 부당이라고 한다면, 이 조약에 조인하고 그 비준에 찬성한 내각과 여당의 책임을 물어야 한다.

문제는 치시마열도의 범위이다. 조약 성립과정에 일본외무성 책임자로 관여한 니시무라 요시오西村熊雄의 『일본외교사 27 샌프란시스코 평화조약』에는 다음과 같이 기술되어 있다.

1951년에 일본수상 요시다 시게루와 미대통령 파견특사 달레스와의 회담이 열려 1월 31일에 일본 측이 제출한 「견해 내지 요망」에 대해 달레스가 그에 따른 견해 내지 코멘트를 개진하였다. 우리 측의 '견해 내지 요망'과 그 쪽의 '견해 내지 코멘트'의 내용은 여기에 기술할 자유가 없다. 다만 그 쪽이 우리 영토에 대한 요망을 제기한 것에 대해 국민감정을 이해하면서도 유감의 뜻을 표명한 것을 지적해 두고자 한다.

또한 같은 해 3월 16일에는 다음과 같이 기술되어 있다.

'우리 의견 내지 요망'을 제출하고, "북방영토에 대해 소련에 남 사할린을 반환하고, 치시마열도를 인도한다. 치시마열도의 범위는 일소간의 협정 또는 국제사법재판소의 판결에 의한다는 취지의 조항을 두고자 한다"고 하였다. 확인 문서 가운데 조약구상은 북방 영토에 관한 조항을 결여하고 있었다. 우리 측은 치시마열도의 범위는 일본을 포함하는 관계국 사이에서 결정하고 싶고 또 소련의 불참가가 확정된 경우에는 북방영토 조항은 삭제하고 싶다는 태도로 임하였다. 그러나 그쪽은 동의하지 않고, 북방영토 조항의 존폐는 소련의 참가 · 불참가가 확정된 다음에 재고하도록 하고, 조약에는 "소련은 조약을 수락하지 않으면 어떠한 이익도 조약에서 얻을 수 없다"는 취지의 규정을 설치하자는 것이었다(확정조약 제25조 후단 참조).

이와 같은 기술이 각각 있어서 조약안 작성 과정에서 미국이 소련과의 냉전 격화에도 불구하고, 치시마열도 범위 결정에 대해 일본이 관여하는 것에 동의하지 않았던 사실을 알 수 있다.

1951년 9월 5일 샌프란시스코 강화회의 제2회 회의에서 미국대표 달라스는 다음과 같이 발언하고 있다.

제2조 (c)에 기재된 치시마열도라는 지리적 명칭이 하바마이齒舞제도를 포함하

는지 아닌지에 대해 약간의 질문이 있었습니다. 하바마이를 포함하지 않는다는 것이 합중국의 견해입니다. 그러나 만일 이 점에 대해 분쟁이 있다면, 제22조에 기초하여 국제사법재판소에 부탁할 수 있습니다. (중략) 일본이 방기할 용의가 있으며 또 방기할 것을 요구받는 것에 대해서 어떻게 처분해야 하는가에 대해서 연합국이 다투는 사이에는 일본과의 강화를 거부해야 했습니다. 현명한 길은 일본에 관한 이 조약 이외의 국제적 해결책에 호소해 의문점은 장래에 해결하도록 하고 지금은 앞으로 나아가는 것입니다.(외무성 『샌프란시스코 회의 의사록』)

9월 7일 제8회 총회에서 일본대표 요시다吉田茂는 다음과 같이 발언하였다.

치시마열도 및 남사할린 지역은 일본이 침략에 의해 탈취한 것이라는 소련 전권의 주장에는 승복할 수 없습니다. 일본 개국 당시, 치시마 남부의 두 섬 에토로프와 구나시리가 일본령이라는 것에 대해서는 제정 러시아도 아무런 이의를 달지 않았습니다. 다만 울츠프 이북의 북치시마제도와 사할린 남부는 당시 일러 양국민이 함께 거주하는 지역이었습니다. 1875년 5월 7일, 일러 양국정부는 평화적인 외교 교섭을 통하여 사할린 남부를 러시아령으로 하고, 그 대가로 북치시마제도를 일본령으로 하는 것에 의견을 같이하였습니다. 이름은 대가입니다만, 사실은 사할린 남부를 양도하여 교섭 타결을 도모한 것이었습니다. (중략) 치시마열도 및 사할린 남부는 일본이 항복한 후인 1945년 9월 20일, 일방적으로 소련영토로 수용되었습니다. 또 일본의 본토였던 북해도의 일부인 시코단(色丹, 北海島) 및 하보마이(齒舞, 北海島) 제도도 전쟁이 끝날 당시에 일본 병영이 존재하고 있었기 때문에 소련군에게 점령당한 채 현재에 이르고 있습니다.

이 회의 발언에 의해 우선 확인할 수 있는 것은 미국이 '치시마열도'에 포함되지 않는다고 생각한 것은 '하보마이제도' 뿐이었다는 것, 일본이 방기한 지역의 최종 처분은 '이 조약 이외의 국제적 해결'에 맡긴다는 것, 두 가지 이다. 다음으로, 일본 대표의 발언이 치시마 남부에 대한 방기를 유보한 것인가 하는 문제이다. 국제법 학자 중에는 이것을 유보로 간주할 수 있다는 의견도 있지만, 많은 국제법 학자들은 이것을 유보로 간주할 수는 없다고 하고 있다. 치시마열도(色丹島 및 齒舞제도)에 대해서는 유보의 취지를 포함하고 있다고 이해되지만 치시마 남부에 대해 유보 의사 표시를 했다고 보기는 무리라는 것이다. 그러므로 1956년 10월 19일, 중의원 평화조약 및 일미안전보장조약 특별위원회에서 정부위원인 외무성 조약국장 니시무라西村熊雄는 "조약에 있는 치시마열도의 범위에 대해서는 북치시마와 남치시마를 모두 포함한다고 생각하고 있습니다"라고 답하고 있는 것이다. 거슬러 올라가 전쟁 전의 국정교과서『심상소학 지리서』에도 "치시마열도란 에토로프섬 이하 30여개의 섬을 말한다"라고 명기되어 있으므로, 샌프란시스코 조약에서 말하는 '치시마열도'에 남치시마가 포함되지 않는다는 것을 일본 정부로서는 주장할 수 없다. 오히려 당시 일본 정부가 치시마열도 방기를 수락한 책임을 지어야 한다고 생각한다.

일본의 국제법 학자는 어떻게 생각하고 있는가. 동북대학 교수로 국제사법재판소 판사로 근무한 오다 시게루小田滋는 이렇게 말했다.

일본이 이미 치시마를 방기하였다고 하면, 그 속에 있는 치시마 남부가 포함되지 않는다는 말은 법적 기초가 없다(『아사히』 68년 2월 22일)

1968년에 전국 공법학자 187명, 국제법학자 133명을 대상으로 한 여론조사에 의하면, 일본이 샌프란시스코 평화조약에서 방기한 '치시마열도'의 범위를 우르츠프섬 이북으로 하는 사람이 128명(40%), 에토로프와 쿠나시리를 포함한다고 하는 사람이 96명(30%), 시코탄을 포함한다고 하는 사람이 5명(1.5%), 하보마이와 시코탄을 포함한다고 한 사람이 42명(13.1%), 기타 11명(3.4%), 잘 모르겠다고 한 사람도 29명(9%)이 있어서, 전문가 사이에서도 '치시마열도'에 치시마 남부가 포함되지 않는다는 견해는 과반수가 되지 않는다.

이 여론조사를 행한 미야자키 시게키宮崎繁樹는 다음과 같이 말하고, 그 근거를 들고 있다(이상 『요미우리』 68년 11월 14일 「소화사의 천황」 672회).

내 자신의 의견으로는 별난 의견이라고 할 지 모르겠습니다만, 샌프란시스코 조약에서 방기한 치시마에는 에토로프·쿠나시리 외에 시코탄을 포함된다는 것입니다.

결론에 관한 한, 미야자키설은 미국이 샌프란시스코 회의에서 표명한 해석과 일치한다. 데라사와寺澤一도 "평화조약 제2조 C항과의 관련으로 쿠나시리섬 등 남치시마를 포함하는 치시마열도의 영유권이 일본에 의해 방기되었다고 해석하는 것이 지당(같은 해 11월 10일, 668회)하다"고 생각하여 치시마 남부의 바다에서 어로행위가 일본의 법률인 어업법의 적용을 받는지 아닌지를 둘러싼 형사사건의 감정서에서 이 견해를 개진하였다.

미야자키는 저서 『인권과 평화의 국제법』에서 다음과 같이 서술하고 있다.

하보마이, 시코탄이 치시마의 범위 밖이라고 하는 것은 가능하지만 통상 「남부 치시마」라고 부르는 에토로프와 쿠나시리를 치시마의 범위 밖이라고 하는 것은 극히 곤란하다. 만일 그렇게 해석하기 위해서는 평화조약 자체에서 치시마 열도의 범위를 명확하게 한정하든가, 적어도 서명 또는 비준시에 해석적 유보를 행하여 둘 필요가 있었다.

남부 치시마 만에서 행해진 불법 어로행위 형사 소송이 두 건 발생하여, 남부 치시마만이 일본의 영해인지 아닌지 논쟁이 있었으나, 재판소는 남부 치시마의 영유권에 대한 판단을 내리지 않고, 국내법만으로 결착을 내리고 있다(1970년 9월 30일 최고재판소 제2소법정 결정 『판례시보』 606호, 1971년 4월 22일 제1소법정 결정 『판례시보』 627호). 이는 치시마 남부 영유권이 매우 복잡한 문제를 내포하고 있기 때문에 재판소로서는 판단을 회피하는 것이 타당하다고 생각한 때문일 것이다.
방위청 『방위백서 1981년판』에는 다음과 같이 기술하고 있다.

북방영토에 소련 지상군이 배치된 것은 북방영토의 불법 점거를 일본에 용인시키려는 목적이 있다고 보인다.

'불법 점거'라는 용어를 사용하고 있으며, 1984년 2월 7일에는 총리부 이름으로 『아사히신문』에 「일본인이 살 수 없는 일본」이라는 의견 광고를 게재하였다. '소련은 하보마이·시코탄·쿠나시리·에토로프 네 섬을 돌연히 불법점거'라는 문장을 포함하는 의견을 대대적으로 선전하고, 마치 소련이 1945년 8월에 대일침략전쟁을 일으킨 것과 같은 인상을 국민에게 심어주려고 하고 있다. 그러나 앞서 말한 바와 같이, 소련이 치시마열도를 점령하기에 이르는 과정이나 샌프란시스코 조약의 '치시마열도'의 범위에 대한 여러 의견을 보면, 그와 같은 현 정부의 선전은 소련에 대한 적개심을 선동하는 극히 위험한 행동이며 충심으로 반환실현을 기대한 언동이라고는 도저히 해석할 수 없다.[19]

전쟁책임 규명을 특히 당시 적국이었던 나라에 대해 행할 때에는 상대방에게 반론의 여지가 없는 사항에 대해 행해야 한다. 이 책의 저술 목적은 7장에서 서술하는 바와 같이 과거를 비판적으로 고찰하여 비극이 다시 오는 것을 저지하고, 세계 평화를 확립하기 위한 것이다. 그러므로 의문의 여지가 있는 이유로 비난하는 것은 비생산적일 뿐만 아니라 유해하다고 생각하는 바이다. 소련의 대일 책임은 일소 중립조약 위반이나 남부 치시마의 불법점거 등에 있는 것은 아니며, 대일 개전 후, 소련군의 재만 일본인 비전투원에 대한 잔학행위와 소련의 일본군 장병 장기억류 등에서 찾는 것이 타당하다.

소련군이 '만주국'에 진격한 이래, 재만 일본인 비전투원에게 살해·약탈·폭행 등을 가하고, 특히 다수의 여성을 강간한 것은 수많은 체험자의 증언이 있어서 공지의 사실이라고 말해도 좋다. 한편 소련군과 함께 만주에 진격해 온 중국 제8로군은 군기가 극히 엄정하였

19 치시마 남부의 문제는 일반적으로 생각하는 것과 같이 단순한 것은 아니다. 『마이니치신문』 1981년 9월 25일 석간 하나자키花崎皐平「고유의 영토」, 하다케야마 『환상의 오호츠크 공화국』 참조

다. 때문에 일본인에게 보다 선명한 대조적 인상을 준 것이다. 예를 들어서 소개해 보자. 다음은 아이치현 인권연합『인권의 광장』연재(3장 2절 2의 1)에 이미 인용)한 사토도시코의「내 아이에게 주는 유서―귀환자의 기록」의 내용이다. 이 내용은 만주에서 패전을 맞이한 저자의 극명한 노트를 기초로 활자화한 문장이다.

8월 26일이 되자 방약무인하게 활보하면서 푸른 눈으로 방안을 기웃거리며 사람들을 물색하여 끌고 가려고 하였다. 그리하여 젊은 처녀는 얼굴에 석탄이나 재를 묻히고 머리털을 자르고, 가능한 검은 옷을 입고, 어린아이를 빌려서 업기도 하여 소련군의 눈을 피할 방법을 연구하였다. 하지만 어떻게 처녀임을 아는지 아기 포대기 끈을 잘라서 아기를 버리고 처녀를 일으켜 세운다. 권총을 들이대고 강제로 끌고 가는 이 가증스러움. 한심함... 이 방에 처녀가 두 명 있었다. 겨우 16세가 된 방자芳子는 두 번이나 끌려갔다. 처녀이기 때문에 죽을 각오로 저항을 한다. 그러나 같은 방 사람들은 이를 도와주지는 못하고 반대로 "눈독을 들이게 된 것은 운이 나쁘기 때문이므로 어쩔 수 없지요. 어차피 거절할 수 없는 일이므로 가세요. 가지 않으면 나머지가 곤란하니까" 라고 무정하게 말한다. 사람이 좋은 요시코의 엄마는 단지 울면서 바라볼 수밖에. 잠시 후 돌아온 딸아이는 바닥에 엎드려 한없이 울었다. 당시 25세였던 나는 젊은 편으로 화가 나도 말을 할 수 없었다. 처녀들과 마찬가지로 전전긍긍하면서, 어떻게 숨을 수 있을 지 떨고 있었다. (중략) 밤에도 손전등을 비추고 군화소리를 내면서 와서는 "마담 다바이 다바이"라고 지껄인다. (중략)

뭔가 이상한 소리가 들리기 시작하였다. 그 소리는 점차 명확해 진다. 내 자신의 몸이 불안해진다. 어린아이의 울부짖음, 신음소리, 도와달라는 소리 등이 섞여있다. (중략) 단말마의 소리가 점차 약해질 무렵, 두 세 사람의 소련병이 손전등을 비추며 방을 하나하나 조사하면서 무슨 말인지 떠들면서 지나쳤다. 들리는 말로는 그 방에서 여자아이 한명을 데리고 가려고 하였는데, 모친이 얻어맞으면서도 이를 막아서, 이에 질린 소련병이 처녀를 들이받고는 그 자리에서 모친을 폭행하였다고 한다. 이러한 야수와 같은 행위... 기진맥진한 그 방에 다행인지 불행인지 청산가리를 소지한 사람이 있어서 이를 나누어 갖고, 나머지는 다른 방으로 또 다음 방으로 넘겨... 그리하여 세 방 가운데 두 방에서 40명 정도가 청산가리를 마셔서 고통을 호소하고, 죽음을 맞이하지 못한 자들은 서로 손목의 정맥을 잘라서 방 안은 피바다가 되었으며, 울부짖음 속에서 죽어갔다.

다음은 『동토에서의 소리—외지 귀환자의 실체험기』에 있는 야마무라山村의 「장교의 훈시」, 「관동군을 보았다」에서 인용해 보자.

가장 무서웠던 것은 소련병이었다. 음습한 눈을 한 스포츠머리의 소련 병사가 군화로 사람들을 아무데나 걷어차면서 이유없이 시계, 만년필을 강탈하였다. 팔에는 5-6개의 시계를 차고는 자랑스럽게 보이며 만족해하는 것을 보았다. '다와이' 라고 큰 소리로 외치며 몸에 걸친 물건까지 다 벗겨갔다. 여성을 노리고는 매일 밤 난민수용소에 들어왔다. 소녀들이 울부짖으면서 거대한 몸집의 소련병에게 끌려가서는 행방불명이 되었다.

그 뒤에 팔로군 장병의 행동에 대한 기술이 있어서 소련군과 대비를 이루고 있다.

팔로군 병사는 우리들을 사역에 동원할 때에 반드시 대가를 지불하고, 또 인간으로 다루었다. 어느 날, 간부라고 생각되는 한 사람의 팔로군이 말을 걸어왔다. "어디에서 왔습니까?" "아이들은 요?" "지금은 어떻게 생활하고 있습니까?"라고 부드럽고도 정중한 질문. "자녀분들은 가엽게 되었군요. 중국도 큰 희생을 치루었습니다만 당신들도 희생자입니다. 지금부터는 당신 나라도 우리 나라도 크게 변화할 것입니다"라고. 그 사람의 눈도 동행한 소년병의 눈도 생생하게 빛나고 아름다웠다.

나는 소련공산당 중앙위원회 부속 마르크스·레닌주의 연구소 편, 『제2차 세계대전사 10 관동군의 괴멸과 대전의 종결』(川內唯彥 옮김)에서 만주에서의 전투 기사 중 일소 양군의 잔학행위에 대해 다음과 같은 기술만이 있음을 보고 아연하였다.

전투행동을 취하고 있을 때, 소비에트 군인은 일본 침략군이 현지의 주민과 포로가 된 적군에게 잔학행위를 하는 것을 종종 보았다. 왕부묘王爺廟 지구에서는 소비에트 병사가 그와 같은 장면을 목격하였다. 주민의 일부가 폭격을 두려워하여 도시를 떠나 강가에서 생활하고 있었다. 퇴각을 앞 둔 일본병이 적군 병사의 복장으로 변장하여, 부인과 노인, 어린이를 공격하여 총살하였다. 약 250명의 부상자는 단도로 목숨을 끊었다(소련방 국방성 문서보존소, 폰드 210, 목록 371776, 관계문서 一, 리스트 181).

목릉시穆稜市 지구에서는 일본병이 부상당하여 포로가 된 적군 3인을 베어 죽였다(위 같은 문서, 폰드 326, 목록 5047, 관계문서 703, 리스트 122).

목단강의 동남부에서는 소비에트병사가 드데카리닌 중사의 참살된 시체를 발견하였다. 드미드리히 카리닌은 부상하여 일본병에게 포로가 되었었다. 일본병은 그의 다리를 잘라내고, 눈을 후벼 파내었으며, 오른쪽 옆구리를 삼각형으로 잘라내고 두개골의 껍질을 벗겨내었다(위 같은 문서, 폰드 32, 목록 440026, 관계문서 90, 리스트 112).

이하 생략

    이 전반에서 '일본군의 포로가 된 적군' 이라든가 '일본병사는 적군의 복장으로 변장' 등 그와 같은 사실이 있었는지 의심스럽고, 위 기술이 객관적 사실인지 여부를 검증할 능력이 나에게는 없다. 그러나 설령 그것이 객관적 사실이라고 해도 전투 경과의 기사 외에『잔학행위』로서 일부러 이것만을 쓰고 있는 것은 어떤 의도일까. 소련군 전사라도 소비에트 과학 아카데미 판『세계사 현대 9』(岡部廣治 역)와 같이 전투경과만을 서술하고, '잔학행위' 에 대해서는 전혀 언급하지 않는 것이 확실히 공정하다고 생각한다. 나는 일본의 역사 서술자가 이와 같은 역사 기술을 보면서 반면교사의 큰 교훈을 얻기를 기대한다. 동시에, 소련이 하루라도 빨리 자국이 범한 잘못을 솔직히 자기비판하여 일본 인민과의 우호를 깊이 하는 효과를 가져오기 간절히 바라는 바이다.

    국가에게 자국의 잘못을 솔직하게 반성할 것을 기대하는 것이 곤란함은 소련뿐만이 아니라 일본에 대해서도 마찬가지이다. 이는 교과서 검정에서 우리들 일본인들이 절실하게 체험한 바이지만, 국가 차원이 아니라 인민 차원에서는 꼭 그렇게 곤란한 일은 아니다. 이미 본 장 1절에서 살펴본 바와 같이 미국 국민들 사이에서는 소수이지만 원폭투하에 대한 자기비판이 나타나고 있다. 이와 같은 사실을 보여주는 다음과 같은 기록은 참으로 감동적이다.

나는 이 여름, 시베리아의 브라츠크시에서 며칠간 머물렀다. 동료 여러 명과 걷고 있을 때, 한 사람의 노동자가 비틀거리며 가까이 다가와 나를 붙잡았다. 손짓 발짓 끝에 그가 말하고자 하는 바는 다음과 같은 것임을 알았다. "나는 원래 비행기 조종사로 당신들의 군대를 습격하였다. 미국과의 약속이었기 때문에 어쩔 수 없었다. 용서해 달라. 내가 사과하고 있는 이 내용을 일본 국민들에게 전해다오. 부탁한다." 마지막에는 눈물 젖은 목소리. 내가 그렇게 하겠다고 약속하자 그는 악수를 청하고는 다시금 비틀거리며 사라졌다. 28년 전, 나는 만주에 있었다. 머리 위를 비행기가 날아왔었다. 그 중에 그가 있었을 지도 모른다. (중략) 당신과의 약속을 지금 이행한다(『아사히』 73년 8월 23일 소리마치 고우치反町孝治 「눈물로 사과한 소련 노동자」).

23일자 「눈물로 사과한 소련 노동자」에 감동하였다. 나도 일찍이 만주에서 철도 종업원이었던 관계로 소련 점령 하에서 소련인들과 만났다. 일본에 귀환하기 위해 가족이 있던 신경新京으로 떠날 때 소련 사람이 나를 위해 송별회를 마련해 주었다. 석상에서 한 사람의 소련인이 내 손을 잡고, "나 개인의 생각이지만, 우리들은 일본인에게 미안하다고 생각한다. 국가와 국가 사이에는 개인의 힘으로는 어찌할 수 없는 일이 있다. 전쟁이라는 이상심리 하에서는 꺼림칙한 문제들을 우리들 힘으로는 막을 수 없었다. 이해해다오" 라고 소리를 죽여서 인사를 했다. 나는 그의 손을 붙잡고 울었다(『아사히』 73년 8월 29일 사토 노부오佐藤農夫雄 「우리들도 소련, 중국인에게 사과한다」).

뒤의 투서자는 앞 투서자의 체험을 자신의 체험과 중첩시켜서, "우리들은 일본인으로서 마음으로부터 반성하며, 당신들 소련인이나 중국인에게 사과하지 않으면 안 된다"고 문장을 매듭짓고 있다. 일본 국헌법이 '평화를 사랑하는 여러 국민의 공정과 신의를 신뢰하며' 전쟁을 포기하고, 전력을 보유하지 않는 결의를 한 것은 이러한 민중차원에서 신뢰관계 누적·발전에 기대를 거는 의지 표명이다. '여러 국가의 공정과 신의'를 맹신하는 의미로 읽어서는 안 된다고 확신한다.

양심 있는 사람은 국경과 인종을 넘어서 세계 어디에나 있다는 사실을 아는 것은 우리들에게 큰 구원이 되는 것이다.

소련의 대일 책임으로 들 수 있는 두 번째는 일본군인·군속 등을 시베리아나 다른 지역에서 장기 억류한 것이다. 포로로 억류된 일본군인·군속 등의 총수는 70만 명이라고 계산되며, 시베리아뿐만 아니라 광범위한 지역의 수용소에 억류되어 강제노동에 처해졌다. 각 억류소에서의 대우는 다양하였고, 억류 체험자의 체험도 여러 가지여서 개괄적으로 말하는 것은 어렵지만, 적어도 5만을 넘는 많은 일본인 포로가 과중한 노동과 식량 부족, 위생시설 불비, 혹한기후 등으로 사망하였던 것, 소련 감시병이 도망자를 사살하였던 것은 종종 있던 일이다. 그러나 일본군이 중국에서 행한 것과 같은 포로학살은 행하지 않았고(일본병을 노동력으로 이용하려고 했기 때문에 당연한 일이지만), 일단 국제법상의 포로 대우를 형식적으로나마 해주었다는 사실은 인정할 수 있을 것이다(中村泰助『시베리아여 안녕』). 포로의 비참한 운명에 대해서는 많은 문헌이 있으나, 여기서는 체험자 스즈키 유스라의 『포로백구』에서 약간의 구절을 인용하고자 한다.

찬비가 내려서 포로에게 괴혈병 늘고.

영실榮失의 부종과 붉은 치질에 걸린 포로

몸부림치던 콜레라 걸린 포로는 숨이 멎고

영실이 치유되지 않아서 지금도 종창雁瘡이

포로의 국에는 소금도 양파도 들어있지 않고

영실 포로의 동상은 나날이 심해진다.

죽음에 임하여 물도 얼어서 마시지도 못하고 포로는 간다.

　　이러한 비극은 설령 나치독일의 침략으로 말미암아 궁핍하였던 소련측의 사정을 이해한다고 해도, 포로관리를 책임지는 소련의 조치가 부적절하여 생긴 것으로 그 책임을 면할 수는 없다. 다만 일본인 포로 가운데는 소련에 영합하여 동포를 혹사시킴으로 자신들의 보신을 꾀하였던 사람들, 전쟁 중의 군대 조직 내에서의 특권을 유지하고자 병사들을 희생시킨 사람들도 있어서 희생을 더욱 크게 만들었다. 이들도 반성하지 않으면 안 된다. 이마이 켄지의 『시베리아의 노래 ―한 병사의 포로기』는 그 한 예이다.

　　대대본부의 당번병이 밤늦게 몰래 눈 속에 장교들의 잔반을 묻는 것을 보았다는 이야기가 있었다. "수상한 일이다. 병사들은 굶주리고 있는데, 장교들은 밥을 먹다가 남아서 버린단 말인가!" 분개한 위원들은 대대본부의 식사량을 조사하자고 말하였다. (중략) 과연 본부에서는 충분히 식사를 하고도 사탕이나 라드(요리용 돼지기름) 등 장교용 특별배식이 따로 나와 먹고 남은 음식은 몰래 처분하고 있음이 밝혀졌다. 2년여의 세월을 굶주림과 강제노동에 시달리는 병사들을 바라보면서 장교들은 유유히 이런 상태로 생활해 온 것이다. 같은 인간, 같은 포로이면서 옷깃에 붙은 계급장이라는 한 조각의 라벨 덕으로...

　　그러한 사정이 있음을 고려하여도 포츠담선언에서 "일본국 군대는 완전히 무장을 해제한 후, 각자의 가정으로 돌아가 평화적이고 생산적인 생활을 할 기회를 얻어야 한다"라는 약속이 있었던 이상, 선언국의 하나인 소련이 일본군 장병을 무장 해제시킨 후 일본에 송환하지 않고, 자국내에 연행하여 장기간 강제 노동에 종사시켜서 많은 사망자를 낸 것에 대해서 대일 책임을 면할 수 없는 것이다.

위안부 태평양전쟁 당시 중국 상해 근교 일본 주둔군의 위안소. 위안부들은 짐승만도 못한 짓을 당하고 죽어갔다. 숫자는 109명중 조선인여성은 80명이고, 나머지 29명이 일본인여성이다.

6장

전쟁책임 추궁은
어떻게 해야 마땅한가

전쟁책임이란 구체적으로 어떠한 사실에 대해 성립하며 누가 그 책임을 지어야 하는가하는 검토를 마친 후에 남겨진 문제는 그와 같은 책임 추궁이 적정하게 되었는가, 그렇지 않다면 앞으로 어떻게 하여야 하는가라는 것이다.

연합국 측의 대일 책임은 잠시 제쳐두고, 우리들 일본인에게 가장 중요한 일본 국가 및 국민의 전쟁책임을 어떻게 조치할 것인가에 대해 우선 생각하지 않을 수 없다. 무엇보다도 유감인 것은 국가도 국민도 자발적인 반성에 기초하여 전쟁책임의 처리를 올바르게 행하지 않았을 뿐만 아니라, 전후 40년이 지난 지금에 이르기까지도 그 처리를 회피하려는 경향이 현저하며, 그것이 전후 일본의 역사 방향에 큰 왜곡을 가져온 요인이 되고 있다는 사실이다.

같은 주축국 가운데에도 독일에서는 독일인 자신의 손에 의해 전쟁세력을 타도하고 전쟁을 종결시키지는 못하였지만, 수많은 독일인 남녀노소가 목숨을 걸고 나치스에 대한 저항을 계속하였으며(바이젠보른 지음, 사토 고우치佐藤晃一 옮김, 『소리 없는 봉기』 등), 이탈리아에서는 이탈리아인민이 봉기하여 무솔리니 정권을 무너뜨리고 연합군 측이 도착하기 전에 이탈리아 북부를 이탈리아인 자신의 힘으로 해방하였다(山崎功『이탈리아 노동운동사』). 그러나 일본에서는 독일이나 이탈리아와 같은 인민의 반전·반파시즘 저항은 거의 보이지 않고, 일본 국가의 지배층이 전황 악화에 따라서 민심이 이반하고, '국체호지'가 곤란하게 됨을 두려워하여 항복을 결행하였다. 일본 점령 후 실권을 장악한 연합국 측의 미국도 점령정책의 원활한 수행을 위해 천황을 온존시키고 천황과 그 정부를 이용하는 것을 득책이라고 판단하였다. 따라서 독일 점령의 경우와는 달리 전쟁 중 지배세력을 전면 부인하거나 타도의 대상으로 삼지 않았다. 그러므로 항복 후 위에서 일본 국가에 의한 전쟁책임의 자기 처리도 이루어지지 않고 밑에서의 일본 인민에 의한 전쟁책임 추궁도 이루어지지 않았던 것이다.

항복 직후에 육군대신 아나미 코레찌가阿南惟幾를 비롯하여 전쟁중에 대신이나 육해군 장관을 역임한 사람들, 또 광신적인 군국주의 민간인 자살이 뒤를 이었다. 그러나 전쟁책임에 대한 반성이라고는 생각하지 않는다. 아나미阿南의 유서에 '이 한 몸이 죽어서 대죄를 용서받고자 함'이라는 구절이 있는데, 이 '대죄'가 무엇을 의미하는지는 명백하지 않으나, '대군의 깊은 은혜를 받은 이 몸은 남길 말이 없다'라는 구절과 아울러 생각해 보면, 전쟁이 실패로 끝난 것에 대해 최고

관직에 있는 몸으로 깊은 은혜를 준 천황에 대해서만 사죄하였음을 알 수 있다. 전쟁에 의해 많은 귀중한 생명을 무의미하게 잃어버린 것에 대해 국무대신 및 육군수뇌로서 대죄를 사과하는 심정은 전혀 읽을 수 없는 것이다.

유조호 철도 폭파 당시 관동군 사령관이었던 혼죠 시게루本庄繁의 유서(『주간 산케이』55년 12월 18일 「8인의 자결자」)에는 다음과 같이 서술되어 있다.

국가로 하여금 결국 오늘날과 같은 파국에 이르게 하였으니, 설령 퇴역하였다고 해도 어찌 황송함을 감당하겠는가. 죄는 만 번 죽어 마땅하다. 만주사변은 배일감정으로 인한 철도 폭파에서 단을 발하여 관동군으로 하여금 자위상 어쩔 수 없이 일으킨 것으로 (중략) 오로지 당시 관동군 사령관인 나 혼자만의 책임이다. 여기에 책임을 지고 세상을 떠남에, 삼가 천황 만세, 국체호지, 국가 부흥을 충심으로 기원하여 마지않는다.

이처럼 이미 세상이 알고 있는 관동군의 만철선 폭파 모략으로 개시된 '만주사변'을 어디까지나 자위상 어쩔 수 없었던 일이라고 거짓말하며, 오늘날 파국에 이르게 된 책임을 천황에 대해서만 표명하고 있다. 이 경우도 앞의 경우와 거의 같은 말을 할 수 있는 것이다.[20] 일중전쟁이 전면전화 할 당시의 수상이었던 고노에近衛文麿, 태평양전쟁시 문부대신 하시다橋田邦彦 등의 자살은 연합군의 재판을 거부하기 위함이며, 이 또한 전쟁책임을 자각한 때문은 아니었다.

20 오오에 시노부大江志乃夫 『찬바람 불 때』에 군사 참의관으로 태평양전쟁에 찬성하였던 것에 대해 "깊이 책임을 느끼며 전몰자 및 그 유족, 국민 각위에 진사합니다"라는 기록을 남기고 자살한 육군중장 條塚義男의 유서를 '다른 자살한 장군들의 유서와는 큰 차이가 있었다'라고 특기하고 있음은 이것이 예외의 사건이었음을 보여주고 있다.

전쟁 개시나 수행에 임하여 국가기관의 요직에 있었던 사람들이나 민간에서 적극적으로 전쟁에 공감하고 정신적으로 전쟁과 일체화한 사람들이 전쟁의 위법성·반인간성을 항복 직후에 자각하지는 못했을 것이다. 이러한 사람들의 자살을 전쟁책임을 느낀 것이라고 볼 여지는 없다.

오히려 항복과 동시에 일본 정부는 국내에서 전쟁책임 추궁이 일어날 것을 예측하고, 다음과 같은 방침을 특고정보로 전국 경찰부장 앞으로 전달하고 있다.

> 7. 당분간 새로운 옥외집회 등 대중운동은 관청 혹은 공공단체 또는 그 지시에 의해 주최되는 것 외에는 일체 인정하지 말 것.
>
> 8. 입간판, 삐라, 포스터 등은 언론 감시 표준에 의해 허가할 것.
>
> 나. 정부 태도, 방침, 시국을 비방하는 자, 마음대로 전쟁책임자를 추궁하거나 혹은 국민 상호간에 적의를 유치하고 선동하여 국내 결속을 문란하게 하는 자.(『자료 일본현대사 2』)

항복이라는 상황 하에서도 권력자의 용의주도한 대책으로 전쟁책임 추궁을 경찰의 실력으로 봉쇄할 방침이 서 있었음은 주목할 가치가 있다. 이와 같은 강경방침만으로는 유효하지 않다고 생각하였는지, 히가시구니東久邇宮 내각에서는 '일억총참회'라는 선전을 내걸었다. 국내에서 전쟁책임의 질적 차이를 해소하고, 권력자에 대해서 피해자였던 국민대중이 권력자의 전쟁책임을 추궁하지 못하도록 예방하기 위한 구실로 고안된 슬로건이었던 것이다. 국내에서는 이렇게 호도되었지만 포츠담선언에 의한 전쟁범죄인 처벌을 수락한 이상, 일본 정부는 전범 처벌 대책을 생각하지 않으면 안 되게 되었다. 시데하라幣原 내각은 1945년 11월 5일 각의에서 「전쟁책임에 관한 건」을 결정하고, 다음과 같은 제조항을 포함하는 정부의 전쟁책임에 관한 기본적인 생각을 채용하기로 하였다(『자료 일본현대사2』)

제1. 일반통칙

아래에 준거하여 견지할 것.

(1) 대동아전쟁은 일본이 포위된 정세에서 어쩔 수 없이 일으킨 것이라고 믿을 것.

(3) 천황폐하는 개전 결정, 작전계획 수행 등에 관해서는 헌법운용상 확립된 관례에 따르셨고, 대본영과 정부가 결정한 사항을 각하하시지는 않는다는 것.

(4) 일미교섭이 진행 중에 공격을 하지 않기 위해서 일미교섭 중단의 통고를 하려고 노력했다는 것.

[주] 당시 일본에 가해진 군사적, 경제적 압박 등의 실정을 보면 우리 측은 자위권을 발동하였을 뿐으로 개전에 관한 헤이그조약의 규정은 해당되지 않는다는 견해일 것.

(6) 영국 및 기타에 관해서는 당시 미국과 다른 나라와의 관계를 생각하여 이를 분리하여 취급하지 않을 것.

제2. 세칙

1. 폐하에 관한 설명

(2) 개전 결정, 작전계획 수행 등에 대해서는 통수부, 정부의 결정을 헌법상 관례에 따라 각하하지 않는 법이라는 것.

2. 내각 총리대신에 관한 건

(1) 대동아전쟁은 당시 일본에 가해지고 있었던 미 · 영 등의 군사적 경제적 압박 등의 실정에 따라 자위상 어쩔 수 없이 행한 것이라고 믿으며

(2) 개전 결정에 관해서는 대본영정부연락회의, 각의 및 어전회의를 거쳐서 의정되었다는 것

3. 육해군 양 막료장에 관한 건

(1) 개전 결정에 대본영정부연락회의의 구성원으로서 관여하였음.

(2) 초기 작전의 대강만을 폐하께 상주하였을 뿐임(위 대강의 정도는 육해군에 의해 다르다. 해군의 대강은 하와이도 포함된 내용을 상주하였다는 정도로 할 것)

위에서 〈제 1의 (1), (4)〉의 (주), 〈제 2의 2 (1)〉은 항복 후 일본 국가의 공적 의지로서 전쟁 중 '자존자위'를 위한 전쟁이라는 생각을 그대로 유지하고 있음을 보여주며, 거기에는 전쟁책임에 대한 반성이 나타날 단서는 전혀 포함되어 있지 않다. 또 〈제 2의 3) (1)〉에서는 육해군막료장이 어전회의의 구성원으로 개전의 결정에 참여한 것을 은폐하고 있으며, (2) 역시 본서 〈3장 3절〉에 비추어 볼 때 진실과는 차이가 있다. 이러한 결정은 미군에 의한 점령이라는 상황에서 오로지 전쟁개시에 대한 책임만을 피하기 위해, 천황 · 수상 · 육해군막료장의 면책 근거를 위해 작성된 것이며, 일본이 침략을 하였던 아시아 제민족에 대한 책임은 전혀 생각하고 있지 않다. 태평양전쟁의 근본이 되며, 또 전쟁이 발생한 후에도 계속 되었던 중국과의 싸움에 대해서조차도 전혀 언급하고 있지 않음은 간과할 수 없다.

이와 같은 전쟁 변호론을 구상하는 한편, 일본 국가가 스스로 전쟁범죄인의 처벌을 행함으로 연합국에 의한 처벌을 피하고자 하는 방책도 입안되었다. 1945년 9월부터 다음해 3월에 걸쳐서, 육군군법회의에서 금고 10개월에서 종신형에 이르는 4건 8명의 범죄행위 처벌이 행해졌다. '천황의 명령 없이 병사를 이동시키고, 멋대로 군사행동을 야기하고 침략적 행동을 지휘하여, 만주사변, 지나사변, 대동아전쟁을 불가피하게 만든 자', '메이지 15년에 군인들에게 준 칙유를 지키지 않고 군벌정치를 초래하고, 국체를 파괴하여 전횡을 행하거나 이에 준하는 정치행동으로 천황의 평화정신을 거역하고, 대동아전쟁을 초래한 자'를 재판에 의해 '반역죄로 사형 또는 무기근신'에 처할 것, 기타 죄형과 절차를 정한 조문을 내용으로 하는 '민심을 안정하고 국가질서를 유지하는 데에 필요한 국민도의를 자주적으로 확립할 것을 목적으로 하는 긴급칙령(안)'이 만들어졌다(『국제심포지엄 동경재판을 묻는다』소수 粟屋憲太郎 보고). 포츠담선언 수락에 따라 최고 수뇌부가 논의를 할 때에, 참모총장 우메즈梅津美治郎는 다음과 같이 말했다.

포츠담선언에는 연합국 포로를 학대한 자를 포함하는 일체 전쟁범죄인을 엄중하게 처벌해야 한다는 규정이 있으나, 거기에는 연합국에 의해 재판한다는 내용은 없으므로 선언을 수락하여도 전범자는 일본이 재판한다.

이러한 방법도 가능하다고 논하여(『종전사록』소수「豊田副武 수기」), 이를 포함하는 4개조의 조건을 붙여서 수락해야 한다는 주장이 강하게 제기되었다. 아마도 이와 같은 발상에서 나타난 것이리라.

'천황의 평화정신'을 대서특필함으로 천황의 책임을 완전히 삭제하려는 취지에 따라 '국체호지' 방침으로 적용시킨 법안이다. 과연 어디까지 '반역죄'를 적용하여 실행할 계획이었는지는 참으로 의심스럽지만, 적어도 연합군 측의 재판을 피하고자 하는 권력자의 의도는 잘 알수 있다. 그러나 연합국이 이러한 일본지배층의 책모에 넘어갈 리 없었기에 이러한 계획은 실현되지 못하고 끝났다.

이와는 반대로, 일본 인민 사이에서 전쟁책임자를 일본인 스스로의 힘으로 행해야 한다는 주장도 없지는 않았다. 이른바 요코하마사건으로 투옥된 호소기와 가하치細川嘉六는 항복 직후 옥중에서 「재출발을 위한 교훈」을 같은 사건으로 투옥되어 있었던 기무라 아끼라木村亨에게 주었다. 그 내용 중에는 '지금 급히 행하여야 할 급무의 하나로, 전쟁책임자를 국민 자신의 힘으로 재판하고 처단하여야 한다'는 내용이 있었다. 그 뜻을 깨달은 기무라木村는 출옥 직후인 1946년 1월에 소속신문사 편집회의에서 「전쟁범죄 문제를 우리는 어떻게 취급하는 것이 바른가」라는 의제가 상정되었을 때에 다음과 같이 제안하였다.

이 나라에서 이번에 전쟁책임과 전범을 추궁하는 것은 우리들 국민 자신의 손으로 행하는 국민재판이 바람직하다. 전범들의 범죄는 전 국민 앞에서 밝히고, 공공연하게 우리들 자신의 국민 재판에 의해 처단하여야 한다.

그러나 편집 최고간부는 바로 '전쟁범죄는 진주군에 일임하여야 하며, 결코 우리가 말을 해서는 안 된다'고 강하게 배척하였기 때문에 제안을 지지하는 발언이 나오지 못하여 채택되지 못하였다고 한다

(木村亨『요코하마 사건의 진상』).

　　다만 요코하마 사건과 관련하여 조사를 맡았던 가나가와현 특고 경찰관이 다수의 피의자에게 가혹한 고문을 가한 직권남용에 대해서는 피해자 일동이 고소를 행하여, 검사국으로 하여금 기소를 하게 하였다. 1949년 요코하마 지방재판소, 1951년 동경고등재판소가 유죄 판결을 내려서 잔인한 고문 행위를 반복하였던 경부 마쯔시타松下英太郎에게 징역 1년 6개월, 경부보 가라사와柄澤六治, 모리가와森川清造에게 징역 1년의 실형을 선고하였던 것은 작은 일이지만 일본인민 스스로 힘으로 전시하 권력자의 전쟁범죄를 추궁하여 유죄판결을 얻어낸 드문 사례이다. 전시하에 이바라키현 오오미야大宮 경찰서 순사부장 오오쯔가大塚清次가 경제통제법 위반 피의자 오오쯔기大槻徹를 고문하여 죽음에 이르게 하였다. 경찰과 검사국이 공동으로 사건을 은폐하고자 하는 것을 안 변호사 마사끼히로시正木는 위험을 무릅쓰고 피해자의 목을 잘라 동경에 가지고 와서 법의학자의 타살 감정을 얻은 후 고발하여 검사국으로 하여금 기소하도록 만들었다. 이것은 1955년 11년 만에 두 번째의 상고심에서 유죄판결을 얻어내는 데에 성공(마사끼 히로시正木, 『목이 없는 사건의 기록』)한 사건으로 앞의 경우와 함께 기억해 두어야 할 사실이다. 유감스럽지만 이 두 사건 이외에 일본인민이 노력하여 전쟁범죄인을 처벌하게 만든 예를 나는 알지 못한다. 요코하마사건 가해자들의 경우는 사면되어 결국 실형을 받지 않았기 때문에 일본인 자력에 의한 전범처벌은 실질적으로는 거의 실효를 얻지 못하였다고 말할 수밖에 없다.

　　유조호 철도 폭파, 점령지에서의 잔학행위, 국민 다수를 비참한 전쟁터에서 죽게 한 무모한 태평양전쟁 개시, 최악의 사태에 이르도록 전쟁을 속행하여 국민의 자유와 권리를 잔혹하게 탄압한 것 모두 일본의 국내법으로도 범죄 혹은 불법행위로 책임을 묻는 것이 이론적으로 가능한 일이었다. 그러나 일본 국민의 자발적이고 조직적인 전쟁범죄 추궁을 현실적으로 가능하게 할 조건이 갖추어지지 않았던 것이다. 15년 전쟁의 발단이 된 유조호사건을 기획하고 실행한 사람들에게는 당시 형사소송법 제281조 '시효는 다음 기간을 경과하면 만료된다. ① 사형에 해당하는 죄에 대해서는 15년'을 보면 1946년 9월 18일까지는 공소시효가 성립되므로 만일 그 사이에 그들을 기소하였다면 국내법으로도 유죄를 선고할 수 있었다. 그것이 실행되지 못하였던 상황을 일본 국민으로서 부끄럽게 생각하여야 한다.

법률상 책임 추궁이 아니라, 보다 넓은 의미에서의 책임을 묻는 시도로 1945년 12월 8일, 일본공산당 외 5단체가 주최한 전쟁범죄인 추궁 인민대회가 열려, 천황을 포함하는 100명을 넘는 전범 지명이 행해졌다. 이는 항복 직후의 열기가 있었기 때문에 가능한 일이었다. 그러나 한편으로는 전쟁 협력자이면서도 항복 후에 고발자 측으로 돌아선 자들이 이 기록에 포함되지 않았다는 점에서 비판을 면할 수 없는 문제다. 또한 이러한 문제가 있어 전쟁책임 추궁 국민운동 전개의 단서가 되지는 못하였다. 결국, 전쟁책임의 효력을 갖는 추궁은 연합국에 의한 전쟁재판과 추방이라는 두 가지로 이루어질 수밖에 없었다.

연합국에 의한 전쟁재판은 1931년 이후 전쟁책임을 주로 그 형사책임을 추궁하기 위해 연합국 11개국의 재판관과 검찰관으로 구성된 극동국제군사재판소가 동경에서 행한 A급 전범에 대한 재판과 일본군인 군속 및 민간인 전쟁범죄인에 대한 형사책임을 추궁하기 위해 연합국이 독자적으로 행한 BC급 전쟁범죄인에 대한 재판이 있었다. 동경재판은 일본 국가의 전쟁책임을 그 최고기관 혹은 중요기관의 지위에 있던 자연인의 형사책임을 추궁하고자 한 것으로 그 심리 내용이나 규모에서 가장 주목되며, 넓은 관심과 논의의 표적이 되었다.

동경재판에서 법률상 가장 문제가 된 것은 유죄의 이유가 된 '평화에 대한 죄'를 범죄로 처벌할 국제법이 전쟁기에 성립되어 있지 않았고, 또한 연합군 최고사령관 맥아더가 제정한 극동국제군사재판소 조례에 의해 창설된 사후법을 소급적용하는 것이 죄형법정주의에 반한다는 점에 있었다. 법정에서 변호인 다가야나기高柳賢三는 이 조리에 기초하여 재판소에 관할권이 없다고 주장하였다. 여기에 대해서는 우선 요꼬다横田喜三郎의 견해(『전쟁범죄론』)를 들 수 있다.

큰 변동기, 특히 옛 질서가 파괴되고 새로운 질서가 건설되려는 전환기에는 죄형법정주의를 문자 그대로 적용하기에는 불가능한 바가 많고, 바람직하지도 않다. 그러므로 재판소에 관할권이 없다고 하는 것은 전적으로 타당한 요청은 아니다.

한 걸음 더 나아가 사후법의 적용이 가이노우戒能通孝는 이 재판에서는 불가피하고 필요한 것을 적극적으로 주장한다.(『일본자본주의 강좌』 I. 『극동재판』) 등이 있다.

판결은 기존의 국제법에 의한다기보다는 오히려 민주주의 혁명전쟁의 일부라는 것에 의존한다. 그러므로 혁명의 반대세력이었던 일부 인사를 추방하는 것은 오히려 자연스러운 것이다. 다만 혁명재판의 경우에는 그때까지 일종의 정치범으로 억압받던 사람들이 정통 권력자가 되어서 반혁명분자를 제거하는 행위에 불과하므로 사후법에 의한 재판 즉, 죄형법정주의에 의하지 않는 재판이 될 수밖에 없다. (중략) 만일 혁명에 의한 재판에 사후법 재판이 불가능하다면, 반혁명분자의 반항을 용인하고 혁명자체의 붕괴를 방관하지 않을 수 없기 때문이다.

단토우団藤重光도 역시 완화된 어조이지만 이렇게 말하고 있다 (『형법의 근대적 전개』 소수 「전쟁범죄의 이론적 해부」).

국제평화를 확보하기 위해서는 사후법의 적용도 현재의 국제법의 발전단계로서는 어쩔 수 없다. 뿐만 아니라, A급 전범 중에는 국내형법의 이론으로는 무죄가 될 수밖에 없는 경우가 있으므로, 국제평화의 확보라는 실현해야 할 최우선의 목적을 위해서는 책임이론에 여러 가지 수정이 가해져야 하는 것도 어쩔 수 없다.

이들과 같은 일본 법률학계 최고 이론가에 속하는 사람들이 극동재판에 약간의 법적 불비를 인정하면서도, 그 불비가 보다 높은 가치로 말미암아 치유된다고 한 것은 오늘날 주목할 가치가 있는 것이다.

특히, 요꼬다橫田는 전시하인 1933년 발행된 저서 『국제법』에서 국제연맹규약·부전조약 등에 따르면 자위의 전쟁과 제재 전쟁을 제외한 "보통의 전쟁은 지금은 일반에 금지되었다. 금지된 전쟁은 국제법상 위법행위이다. 그 중에서 국제연맹규약으로 금지된 전쟁은 특히 국제범죄로서의 성질을 갖는다고 생각한다"라고 논하였다. 또한 다음과 같이 논하였다(『전쟁범죄론』).

전쟁책임자의 처벌에 대해서.... 벌은 이미 정해진 것이 아니지만, 죄는 미리 정해진 것이다. 따라서 위법적인 전쟁에 대해 구체적인 제재가 정해지지 않았다고 해도, 이를 일으킨 자를 처벌하는 것은 전혀 비난할 일이 아니다.

이는 전중·전후를 통해 일관된 신념의 토로일 뿐이며, 점령군의 재판이라는 현실에 추종하는 것은 아니었다.

제2차 세계대전까지는 전쟁 법규나 관례를 위반한 행위에 대해서 처벌할 실체법(죄와 벌을 정한 법규)을 각국이 국내형법으로 평시부터 제정하도록 하는 국제법상 의무가 없었다. 전쟁의 법규나 관례를 위반한 것이 명확하다면, 이 자체를 근거로 사형을 포함하는 형벌을 부과하는 것이 국제법상으로도 인정되고 있었다. 처벌을 위한 절차도 심문을 거쳐야한다는 전제이외에는 실체법과 같았다. 위와 같은 의미에서 전쟁의 법규나 관례상 금지되었다고 말하기 어려운 통상 전쟁범죄 이외의 예를 들면 스파이 행위나 전시 반역죄와 같은 행위도 전쟁범죄에 포함하여 처벌할 수 있다고 하는 것이 영국과 미국의 통례적인 전쟁범죄 처벌 제도로 발전하여왔다. 일본의 국제법 이론도 그 영향을 강하게 받아서 통수권에 의해 군율회의를 열고, 적국인의 전쟁범죄가 행해진 후에 정해진 죄와 벌에 관한 규정을 소급 적용하여 처벌을 실행한 것이었다(이상, 岡田泉). 이처럼 통상의 전쟁범죄에 대한 사후법의 적용이 널리 국제법으로 확립되었다고 한다면, '평화에 대한 죄'라는 새로운 전쟁범죄(이는 통상의 전쟁범죄보다 훨씬 무거운 죄악이라고 말해도 좋을 것이다)에 대하여 사후법이 적용되었다고 해도 이는 구태여 '혁명에 의한 재판'이라는 법리를 적용하지 않아도, 전시 국제법에 있는 죄형법정주의 부적용의 한 변형으로 평가할 여지도 있을 것이다.

극동재판이 승자의 패자에 대한 일방적인 재판이었다고 하는 비난이 있다. 그와 같은 일면이 있는 것은 분명하지만, 일본 국민이 스스로의 힘에 의해 전쟁세력을 타도하고 책임자를 처벌하지 못한 이상, 일본인은 점령군의 처리에 맡긴 것을 비난할 자격이 없다. 1897년 우찌무라 간조(內村鑑三)는 「The savage deed of the savage county」이라는 제목의 영문 논설을 발표하였다.

국민의 소리를 그들은 억압하였다(충군, 애국이라는 이름으로. 위선자와 악인은 항상 이렇게 행한다고 사무엘 존슨 박사가 말한 그대로이다). 그러나 세계의 소리를 억압할 수는 없다. 그들이 아무런 힘이 없는 백성을 압박하였으므로, 하늘은 지금은 옛날과 마찬가지로 네브카드네자르(B.C 605~562; 신바빌로니아의 왕으로 이스라엘을 정벌), 세나케리브(신아시리아의 왕으로 이스라엘을 정벌)를 이용하여 이들 전제자들을 심판한다. 일본에서 자유는 억압되고 있으므로 그 섬제국 주위에 외국 함대를 보내어 압박자의 손에서 지키게 하였다. 일본 국민이 무력한 고로 행하지 못하는 것을 이들 외국함대는 전제자에 대하여 성취할 지도 모른다(『內村鑑三 저작집』 제3권 소수 일본어 역문).

이처럼 말하였는데, 동경재판은 바로 우치무라의 말대로 실현된 것이 아닌가. 연합군 측에도 대일전쟁범죄로서 추궁해야 할 문제가 있다. 특히 이 재판 판결에 있어서는 미국의 원폭투하와 같은 잔학행위를 제쳐두고 일본의 전쟁범죄 책임만을 묻는 것은 일방적이라는 인도 재판관 펄의 소수의견도 있다. 그렇게 일방적인 성격임에도 불구하고

이 재판이 없었다면 일본의 침략전쟁의 실태와 이를 수행한 권력자들의 언동이 이렇게 구체적으로 폭로되지 않았을 것이다. 피고인들도 그 책임을 지는 일 없이 그대로 지배층의 지위를 유지하면서 생활하였을 것이다. '일본 국민이 무력해 행하지 못한 것을' 외국 군대의 압력에 의해 실현하였다는 일면이 있음을 역시 지적하지 않을 수 없다. 헤겔이 말하는 이성의 교활한 지혜[狡智(List der Vernunft)]가 나타났다고 해석해야 할 것이다.

1983년에 동경에서 개최된「동경재판 국제심포지엄」에 참가한 극동국제군사재판소 재판관이었던 네덜란드의 레링은 다음과 같이 말한다.

동경재판에는 약간의 결함이 있었으나, 인류가 긴급히 필요로 한 법의 발전에 공헌한 것도 부정할 수 없습니다. 국제연합은 뉘른베르크와 동경의 판결에서 정해진 여러 원칙을 채택하였습니다. 이리하여 평화에 관한 죄는 국제법의 일부로 공인되게 된 것입니다. 지금은 전쟁 금지가 강행법규가 되었습니다. 세계가 동경재판을 통해 전환기를 맞이하였던 것 같습니다. 지금까지 전쟁금지의 필요성이 이만큼 확실하게 등장한 적은 없었을 것입니다. 인류가 처음으로 이 문제를 정면에서 받아들여 처리하였다는 뜻이지요. 그러한 의미에서 동경재판의 중요성과 의의를 찾을 수 있다고 봅니다.

이처럼 동경재판의 적극적인 측면을 평가할 것을 역설하고 있다.(『국제심포지엄 동경재판을 묻는다』), 또 이 심포지엄 주최자의 한 사람인 오오누마大沼保昭는 다음과 같이 서술하고 있다.

만약 제1차 세계대전 후에 형성된 전쟁위법화에 정면으로 도전한 일본의 15년 전쟁 개시를 불문에 붙이고, 통상의 전쟁범죄만을 재판한다고 하였다면, '잡범은 처벌하면서 살인범은 놓아주는 실까' 가 되었을 것이다. 그런 의미에서 일본 지도자를 평화에 대한 죄로 처단한 동경재판은 연합국이 재판하였다는 형태를 취함으로 당시 국민의 소박한 규범의식이 전쟁을 결정한 지도자를 문책까지 않는 국제법 결여를 보완하려고 한 것이라 말할 수 있다. 이는 승자의 판결로서의 성격을 갖기만 그것이 전부는 아니었다. 이처럼 전쟁위법을 거슬린 지도자를 재판한 동경재판은 뉘른베르크 재판과 함께 전후 국제연합 체제에 있어서 무력행사 · 제노사이드(대량학살) 금지, 일본국헌법 제9조의 평화주의와 함께, 부전조약으로 대표되는 전쟁 위법화, 평화탐구 과정의 일환을 이루는 것이다(『중앙공론』 83년 8월호, 「'문명의 재판' , '승자의 재판' 을 넘어서」)

　　이는 동경재판 전체 평가로 타당한 견해라고 생각한다. 이처럼 높은 차원에 시점을 두게 되면, 요꼬다橫田 · 가이노우戒能 · 단토우團藤의 법률론의 기조가 다시금 지지받게 될 것이다.

　　동경재판에는 그 외에도 여러 가지 문제가 있다. 재판소는 연합국 11개국에서 온 재판관으로 구성되었다. 그러나 중국에서는 당시 국민정부가 정통정권으로 인정되었으므로 일본군과 가장 많은 싸움을 하고 희생을 치룬 중국공산당, 뒤의 중화인민공화국의 사람들은 재판에 참가할 수 없었다. 또 일본의 남방침략에서는 말레이시아 · 베트남 · 인도네시아 · 미얀마 등 현지 민족이 최대의 피해자였음에도 불구하고, 그들 지역은 그 때의 시점에서는 영국 · 프랑스 · 네덜란드 · 호주의 식민지로 간주되었으므로 식민지 지배국들만 재판관을 파견하였다. 피해 민족에서는 재판관이 나오지 못하였으며, 오로지 필리핀과 인도 두 나라에서만 재판관을 보내 온 것도 재판소 구성에 대한 문제라 할 수 있다.

　피고인 선발 방법에도 문제가 있었다. 미국이 정책상의 이유로 천황의 책임을 불문에 부친다고 한 것에 대해서는 연합국 내에서도 불만이 많았다. 호주 재판관으로 재판장이 되었던 웹브, 프랑스 재판관 베르나르의 소수 의견에는 천황이 재판받지 않은 것을 비판하고 있다. 나아가 미국은 일찍부터 731부대의 잔학행위를 탐지하면서 세균전의 지식을 입수하여 자신들이 이용하려고 하였다. 부대장 이시이石井四郎와 거래를 하면서, 세균전 연구 성과를 제공할 것을 조건으로 731부대 관계자의 책임을 모두 불문에 부쳤을 뿐만 아니라, 그 존재조차도 은폐했다.(森村誠一『〈악마의 포식〉 노트』소수 존 파우엘「역사의 감추어진 한 장면」, 군지 아끼고郡司陽子『증언 731부대』, 『마이니치』81년 10월 16일 석간「세균전―이시이 부대의 군의관 GHQ와 밀회―미국과 면책 거래도 증언」, 『아사히』83년 8월 14일「세균전부대의 전범 면책(맥아더가 보증) 전 GHQ담당자가 증언」, 『아사히』84년 6월 28일「이시이부대 면책 논의―미국 공문서로 입증 세균전 노하우의 독점을 노린 미국군부」, 『역사학연구』534호에 수록된 아게이시常石敬一「하얼빈에서 포토데트릭까지」, 아게이시常石『표적―이시이』등) 같은 정치적 의도에서 나온 결정이라고 해도 천황의 책임 불문 결정이 공공연하게 행해진 것과는 달리, 이것은 비밀리에 모략의 형태로 이루어졌다. 그리고 위법적이고 비인도적인 전쟁기술을 미군이 이용하기 위해 이루어진 것이다. 그러므로 이는 동경재판의 가장 어두운 면을 말해주는 것이라고 해야 하겠다.

　또, 고의라기보다는 조사 부족으로 나타난 일이겠지만, 15년 전쟁의 발단이 긘 만주점령의 중심적 책임자 이시하라 간지를 기소하지 않았을 뿐만 아니라, 緘찰 측 증인으로 심문하고 있는 것은 우스꽝스러운 느낌마저 들게 한다. 또, 기소되었던 피고인 이외에 A급 전범 용의자로 수십 명의 사람에게 체포지령이 내려졌지만 1948년 말 모두 석방되고 있다. 그런데 이런 인물 중에는 태평양전쟁에 부서한 국무대신도 있다. 이들은 모두 기소된 사람들보다도 전쟁책임이 적다고 말할 수 없는 사람들이어서 문제가 되고 있다.

동경재판에서 모든 피고인의 무죄를 주장한 인도인 재판관 펄의 소수의견은 사후법 적용을 부정한 부분에서는 법률론으로 일리가 있고, 미국의 원폭투하에 관한 소론은 정론이었음을 이미 지적하였다. 그럼에도 불구하고, 펄 소수의견이 일본 국내에서 '대동아전쟁 긍정론' 자에게 악용되고 있는 사실에 대해 경계하지 않으면 안 된다. 이 소수 의견의 번역이 『일본무죄론』이라는 제목으로 출판된 것을 보아도, 이것이 일본 국내에서 어떠한 각도로 이용되고 있는지 그 일단을 살펴볼 수 있을 것이다. 펄 소수의견은 강렬한 반공 이데올로기로 관철되고 있다. 또한 신중하고 완곡한 표현을 사용하면서 사실인정과 그 법적 평가에서 일본의 중국침략의 위법성을 부정하고 있다. 이러한 논지에는 결코 찬동할 수 없다. 『세계世界』 1949년 6월호에 게재된 윌리엄 코스테로의 「전쟁은 과연 추방되었는가─패배한 자는 유죄」라는 일본어 번역의 논문은 원래는 〈네이션The Nation〉지에 게재된 것이다. 거기에는 다음과 같은 신랄한 펄 비판이 전개되고 있다.

펄 판사는 일본이 1930년도부터 10년 동안 아시아에서 공산주의 확대와 싸워왔다는 일본인의 주장에 찬성하고 있다. 나아가 공산주의를 두려워하는 나라는 어느 나라든지 공산주의를 반대하여 간섭할 권리를 갖는다고 시사하고 있다. (중략) 만일 펄 판사가 바르다고 한다면, 아마도 소련인들은 언제나 자위전쟁을 행할 자격이 있다고 느낄 것이다. 이 인도인의 테제에 따른다면, 다른 나라가 실제로 포위계획을 실행하고 있는지는 상관없다. 문제가 되는 것은 다만 소련인이 어떻게 느끼는가 하는 것뿐이다. (중략)

펄 판사는 일본인들은 중국에 간섭할 권리가 있다고 주장한다. 만일 이것이 사실이라면 미국은 오늘날 그리스, 터키, 중국, 독일, 일본, 그리고 한국에 대해서도 간섭할 권리가 있다. 그의 견해를 주의 깊게 살펴보면, 일본은 만주 및 중국 침략을 정당화할 필요가 없었음을 시사하고 있다. 그 의견 중에는 공산주의는 많은 나라들의 안전을 위협하는 것이므로, 일본은 오늘날의 미국의 역할과 비슷했다는 의미가 포함되어 있다. 펄 판사는 유럽 재건을 위한 마셜플랜이나 목하 만들어진 대서양동맹 조약을 정당화하는 테제를 제공하고 있는 것이다.

펄의 소수의견이 이처럼 강한 정치적 주장을 함유하고 있는지는 잠시 판단을 유보해두자. 그러나 이런 평가가 이미 발표되고 있음은 펄 소수의견을 바라보는 기조에 대한 나의 견해가 오해나 독단이 아님을 증명하는 것이다.

BC급 전범 처벌은 주로 포로나 비전투원을 살해 · 상해 · 학대한 일본군으로 통상의 전쟁범죄를 행하였다고 지목된 사람들에 대해 행해졌다. 유죄판결을 받은 사람은 모두 4,400명(그 중 조선인 · 타이완인을 포함하고 있음은 〈3장 1절 1〉에서 기술하였다), 그 가운데에 사형된 사람이 920명이었다(內海愛子『조선인 BC급 전범의 기록』). 이 수는

미국 · 영국 · 호주 · 네덜란드 · 프랑스 · 필리핀 · 중국의 재판에 의한
것으로, 중화인민공화국 소련의 재판에 의한 것은 포함되지 않는다.

BC급 전범 재판의 경과는 재판하는 나라에 의해 여러 가지였다.
구미제국과 중화민국의 경우 보복적인 측면이 강했다. 그리고 모든 나
라의 재판에서 사형이 부과되었다. 동경재판에서도 문제가 있기는 했
지만 미국인 변호사를 통해 피고인 변호체제가 상당히 정비되어 있었
다. 그래서 변명이나 방어가 어느 정도 허용되었던 것이다. 하지만 BC
급 전범의 경우에는 특히 남방 현지에서 행해진 재판에서는 원래 전범
지명 자체가 엉터리인 경우도 많았다. 또 언어가 통하지 않고 변호체
계도 정비되지 않은 경우가 많아 사람을 잘못 지명하거나, 상관의 행
위를 부하에게 전가시킨 경우도 있어서 억울한 사람들이 상당수 포함
되어 있었다. 상관의 명령을 따르지 않거나 잔학행위를 회피하는 것이
불가능했던 당시의 일들에 대해 책임을 묻는 것은 적어도 국내법 관점
에서는 가혹하다고 느끼는 경우도 많았다. 이러한 사정으로 법률상의
문제는 제쳐두고, 정치적 도덕적 책임이 명백한 A급 전범의 처벌과는
달리 BC급 전범 처벌에는 일본 국민으로서 의혹을 느끼게 된다.

그렇기는 하지만, 일본군이 침략지에서 행한 수많은 잔학행위를
생각해보면, 제한된 일부 군인들에게 처벌이 내려진 측면도 있음을 간
과할 수 없다.[21]

중화인민공화국의 전범에 대한 처우
는 다른 연합국과 현저하게 달리 보복적 처
벌이 아니라 전쟁범죄의 자기인식을 구하
는 교육적 조치를 취하였다. 개선의 의지를

[21] 연합국에 의한 전범재판에 대해서는
수많은 문헌이 있다. 가장 포괄적인 문헌
목록이 『사상』 1984년 5월호의 「동경재
판 · BC급 전쟁범죄 · 전쟁책임관계 주요
문헌목록」이 공개되었으므로 참조하기
바란다. 위 책은 특집 동경재판으로 논설
도 싣고 있으므로 「국제심포지엄 동경재
판을 묻는다」와 아울러 동경재판에 대한
최신 학설 상황을 보여준다.

보이면 불기소 · 조기석방을 행하였으며, 아주 심한 잔학행위를 행한 사람에게도 사형을 부과하지는 않았다. 묵비권을 보장하는 서양계의 근대 형사법의 관점에서 보면 죄를 인정하도록 이끄는 학습을 행하는 것이 형식적으로는 문제가 있을지 모른다. 하지만 중화인민공화국에서 전범이 된 많은 일본 군인이 이 처우를 받은 결과, 일본 침략의 죄악성과 여기에 가담한 자신의 책임을 명확하게 자각하게 되어 석방되었다. 그들 가운데는 귀국한 후에도 일본군이 행한 그리고 자신이 가담한 행위를 적나라하게 고백하여, 다시는 그러한 불상사가 재발하지 않도록 노력하는 사람들이 많이 존재한다.(『三光—일본인이 중국에서의 전쟁범죄의 고백』, 중국귀환자연락회편 『신편 삼광제 I 집』, 도미나가 富永正三 『어떤 BC급 전범의 전후사』 등) 이러한 사실들을 보면, 다른 연합국의 전범 처벌이 일본 국민에게는 매우 비생산적인 결과를 낳은데 비해 중화인민공화국의 처벌은 실질적으로 매우 의의 있는 성과를 가져왔다고 평가할 수 있을 것이다.

소련이 일본 군인을 포로로 장기 억류한 불법성에 대해서는 5장 2절에서 서술한 바이지만, 소련은 포로 · 억류자 가운데 소련군이 점령한 만주 · 조선북부에서 특무기관 · 헌병 · 경찰 등으로 근무한 자나 대소 작전의 계획자, 첩보활동에 종사한 사람들을 전쟁 범죄인으로 삼아 소련 국내형법에 의해 기소 처벌하였다. 소련의 전범재판도 중화인민공화국과 마찬가지로 사형은 부과하지 않았다. 그리고 생존자는 일정기간을 거쳐서 귀국시키고 있다(전국헌우회 『일본헌병정사』). 그러나 억류 혹은 구금 중의 처우가 좋지 못하여 사망한 사람들도 있고, 전범이라고는 하기 어려운 반소 언동을 이유로 처벌받은 사람도 있어,

소련의 처벌을 납득하지 못하는 사람들도 많았다. 소련의 전범재판은 중화인민공화국과 같이 수형자의 내면적 반성을 이끌어내는 생산적인 효과를 얻지는 못하였다고 평가할 수 있다.

다만 하나, 미국이 정치적 거래를 통해 전범을 지명에서 빼거나, 관계자를 비호 은닉하여 그 존재를 은폐하려고 한 731부대의 잔학행위에 대한 전범재판이 소련에 의해 행해졌다는 사실은 특히 미국과 비교할 때 주목할 만하다. 그 구체적인 내용은 1950년에 모스크바에서 일본어로 인쇄되어 특별 경로를 통해 일본 국내에 시판되었던 『세균전용 병기의 준비 및 사용 혐의로 기소된 전 일본군인 사건에 관한 공판 서류』에 상세하다. 재판을 받은 관동군사령관 야마다 오도조山田乙三 이하 731부대 군의관 기타 피고인들의 법정에서의 자백이 어디까지 진실인지는 검토의 여지가 있다. 그러나 그 후 일본인 자신들에 의해 재현된 731부대의 활동 상황과 부합하고, 소련군이 압수한 731부대 관계 일본군 문서 사본도 삽입되어 있으므로 허구라고 생각하기는 어렵다. 오히려 자백의 내용이 진실보다도 상당히 완화된 내용이 아닐까. 731부대의 잔학행위는 나치스의 아우슈비츠에 필적할 정도임에도 불구하고 소련은 사형을 부과하지 않고, 수년 후 야마다山田 등은 석방되어 귀국하였다. 731부대에 대해서는 이처럼 일찍부터 국제적으로 알려진 사실임에도 731부대 관계자, 특히 고급간부들 가운데 자기 책임을 인정하려는 사람이 거의 없었다는 것은 〈3장 3절〉에 서술한 바와 같다. 그리고 1980년대에 와서야 겨우 실명으로 고백을 공표하는 대원이 나타났다는 점은 〈3장 1절 1의 1) ㈐〉에 서술하였다. 소련의 전범재판은 일본 국민 사이에 731부대의 죄악을 인식시키는 효과는 가져오지 못하였던 것이다.

법률적 책임 추궁뿐만 아니라, 정치적 책임 추궁도 일본 국민의 손이 아닌 점령군에 의해 행해졌을 뿐이었다. 1946년 1월부터 시작된 추방이 그것이었다. 전쟁중의 지위나 행동 등에 대해 일정한 기준을 정하여 심사하고, 여기에 해당되는 개인의 공직 취임 금지와 정치적 활동을 금지하는 조치가 취해졌다. 전쟁기에 적극적으로 전쟁을 추진한 정치가 · 군인 · 사상통제관련 검사 · 경찰관 · 재계 · 교원 · 문필가 · 신문사 · 잡지사 · 출판사 · 방송기관 · 영화사 기타 정보관계기관원 등 모두 약 21만 명(H. 베어월드 지음, 소데이袖井林二郎 옮김, 『지도자 추방』)이 비록 일시적이라고는 해도 사회 일선에서 추방당한 것은 A급 전범처벌과 함께 전시하의 정치적 · 문화적 지배체제를 붕괴시키는 데에 도움이 되었다.

그러나 그 실태를 살펴보면 '일정의 지위'라는 기준을 기계적으로 적용하였기 때문에 추방할 필요가 없는 사람을 추방하고, 추방해야 할 사람을 그대로 남겨두는 불공평한 결과를 초래하였다. 예를 들어 육해군 직업군인의 신분이었던 자는 비록 15년 전쟁 이전에 퇴직하여 전시 하에서는 순수한 민간인이었다 해도 추방 대상이 되는 한편, 실질적으로 전쟁추진에 큰 역할을 했던 현직 판사나 행정부 고위관리의 경우는 기준에 해당하는 언동이 없으면 추방 대상이 되지 않았다. 판사가 추방 대상이 되지 않았던 것은 재판관은 실정법의 적용을 행할 뿐으로 같은 사법관이어도 사상검사처럼 적극적인 탄압을 행하지는 않았다고 생각했기 때문일 것이다. 그러나 재판관이 전쟁과 사상탄압에 얼마나 열심이었는지는 〈3장 3절〉에 서술한 바이므로, 판사를 전부 추방 대상에서 기계적으로 제외시킨 것은 전쟁 추진 세력 일소라는 목적에서 볼 때 잘못이라 할 수 있다.

　문필가나 매스컴 관계자 등 사상·문화 영역에서 추방당하는 것은 기준 판정에 주관적 요소가 많이 작용하였고, 일본인 내부의 밀고 등의 양상을 보여, 공평하지 못한 사례가 드러났다.

　전범 처벌이나 추방 모두 일본인 자신의 힘에 의해서 행해진 것이 아니라 점령군이 행한 제재였기에, 타율적 인상을 주어 처벌이나 추방을 받은 사람들에게 자발적인 전쟁책임의 자각과 자기비판을 유도하지 못했다. 오히려 전쟁 정당화론, 제재가 부당하다는 자기변호론, 운이 나빴다는 체념 등 전쟁책임을 자각하는 것과는 정반대의 결과를 초래했다. 일반 국민은 적어도 A급 전범의 처벌이나 군국주의자의 추방은 당연하다고 생각하였지만, 그 중에도 문관인 히로다廣田弘毅를 사형에 처한 것은 가혹하다고 생각하는 동정심도 있었다. 또 추방자 가운데도 안 됐다고 동정하는 사람마저 있었다. 이에 전면적으로 이러한 조치를 받아들이기 어렵다는 의식도 나타났다. 이러한 사례는 A급 전범의 한사람인 교우세 이치로淸瀨一郎의 모든 진술에서 명료하게 나타나 있다. 전쟁 중 일본 국가의 정책을 전면적으로 정당하다고 확신하는 사람들이 존재한다. 전쟁중의 신념을 굽히지 않는 군국주의자들도 사회의 일각에서 재기를 노리고 있었다. 그러한 사람들의 활동의 자유를 회복시켜 주어야한다는 주장과 함께 A급 전범 사형수를 '순국자'로서 숭배하는 움직임마저 나타났다. 1979년에 이르러 야스쿠니 신사神社가 도조 히데기東條英機 등 14명의 A급 전범을 몰래 합사하였음이 판명되었다.(『아사히』79년 4월 19일) 전쟁책임 회피 움직임과

「대동아전쟁 긍정론」 끝에 그들이 「야스쿠니靖國」의 「신神」이 되어 수상 이하 각료가 그들을 참배하기에 이르게 되었다. 이것은 항복 이후 정부의 자세에서 예견된 도달점이라고 말할 수 있으리라.

점령군은 일본의 비군사화·민주화보다도 반공군사동맹을 중시하였으며, 그 일환으로 재건 정책을 시행하였다. 그리하여 1950년에는 전쟁 후 옥중에서 해방되어 자유를 회복한 공산당 간부를 추방하는 대신에 전쟁 중 지도자들을 추방에서 해제시키기에 이르렀다. 그러므로 추방이 전쟁책임 추궁이라는 의미가 일본인 의식에서 거의 사라져 버리게 된 것이었다.

동경재판과 추방은 일본의 전쟁체제를 붕괴시키고, 일반 국민들이 알 수 없었던 많은 사실을 공개함으로써 전쟁책임을 생각하게 하는 데에 도움은 되었다. 그러나 일본 국민 스스로 전쟁책임을 추궁하지 않은 채 지금에 이른 것은 일본 역사에 큰 문제점이 되었다. 자국민의 힘으로 전쟁범죄를 처단한 유고슬라비아의 한 사람이 일본의 전쟁범죄 처리에 대해 신문기자들에게 다음과 같이 말하였다.

다른 나라 사람들에게 재판을 위탁하고 그것으로 끝났다고 생각하는 것은 지나치게 무사태평한 것이라고 생각이 듭니다만...

그의 비평(『아사히』 55년 9월 17일, 사까이酒井 특파원 「유고 기행」)에서 지적된 사항은 그 후 일본 국가로 하여금 전쟁책임 문제는 완전히 제쳐두고 '정부의 행위에 의해 다시 전쟁참화가 일어나지 않도록 할 것을 결의' 한 일본국 헌법의 평화주의·민주주의 이념을 공동화시키는 한편 새로운 전쟁 위험의 길로 들어서게 하는 결과로 나타나고 있다.

일본 국가는 항복 직후부터 일본의 전쟁책임을 인정하지 않는 태도를 취하였다. 점령 하에서 냉전 격화와 점령정책 변화, 그리고 조선전쟁이 일어나게 되자, 이를 계기로 미군의 보조부대라 할 수 있는 경찰예비대가 점령군의 명령으로 창설되었다. 이것이 보안대·자위대로 칭하는 일본군대로 확대되어 샌프란시스코 강화조약과 함께 일미안보조약이 체결된다. 미국과 일본 사이에 군사동맹관계가 형성되는 역사적 격변이 계속되는 것이다. 그리하여 '어제의 적에서 오늘의 동지'가 된 미국의 대일 전쟁책임 문제는 일본 정부 차원에서는 시야를 벗어나 버린다. 한편 일본은 중화인민공화국을 '중공'이라는 이름으로 부르며 침략국으로서 적대시하는 태도를 취하게 되었다.

일본군의 점령에 의해 200만 명의 사상자가 났다는 (3장 1절 1의 6) 참조) 베트남 인민공화국에 대해서도 일본은 같은 태도를 취한다. 미국이 베트남 침략전쟁을 개시하자, 일본 정부는 미군을 위해 모든 편의를 제공함으로 거듭 베트남 인민에 대한 가해행위에 가담하였다. 국제연합에서 중국의 대표권을 중화인민공화국에 넘기자는 가맹국이 많아진 후에도 일본은 미국에 추종하여, 1971년에 대표권 교대가 다수로 가결될 때까지 반대투표를 계속하였다. 이와 같은 일본 정부의 전쟁책임 회피 자세는 미국과 중화인민공화국에 대해 다음과 같은 왜곡된 형태로 나타났다.

원폭투하 직후, 일본 정부는 스위스 정부를 통해 헤이그 육전법 법규를 들어 미국을 다음과 같이 비난한다. '미국이 사용한 본건 폭탄은 그 성능이 무차별하고 잔학하다. 이러한 사유로 사용 금지된 독가스나 기타 병기를 훨씬 능가하고 있다. 미국은 국제법 및 인도적 원칙을 무시하고 (중략) 종래의 어떠한 병기보다 무차별 참혹성을 갖는 본건 폭탄을 사용한 것은 인류 문화에 대한 새로운 죄상이다. 일본 정부는 스스로의 이름으로, 또한 전 인류 및 문명의 이름으로 미국 정부를 규탄함과 동시에 즉시 이러한 비인도적인 병기 사용을 포기할 것을 엄중히 요구한다' 라고 마치 동경재판에서 검찰관이 일본의 전범을 고발하는 것을 연상시키는 엄한 구조로 그 위법성을 비난하였다. 그럼에도 불구하고, 1957년에 원폭피해자가 원폭투하의 위법성을 묻고, 강화조약에서 대미청구권을 모두 포기한 일본 정부가 배상해야 한다고 소송을 일으키자, 다음과 같이 대응한다. "원자폭탄의 사용은 일본의 항복을 앞당겨, 전쟁 계속에 따르는 쌍방의 인명살상을 방지하는 결과를 가져왔다. 이러한 사정을 객관적으로 보면, 히로시마·나가사키에 대한 원자폭탄 투하가 국제법 위반인지 여부는 아무도 결론을 내리기 어렵다"고 마치 미국의 대변인 같은 말을 하고 있다. 또 앞서 인용한 스위스 정부를 통해 전달한 대미항의에 대해서는 "그러나 이는 당시 교전국으로서 신형 폭탄의 사용이 국제법 원칙 및 인도원칙에 반한다고 주장한 것으로, 교전국이라는 입장을 떠나서 객관적으로 본다면 반드시 그렇다고 단정할 수는 없다" 라고 원폭투하 변호론을 재판소에 제출하여, 원고가 원폭위법 주장에 기초한 청구를 기각하도록 요구하였던 것이다(『판례시보』 355호, 동경지방재판소 1963년 12월 7일 판결사실난 및 별지 제3표). 일본 정부가 그 후, 국내 및 세계적으로 전개된 핵병기 반대운동에 동조하지 않고, '핵 억제' 정책을 수용하고 있는 것도 이러한 원폭사용의 위법성을 인정하지 않는 자세와 불가분의 관계에 있다.

일본은 중국침략을 무시하고 중화인민공화국을 비난하는 태도를 오랫동안 유지하고 있었다. 예를 들어 1958년 2월 8일의 중의원 예산위원회에서 내각총리대신 기시노부 다스케岸信介는 다음과 같은 답신(『아사히』 58년 2월 8일 석간)으로 정부의 대중국관을 단적으로 보이고 있다.

중공이 평화애호국가로서 국제적으로 인정받을지 여부가 문제이다. 조선전쟁 당시 국제연합은 중공에 대해서 비난 결의를 행하였고, 중공은 아직 평화애호국가로서 인정받지 못하고 있다고 생각한다.

"중공을 침략국이라고 생각하는가"라는 의원의 거듭된 질문에 다음과 같이 답변을 회피하였다.

국제연합의 현상에서 보아, 그 점에 대답하는 것은 적당하지 않다.

일본이 중국에 대해 15년에 걸쳐 가한 침략에 대해 사죄를 하기는커녕, '평화애호국'이 아니고 '침략국'이라고 명언하는 것과 같은 말을 하고 있음은 참으로 놀라운 이야기가 아닌가. 일본 정부가 중화인민공화국에 대해 처음으로 전쟁책임을 표명하게 되는 것은 중국과 미국의 친선에 따라 1972년 일중국교정상화가 행해질 때 공동성명에서 다음과 같이 언급한 것이 처음이다.

일본 측은 과거에 일본이 전쟁을 통해 중국 국민에게 중대한 손해를 초래한 것에 대해 책임을 통감하며, 깊이 반성한다.

그리고 여기서는 아직 중국과의 전쟁이 침략전쟁이었음을 일본 정부가 명확하게 인정하지 않고 있다. 일본 국가의 최고 책임자가 대중국 전쟁이 침략전쟁이었다고 인정한 것은, 1982년 교과서 검정을 둘러싸고 국제적 비난이 가해졌던 때에 처음으로 나왔음은 〈3장 1절 1의 1)〉에 기술한 바이며, 일본 정부는 항복 후 36년에 걸쳐 중국 '침략'을 인정하지 않는 방침을 고수해 온 것이었다.

원래 일본 국가도 점령정책의 전환 이전에는 전쟁책임을 인정하는 문서를 공표하기도 했다.

세계인류에게 큰 고통과 충격을 준 제2차 세계대전에 대해서는 독일과 함께 일본이 가장 큰 책임을 지지 않으면 안 된다. 군벌은 '광의국방' 등의 언어를 내세워 정치적 실권을 장악하고 국민의 권리를 짓밟아 무모한 전쟁을 계획하게 되었다.

1949년 문부성 저작 『민주주의』에 위와 같은 일본 국가의 국제적 국내적 책임을 인정하는 문장이 여기저기에 보이게 되는 것도 동경재판에서 일본의 전쟁책임이 추궁되었던 시기의 여운이었다. 그러나 일본의 재군비와 일미군사동맹 강화가 진전되는 가운데 전쟁참화에 대한 국민의 판단을 흐리게 하기 위해 전쟁책임 회피에서 정당화하는 목소리가 국가 기관에 의해 당당히 나오게 되었다. 1963년에 이에나가 사부로가 지은 고등학교 일본사 교과서가 검정 불합격 처분을 받자

1965년에 불합격 처분이 위헌이고 위법임을 주장하는 소송이 일어났다. 이때 피고인 국가측이 재판소에 제출한 준비서면에는 다음과 같은 구절이 있다.

[원고의 기술 내용] 전쟁은 성전으로 미화되어 일본군 패배나 전장에서의 잔학행위는 모두 은폐되었기 때문에, 대부분의 국민은 진상을 알지 못하고 무모한 전쟁에 열심히 협력할 수밖에 없는 상태였다.

[부적절한 이유] 이 기술에서는 '미화되어'라든가 '일본군의 잔학행위', 혹은 '무모한 전쟁' 등과 같이, 전체로서 제2차 세계대전에서 우리 나라의 행위를 일방적으로 비판하고 있어서, 전쟁 와중에 있던 우리 나라의 입장이나 행위를 생도들에게 적절하게 이해시키는 것이라고 인정할 수 없다.

태평양전쟁을 자위전쟁이라고 주장하는 견해가 국가의 공적 견해라는 사실은 형사법정에서 행정부를 대표하는 검찰관의 심문에도 솔직히 나타나고 있다. 이는 〈3장 2〉에 소개한 바이다. 일본 국가의 자위전쟁론은 항복 직후 시대하라幣原 내각의 각의 결정사항 이래 일관되게 유지되어 온 것이다. 『민주주의』에서 나타나는 책임관은 예외라고 할 수 있으며, 전체를 통해 일본 국가는 자신의 전쟁책임을 거부하는 자세를 고집하여 온 것을 알 수 있다. 국가가 이러한 자세를 취하고 있기 때문에, 국민 측에서 국가의 전쟁책임을 엄하게 추궁할 필요가 한 층 더 생기는 것이다. 그러나 그러한 국민의 추궁이 유효하게 발휘되지 못하였기에 드디어 정부는 고자세를 취하게 되었다고 생각한다.

여기에 통쾌한 일격을 가한 것이 교과서 검정에 관한 중국·한국에서의 항의이다. 일본 정부가 참으로 반성하였다고는 도저히 인정할 수 없지만, 일본 정부는 결국 '침략'을 인정하지 않을 수 없는 지경에 이르렀다. 전범재판, 추방과 함께 국가의 전쟁책임을 추궁하는 것이 다시금 외국의 힘에 의해 행해진 것은 일본 국민의 한사람으로서 참으로 부끄러운 일이라 하겠다.

이처럼 일본 국민의 손에 의해서 전시 지배자들의 전쟁책임을 추궁하지 못한 결과 어느새 전쟁 정당화론이 국가의 공적 견해로 등장하였다. 태평양전쟁 개시에 부서한 국무대신 가운데 한 사람인 기시노부岸信介가 총리대신에 취임하여도 아무도 이상하지 않게 생각하는 상태에 이르게 된 것이다. 같은 주축국의 나치스나 파시스트당 수뇌가 전후 정계의 정점에 자리한다는 것은 상상도 할 수 없는 일임을 생각할 때, 일본의 전쟁책임 추궁 결여가 초래한 정치적 결과는 실로 명백하게 드러나고 있다고 할 수 있다. 그 기시 내각에 의해 다시금 새로운 전쟁의 길을 준비하는 일미안보조약 개정이 강행된 사실도 결국은 이러한 전쟁책임 문제를 무효화하려는 연장선상에서 이해되는 것이다. 태평양전쟁을 포함하는 15년 전쟁이 정당화되는 것과 미국과 군사동맹을 맺어 그 세계전략에 편입되는 것이 어떤 논리로 통일되는가는 전혀 해석할 수 없다. 그러나 그것을 일본인 입장에서 볼 때는 이해할 수 없지만 미국의 입장에서 보면, 이미 1950년 전후의 대일정책 변환에 따라서, 일본을 국제적 대립에서 군사적 우방으로 이용할 방침이 채용되었다. 그 전제로 전쟁책임을 없애고자 한 것이므로, 국제적 관점에서 보면, 그렇게 이해하기 어려운 일도 아니다. 그러나 일본을 미국의 군사적 봉사국으로, 다시금 군국주의화의 길을 가도록 가속화시킨 일본의 책임자가 옛날 전시하 일본 최고 국가기관의 일원이었고, 최고 전쟁책임자 가운데 한 사람이었다는 사실은 깊이 기억해 두어야 한다.

　　이처럼 일본 국민 스스로의 힘과 노력에 의한 전쟁책임 추궁 결여는 전후 새로운 일본 탄생에도 큰 저해요인이 되었다. 그런데 잘 생각해 보면 스스로의 노력으로 전쟁을 저지하지도 못하였고, 조기에 전쟁을 종결시킬 능력도 없었던 일본 국민이 점령군에 의해 전쟁책임이 추궁된 후에도 전쟁책임 추궁을 적극적으로 지원하지 않았던 것은 어떤 의미에서 일리가 있다. 혐전이나 반전의식을 가지고 목숨을 걸고 전쟁추진자들과 싸우지도 않은 주제에, 시세가 변하였다고 해서 책임을 운운하는 것은, 꺼림칙한 일이었음은 자연스러운 감정일 것이다. 1939년 치안유지법으로 체포되어 집행유예의 징역형을 선고받은 영화인 이와사키 아키라岩崎昶는 전쟁찬미 영화를 만들지 않았던 소수의 한 사람이다. 그는 『키네마 순보』 1947년 7월호에 「우선 주로 나 자신에 대하여」(『전후 일본사상대계 1. 전후 사상의 출발』)에서 다음과 같이 말하고 있다.

　　나 같은 놈에게 있어서, 돌연히 군국주의적 파시즘이 붕괴한 것은 폭풍우가 지나고 구름 속에서 푸른 하늘이 보이는 것과 같은 기쁨과 해방감을 가져다주었다. (중략) 그러나 나의 마음은 어떤 일인지 조금도 들뜨지 않았다. (중략) 전쟁 중에 나처럼 구속되었던 사람들도 있을 것이고, 잘 위장하여 일하고 있었던 사람들, 몇몇은 시국에 편승한 사람들, 그러한 많은 사람들이 내 세상이 왔다고 민주주의 깃발을 들고 활발한 활동을 하는 것을 보면서, 역시 나로서는 아무래도 허리를 펼 수 없었다. (중략) 물론 나는 한번도 군벌이나 관리의 앞잡이 역할을 하지 않았다. 그러나 그 지조의 반은 아웃된 야구선수가 벤치에서 시합을 구경하는 것과 같은 방관자적 무력감, 나는 내 자신의 사상과의 싸움에서 이미 삼진 아웃된 것이라는 자포자기였다. (중략) 일본의 영화계에서 가장 전범적 행위가 있었던 것은 영화기업가라는 여론의 규탄이 있었다. 그 중에서 특히 무거운 죄를 진 사람은 일정 시기 추방을 당하기도 하였다. 그러나 일류 영화평론가역시 전쟁 중에는 그들에 뒤지지 않는 전범성을 띄고 있었다. 어떤 사람은 도조東條의 문화통제기관에 참여하여 일본 영화의 자유를 억압하였고, 또 어떤 사람은 저서를 통해 침략전쟁을 찬미하였다. 그러나 내가 거기에 참여하지 않은 것은 사실 우연이었다. 내가 다른 사람들처럼 일할 수 있었다면 나도 같은 행위를 범하지 않았을까, 정직하게 말하여 자신이 없다. 그렇다면 나 역시 잠재적 전범이라고 말하지 않을 수 없다.

여기에서는 '시국에 편승' 하였던 자들이 전쟁세력이 점령군에게 타도되었을 때에는 '내 세상이 왔다' 고 활발한 활동을 개시하는 경박함에 대한 불신감과 함께 전쟁세력과 단호하게 싸우지 않았던 '방관자' 로서 자신의 '잠재적 전범' 에 대한 자책감이 솔직하게 토로되어 있다. 독일인이나 이탈리아인처럼 악마로 변한 조국에 저항하는 자가 별로 없는 일본인의 일반적 의식에서 보자면, 자신에 대한 반성에서 출발하는 것이 우선일 것이다. 하물며 전쟁 중에 시국에 편승하였던 사람들의 경우에는 그것이 살기 위한 방편으로 했건 국가에 대한 충성으로 믿어 행하였건, 전쟁이 끝나서 새로운 평화와 민주주의 정신으로 전환하였다면, 자신의 책임을 널리 세상에 알린 후에 새로운 길로 나아가는 절차가 필요했다. 이렇게 확고한 주체적 결단에 의하지 않고 외부 정세의 변화에 동조한 사상적 전환이라면, 그것은 외부의 대세에 매몰되어 전쟁에 협력한 것과 방향은 달라도 의식적으로는 같은 성질이라고 말할 수 있다. 또 한번 외부의 정세가 변한다면 다시금 변할지도 모른다. 사실 많은 사람들이 전쟁 중에는 열심히 전쟁에 협력하였고, 항복 후 민주개혁기에는 평화와 민주주의를 외쳤다. '역코스'가 시작되자 또 다시 재군비·민주주의 공동화 정책에 따르는 사상적 전환을 보이고 있다. 전쟁책임 문제를 진지하게 생각할 때에, 무엇보다 먼저 자신의 전쟁책임 문제를 주저하지 말고 직면하는 것이 그와 같은 사상적 방황에 빠지지 않는 길이다.

특히 대중에게 큰 영향을 미치는 힘을 갖는 지식인, 문화인, 신문, 잡지, 출판 관계자들은 더욱 이러한 반성이 요청된다. 앞서 인용한 이와사키 아키라岩崎昶의 자기비판은 그 예가 적고, 전쟁중의 언동에 대해 아무런 자기비판도 없이 전후 민주주의 운동에 참가한 사람들이 많다. 사쿠라기 도미오櫻木富雄는『시인과 전쟁』(1978년),『시인과 책임』(1978년),『소국민은 잊지 않는다』(1982년),『공백과 책임ㅡ전쟁하의 시인들』(1983년),『옥쇄玉碎와 국장國葬』(1984년) 등의 저작을 통해 시인의 전쟁책임을 추궁하였다. 또한 나가하마長浜功는『교육의 전쟁책임ㅡ교육학자의 사상과 행동』(1979년),『일본파시즘교사론ㅡ교사들의 8월 15일』(1981년) 등에서 교육학자, 교사에 대해 비판하며 지식인·문화인의 전쟁책임에 대한 자기비판 결여를 지적하고 있다. 나는 다만 이러한 추궁에는 무릇 그 목적도 입장도 전혀 다르고 또 많은 중상비방을 포함하는『전모』편집부편『진보적 문화인ㅡ학자 선생 전전 전후 언질집』과 같이 저열한 것과 사회적으로 비슷하게 받아들여질 우려를 걱정한다. 이러한 노작에서 우리는 귀중한 경고를 찾아야 한다.

전쟁을 반대하는 입장을 견지한 소수 이단 집단을 제외하고는 종교 교단 대부분이 전쟁에 협력하였으므로 종교계도 전쟁책임에 대한 자기비판이 필요하다. 특히 절대자에 귀의하는 신앙을 품는다면, 다른 사람의 추궁을 기다릴 필요도 없이 내심의 신앙을 통하여 스스로 전쟁책임을 고백하고 책임을 지는 태도를 공개해야 한다고 생각하지만, 전후 많은 교단에서 그렇게 한 예는 드물다.

그런 점에서 특필할 가치가 있는 것은 1967년 3월 26일부에 일본 기독교단총회의장 스즈끼鈴木正久 이름으로 『교단시보』에 게재한 「제2차 세계대전 하에서의 일본 기독교단의 책임에 대한 고백」일 것이다. 그 주요 부분을 소개하면 다음과 같다.

우리들은 이 교단의 성립과 존속에 있어서 우리들의 약함과 잘못에도 불구하고, 쓰시는 역사의 주인이신 하나님의 섭리를 깨닫고, 깊은 감사와 함께 두려움과 책임을 통감하는 바입니다.

세상의 빛이요 땅의 소금인 교회는 그 전쟁에 동조해서는 안 되었습니다. 바로 국가를 사랑하기 때문에 더욱 크리스천의 양심적 판단에 의해, 조국이 나아가는 길에 대해 올바르게 판단을 해야만 하였습니다. 그런데 우리는 교단의 이름으로 그 전쟁을 시인하고, 지지하고, 그 승리를 위해 기도하고 있음을 내외에 성명하였습니다. 우리의 조국이 죄를 범하였을 때, 우리 교회도 또 그 죄에 빠졌습니다. 우리들은 「감시자」의 사명을 포기하였던 것입니다. 마음 속 깊이 아픔을 가지고, 이 죄를 참회하며, 주님께 용서를 빌고, 세계에 특히 아시아 여러 나라, 거기에 있는 교회와 형제자매, 또 우리 나라의 동포에게 진심으로 용서를 바라는 바입니다.

이 고백이 '전쟁 중 교단 지도자는 그 이상 어쩔 수 없었던 것이다', '그 전쟁은 일본만이 나쁜 것은 아니다' 라는 교단 내부의 '격렬한 논쟁' 을 통하여 나온 것(『鈴木正久 저작집』 제3권 「논쟁」)을 알고 읽는다면, 자진해서 전쟁책임을 지려는 것이 내면적인 삶을 살고자 하는 종교인에게조차 용이하지 않았음을 알게 된다.

불교계에 있어서는 전쟁협력 책임이 기독교계에 비해 적지 않았음에도 불구하고, 1974년 10월 24일 동본원사 종무총장 미네嶺藤亮가 본산 종무소 직원조합 일중우호청년 방중단 파견에 임하여 종문의 전쟁책임에 대하여 질문을 받자 다음과 같이 대답하였다.

과거에 대곡파大谷派 교단의 전쟁참가와 협조 책임에 대해서 군국주의가 범한 침략과 살육이 2000년래의 일중 양국의 우호에 큰 오점을 남기었음을 깊이 슬퍼하는 바입니다. 그 책임이나 보상이나 참회는 말로 표현할 수 없습니다.

이와 같은 뭔가 애매한 대답이 불교 교단에서는 유일한 것이라고 한다(『아사히』 76년 11월 6일 0124종교를 현대에 물음(247)—꼬리를 이은 전쟁 영합」). 여기에서도 전쟁책임의 적극적 고백이 회피되고 있는 대세를 명료하게 살필 수 있는 것이다.

이 이상 국민 각 층에 대한 전쟁책임 반성의 실태 사례를 검토하지 않아도 일본 국민의 전쟁책임에 대한 적극적인 자기비판이 전체적으로 희박하다는 것은 이미 명백하다. 세대의 교체가 진행되고, 전쟁 체험을 갖지 않은 젊은 세대가 인구의 과반수를 점하게 되자, "태평양전쟁이 뭐야?", "누구랑 싸웠지?" "누가 이겼는데?" 하고 묻는 대학생까지 나타나게 되었다(『마이니치』 75년 2월 9일). 그러므로 전쟁 책임 등은 국민의 머리에서 거의 사라지게 된 것도 이상한 일은 아니다. 그럼에도 불구하고 지금 다시 국내뿐 아니라 국제적으로도 일본이 행한 전쟁 때문에 입은 육체적ㆍ정신적 생활면에서의 피해와 고통은 존재하고 있으며, 전쟁책임의 문제는 해소되지 않았음을 명확히 인식해야 한다.

시체소각로 제2차 세계대전 당시 반나치 주의자들과 유대인들의 뼈가 그대로 소각로 안에 남아 있다. 독일의 바이마르.

7장
전쟁책임 추궁은
무엇을 위해,
어떻게 계속되어야 하는가

일본 국민에 의한 전쟁책임 추궁과 국민 자신의 전쟁책임에 대한 자아비판이 충분하지 않았다. 그것이 일본 국가가 전쟁책임을 회피하는 「대동아전쟁 긍정론」 자세로 흐르게 하여 다시금 전쟁의 위험을 느끼게 하는 정책 추진을 허용함과 동시에 일본 국민 사이에도 '전쟁참화'에서 얻은 교훈을 풍화시키는 상황을 초래하게 한 것은 아닐까. 그러나 이는 일본 국내 상황뿐만이 아니라, 국제적 정세─오늘날 국내정세와 국제정세는 점차 밀접도가 증가하고 있지만─에 비추어 보아도 전쟁책임을 규명할 필요는 더욱 절실해졌다고 생각하지 않으면 안 된다.

일본 최고 책임자에 대한 법률상 책임을 묻는 것이 이론적으로 가능하다는 것은 〈3장 2절 2의 2〉에서 서술해 두었다. 그러나 현실적으로는 거의 실현불가능하며, 그 실적 효과로 보아도 그만큼 유효하지도 않고, 오히려 문제를 축소화하게 된다. 제국헌법에 있어서 공권력 행사에 대해 국민이 소송을 일으키는 범위가 극히 한정된 이상, 일본 국가에 대한 법률상의 책임을 묻는 것은 국가기관에 있었던 자연인의 책임(그것은 제국헌법하에서도 인정되고 있었다)을 묻기보다 더욱 곤란한 일이다.[22] 현실적으로 그러한 종류의 보상 청구가 재판소에서 기각된 실례는 〈3장 2절 2의 2)〉에서 본 바이다.[23] 그러한 곤란을 무릅쓰고 법정에서 공개적인 법률논쟁을 전개하여, 국가의 전쟁책임이 중대함을 널리 사회에 호소하는 노력은 충분히 평가되어야 한다. 그리고 그 외에도 유효한 방법을 강구해야 한다.

오늘날 우리들에게

[22] 국가기관에 있었던 자연인에 대해서는 제국헌법 하에서도, 1939년 3월 31일 대심원 판결로 그때까지의 판결을 변경하여, 직권 남용한 관리 개인에 대한 피해자의 손해배상을 인정하게 되었다(家永三郎『美濃部達吉의 사상사적 연구』3장 4 참조). 6장에서 서술한 바대로 요코하마 사건과 목이 없는 사건으로 전쟁 중 경찰관의 직권남용에 관해 유죄판결이 내린 경우가 있다. 또한 최고재판소 제2소법정이 1973년 11월 16일의 판결로 1942년경 사할린에서 백계 러시아인을 고문한 당시 특고경관에 대해 피해자에게 위자료를 지급할 것을 명령한 2심 판결을 지지 확정하고 있다(『요미우리』같은 날 석간). 또, 후쿠시마 지방재판소 이와키 지부 1983년 1월 15일 판결은 1941년 5월에 장교가 상병에게 가한 폭행 상해 행위에 대한 위자료 청구 소송에 대해 가해자에게 150만 엔의 위자료 지불을 명하고 있다(『적기』83년 2월 7일). 극히 적은 사례에 지나지 않는다고 해도, 전쟁 중 권력을 남용한 개인의 법률적 책임을 인정한 판례가 위와 같다.

[23] 항복 직후, 소련군의 포로가 되어 억류되었던 병사가 자신을 소련군 손에 넘기고 억류중 고역을 당하게 한 것은, 국가 공권력 행사자의 고의, 위법행위라고 손해배상을 청구하여 소송을 하였다. 이때에 동경지방재판소는 1966년 6월 24일 판결에서 원고가 국가의 불법행위라 주장하는 공무원의 행위는 국가배상법 시행 이전의 문제이며, 또 제국헌법 시행 기간 중이어서, 같은 기간중 공법 관계 행위에는 사법인 민법의 적용을 할 수 없다는 이유로 청구를 기각하고 있다(『판례시보』450호). 5장에서 소개한 원폭소송 판결도 미국의 원폭 투하를 위법이라고 인정하면서도, 원고의 청구를 기각하고 있다. 이처럼 전쟁책임에 관한 국가의 책임을 추궁한 소송은 거의 전부 재판소에서 기각되고 있다. 다만 한 가지, 최고재판소 제1소법정 1978년 3월 30일 판결이 원폭의료법은 이른바 사회보장법으로서의 성격을 갖는다고 하면서, 다음과 같이 판결하고 있다. 이것은 국가의 전쟁책임을 법률적으로 인정한 예외적 판례로 주목된다.

> 그러나 특히 피폭자만을 대상으로 위 입법이 이루어진 이유를 이해하자면 원자폭탄 피폭에 의한 건강상 장애가 일찍이 예가 없는 특이하고 심각한 것이나 아울러 그러한 장애가 전쟁이라는 국가의 행위에 의해 초래된 것이며, 그것도 피폭자 다수가 오늘날에도 생활상 일반적인 전쟁 피해자보다 불안정한 상태에 놓여있다는 사실을 무시할 수 없다. 원폭의료법은 이와 같은 특수한 전쟁피해에 대해 전쟁수행 주체였던 국가가 스스로의 책임으로 그 구제를 행한다는 일면을 갖고 있으며, 그 점에서 실질적으로 국가 보상적 배려가 제도의 근저에 있음은 부정할 수 없는 것이다(『판례시보』886호).

보다 유효하고 생산적인 전쟁책임 규명 방법은 무엇보다도 책임 질 사실을 정확하고 상세하게 인식하고, 더 많은 국민의 노력을 결집하여 엄격한 이론 구성을 달성하는 작업에서 시작하는 것이다. 권력의 성질상 왜곡되거나 철저하지 못한 형태로 끝나버릴 공산이 크기 때문에 어떠한 형태든지 법률상 책임을 국제적·국내적인 공권력에 대해 물을 때에는 비권력적인 이성과 도의성에서 추구해야 한다. 연합국에 의한 전범재판도 큰 의의가 있었음은 6장에서 서술한 바이며, 동시에 그것이 여러 가지 면에서 문제를 포함하고 있었음도 지적해 두었다. 그런 의미에서 버트란트 러셀의 발안으로 미국의 베트남 침략전쟁 위법성을 고발하기 위해 열린 이른바 러셀법정의 착상을 높이 평가할 수 있지 않을까. 러셀 법정은 미국을 포함하는 연합국이 나치독일을 단죄한 뉘른베르크 재판 정신을 계승하여 미국의 전쟁범죄를 단죄하기 위한 것이었다. 이는 미국을 포함한 세계 각국의 철학자·국제법학자·역사가·문예작가·평화운동가 등으로 이루어진 국제법정이었다. 이 법정이 뉘른베르크법정이나 동경법정과 결정적으로 다른 것은 이 법정이 공권력을 갖지 않는다는 점에 있다. 재판장이 된 쟝폴 사르트르는 1967년 5월 스톡홀름에서 개정 선언을 하면서 「법정」의 비권력성의 의미를 명확히 밝히고 있다.

　　우리들의 법정은 제도가 아니다. 그것은 기존의 어떠한 권력과도 대체되는 것이 아니다. 그 뿐만이 아니라, 이 법정은 하나의 무無에서 하나의 소송에서 생긴 것이다. 우리들은 여러 나라의 정부로부터 권한을 얻지도 않았다. 저 뉘른베르크 법정이 권한을 얻은 것만으로는 재판관에게 정당성이 주어지지 않는다. 그것과는 정반대로 판결이 집행력을 부여한다는 사실이 그 유효성에 관하여 패자가 이의를 제기할 수 있게 한 것이다. 힘으로 펼쳐지는 판결은 가장 강한 자의 권리 표현에 불과하다고 생각한다. 러셀 법정은 반대로 스스로의 정당성이 그 무력함과 동시에 보편성에서 발생한다고 생각한다. 우리들은 무력한 인간이다. 그것이 단적으로 말하면 우리들 독립성의 보증인 것이다. (중략) 러셀 법정은 조사에 있어서도, 결론에 있어서도 국제적 제도의 필요성을 모든 사람들에게 느끼게 하는 것 이외에는 뜻이 없다. 그 국제적 제도의 근본은 뉘른베르크에서 사산死産한 전쟁에 반대하는 법을 부활하고, 정글의 법칙(약육강식)을 윤리적, 법리적인 규범으로 바꾸는 것이다. (중략)

우리들은 배심원에 불과하다. 우리들은 아무도 단죄하거나, 무죄방면하거나 할 권력을 갖지 못한다. 따라서 검찰관도 없다. (중략) 그러나 판사는 여기저기에 존재한다. 판사는 모든 나라의 인민이며, 특히 미국 인민이다. 그리고 우리는 그들을 위해 일하고 있는 것이다(『아사히 저널』 67년 6월 11일).

15년 전쟁에 대한 전쟁범죄 책임 추궁도 여기에서 보여주는 정신에 기초하여 계속되어야 한다. 오늘날 전쟁범죄 행위의 대부분은 시효가 지나버렸고, 전쟁범죄인 다수가 사거하여 공적인 재판소에서 형사책임을 추궁하는 것은 거의 불가능하게 되었다. 하지만 위와 같이 러셀 법정의 정신에 따라서 '재판'을 실행하는 것은 가능하며, 거기에서 '유죄' 인정이 유권적인 효과를 낳지 않는다고 해도, 한층 깊은 정치적·도의적 제재 효과를 발휘할 것이라 기대한다. 동경도 나가노中野區의 뜻있는 사람들이 조직한 나가노中野헌법회의는 '평화운동을 추진하기 위해서는 전쟁책임에 대한 해명이 선행되어야 한다'고 생각하여, 1982년과 1984년 두 번에 걸쳐서 일본 국가의 전쟁책임을 추궁하는「구민법정」을 개최하였다(『마이니치』82년 11월 28일 동경판, 「평화운동의 원점은 여기부터, 나라를 추궁하는 "구민법정"」, 『아사히』 84년 12월 1일 동경판, 「내일 "전쟁재판" 中野」).

그렇다면 '법정'이라는 형식을 취한 것은 단지 홍보효과를 위한 수단에 머무르게 된다. 반드시 그러한 형식을 취할 필요도 없이 문필인·언론인 등은 문장이나 언론을 통하여, 일반국민은 각각의 직장이나 생활 장소에서 기회가 있을 때마다 심판을 행할 수 있지 않은가. 그리하여 그것은 법률상의 책임 추궁에 머무르는 것이 아니라, 정치상·도덕상 책임 추궁으로 확대함으로 한층 전면적인 전쟁책임 규명에 이르게 될 것이다. 그 성과가 국민적 총괄에 이르게 되면, 처음으로 '승자의 재판'이 아닌 일본인 스스로의 힘에 의한 재판이 될 것이다. 또한 일본의 국내법과 국제법 양면에 걸친 법률상 책임에서부터 정치상·도덕상 책임에 이르기까지, 또 외국이나 타민족에 대한 책임에서 동포 국민에 대한 책임까지, 권력자의 전쟁책임의 완전한 규명이 주체적이고 이성적인 형태로 완결될 것이다. 그러한 노력을 하지 않으면, 일본 국민은 자신들을 일찍이 지배하였던 국가권력자, 전쟁에 협력하였던 전쟁세대 및 현재 자신을 포함한 일본 국민 전체의 무거운 책임을 갚을 수가 없을 것이라고 생각한다. 외국이 일본에 대해서 갖는 전쟁책임(5장 참조)을 추궁하기 위해서도 우선 일본인의 책임을 자각하여 자기비판을 하는 것이 필요하다. 그렇지 않고서는 타국의 잘못만을 비난하게 되어, 세계인의 동감을 얻지 못한다.

구체적으로는 이미 공개된 사료를 면밀히 검토하고, 정부가 국민 앞에 공개하려고 하지 않는 전쟁중의 공문서나 공적 기관이 갖고 있는 모든 사료를 공개하도록 노력해야한다. 그리고 선결문제인 책임 성립의 원인인 사실 인정을 광범위하고 엄밀하게 행하는 것에서 출발하여야 한다. 나아가 모든 일본인이 자신의 책임을 자각한다면 자신이 비장하고 있는 전쟁중의 일기나 기록을 공개하거나, 자신의 체험을 구두나 문장으로 공표하여, 정확한 전쟁의 실태를 복원하는 데 협력하여야 한다. 특히 전쟁 체험자가 고령화되어 가까운 장래에 전쟁세대가 모두 모습을 감추고 전후세대만 남는 시대가 올 것이다. 그러므로 전쟁세대와 전후세대가 공존하는 지금, 전쟁체험이 없는 세대에게 전달하는 마지막 시기이므로 그 사이에 협력이 이루어져야 한다. 그러한 사실에 대해 법률적·정치적·도의적 책임의 인정을 수행할 때, 전쟁책임에 대한 거짓 없는 규명이 가능하게 될 것이다.

일본인이 일본 국가나 일본 국민의 전쟁책임을 고집하고 그 책임추궁을 계속하는 것에 대해, 그것은 자학적이라는 비난이 있다. 특히 교육 세계에서 일본의 잘못을 가르치는 것은 조국에 대한 혐오감을 키워서 애국심을 상실시키는 결과를 초래한다는 비난의 속론이 사회 한 구석에서 나타나고 있다. 1957년 4월 문부성은 이에나가家永 저작 교과서 원고에 대한 검정을 행하면서 불합격 이유의 하나로 다음과 같이 말하였다.

과거 사실에 대해 반성을 구하는 열의가 지나쳐, 학습활동을 통해 선조의 노력을 인식하고, 일본인으로서의 자각을 높여, 민족에 대한 풍부한 애정을 기른다는 일본사의 교육목표에서 벗어난 느낌이 깊다.

이는 15년 전쟁에 한한 것은 아닐지라도 위의 속론과 동일한 발상임은 명백하다. '민족에 대한 풍부한 애정'을 기르기 위해서는 '과거 사실에 의한 반성을 구하는 열의'가 장해가 된다는 기본 논리에 일치하기 때문이다. 실은 이러한 열의를 버리고 선조들의 노력(그 속에는 동포 혹은 타민족을 잔해하는 노력이 포함되어 있음을 간과할 수 없다)을 식별하지 않고 미화하는 것만이 '민족에 대한 풍부한 애정'을 기르는 것이라는 생각이야말로 15년 전쟁의 비극을 초래한 중요한 원인 가운데 하나가 아니었는가. 이러한 도착된 애국심에 대해 이미 19세기 이후 우리 선학들이 엄한 비판을 행한 것이다.

나오끼 마사히사植木正久는 『복음신보』 1896년 6월 26일호 소재 「3종류의 애국심」이라는 논설에서 다음과 같이 말하였다.

국가의 오래됨을 흠모하고, 그 역사의 영광을 즐기고, 혹은 국가의 굴욕을 슬퍼할 뿐만 아니라, 자국의 죄악을 잘 살펴서 그 책임을 기억하고, 그 유린된 인도를 반성하는 것이 애국심이 아닌가. (중략) 우리 나라의 애국심이라고 하는 것은 도도히 흐르는 인류 역사에 심취하는 것이 아니라, 비분강개하는 것에 불과하다. 스스로 국가의 양심을 가지고 임하며, 국민의 죄를 슬퍼하는 것은 참으로 드물다. 더욱 심한 것은 국적이라는 이름으로 이러한 종류의 애국심을 갖는 자를 비난하는 것이다. 양심을 버리도록 하는 애국심은 망국의 마음이다. 이 때문에 나라를 잘못 이끈 것은 옛날부터 그 예가 적지 않다(『植木正久 저작집』 1).

우치무라 간조内村鑑三는 『만월보萬朝報』 1897년 2월 21일호 지상에 National Repentance 라는 제목의 영문 논설을 실어 다음과 같은 주장을 하였다.

국가적 회개

국가는 개인과 마찬가지로 회개를 필요로 한다. 회개란 정의의 영원불변 법칙을 겸손하게 승인하는 것이며, 어떠한 사람도 어떠한 국가도(따라서 일본도) 여기에서 벗어날 수는 없다. (중략) 죄는 어떤 사람에 의해서 범해지더라도, 그 정당한 형벌을 깊는 것은 진지한 회개의 마음 외에는 없다. 어떠한 전승의 영광도, 전쟁에 의해 흘려진 무고한 피를 회복하지는 못한다. 악을 악으로 고백하는 것이 빠를수록 좋다(『우치무라 간조 저작집』 제3권 소수 일본어 역문).

모두 크리스천의 글이지만, 크리스트교에서 떨어진 일반적인 명제로 읽어도 충분히 납득할 수 있는 것으로, 참으로 올바른 말이라고 하지 않을 수 없다. 나는 이러한 선학들과 같은 입장에서 '자국의 죄악을 감각하고', '국가적 회개'를 수행하는 것이야말로 조국이 두 번 다시 죄과를 반복하지 않고 신생의 길을 매진하는 원동력이 되는 '애국심'의 발로라고 확신한다. 전쟁추궁을 계속하는 것은 단지 애국심 때문만은 아니고 보다 넓은 세계 인류를 위해, 나아가 인류를 넘어선 형이상학적 목적에 봉사하는 것이라고 생각하며, 적어도 애국심의 발로임을 믿어 의심치 않는다.

전쟁책임의 추궁은 국가 또는 개인을 비난하려고 행하는 것은 물론 아니며, 복수를 위하여 피해감정의 발산을 위해서도 아니다. 오늘 및 내일에 있어서 다시금 비참한 상황이 재현됨을 방지하기 위함이다. '정부의 행위에 의해 다시 전쟁참화가 일어나지 않도록 할 것을 결의'한 일본 헌법 전문의 정신에 부합하기 위해서, 그리고 그 결의를 효과있게 하기 위해서 '전쟁참화'의 모습과 이를 야기한 정부의 행위를 명확히 인식하고 거기서 나오는 책임을 정당하게 반성해야 한다. 그렇지 않으면 또다시 전쟁참화는 일어날 것이기 때문이다.

제2차 세계대전에서 주축국의 침략주의 · 파시즘을 타도한 뉘른베르크 법정 · 동경법정에서 '평화에 대한 죄', '인도에 대한 죄'를 단죄한 연합제국은 제2차 세계대전 후에는 미국을 중심으로 하는 '서'와 소련을 중심으로 하는 '동'으로 나뉘어 냉전 관계를 만들어 냈다. 이들은 각각 과거의 적이었던 주축국들을 자신의 군사동맹에 포함시켜 군사적 긴장을 높였다. 그 과정에서 그들은 옛날 적을 단죄한 죄상인 침략행위를 스스로 반복하고, 나아가 서로 핵전력 증강을 도모하고, 인류의 파멸을 가져올 전면적인 핵전쟁을 준비하고 있다.

일본 정부가 '대동아전쟁 긍정론' 입장을 견지하면서, 옛날 귀축鬼畜이라고 불렀던 미국과 군사동맹을 맺고, 그 세계전략 속에 스스로 포함된 논리적 부정합성에 대한 의문은 앞서 제시한 바이다. 적어도 일본 정부가 '대동아전쟁 긍정론'을 완전히 포기하고 전쟁책임을 명료하게 자성하지 않는 한, 다시금 미소 대립의 틈에서 '전쟁참화'는 재현될 수 있다. 15년 전쟁은 일본의 자발적인 의지로 개시한 것이었지만, 오늘날 직면하고 있는 전쟁은 일본 국가의 의지 여하에는 관계없이 미소전쟁이 개시되면 일본은 타율적으로 전화에 말려들게 되어 있다. 제2차 세계대전도 〈1장〉 이하에 소개한 바와 같이 글로 다 표현할 수 없는 '참화'였다. 그런데 만일 미소전쟁에 일본이 말려든다면 핵병기가 일본 영토 내에서 사용될 것이다. 적어도 일본인 전부가 사망하게 될 '대참화' 가 예견되는 것이다.

　　오늘날 15년 전쟁이 초래한 피해로 고통받는 사람들이 아직 많기 때문에, 아직도 '전후' 가 계속되고 있다. 과거의 전쟁과는 비교할 수 없는 더 큰 참화가 예견되는 새로운 전쟁의 위험을 향하여 스스로 나아가고 있다는 점에서 제2의 '전전戰前' 이라고 해도 좋은 시대이다. 일본 국민은 15년 전쟁, 혹은 태평양전쟁을 앞에 두고 '정부의 행위에 의해 전쟁참화가 일어남' 을 저지하지 못하였다. 이러한 책임을 지어야 한다는 것을 4장에서 서술하였다. 그리고 지금 새로운 전쟁의 위협이 다가오고 있는 시점에서 이를 저지하려고 하지 않는다면, 일본 국민은 다시금 그 책임을 지지 않을 수 없다. 그러한 일이 나타나지 않기 위해서 〈4장〉에서 인용하였던 요시다 미쯔로吉田滿의 반성에 나타난 바대로 우리가 설령 평균인의 능력밖에 없는 평범한 국민이라 하여도 전쟁의 준비 과정을 저지하기 위해 노력해야만 한다. 1장에서 서술한 바와 같이 전쟁이 천재지변과 같은 자연 현상이 아니라, 인간이 일으키는 사회적·역사적 사건인 이상 사회적·역사적 메커니즘을 인식하는 사회과학자나 핵병기의 참화를 이해하는 자연과학자, 전쟁참화에 대해 예민한 감각을 갖는 언론인·예술가 등의 지식인과 문화인은 솔선하여 전쟁의 위험을 세계 인민들에게 호소하고, 이를 막아야 한다.

　　이와 같은 새로운 '전전戰前' 의 시대에 전쟁저지 책무를 효과적으로 수행하기 위해, 현재 인류사상 전례 없는 참극이었던 15년 전쟁을 저지하지 못하였던 책임을 깊이 반성하고, 그러한 참극이 두 번 다시 반복되지 않도록 가능한 한 모든 힘을 쏟아야 한다. 이러한 의미에서 전쟁책임론은 과거의 역사적 사건에 대한 주체적 비판을 통하여 미래 예견되는 인류의 위험을 예방하고 세계평화와 역사 발전을 가능하게 하는 건설적인 지적·윤리적 과제인 것이다.

특히 지금 직면하고 있는 최대위기가 핵전쟁이라고 할 때, 핵병기를 최초로 제조하고 이를 일본에 투하하여 무차별대량학살의 단서를 연 미국의 전쟁범죄(5장 참조)를 추궁하는 데에 큰 의미를 추가할 수 있을 것이다. 일본인이 히로시마·나가사키의 피해체험만을 강조함으로서 아시아 여러 민족에 대한 가해책임을 망각하고 있다는 경고가 나타나고 있다. 아시아 제민족에 대한 가해책임을 중시하지 않으면 안 됨은 이 책에서 가장 상세히 주장하는 바이다. 따라서 위의 경고에 반대할 이유는 없지만, 원폭투하에 의한 무차별대량학살이라는 인류 사상 전례가 없는 전쟁범죄는 히로시마·나가사키 이외에는 없다. 그러므로 그러한 수난 체험을 갖고 있는 일본 국민이 솔선하여 세계에 그 잔학한 실태와 중대한 죄악성을 널리 알리는 것은 결코 일본의 가해책임을 상쇄하려는 저열한 목적(「대동아전쟁 긍정론자」나 동경재판부정론자는 그러한 의도를 가지고 있다)이 있는 것이 아니다. 그것은 현재 진행중인 미소 초강대국의 핵전력 증강 경쟁에 대한 유효한 정치적·도덕적 경고인 것이다. 미국이 히로시마·나가사키의 참화에 대한 책임을 인정하지 않고, 동경재판에서도 펄의 소수의견에 그친 상황에서 일본 국민이 일본 재판소에 그 위법성을 선언시키는 데에 성공(5장 1절 참조)한 것은 그러한 견지에서 커다란 선구적인 의의가 있다. 일본 국민의 노력에 의해 전쟁책임이 법률적으로 공인된 것이며, 핵병기 사용의 위법성을 세계에 널리 인정시키기 위한 출발점으로서 오늘날 다시금 재평가할 가치가 있다.

〈5장 1절〉에 소개한 바와 같이, 오늘날 미국 등 핵전력 보유정책을 견지하고 있는 나라들에서도 민간인 차원에서는 반핵운동이 힘을 얻어 전개되며, 동서 양진영의 정책에도 영향을 미치고 있다(『아사히』 84년 10월 19일 석간, 사가모토 요시가즈坂本義和「아래로부터 평화만들기 ―서구의 반핵, 동서・조선에 영향」). 그 경우에 히로시마・나가사키 참화의 생생한 인식이 핵병기의 두려움을 이해시키는 데에 유효할 것이다. 세계 과학자들의 연구에 의하면, 미소 양국이 보유하고 있는 핵병기의 2할이 실제로 사용된다면 지구는 6억년 이전의 상태로 역행하고, 바퀴벌레를 제외한 거의 모든 동물이 사멸한다.(84년 8월 5~6일, NHK특집「핵전쟁 후의 지구」) '핵억제론'이 환상 내지는 기만에 불과하다는 것도 많은 과학자들에 의해 폭로된 바이다.(토요다 도시유키豊田利幸『신・핵전략 비판』) 설령 일본 정부를 포함하는 세계 여러 나라가 그러한 환상을 전파하여 핵전력 보유 정책을 고집한다고 해도, 우리들 일본 국민은 '평화를 사랑하는 제국민'(일본국헌법 전문)과 연대하여 핵병기의 위법성・반인간성, 그리고 그것이 가져올 파멸을 아래로부터 소리 높여 세계에 호소함으로써 인류의 멸망을 막는 데에 진력할 책무를 진다.

과거에 생긴 '전쟁참화'는 영구히 회복할 수 없다. 가해자를 처벌하거나 물질적 보상을 받는다고 해도 잃어버린 생명이나 상처받은 심신을 원래대로 돌려놓을 수는 없다. 그렇다면 의미가 있는 보상은 장래에 다시 '참화'가 일어나지 않도록 책무를 다하는 데에 있다고 생각할 수 있다. 이 목적을 이루려는 노력이 전쟁책임을 자각하는 자에게 최고의 보상이 된다고 믿는다.

　다만 인간의 힘은 한계가 있기 때문에 아무리 성실하게 전력을 기울여도 반드시 목적을 달성할 수 있다고는 할 수 없다. 불행히 핵전쟁을 저지하지 못하고, 그 참화를 초래한 책임을 추궁하거나 추궁 당할 사람도 지상에는 존재하지 않는 상태가 될지도 모른다. 그럼에도 불구하고 사람이 사람인 한, 상대유한 속에서 해야 할 일을 하여야 하며, 그렇게 함으로써 상대유한세계에 있으면서 절대무한 세계를 향하고, 시간을 넘어 영원한 생명을 획득할 수 있는 것이다. 이는 형식논리로는 풀 수 없는 모순이지만, 사람이 사람인 이유는 그러한 모순 안에서 살고 있기 때문이다. 이것이 있는 그대로의 인생을 직시하였을 때에 명백하게 보이는 사실인 것이다. 전쟁책임은 단순한 상대유한적인 사람과 사람 사이에서 생기는 책임에 그치지 않고, 상대유한인 인간이 절대무한인 존재에 대한 책임이기도 하다. 최악의 사태를 알면서도 행하는 선택을 하지 않도록 보다 이성적이고 양심적으로 노력하는 것이 전쟁책임을 보상하고자 하는 사람이 취할 유일한 길일 것이다.

후기

이 책에서는 책임론을 전개하는 선결과제로 '전쟁참화'를 가능한 한 구체적으로 묘사하고자 하였다. 그리하여 원전이 갖는 박력을 느낄 수 있도록 많은 사료를 장문에 걸쳐서 인용할 방침을 취하였음은 '머리말'에서 밝혀두었다. 내 자신이 발로 뛰면서 수집한 새로운 사료가 거의 없고, 대부분 이미 간행된 문헌에서 재인용한 것이다. 그러한 문헌 저작자 덕분에 '전쟁참화'의 실태를 상당히 다면적으로 소개할 수 있었으므로 저작자들에게 진심으로 감사드린다. 이미 간행된 문헌이라고 해도 오늘날 쉽게 열람할 수 없는 것을 인용한 부분도 많으므로 새로운 사료가 적다고 하더라도 독자들에게는 상당한 도움이 될 것이라고 믿는다.

그러한 인용문이 100% 정확한 사실의 기록인지 모두 확인할 수 없었지만, 많은 사료를 나열한 경우에는 그 누적효과에 의해서 장문의 구체적 기술은 각각 진실이 명확하다고 인정하여서 인용하였다. 물론 사료가치의 인정에 대해서는 기꺼이 독자의 비판을 감수할 예정이다.

　　이론면에서 많은 선행연구자의 연구 성과를 빌린 바가 적지 않다. 그 경우는 하나하나 전거를 밝히려고 하였으나, 나 자신의 저작에서 서술된 것을 이 책에서 다시 말하는 경우에는 반드시 하나하나 주를 달지 않았으므로 여기에 논증이나 견해를 추구하는 사람들을 위해 여기에 중요한 저서를 들고자 한다. 『태평양전쟁』(이와나미서점, 1968년)과 「천황대권행사의 법사학적 일고찰」·ㅣ역사학과 법률학과의 접점 그 케이스 스터디로 전쟁에 의한 국민의 대량치사상에 대한 형사책임의 문제」 두 논문은 본문 중에 그 이름을 들었으므로, 그 외의 것을 들기로 한다.

「'관특연'의 위법성」(『역사학연구』 317호, 1966년).
　　졸저 『교육재판과 저항 사상』(삼성당, 1969년) 재록
「水野廣德의 반전평화사상」(『사상』 519호, 1967년)
　　졸저 『일본근대사상사연구 증정신판』(동경대학출판회, 1980년) 재록
「15년 전쟁과 펄 판결서」(『미스즈』 102호, 1967)
　　졸저 『전쟁과 교육을 둘러싸고』(법정대학출판국, 1973년) 재록
「극동재판에 대한 시론」(『사상』 530호, 1968년)
　　졸저 『전쟁과 교육을 둘러싸고』(법정대학출판국, 1973년) 재록
「『태평양전쟁』 보유」(『일본역사』 244호, 1968년)
　　졸저 『전쟁과 교육을 둘러싸고』(법정대학출판국, 1973년) 재록
「전후는 끝났는가」(아사히신문 동경본사기획부 『강연회기록』 1969)
　　졸저 『전쟁과 교육을 둘러싸고』(법정대학출판국, 1973년) 재록

「'태평양전쟁'의 역사적 인식에 대하여 池田淸씨에게 답한다」(『사회과학의 방법』 제4권 12호, 1971년)

「극동재판을 어떻게 생각할 것인가」(『潮?157호, 1972년)

　　　졸저 『역사와 책임』 재록

「'일본의 전율'의 역사적 의의」(『문학』 제43권 1호, 1975년)

　　　졸저 『역사와 책임』 재록

「다시금 펄 판결에 대하여 마이니어 교수에 답한다」(『미스즈』 191호, 1975년)

　　　졸저 『역사와 책임』 재록

「역사와 책임 대담」(『현대와 사상』 30, 1977년)

　　　졸저 『역사와 책임』 재록

「15년 전쟁사와 문학」(『역사학연구』 457호, 1978년)

　　　졸저 『역사와 책임』 재록

「15년 전쟁에 의한 죽음을 어떻게 생각하는가」(『역사독본임시증간』 1973―3)

　　　졸저 『역사와 책임』 재록

「군대는 국민의 생명을 지키는가」(『아사히신문』 1980년 11월 1일호 「논단」)

「일중전쟁에 대한 中西功 서한」(『가까운데에서 근현대중국을 둘러싼 토론의 광장』 3호, 1983년)

「家永三郎 헌법재판 증언집」(중앙대학출판부, 1983년)

「동경재판의 역사적 의의」(細谷千博·安藤仁介·大沼保昭 편 『국제심포지엄 동경재판을 묻는다』 강담사, 1984년)

역자 후기

신문지상을 통해 미군에 의한 이라크 포로 학대사건이 크게 문제 되고 있다. 전쟁의 이유였던 대량살상무기를 발견하지 못한 것이 미국의 순수성을 의심하게 하고 세계 지성들에 의한 미국의 전쟁책임이 점차 부각될 전망이다. 이런 시점에서 이에나가 사부로의 『전쟁책임』이라는 책을 번역 출간하게 되어 시기적으로 적절한 듯싶다.

유학생 시절, 이 책을 처음 읽고 많은 감명을 받았었다. 글 전체에 흐르는 휴머니즘의 사상과 학자로서 가져야 할 사회에 대한 책임의식의 자각은 나에게 경건한 신앙인의 모습과 참된 학자의 모습이 비슷해야 한다는 상像을 제시해 주었다고 기억한다. 물론 침략한 측이 바라보는 전쟁에 대한 시각을 힘이 모자라 식민지화되었던 피해자로서 그대로 받아들일 수는 없었음도 사실이다. 그럼에도 불구하고 우리 역사에서도 이러한 반전反戰 시각을 갖는 시민운동이 나타날 것이라는 예감은 지울 수 없었다.

이 책은 읽으면 읽을수록 맛이 우러난다. 이 책은 온갖 미사여구로 포장되었던 15년 전쟁(만주사변에서 태평양전쟁까지)의 실체를 적나라하게 드러내는 훌륭한 역사책이며, 그 전쟁으로 인한 아시아 민중의 참화를 사실적으로 소개하여, '반전反戰' 사상을 소리높이 외치는 휴머니즘에 가득 찬 역작이며, 또한 법률적 판단과 판례가 포함되어 있는 법철학 서적이기도 하다.

이 책을 번역하면서 '책임' 에 대해 많은 생각을 하게 되었다. 우리 인간은 책임을 피하고 용서를 받고자 하는 욕망을 지닌 존재인가 보다. "어쩔 수 없는 상황이었나" 는가, "그 때에는 그것이 최선을 다하는 것이라고 믿었다" 라고 말함으로 자신의 책임을 변명하고자 한다. 그러나 이 책은 그러한 변명이 성립되지 못함을 통박하고 그렇게 변명해서는 미래가 없다고 주장한다. 책임을 명확하게 인식한 후에 미래에 대한 청사진을 그려야 한다는 것이다.

우리 나라에서도 책임의 문제가 제기되고 있다. 멀게는 친일파 책임 추궁의 문제에서 한국전쟁의 책임 문제, 그리고 민주화운동 탄압 책임문제에 이르기까지 많은 논의가 있어왔다. 특히 분단과 민족상잔의 비극을 초래하게 된 책임 문제는 현대사의 뜨거운 논쟁거리로 남아 있다고 할 것이다.

한반도에서 다시는 동족상잔의 비극이 일어나지 않기를 간절히 바라는 마음을 담아 이 책을 번역하였다. 많은 시민운동가에게 이 번역서를 바친다.